Martin Balluch

Tierschützer. Staatsfeind

Bibliografische Information der Deutschen Bibliothek:

Die Deutsche Bibliothek verzeichnet diese Publikation in der Deutschen Nationalbibliografie; detaillierte bibliografische Daten sind im Internet über http://dnb.ddb.de abrufbar.

Lektorat: Thomas Unger
Gestaltung: Stefan Kraft
Umschlaggestaltung: Gisela Scheubmayr
Druck: AZ Druck und Datentechnik GmbH
Printed in Germany
ISBN: 978-3-85371-331-0

Fordern Sie einen Gesamtprospekt des Verlages an:

Promedia Verlag
Wickenburggasse 5/12
A-1080 Wien

E-Mail: promedia@mediashop.at

Internet: www.mediashop.at
www.verlag-promedia.de

Martin Balluch

Tierschützer. STAATSFEIND

In den Fängen von Polizei und Justiz

PROMEDIA

Inhaltsverzeichnis

Vorwort

Alles, was ich in diesem Buch über meine Erlebnisse in Österreich im Jahr 2008 und danach schreibe, ist tatsächlich wahr. Am 21. Mai 2008 hat mich mit den nächtlichen Polizeiüberfällen auf meine und 22 andere Wohnungen von TierschutzaktivistInnen sowie auf sechs Tierschutzbüros die politische Realität in Österreich eingeholt. In den folgenden 105 Tagen der Untersuchungshaft erkannte ich erst, wie unfassbar naiv ich davor in den 30 (!) Jahren des politischen Aktivismus für Tier- und Umweltschutz gewesen war. Jetzt, im Nachhinein, ist mir nicht mehr ganz klar, warum ich diese Ereignisse nicht erwartet oder wenigstens für möglich gehalten hatte.

Schon während meiner Jugendzeit, in der ich politisiert wurde, gab es international große politische Prozesse gegen friedliche DissidentInnen. Besonders erinnerlich ist mir der Prozess gegen die Studierendenvereinigung der Schwarzen in Südafrika und der Tod von Steve Biko einige Zeit danach unter den Knüppeln von PolizeibeamtInnen in einer Zelle. Die Kampagne gegen die Apartheid in Südafrika war das zentrale internationale Thema meiner politischen Bewusstwerdung. 1948 war in Südafrika die nationalistische „Nationale Partei“ demokratisch – ohne Stimmrecht der Nicht-Weißen – an die Macht gekommen. Daraufhin wurde sukzessive ein System der totalen Rassentrennung, in der Sprache der MachthaberInnen (Afrikaans) Apartheid genannt, etabliert. In den 1970er Jahren, nach den Erfolgen der Bürgerrechtsbewegung in den USA, führte diese Apartheid zu einer zunehmenden internationalen Ächtung und zu einem Boykott südafrikanischer Waren. In Südafrika entwickelte sich ein bewaffneter Widerstand – und im Gleichschritt die südafrikanische Demokratie in einen Polizeistaat. Der Geheimdienst infiltrierte alle potenziellen Protestgruppen, und es wurde ein Terrorismuspräventionsgesetz eingeführt, das der Polizei und der Justiz weiten Handlungsspielraum bis hin zur Folter bot.

Unter den völlig gewaltfreien Widerstandsgruppen, die 1974 in den Fokus der Geheimpolizei gerieten, waren die Studierendenorganisation South African Students' Organisation (SASO) und das Black Consciousness Movement (BCM). Wie wir von der Sonderkommission gegen den Tierschutz in Österreich wurden auch diese Organisationen abgehört und infiltriert. 1974 kam es dann zu zahlreichen Hausdurchsuchungen und zu 101 Tagen U-Haft für mehrere Beschuldigte. Über das ganze Jahr 1975 und einen Teil von 1976 wurde ein Prozess auf Basis des Terrorismuspräventionsgesetzes durchgeführt. Beim Tierschutzprozess am Landesgericht in Wr. Neustadt ging es im Wesentlichen um dasselbe, und sowohl U-Haft als auch Prozess dauerten ähnlich lange. In Südafrika wie auch in Wr. Neustadt waren 13 Personen angeklagt.

Den 1975 in Südafrika Angeklagten wurde nicht vorgeworfen, selbst kriminelle Handlungen durchgeführt, geplant oder in Auftrag gegeben zu haben. Vielmehr warf man ihnen vor, ihre Pamphlete, Vorträge und Flugzettel seien subversiv und würden andere, ihnen unbekannte Personen zu Straftaten motivieren. Ähnliches war 35 Jahre später die Grundlage der Anklage im Tierschutzprozess. Der südafrikanische Prozess zog sich so lange hin, weil es eben nicht um konkrete Straftaten, sondern um die Gesinnung und die politische Wirkung der Angeklagten ging. Der Richter und der Staatsanwalt fragten z. B., ob die Angeklagten gegen das Apartheidsystem seien, ob sie die Gesellschaft grundsätzlich ablehnten und ob sie Gewalt als legitimes politisches Mittel anerkennen würden oder nicht. Jede Äußerung der Angeklagten im Laufe ihrer politischen Arbeit wurde vorgelesen und genau hinterfragt – auch hier deutliche Parallelen zum Tierschutzprozess. Dazu wurden in beiden Prozessen zahlreiche ZeugInnen einvernommen, die über die Gesinnung der Angeklagten Auskunft geben sollten.

Im Urteilsspruch aus Südafrika findet sich folgende Aussage von Richter Boshoff: „*The means that you adopt in order to build up the power bloc and to conscientise people has the effect of antagonising black people, and eventually you have a situation where you will not be able to control this bloc if they do not get their claims met by the white group [...] The objection is not against conscientising as such, it is the manner of conscientising pointing out to them what enemies they have in the white people.*“

Und mit diesen Worten wurden neun der 13 Angeklagten zu fünf bis sechs Jahren unbedingter Haft verurteilt.

Ich hatte also diese Kenntnis und dieses politische Vorbild, und dennoch traf mich der umfassende Schlag von Polizei und Justiz in Österreich in seinem Ausmaß und in seiner Härte völlig unerwartet. Der südafrikanische Prozess lief in einer „Demokratie“ der weißen Minderheit ab. Auch aus der DDR kannte ich politische Prozesse, aber hier hatte ich die Ausrede, dass es sich ja um eine Diktatur handelte und die Verhältnisse deshalb nicht auf Österreich übertragbar seien. Ähnlich könnte man über die SozialistInnenprozesse des Austrofaschismus denken, obwohl in all diesen Prozessen die politische Natur der Vorwürfe sehr ähnlich war. Immer konnte man den Angeklagten keine konkreten Straftaten vorwerfen, immer subsumierte man sie als Teil eines großen revolutionären Ganzen unter die Straftaten Unbekannter und machte sie so mitschuldig. Als Außenminister nannte der seinerzeit verurteilte Bruno Kreisky diese juristische Taktik empört ein „Amalgam“, also eine willkürliche Maßnahme, und bezog sich dabei auf die ähnlich gelagerten Vorwürfe gegen ihn und andere potenzielle SympathisantInnen der Südtirolanschläge in den 1960er Jahren. Freilich wurde Kreisky deshalb nie der Prozess gemacht.

Auch in der österreichischen Geschichte der Demokratiewerdung gibt es ein leuchtendes Vorbild einer solchen Prozesstaktik: den Jakobinerprozess von 1794. Nach der Aufklärungsperiode unter Kaiser Josef II. gab es eine neoabsolutistische Reaktion, und insbesondere angesichts der revolutionären Entwicklungen in Frankreich wurde eine Geheimpolizei eingerichtet und ein Spitzelwesen eingeführt, das dann im Vormärz seinen Höhepunkt finden sollte. Spitzel zusammen mit Geheimpolizei wurden rasch fündig, man infiltrierte eine Gruppe von Personen, die eigentlich nicht mehr als ein Debattierclub über Demokratie war. Anfang 1794 wurde zunächst das sogenannte „Schusterkomplott" aufgedeckt und einige Personen mangels anderer juristischer Möglichkeiten wegen Blasphemie zu je einem Jahr Haft verurteilt. Sie hatten in ihren Diskussionskreisen atheistische Meinungen geäußert, sich aber auch über militärische Siege des revolutionären Frankreich gefreut und demokratische Reformen angedacht. Da man dadurch aber der wesentlichen AkteurInnen innerhalb der sogenannten „Jakobiner" nicht habhaft werden konnte, forderte der Polizeiminister vom Kaiser die Möglichkeit, DissidentInnen ohne konkrete Anklage festnehmen zu können. In einer Anfrage der Polizeihofstelle an den Kaiser vom 23. Juni 1794 wurde verlangt, dass die Polizei in Fällen der Gefährdung der öffentlichen Ordnung ohne juristische Formalitäten vorgehen und Verhaftungen aussprechen dürfe. Die wichtigste Aufgabe der Polizei sei, Verbrechen im Vorfeld zu verhindern, und das lasse sich nur so bewerkstelligen. Am 14. Juli 1794 begannen tatsächlich die Verhaftungen, und im Oktober folgte der Prozess. Vorgeworfen wurde einigen wenigen letztlich die Planung einer Revolte – sie waren von einem Polizeispitzel zu entsprechenden Äußerungen aufgestachelt worden –, den anderen Mitwisserschaft, die Verbreitung von subversiven Texten und der Straftatbestand, einen Geheimbund gebildet zu haben. Weil im Rahmen der Aufklärung kurz davor die Todesstrafe abgeschafft worden war, brachte man nur die beiden Angeklagten, die als Angehörige der Armee nach dem Militärstrafrecht verurteilt werden konnten, durch Erhängen am Schottentor in Wien um (einer davon wurde nur noch als Leiche aufgehängt, weil er vorher Selbstmord begangen hatte). Der Rest erhielt zum Teil sehr lange Gefängnisstrafen, erschwert durch besondere Auflagen wie hartes Lager und Hungertage. Erstaunlicherweise sind diese ersten Opfer der Demokratiebewegung im österreichischen Geschichtsbewusstsein fast völlig vergessen. Vor Antreten ihrer Strafe stellte man die Verurteilten 1795 in Wien öffentlich aus, und sie wurden vom Volk bespuckt und beschimpft. In der Öffentlichkeit hatte man zu dieser Zeit offenbar sehr wenig Verständnis für die Forderung nach Demokratie.

Doch auch im demokratischen Österreich an der Wende zum dritten Jahrtausend und danach gab es politische Prozesse, die bei mir die Alarmglocken hätten schrillen lassen müssen. Die unter dem Schlagwort „Operation Spring" durchgeführten Ermittlungen und Hausdurchsuchungen gegen MigrantInnen mit schwarzer Hautfarbe scheinen nach entsprechender Analyse ebenfalls rein politisch motiviert gewesen zu sein. Die meisten der Betroffenen hatten sich in einer Protestbewegung gegen die Tötung von Marcus Omofuma bei dessen Abschiebung formiert. Aussendungen der Polizei nach den Verhaftungen ist zu entnehmen, dass diese Protestaktivität ein zentrales Erkennungsmerkmal der Mitgliedschaft in der vorgeworfenen kriminellen Organisation – die dann nie angeklagt wurde – gewesen sein soll. Einer der angeblichen Chefs dieser angeblichen kriminellen Organisation, Obiora Ci-K Ofoedu, ein Schriftsteller ohne jede Beziehung zum Drogenhandel oder einem kriminellen Milieu, wurde in genau der gleichen Weise beschuldigt und in U-Haft gesteckt wie neun Jahre später die U-Häftlinge im Tierschutzverfahren. Doch hielt sich die Kritik der Medien und der Zivilgesellschaft an der „Operation Spring" lange Zeit in Grenzen – mehr noch, vielen Berichten war regelrechter Hass auf die Beschuldigten zu entnehmen. Offenbar hatten die Stimmung in der Bevölkerung gegenüber schwarzen MigrantInnen und der zusätzliche Vorwurf der Drogenkriminalität ein zu großes Gewicht.

Ähnliches lässt sich für den sogenannten IslamistInnenprozess sagen, der unmittelbar vor der Tierschutzcausa in Wien über die Bühne ging. Ein junges Ehepaar wurde im Wesentlichen aufgrund seiner subversiven Äußerungen im Internet bzw. aufgrund von Übersetzungen im Internet öffentlich zugänglicher Texte zu mehrjährigen Haftstrafen verurteilt.

Kurz gesagt, mit all diesen Erfahrungen hätte man realistischerweise auch im demokratischen Österreich mit einem ähnlichen politischen Verfahren gegen den Tierschutz rechnen können. Immerhin sind die Aktivitäten der Tierschutzbewegung seit 1997 fixer Bestandteil des sogenannten Verfassungsschutzberichtes der Polizei und damit im Visier jener Polizeieinheiten, die die Verfassung zu schützen und Terrorismus zu bekämpfen haben. Allerdings, und das ist die wesentliche Entschuldigung für meine Naivität, war gerade in den Jahren vor den Polizeiübergriffen im Tierschutzbereich nichts irgendwie Auffälliges passiert. Der Verfassungsschutzbericht für das Jahr 2007 sagt sogar ganz deutlich, dass es in diesem Jahr nur halb so viele Straftaten im Namen des Tierschutzes gegeben habe wie noch 2006. Dafür habe die legale Tierschutzaktivität dramatisch zugenommen. Insgesamt habe man 2007 nur 22 Anzeigen mit Tierschutzbezug erhalten, eine Zahl, die im internationalen Vergleich sehr gering ist. Für linksradikale Ziele listet derselbe Verfassungsschutzbericht etwa 15-mal mehr Anzeigen auf, für rechtsradikale gar 40-mal mehr.

Und die 22 Strafanzeigen im Tierschutzbereich waren mehrheitlich von einer Art, die man landläufig „Pimperldelikt" nennt, also mehr oder weniger Bagatellen. Hauptsächlich ging es um zerstörte Werbeplakate, aber auch um beschädigte Auslagenscheiben, um Stinkbombenwürfe, um mit Lack übergossene Autos, um aufgestochene Autoreifen und um anonyme Drohungen per E-Mail, die sich alle gegen tiernutzende Firmen gerichtet haben sollen. Im gleichen Jahr gab es aber 711 Anzeigen wegen schwerer, strafrechtlich relevanter Tierquälerei und mehrere tausend Anzeigen wegen Tierquälerei nach dem Tierschutzgesetz, von denen weniger als zehn Prozent sanktioniert wurden. Dabei ist bei Tierquälerei die Dunkelziffer jener Fälle, die nie den Behörden bekannt werden, viel höher als in anderen Bereichen, u. a. weil das Tierschutzgesetz im Mittel nur alle 50 Jahre eine Kontrolle jeder Tierfabrik vorschreibt. Angesichts dieser Zahlen ist die Notwendigkeit, gegen TierschutzaktivistInnen mit Sonderkommission und politischem Prozess vorzugehen, nicht nachvollziehbar.

An dieser Stelle sollte man auch erwähnen, dass es damals zahlreiche Sachbeschädigungen und Droh-E-Mails, aber auch körperliche Angriffe gegen TierschutzaktivistInnen gab und auch heute noch gibt. Am 5. Dezember 2006 wurden drei Aktivisten des Vereins Gegen Tierfabriken (VGT) bei einer legalen und friedlichen Kundgebung gegen

Pelz vor einer Filiale der Firma Kleider Bauer in Innsbruck angegriffen und schwer verletzt. Einem der Angegriffenen, er sollte später unter den Angeklagten im Tierschutzprozess sein, wurde dabei mit der Faust ins Gesicht geschlagen. Wenige Tage nach dem Vorfall trudelte eine E-Mail folgenden Inhalts im VGT-Büro ein: „*Eine funktionierende Wirtschaft sichert Arbeitsplätze, auch der Pelzhandel. Lieber ein paar tote Tierschützer als eine kaputte Wirtschaft!*" Später gab es am 15. September und am 28. September 2007 ähnliche Angriffe auf friedliche AktivistInnen bei Kundgebungen vor Kleider-Bauer-Filialen in Graz und Wien. Bei letzterem Vorfall gab einer der Angreifer an, man habe ihm 30 Euro für diese Aktion bezahlt. Im Jahr 2007 wurde dreimal nach Kundgebungen vor Kleider Bauer in Wien das Transportfahrzeug des VGT beschädigt und mit Lack übergossen. Es gab hier also eine offensichtliche Häufung von Straftaten gegen jene Personen, die gegen die Firma Kleider Bauer legal und friedlich demonstrierten.

Daneben ist noch ein weiterer Fall von schwerer Körperverletzung an TierschutzaktivistInnen aus dem Jahr 2007 bekannt. Am 18. November gab es anlässlich einer Treibjagd bei Zurndorf im Burgenland einen konzertierten Angriff von JägerInnen auf TierschützerInnen, bei dem Letztere zu Boden geschlagen, getreten, bespuckt und verletzt wurden. Teile dieser Angriffe wurden mit Videoaufnahmen dokumentiert – bis die Kameras von den JägerInnen beschädigt wurden, offenbar um das weitere Filmen zu verhindern.

Anlässlich des Tierschutzprozesses hat der VGT einige Beispiele von Droh-E-Mails und kleineren Sachbeschädigungen gegen den Verein veröffentlicht, um zu zeigen, dass Tierschutzorganisationen oft Opfer solcher Straftaten sind:

9. April 2008: „*Eicha hurns Varein kerd auf da stö zurdrat und es kehrts ole daschlong und ba de eier aufkengt.!!!!!!!!!!!!*"

23. April 2008: „*Ihr werdet auch immer hirnloser. Was würde man ohne jagd machen? Ich hätte auch kein Hobby mehr und verreisen um zu jagen kann ich dann auch nicht mehr. In zukunft passt besser auf was ihr sagt sonst steht ihr auf meiner abschussliste!!!!*"

19. September 2008: „*Was ist bitte ein Zirkus für ein Zirkus ohne Elefanten,Löwen,Tiger udgl. Dann sperrt doch auch gleich noch jeden Zoo zu ihr Möchtergern Tierschützer euch gehört das Handwerk gelegt*"

2. Juli 2009: „*Ihr sehr wirklich einfach nur mehr deppat! Glaubts ihr wirklich nur weil ein paar Geschäfte, Firmen oder andere Betriebr auf Käfigeier verzifcchten ist das das Ende der hygenisch besten Eier???*

Ist wohl besser wenn man in Österreich große Betriebe (Latschenberger, Schrall, Bachner...) umbringt un jetzt bereits bei Hofer Holländische Eier im Regal stehen!!

Ihr Wixxer ihr verdammten!"

3. Oktober 2009: „*ICH HASSE TIERE; ICH MÖCHTE NICHT DASS SIE STERBN GANZ IM GEGENTEIL! IHR TOT SOLL SO LANGE WIE MÖGLICH HINAUSGEZÖGERT WERDEN SODASS SIE SO LANGE WIE MÖGLICH LEIDEN!!!*"

5. Oktober 2009: „*... mein Hass wäre nicht sehr groß wenn ich Ihn mit Worten beschreiben könnte; welchen ich für Euch Empfinde!!!*"

30. Dezember 2009: *„wenn ihr stallbesuche in zukunft macht müsst ihr damit rechnen in fotofallen, kameras zu tappen oder einige haben auch schon auf schrott umgestellt. also ich würde mir nächtliche einbrüche an fremden besitz in zukunft überlegen bis es den ersten toten gibt eigentum steht über allem. wenns ihr es nicht kapiert gilt das faustrecht"*

2. Februar 2010: *„ihr dreckschweine frest euer gemüse und last uns fleischesser in ruhe ich bin metzger und ich liebe es tiere zu schlachten besonders kleine kälber die haben das beste fleisch fohlen steak ist auch gut wir metzger werden nie aufhören zu schlachten. fleisch heil. wir werden euch bekämpfen bis aufs letzte"*

Es gab elf Straftaten gegen den VGT zwischen Dezember 2009 und September 2010:

- 1. Dezember 2009: Nötigung durch Telefon- und E-Mail-Drohungen gegen Jagdmonitore, sollten sie zu einer Treibjagd in den Dunkelsteiner Wald kommen
- 8. Dezember 2009: Zwei Mitarbeiter einer Schweinefabrik stechen zwei Reifen eines VGT-Autos auf – Anzeige ohne Folgen
- 30. Dezember 2009: Droh-E-Mail
- 2. Februar 2010: Droh-E-Mail
- 24. Februar 2010: Morddrohung mittels E-Mail
- 12. März 2010: Droh-E-Mail
- 19. März 2010: Plakate des VGT systematisch zerstört
- 20. März 2010: Türschloss des VGT-Materiallagers zerstört
- 26. März 2010: Plakate des VGT systematisch zerstört
- 15. April 2010: Zwei Reifen eines VGT-Autos, das vor dem Büro geparkt war, aufgestochen
- 28. September 2010: Scheibe des VGT-Busses eingeschlagen

Derartige Vorfälle waren mir auch Anfang 2008 bereits wohlbekannt, und ich konnte daher beim besten Willen nicht mit irgendwelchen Repressionsaktionen der Behörden gegen den Tierschutz – und insbesondere nicht in dem Ausmaß, wie sie dann auftreten sollten – rechnen. Beim ersten Treffen mit meinem Anwalt nach meiner Verhaftung gab mir dieser im Gefängnis ein Buch des berühmten österreichischen Rechtsanwalts Walther Rode. Er hatte Anfang des 20. Jahrhunderts eine Anzahl an politischen Prozessen zu führen und erklärte in seinem Buch, dass diese Prozesse immer einem ähnlichen Schema folgen würden – analog zu Kreiskys „Amalgam" – und für die Verteidigung von vornherein verloren seien. Politische Prozesse könne man nicht gewinnen, man solle sie daher mittels einer politischen Verteidigung für die Agitation nutzen. Die einzig aussichtsreiche Verteidigung sei es, die Öffentlichkeit auf den Fall aufmerksam zu machen und gegen eine Verurteilung zu mobilisieren.

Und tatsächlich zeigen alle oben genannten politischen Prozesse diese beiden Charakteristika: Erstens kam es ohne konkrete Tatvorwürfe zu Verurteilungen, und zweitens wurden die Bestrafungen von der Öffentlichkeit generell begrüßt. Und genau in diesen beiden Punkten sollte dann letztendlich der Tierschutzprozess von der bisherigen Erfahrung mit politischen Prozessen abweichen. Die Repressionsbehörden hatten offenbar nicht damit gerechnet, dass ihre Propagandamaßnahmen zur Kriminalisierung des Tierschutzes in Österreich nicht fruchten würden. Doch sie hatten sich übernommen. Allein im Jahr 2008 waren gegen 267 TierschutzaktivistInnen optische und/oder akustische Überwachungsmaßnahmen angeordnet worden, wie die Justizministerin in ihrem Jahresbericht angab, gegen 16 Tierschutzorganisationen gab es Ermittlungsmaßnahmen, gegen 46 Personen polizeiliche Abschlussberichte mit der Empfehlung einer Anklage, praktisch alle Tierschutzkampagnen seit 1988 wurden als kriminell eingestuft. Der Tierschutz in Österreich hatte aber einen guten Ruf, in der Öffentlichkeit wurden Tierschutzaktivitäten generell begrüßt und nicht als radikal abgelehnt. Praktisch niemand hatte den Eindruck, im Bereich Tierschutz gebe es eine Gefährdung der öffentlichen Sicherheit durch AktivistInnen. Die Anklage erkannte zu spät, dass dieser Generalangriff auf den Tierschutz öffentlich nicht goutiert wurde. Rasch versuchte man, durch eine künstliche Abgrenzung zwischen Tierschutz als sozialadäquat und Tierrechten als radikal und staatsfeindlich Abhilfe zu schaffen. Obwohl die Tierschutzorganisation Vier Pfoten in den Akten oft als verdächtig aufschien, versuchte man plötzlich mit allen Mitteln, die Spuren der Vier Pfoten wieder aus den Akten zu tilgen. Gegen einen Aktivisten, der nur vegetarisch und nicht vegan war, wurden mit dieser Begründung die Ermittlungen eingestellt, obwohl man ihn vorher überwacht und ihm sogar seine DNA abgenommen hatte.

Zuletzt versuchte man, die Anklage auf den VGT und insbesondere auf mich als dessen Obmann zu fokussieren. Ich wurde zum Hauptangeklagten erklärt, der Staatsanwalt nannte mich die tonangebende Führungsperson und bezeichnete mich sogar als den „Messias" der Tierschutzbewegung, mit den anderen zwölf Angeklagten als meinen Aposteln. Nach dem Besuch einer Journalistin bei mir in der U-Haft erschien ein Artikel in der deutschen Wochenzeitung „Die Zeit" über die Ermittlungen gegen mich mit der großen Überschrift „Staatsfeind Nr. 1". Und genau so fühlte ich mich auch.

1. Die Verhaftung

Rumms. Ein lautes Geräusch schreckt mich aus dem Schlaf. Es ist noch dunkel, ich liege in jenem Zimmer, in dem ich bereits meine gesamte Kindheit und meine Teenagerjahre verbracht habe. Seit mehr als 40 Jahren ist das meine Lebensbasis, mit Unterbrechungen während meiner Studentenzeit und den Jahren als Universitätsassistent im Ausland. Es war die Wohnung meiner Eltern, bis sie sich 1982 scheiden ließen, jetzt wohnen hier neben mir mein Bruder mit seiner Partnerin und deren zehnjährige Tochter. Ich bin noch im Halbschlaf und höre irgendwo Stimmen. Ich kann sie nicht zuordnen, kann aber auch nicht meine Augen öffnen; ich will weiterschlafen, rede mir ein, dass mich das nichts angehe. Doch dann reiße ich mich bewusst aus dem Schlaf. Dieses laute Geräusch kam definitiv aus unserer Wohnung. Irgendetwas muss passiert sein.

Ich steige aus dem Bett. Ich habe nur ein T-Shirt an, sonst bin ich nackt. Plötzlich wird die Tür aufgerissen, und schwarz vermummte Personen stürmen herein. Ich sehe gezogene Schusswaffen und werde mit einem Scheinwerfer angestrahlt. „Umdrehen, Hände an die Wand!", schreit jemand. Verdattert folge ich dem Befehl. Ich spüre den Lauf einer Pistole im Genick. Im Gang zwischen dem Schlafzimmer der Familie meines Bruders und meinem wird das Licht aufgedreht. Ich schaue hin und sehe durch die Tür auch meinen Bruder an der Wand stehen, mit einer Pistole im Nacken, neben ihm seine Partnerin und seine Tochter.

Um uns herum laufen einige Personen im Kampfanzug hin und her. Sie tragen schwarze Strumpfmasken, nur die Augen sind ausgeschnitten. Ihre Helme sind tief ins Gesicht gezogen, alle halten gezogene Schusswaffen und grelle Taschenlampen in den Händen. Einer der Maskierten packt mich grob an der Schulter und schiebt mich den Gang entlang zur Eingangstür. Ich bin total verwirrt und weiß nicht, was ich von all dem halten soll. Vor der Tür im Stiegenhaus – unsere Wohnung liegt im fünften Stock – stehen zahlreiche Menschen in Zivil, darunter eine kleine Frau, die mit einer, wie mir scheint, überdimensionalen Pistole in der Luft herumfuchtelt, und ein eigenes Filmteam, dessen Kamera mit Stromkabeln verbunden ist, die sich die Stiegen hinunter irgendwo verlieren. Die kleine Frau ist offenbar die Chefin dieses Einsatzes, erst später soll ich ihren Namen erfahren: Chefinspektorin Bettina Bogner. „Polizei", sagt sie trocken. „Was läuft hier eigentlich?", bringe ich gerade noch heraus. „Deshalb sind wir hier", sagt die Frau und zeigt auf mein T-Shirt. Darauf ist Alf im Porträt abgebildet, der katzenfressende außerirdische Cartooncharakter, zusammen mit der Phrase „I support ALF". ALF wie „Animal Liberation Front", ein Scherz-T-Shirt, von den Behörden als Begründung für ihre Repression vorgeschoben. In dieser Tonart sollte es weitergehen.

Die Frau gibt mir einige Zettel in die Hand und sagt, jetzt gibt es eine Hausdurchsuchung. Mit diesen Worten gehen geschätzte zehn Zivilpersonen in unsere Wohnung und beginnen sie systematisch zu zerlegen und alles zu durchsuchen. Noch immer verdattert schaue ich auf die Schriftstücke in meiner Hand. „Verdacht auf Mitgliedschaft in einer kriminellen Organisation nach § 278a Strafgesetzbuch (StGB)", steht da drauf. Es ist das erste Mal, dass ich von diesem Paragrafen höre. Ich lese weiter, es folgen 23 Adressen, an denen offenbar jetzt gleichzeitig Hausdurchsuchungen stattfinden, darunter sogar in Graz, in Salzburg und in Innsbruck. Einige Namen der Betroffenen habe ich noch nie gehört. Irgendwie bin ich erleichtert. „Also, wenn das der Vorwurf sein soll, dann kann ich nur lachen", gewinne ich ein bisschen Selbstsicherheit zurück. „Wetten wir um 5000 Euro, dass ich wegen diesem Blödsinn nie im Leben angeklagt, geschweige denn verurteilt werde!", fordere ich die Chefinspektorin heraus. „Da würde ich lieber nicht wetten an Ihrer Stelle", antwortet sie, geht zu meinen Bücherkästen und beginnt, jedes einzelne Buch herauszunehmen und durchzublättern.

Foto 1: Nach der Durchsuchung meiner Wohnung.

„Ich möchte meinen Anwalt anrufen", sage ich jetzt bestimmt, „und mir eine Hose anziehen." Die Polizei ist ein bisschen verwirrt, telefoniert offenbar mit dem Staatsanwalt. Ich dürfe meinen Anwalt verständigen, wird mir verkündet, und eine Hose anziehen auch. Ich schlüpfe in die nächstbeste Hose und gehe zu meinem Handy, das direkt neben dem Bett liegt. Ein maskierter Polizist folgt mir mit grimmigem Blick. In der Tierschutzarbeit brauchen wir oft anwaltliche Hilfe, ein Schulfreund von mir ist Rechtsanwalt und unterstützt uns schon seit über zehn Jahren. Es ist aber offenbar noch zu früh für ihn, er hebt nicht ab, ich spreche ihm auf den Anrufbeantworter. Kaum ist das Gespräch beendet, ruft ein ziviler Beamter, man solle mir das Handy abnehmen. Der maskierte Polizist neben mir, vielleicht zwei Köpfe kleiner als ich, greift danach, doch ich presse es dicht an mich und drehe es ab. Der Zwerg fühlt sich offenbar herausgefordert und beginnt mit der Faust auf mich einzuschlagen. Widerstand gegen die Staatsgewalt wäre ein strafrechtliches Delikt, und so ist man als guter Staatsbürger in so einem Fall gezwungen, sich schlagen zu lassen. Kurz spiele ich mit dem Gedanken, das Handy in den Abfluss der Dachrinne zu werfen, einfach so, aus Protest. Doch dann denke ich, was soll's, dieser Spuk wird gleich vorbei sein, wenn die Polizei erkennt, dass es bei mir nichts Kriminelles zu finden gibt. Trotz der Schläge des maskierten Polizisten warte ich in aller Ruhe, bis das Handy ausgeschaltet ist, und übergebe es ihm dann. Er ist sichtlich wütend und reißt es mir aus der Hand.

Die maskierten PolizistInnen werden jetzt abgezogen, und zwei Beamte in Uniform stellen sich neben mich, um mich zu bewachen. Das Kamerateam der Polizei bleibt immer in meiner Nähe, filmt mir direkt ins Gesicht und dokumentiert alles. Später erfahre ich, dass unten vor dem Haus der zuständige Staatsanwalt Wolfgang Handler von der Staatsanwaltschaft Wr. Neustadt in einem Auto sitzt und über diese Filmkamera die ganze Aktion live mitverfolgt. Warum auch immer.

Ich stehe an die Wand gelehnt im Raum, rechts und links neben mir uniformierte Beamte, die mich bewachen, und beobachte, wie zehn wildfremde Personen meine privaten Sachen durchsuchen, meine Unterwäsche einzeln aus einer Lade nehmen und begutachten, meine Aufzeichnungen lesen und jedes meiner Bücher durchblättern. In der Mitte des Raumes werden Dinge aufeinandergestapelt, die offenbar irgendwie relevant sein sollen. Dazu gehören Tierschutzzeitschriften, Flugblätter, Buttons und verschiedene T-Shirts. In kürzester Zeit versinkt mein Wohnraum in ein komplettes Chaos, weil alles aus den Laden und Kästen einfach herausgerissen und auf den Boden geworfen wird.

Da erscheint eine Assistentin meines Rechtsanwalts in der Tür, weist sich gegenüber der Polizei aus und erzählt mir, dass gerade das Büro des Vereins Gegen Tierfabriken, jenes Tierschutzvereins, dessen Obmann ich bin und der mich seit zehn Jahren als Mitarbeiter anstellt, von der Polizei zerlegt wird. Weil dort niemand sei, werde sie jetzt hinfahren. Tatsächlich, so erfuhr ich später, war die Polizei mit zwei Lkws bei unserem Wiener Büro vorgefahren und hatte zur selben Zeit, in der meine Hausdurchsuchung stattfand, begonnen, alles, was nicht niet- und nagelfest war, aus dem Büro abzutransportieren. Als die Angestellten in der Früh an ihren Arbeitsplatz kamen, war alles leergeräumt. Berge von Akten, alle Computer, alle Videos, Fotos und Kameras, einfach alles war abtransportiert worden. Ein zentraler Teil des Repressionskalküls ist es von Anfang an gewesen, unseren Verein lahmzulegen. Er sollte auch keine Medienarbeit mehr leisten und seine Mitglieder nicht mehr kontaktieren können. Man wollte den VGT zerschlagen, weil man ihn als die zentrale Kraft hinter einer subversiven Tierschutztätigkeit in Österreich sah und mich, als dessen Obmann, in der Rolle des Mafiapaten.

Inzwischen gewinne ich immer mehr meine Selbstsicherheit zurück. Es ist ja nicht das erste Mal, dass ich von der Polizei verhaftet werde, wenn ich auch das erste Mal eine Hausdurchsuchung erlebe. Aber irgendwann hat auch so etwas kommen müssen, das ist mir schon klar. Allerdings habe ich zu diesem Zeitpunkt die volle Überzeugung, dass die Polizei letztendlich unverrichteter Dinge wieder abziehen wird, weil sie nichts finden wird. Am nächsten Tag schon, bin ich mir sicher, werden wir alle bereits über diesen Blödsinn lachen können. Wie sollte ich mich da irren!

Ich lese den Hausdurchsuchungsbefehl genau durch. Dort steht, ich hätte das Recht auf die Anwesenheit einer Vertrauensperson. „Ich möchte“, sage ich jetzt laut, „eine Vertrauensperson beiziehen. Das ist mein gutes Recht. Ich fordere, dass Sie meinen Vater anrufen und ihm sagen, dass er herkommen soll.“ Wieder Verwirrung unter den BeamtInnen. Offenbar sind sie so bestimmt vorgetragene Forderungen ihrer Opfer normalerweise nicht gewohnt. Sie telefonieren wieder mit dem Staatsanwalt. Einmal werde sie meinen Vater anrufen, erklärt die Chefinspektorin, wenn aber keine Verbindung zustande komme, hätte ich Pech gehabt. Kurz darauf trifft mein Vater in der Wohnung ein und beginnt alles zu fotografieren. Auch das löst Verwirrung bei der Polizei aus. Man nimmt ihm mit Gewalt die Kamera weg und löscht einige Bilder. Letztendlich wird ihm erlaubt, Dinge zu fotografieren, die abtransportiert werden, aber keine BeamtInnen. Diese Maßnahme ist nicht gesetzlich gedeckt, es handelte sich wieder nur um Willkür derjenigen, die durch Gewalt das Sagen haben. Die gesamte Hausdurchsuchung war eigentlich gesetzwidrig, weil die BeamtInnen mir anfangs die Möglichkeit hätten einräumen müssen, die konkreten Gegenstände, die sie suchten, herauszugeben. Nur, sie suchten überhaupt keine konkreten Gegenstände. Sie wollten einfach meine Sachen durchwühlen, einerseits in der Hoffnung, irgendetwas Inkriminierendes zu finden, andererseits, um mich psychisch unter Druck zu setzen und zu verängstigen. Später beanstandeten wir diesen Umstand vor einem Gericht. Der Richter meinte nur, die Polizei habe generell eine schwere Aufgabe in dieser Gesellschaft, und man könne da nicht verlangen, dass sie sich an die Buchstaben des Gesetzes halte; man müsse schon tolerant sein, wo käme man sonst hin. Mit diesen Worten lehnte er unsere Eingabe ab.

Jetzt durchsuchen die BeamtInnen bereits seit drei Stunden meine Wohnung. Aufs Klo darf ich nur in Begleitung eines Polizisten gehen. Plötzlich kommt ein Beamter aus meinem Schlafzimmer und verkündet, er habe etwas „Einschlägiges“ gefunden. Ich schaue ihm über die Schulter, obwohl er das zu verhindern versucht. Es handelt sich um 15 Jahre alte Tierschutzflugblätter aus meiner Zeit in England. Na großartig, wenn das alles ist, denke ich mir still.

Besonders sind die BeamtInnen an meinen Computern interessiert. Einer nimmt meinen Laptop und sagt, ich solle ihn einschalten. Ich schüttle den Kopf. Daraufhin wirft er ihn aus 30 Zentimeter Höhe auf den Boden. „Könnten Sie vielleicht vorsichtiger mit meinen Sachen umgehen?“, frage ich höflich. Der Beamte grinst, hebt meinen

Laptop auf und wirft ihn noch einmal auf den Boden. Ich schweige. Die Machtverhältnisse sind klar verteilt.

Okay, denke ich mir, jetzt möchte ich versuchen, das Beste aus meiner Situation zu machen. Die uniformierten Polizisten neben mir sind gelangweilt und achten nicht genau darauf, was ich tue. Die zivilen BeamtInnen wühlen alle irgendwo in meinen Sachen. Die Chefinspektorin ist meinen Kleiderkasten durchgegangen und hat einen großen Stapel von T-Shirts gebildet, die ihrer Ansicht nach inkriminierende, subversive Sprüche zeigen. Diese T-Shirts sollen alle beschlagnahmt werden. Ich steige über den Stapel und gebe vor, einem der Beamten genau zuzusehen, wie dieser irgendwelche Laden durchwühlt und ihren Inhalt auf den Boden leert. Die beiden Polizisten stellen sich pflichtbewusst neben mich, direkt hinter mir ist der T-Shirt-Stapel. Und so beginne ich in den nächsten Minuten, mit meinen Zehen nach hinten auf den Stapel zu greifen und ein T-Shirt nach dem anderen herunterzunehmen und nach hinten zu werfen. Es funktioniert, niemandem fällt es auf, bis alle T-Shirts im Zimmer verteilt auf den durchwühlten Gegenständen liegen. Ein kleiner moralischer Sieg. Letztendlich wird kein einziges T-Shirt von mir beschlagnahmt.

Nach dieser gelungenen Operation wende ich mich einer wichtigeren Sache zu. In einem Stapel von Zeitschriften auf einem Bücherkasten liegt eine externe Festplatte, die ein Backup meiner Computerdaten enthält. Ich rechne damit, dass man mir alle Computer wegnehmen und eine lange Zeit nicht mehr zurückgeben wird. Nur mit diesem Backup kann ich meine Daten retten und später weiterarbeiten, z. B. sind dort die PowerPoint-Präsentationen für meine Schulvorträge und alle E-Mails gespeichert, aber auch meine Urlaubsfotos usw. Ich stelle mich neben den Kasten und versuche, unbeteiligt zu wirken. Langsam, Zentimeter für Zentimeter, nähert sich meine Hand der Festplatte, und letztendlich greife ich sie und lasse sie in den immer größeren Haufen von Sachen fallen, die von den BeamtInnen aus den Laden und Kästen auf den Boden geleert wurden. Mit dem Fuß schiebe ich die Festplatte tief unter andere Dinge, sodass sie nicht mehr sichtbar ist. Operation gelungen, nach meiner Entlassung aus der U-Haft war dieses Backup meine Rettung. So hatte ich alle meine Daten, Vorträge, Fotos, Filme, Artikel und Buchkonzepte zu meiner Verfügung. Von der Polizei sollte ich erst nach vielen Jahren Kopien meiner Computerfestplatten wiederbekommen, und das in einem Zustand, in dem sie für mich unbrauchbar waren.

Plötzlich eröffnet mir die Polizei, dass Staatsanwalt Wolfgang Handler, der die Ermittlungen leitet, mit mir zu sprechen wünscht. Er sei unten auf der Straße vor dem Wohnhaus. Ich werde also hinuntergeführt, an allen NachbarInnen vorbei, die mich mitleidig anschauen. Unten erkenne ich erst, wie groß diese Polizeiaktion angelegt ist, mit zahlreichen Autos, einem eigenen Wagen für die Stromversorgung des Kamerateams und insgesamt mindestens 35 BeamtInnen, wie mir NachbarInnen später bestätigen. Der Staatsanwalt steht mir gegenüber. Ich frage ihn, was das alles soll. „Das wissen Sie genau!“, versucht er scharf zu wirken, kann aber seine Unsicherheit nicht überspielen.

Nervös zuckt er mit den Augen. „Was ist der Vorwurf? Was für Beweise liegen gegen mich vor?", frage ich ruhig. „Brandstiftung, Nötigung, Sachbeschädigung", meint er abgehackt. „Wie bitte?", ich kann das wieder einmal nicht fassen. „Was für eine Brandstiftung? Wovon reden Sie überhaupt?" Soweit ich mich zurückerinnere, ist mir keine Brandstiftung bekannt, die mit Tierschutz in Zusammenhang stehen könnte, außer vielleicht vor zehn Jahren. Ich hätte eine Jagdhütte angezündet, meint der Staatsanwalt, sagt es aber so leise und nicht direkt an mich gerichtet, als ob er sich nicht sicher ist. Dann sieht er offenbar in der Unterhaltung keinen Sinn mehr und lässt mich wieder hinauf in die Wohnung bringen.

Dort wird bereits seit mehr als vier Stunden alles auseinandergenommen. Auch mein Auto vor der Tür, das der Polizei offensichtlich bekannt war, wird durchsucht. Zu diesem Zeitpunkt wusste ich es noch nicht, aber mein Fahrzeug hatte sechs Monate lang einen Peilsender montiert gehabt, der im Laufe der Hausdurchsuchung auch abgenommen wurde. Die Polizei hatte also sechs Monate lang genau verfolgt, wo ich hingefahren war.

Wieder in meinem Wohnraum angekommen, sehe ich ein kleines Sackerl ganz oben im Bücherkasten hinter den Büchern stehen. Das enthält einen Dietrich, fährt es mir siedend heiß ein. Das ist ein Nachsperrwerkzeug, das wir manchmal für unsere Recherchen in Tierfabriken verwenden. So kann man Türen auf- und zusperren, ohne einen Schlüssel zu haben und ohne Spuren zu hinterlassen oder etwas zu beschädigen. Diese Recherchen sind notwendig, um die Öffentlichkeit über die Zustände in Tierfabriken aufklären und Filmaufnahmen von dort zeigen zu können. Das sollten sie nicht finden, denke ich mir. Die meisten BeamtInnen, insbesondere Chefinspektorin Bettina Bogner, sind so klein, dass sie dort gar nicht hinaufsehen. Bogner selbst geht aber systematisch jedes einzelne meiner etwa 1200 Bücher in den Stellagen durch, nimmt es heraus, blättert durch die Seiten und stellt es zurück. Die Gefahr ist groß, dass sie trotz ihrer geringen Größe das Sackerl mit dem Dietrich finden könnte. Die Reihenfolge, in der sie die Bücher aus dem Regal nimmt, zeigt mir, dass die Bücher vor dem Sackerl die allerletzten sein werden, die sie anschauen wird. Ich habe also noch etwas Zeit. Andere BeamtInnen beginnen bereits, einige der beschlagnahmten Gegenstände aus dem Haus zu tragen, insbesondere alle meine alten Computer, auch den meines Vaters von 1995, der bei mir abgestellt war.

Jetzt dauert die Hausdurchsuchung bereits sechs Stunden, Bogner ist vielleicht noch 20 Bücher vom Dietrich entfernt. Ihre KollegInnen murren. Einer will ein Klebeband von mir nehmen, um DVDs für den Abtransport zusammenzupacken. „Ich möchte nicht, dass Sie mein Klebeband dafür verwenden", sage ich aufmüpfig, mit einem Auge auf die Polizistin, die sich Buch für Buch meinem Dietrich nähert. So was von unkooperativ, meint der Beamte und verlässt mit den DVDs ohne mein Klebeband die Wohnung. Als Bogner die letzten Bücher erreicht, spreche ich sie an. Wie sie auf mich gekommen sei, frage ich sie, wie lange das noch dauern werde, was als Nächstes passieren werde usw. Es gelingt mir, sie abzulenken, sie spricht widerwillig mit mir und vernachlässigt dabei die letzten Bücher im Regal. In der Wohnung entsteht eine allgemeine Aufbruchsstimmung, man beschließt, die bereits beschlagnahmten etwa 100 „einschlägigen" Bücher mit offenbar subversiv-radikalem Inhalt doch nicht mitzunehmen, weil das zu schwer wäre. Bogner bricht tatsächlich nur fünf Bücher vor meinem Dietrich die Durchsuchung ab und schaut sich keine weiteren Bücher mehr genau an; der Dietrich bleibt, wo er ist, unerkannt. Ich atme auf.

Ich würde jetzt zur Polizeistation gebracht, verkündet man mir. Ich rechne mit 24 oder maximal 48 Stunden, bis man mich wieder freilassen wird. Bei einem Verdacht wegen Übertretung des Strafrechts darf die Polizei eine Person 48 Stunden lang in Gewahrsam halten, dann muss man per Gerichtsbeschluss in eine Haftanstalt gebracht oder wieder entlassen werden. Kein Richter und keine Richterin der Welt wird mich ohne Verdacht festhalten, bin ich mir sicher. In 48 Stunden werde ich also wieder draußen sein. Trotzdem nehme ich mir zwei Bücher, frische Unterwäsche, eine Schlafhose, eine Zahnbürste und Zahnpasta sowie eine Seife mit. Ich lebe seit 1989 vegan und verwende deshalb auch keine Produkte, die im Tierversuch getestet wurden, wie konventionelle Seife oder Zahnpasta. Die uniformierten Polizisten drängen zum Aufbruch. Man verfrachtet mich in ein Polizeiauto und führt mich zur Rossauer Kaserne.

2. Auf der Polizeistation

Ich bin seit 1979 im Tier- und Umweltschutz aktiv, und in diesem langen Zeitraum wurde ich sicher gut 25-mal von der Polizei festgenommen und in eine Zelle auf der Polizeistation gesperrt. Ich war also an diesem 21. Mai 2008 nicht völlig unvorbereitet, ich wusste mehr oder weniger, was mich erwartete. Allerdings waren diese 25 Festnahmen immer in Zusammenhang mit Aktionen des zivilen Ungehorsams gestanden, und entsprechend war mein Aufenthalt in der Polizeistation normalerweise weniger als 24 Stunden, in seltenen Ausnahmefällen bis zu 48 Stunden lang. Auf meiner Fahrt im Polizeiwagen zur Rossauer Kaserne muss ich an diese anderen Festnahmen denken. Ich erwarte, dass nichts Ungewöhnliches geschehen wird, dass ich innerhalb von höchstens 48 Stunden wieder freikomme. Ich werde, nehme ich mir vor, wie immer einfach keine Aussage machen, mich in meiner Zelle hinlegen und ausschlafen und dann wieder nach Hause gehen. Es sollte aber alles ganz anders kommen.

In der Rossauer Kaserne werden mir bei der Aufnahme zunächst alle Sachen abgenommen, sogar die Schuhbänder und insbesondere meine Uhr, meine Schlüssel und meine Geldbörse. Man lässt mir aber die Bücher, die zusätzliche Wäsche sowie Seife und Zahnputzzeug. Dann sitze ich in der Zelle in einem oberen Stock. Wie üblich für Polizeizellen, befinden sich nur eine Steinpritsche im Raum, ein Waschbecken, eine Toilette und ein in die Wand integrierter Steintisch. Das Fenster ist sehr weit oben an einem Zellenende und so eng vergittert, dass ich nicht bis zum Glas hinkomme. Wenn ich hinaufklettere, kann ich ein paar Blicke in den Hof erhaschen. In der Zelle brennt ein grelles Neonlicht, das ich nicht abschalten kann. Plötzlich höre ich lautes Pfeifen und Johlen von draußen, es werden Parolen gerufen. Offensichtlich ist eine Demonstration im Gange. Ich presse mein Ohr gegen die Gitterstäbe und höre Sprechchöre gegen § 278a und Polizeirepression. Das muss eine Demo zu unserer Unterstützung sein, realisiere ich begeistert und beginne laut hinauszubrüllen. Ich falle in die Protestparolen ein und möchte erreichen, dass die DemonstrantInnen verstehen, dass sie von innen gehört werden. Ich spüre Solidarität, ich fühle, dass ich draußen nicht vergessen werde. Zum ersten Mal denke ich, dass diese riesige Polizeiaktion für die Repressionsbehörden vielleicht nach hinten losgehen wird.

Doch die Demonstrationslaute halten nicht sehr lange an, ich höre Polizeisirenen, sehe die Reflexionen von Blaulicht, höre lautes Geschrei. Nach relativ kurzer Zeit ist wieder alles ruhig. Ich vermute, dass die Demonstration von der Polizei entweder mit Gewalt aufgelöst oder woandershin umgeleitet worden ist.

Ich setze mich auf die Pritsche und denke über meine Situation nach. Dem Hausdurchsuchungsbefehl entnehme ich, dass neben meiner Wohnung und meinem Büro auch die Wohnungen von zweien meiner Brüder und meiner Partnerin betroffen sind. Zusätzlich wurden das Materiallager unseres Vereins VGT und zahlreiche Privatwohnungen von VGT-Angestellten durchsucht. Darüber hinaus war die Polizei noch bei vielen weiteren Vereinen und AktivistInnen, sogar in anderen Städten. Wenn so viele Menschen betroffen sind, beruhige ich mich, kann es sich nicht um eine konkrete Straftat handeln. Zu diesem Zeitpunkt gehe ich noch davon aus, dass alle Personen, die in meinem Hausdurchsuchungsbefehl genannt sind, ebenso wie ich verhaftet wurden. Später stellte sich heraus, dass zwar 38 Personen von den Polizeimaßnahmen an diesem Tag betroffen waren und die meisten davon auch verhört wurden, dass man aber nur willkürlich zehn Personen herausgegriffen hatte, die verhaftet wurden und später in U-Haft kamen. Einer davon war ich.

Nach einiger Zeit geht meine Zellentür mit einem lauten Knall auf. Diese Türen sind aus schwerem Stahl gemacht, mit Guckloch und einer kleinen Klappe zum Durchreichen von Essen, sodass jede Bewegung nur mit Kraftaufwand möglich ist und laute Geräusche verursacht. Abgesehen davon hallt in diesen fensterlosen Gängen jedes derartige Geräusch wider und erzeugt ein Stakkato von Echos. Ich soll Fingerabdrücke abgeben und DNA abgenommen bekommen, erklärt man mir. „Ich möchte wissen, warum ich hier festgehalten werde", frage ich zurück. „Bis dahin verweigere ich jede Kooperation." Das könne ich ja den zuständigen BeamtInnen erklären, meint die Wache und drängt mich dazu, mitzukommen. Mehrere Stockwerke tiefer werde ich einem Beamten übergeben, der mich abwiegen und meine Größe messen will. „Ich weigere mich, das zu tun", sage ich laut und deutlich, „bis man mir sagt, warum ich eigentlich hier bin." Der Beamte ist überrascht, offenbar gibt es einen derartigen Ungehorsam in diesen Räumlichkeiten selten. Ich solle keine Faxen machen, sagt er unwirsch und will mich auf die

Waage schieben. Ich lasse mich zu Boden fallen. „Ich werde passiven Widerstand leisten", kündige ich an.

„Na dann eben nicht!", zischt der Beamte. Dann kommt er mit einer Kamera, um mich zu fotografieren. Ich halte mir die Hände vor das Gesicht und sage, ich bestehe auf meinem Recht, dass von mir keine Fotos aufgenommen werden. Der Beamte verlässt den Raum, und ich bin kurz allein. Offenbar berät er sich mit seinen KollegInnen. Dann werde ich zurück auf die Zelle gebracht.

Wieder sitze ich allein und warte. Ich beschließe, noch nicht zu versuchen zu schlafen, damit ich nicht mit Fotokameras überrascht werden kann. Zuerst muss dieser Konflikt noch ausgestanden werden. Und tatsächlich kommt wenig später ein dicker Mann in Zivil mit Baseballkappe in meine Zelle. Später erfahre ich, dass es sich um einen wichtigen SOKO-Beamten gehandelt hat. „Jetzt haben wir Dich", eröffnet er mir. „Wir wissen alles, Du hast keine Chance mehr, hier kommst Du nie wieder heraus." – „Was haben Sie", frage ich, „was wird mir eigentlich vorgeworfen?" – „Tu nicht so", duzt er mich, „Du weißt das ganz genau. Jetzt legen wir Dir das Handwerk. Als Nächstes nehmen wir Deine DNA und Deine Fingerabdrücke." – „Ich verweigere sowohl die Abgabe von DNA als auch von Fingerabdrücken", erkläre ich, „und werde passiven Widerstand leisten." – „Ah ja", sagt er überheblich, „das werden wir Dir schon austreiben. Wenn Du Dich weigerst, nehmen wir die DNA mit Gewalt. Du kannst Dir das aussuchen." – „Keine DNA", sage ich bestimmt. Der SOKO-Mann verlässt die Zelle und kommt kurz darauf mit einer Anzahl von Beamten in Uniform wieder. Ob ich mich noch immer weigere, fragt er mich. Ich ziehe mir die Kapuze meiner Jacke über den Kopf und kauere mich unter dem Tisch zusammen. Einige Beamte kommen auf mich zu, halten mich fest, ein Beamter nimmt einen Abstrich von meinem Nacken. „Na, war das so schlimm?", fragt er pseudolustig. Dann gehen alle. Fingerabdrücke werden mir nicht abgenommen.

Wieder bin ich alleine in der Zelle. Ich denke an die anderen, an meine Freundin Lisi, die auch auf der Liste von Namen auf meinem Hausdurchsuchungsbefehl steht. Sie ist noch nie von der Polizei festgenommen worden. Ich mache mir Sorgen, wie ihr es wohl jetzt geht.

Lisi erzählt: *Am Mittwoch, dem 21. Mai 2008, ich werde dieses Datum niemals vergessen, um sechs Uhr früh wurde bei mir zu Hause Sturm geläutet, ich wusste überhaupt nicht, was das soll, und schaute aus dem Fenster, wo unzählige zivile Personen und PolizistInnen vor meiner Tür standen und mich anschrien, dass, wenn ich in zwei Sekunden nicht die Tür öffne, sie meine Wohnung stürmen. Ich war absolut vor den Kopf gestoßen und rief noch einen befreundeten Juristen an. Dieser meinte, ich soll mir den Hausdurchsuchungsbefehl geben lassen. So öffnete ich die Tür einen Spalt breit, wurde aber sofort weggeschleudert, und ca. 15 Menschen drangen in meine Wohnung ein. Das Handy wurde mir aus der Hand gerissen und sofort weggenommen. Ich musste tatenlos zuschauen, wie zig Menschen in meine kleine Wohnung stürmten und anfingen, alles auseinanderzunehmen und zu durchwühlen. Der Hausdurchsuchungsbefehl wurde mir in die Hand gedrückt. Er hatte unzählig viele Seiten, und für mich war es unmöglich zu verstehen, was hier vor sich ging. Nach ca. zwei Stunden wurden Kleidungsstücke, CDs, DVDs, ein Computer, alle Handys, verschiedene persönliche Aufzeichnungen, eine Bierflasche, ein Memoryspiel für Kinder, alle meine Kalender und einige andere Sachen weggepackt und beschlagnahmt. Ich wurde wie eine Schwerverbrecherin abgeführt und zum Verhör nach Wien gebracht.*

Das Verhör lief so ab, dass der spätere Nationalratsabgeordnete für die SPÖ, Rudolf Plessl, mir durchgehend erklärte, dass Martin, mein damaliger Freund, mich nur betrüge und ich ja nur glaube, seine Freundin zu sein. Plessl fragte mich auch, ob ich die junge Blonde kenne, mit der Martin oft unterwegs sei. Plessl sagte, dass Martin jetzt sicherlich schon sein erstes Essen in der Haft zu sich genommen hat und ich auch im Gefängnis landen werde, wenn ich nicht kooperativ bin. Auf diese Art und Weise habe ich erst erfahren, dass Martin und einige Freunde sogar inhaftiert wurden. Zum Schluss meinte Plessl noch, dass ich mein Passwort für den Computer auf ein Zetterl schreiben und es einfach fallen lassen soll, dann steht nicht im Protokoll, dass ich dies getan hätte. Unvorstellbar, mit welchen Mitteln die Polizei arbeitet. Nach weiteren Stunden durfte ich das Gebäude in der Wasagasse verlassen. Draußen brach ich zusammen. Ich schluchzte und heulte und zitterte am ganzen Körper. Wo sollte ich jetzt hin, ohne Handy, ohne Wissen, wer eingesperrt ist und wer nicht? Die Leute auf der Straße sprachen mich an, ob sie mir helfen können, weil ich derart verzweifelt war.

Ich fuhr zum VGT-Büro und brach erneut zusammen, da auch das Büro komplett auseinandergenommen und leergeräumt worden war.

Wir fuhren dann zur Rossauer Kaserne, da wir erfahren hatten, dass zehn TierschützerInnen dort inhaftiert sind, darunter auch Martin. Wir demonstrierten vor dem Gebäude, waren alle am Boden zerstört und wussten nicht, was hier eigentlich vor sich ging. Auf einmal kam direkt am Kai eine Reihe von PolizistInnen mit Helmen und Schutzschilden auf uns zu, doch dahinter waren hunderte DemonstrantInnen zu unserer Unterstützung. Mir kamen vor Freude die Tränen vor dieser Solidarität!

Dann beschließe ich, schlafen zu gehen, und lege mich trotz grellen Neonlichts ins Bett. Bald bin ich eingeschlafen, obwohl es erst etwa vier Uhr nachmittags geworden ist. Das laute Geräusch des Öffnens der Türe weckt mich wieder auf. Ein Beamter fragt mich, was ich essen will. Ich erkläre ihm, dass ich seit 1989 vegan lebe, also keinerlei tierliche Nahrungsmittel zu mir nehme, d. h., ich esse weder Fleisch noch Fisch, aber auch keine Milchprodukte und keine Eier. „Das haben wir nicht", sagt er und schließt wieder die Tür. Bis zum nächsten Tag kommt kein Beamter mehr in meiner Zelle vorbei.

Ich wache sehr früh am Morgen auf und brauche einige Zeit, um zu realisieren, wo ich bin. Das Neonlicht hat die ganze Nacht hindurch grell geleuchtet. Ich putze mir die Zähne und trinke etwas Wasser. Ich habe großen Hunger. Am 20. Mai 2008 um 15 Uhr habe ich zum letzten Mal etwas gegessen, und zwar eine große Portion Tofu mit Broccoli und Reis vom Chinarestaurant neben unserem Büro. Das ist jetzt schon gut 40 Stunden her.

Ich versuche, ein bisschen in den Büchern zu lesen, die ich mitgebracht habe. Dann gehe ich unruhig auf und ab. Ohne Information, was da draußen eigentlich geschieht, wie es meinen FreundInnen und KollegInnen geht, ist es schwer, gelassen zu bleiben. Wahrscheinlich ist auch das ein Kalkül der Repressionsbehörden.

Zweimal noch kommt der Beamte aus der Küche und bietet mir nicht-vegane Nahrungsmittel an. Natürlich lehne ich ab. Zum Glück habe ich meine Zahnpasta, sonst könnte ich nicht einmal meine Zähne putzen, weil die Polizei nur tierversuchsgetestete Zahnpasta zur Verfügung stellt.

Foto 2: Sofort nach meiner Verhaftung setzen Proteste von TierschützerInnen ein.

Um etwa 18 Uhr werde ich aus der Zelle geholt und in einen Verhörraum gebracht. Ohne meine Armbanduhr kann ich die Zeit nur einer Uhr an der Wand entnehmen. Chefinspektorin Bettina Bogner, die ich schon von meiner Hausdurchsuchung kenne, sitzt mir gegenüber, einer ihrer Kollegen möchte meine Aussage niederschreiben. Die Rechtsanwaltsanwärterin meines Anwalts, Michaela Lehner, ist zu meiner Unterstützung ebenfalls anwesend. Bogner verkündet ihr aber gleich, dass sie nicht reden dürfe. Dass bei derartigen Verhören AnwältInnen anwesend sein können, ist für die österreichische Polizei eine Neuerung. Dieses international längst anerkannte Menschenrecht musste Österreich erst kürzlich auch akzeptieren. Jetzt sitzt meine Anwältin bei meinem Verhör hinter mir und ist Zeugin der Vorgänge.

Ich habe das Verhör bereits erwartet und bin innerlich entsprechend vorbereitet. „Ich werde keine Aussage machen“, erkläre ich, „weil mir bis jetzt nicht mitgeteilt wurde, warum ich überhaupt hier bin. Ich möchte aber eine Stellungnahme abgeben." Dann diktiere ich dem Mann am Computer ein paar Sätze, in denen ich feststelle, dass ich für den Verein Gegen Tierfabriken legal arbeite, keine Straftaten begangen habe und von Straftaten im Zusammenhang mit Tierschutz bestenfalls aus den Medien weiß. Da ich aber seit 1999 auf Radio Orange eine wöchentliche Tierrechtssendung moderiere, in deren Verlauf auch die neuesten Nachrichten in Zusammenhang mit Tierschutz vorgelesen werden, gibt es auf meinen Computern eine große Datensammlung vieler News, zu denen auch die Berichte über solche Straftaten gehören. „Wenn also", führe ich aus, „auf meinen Computern Medienberichte zu Straftaten mit Tierschutzbezug gefunden werden, so hat das so seine nachvollziehbare Erklärung." Dann sage ich noch, dass ich mich ab jetzt im Hungerstreik befinde und jede Kooperation mit der Behörde verweigere, bis man mir konkret mitteilt, warum ich hier festgehalten werde. Jetzt wolle ich in meine Zelle zurück.

Der Hungerstreik sei doch nicht nötig, meint Bogner, aber wenn ich nicht aussagen wolle, so sei das meine Sache, man werde das respektieren. Bei einer meiner späteren Anzeigen gegen Bogner wegen Amtsmissbrauchs wurde sie einvernommen, und dabei verweigerte auch sie die Aussage. „Sagst Du Ja, bleibst Du da, sagst Du Nein, gehst Du heim", ist ein Reim, der den anwaltlichen Rat zur Beantwortung von Fragen der Polizei zusammenfasst. Auch wenn man vollkommen unschuldig ist, wird es meistens am besten sein, gegenüber der Polizei keine Aussage zu machen und erst zu warten, mit welchen Beweisen für welche Straftaten die Polizei aufwartet. Die Fragen der Polizei zu beantworten liefert der Polizei Informationen, die sie, insbesondere in politischen Verfahren wie diesem, gegen die Beschuldigten verwenden wird. Lassen sich aus den Antworten keine belastenden Indizien konstruieren, dann wird die Polizei die Aussage der Beschuldigten einfach unter den Teppich kehren. Gewinnen kann man mit einer Aussage nichts. Anlässlich eines Prozesses gibt es dann genug Möglichkeiten, den eigenen Standpunkt vorzubringen. Diese Umstände waren mir zu diesem Zeitpunkt sehr genau bewusst. Die U-Haft wurde dann aber u. a. als Beugehaft benutzt, um mich zu brechen und doch zu einer Aussage zu zwingen. Am 29. Juli, nach mehr als zwei Monaten Haft, stimmte ich schließlich der Beantwortung der Fragen der Polizei zu und wurde 20 Stunden lang verhört. Doch das Aussageprotokoll meiner Einvernahme sollte später überhaupt keine Rolle spielen, es wurde eben von der Polizei völlig ignoriert. Offenbar konnte sie beim besten Willen keine belastenden Indizien daraus ablesen.

Doch jetzt werde ich zurück in die Zelle geführt. Kurz darauf, um etwa 20 Uhr, holen mich die Wachebeamten wieder heraus und verfrachten mich in ein Polizeifahrzeug mit winzigen Zellen ohne Fenster, aber mit einem Sehschlitz. „Wohin werde ich gebracht?", frage ich einigermaßen verwirrt. Ich bekomme keine Auskunft. Ich kann aber hören, dass auch andere Gefangene der Rossauer Kaserne in die Zellen dieses Fahrzeugs gesteckt werden. Durch den Sehschlitz erkenne ich, dass wir die Kaserne verlassen, an einer kleinen Demonstration von TierschützerInnen vorbei, die dort offenbar eine Mahnwache abhalten. Begeistert versuche ich Kontakt aufzunehmen, doch das ist durch diesen kleinen Sehschlitz nicht möglich. Ich werde nicht gehört.

Eine Stunde später kommen wir im Gefängnis in Wr. Neustadt an.

3. Haftantritt

Das Transportfahrzeug bleibt letztendlich in einer Einfahrt der Justizanstalt Wr. Neustadt stehen, dem Ort, dessen Staatsanwaltschaft meinen Haftbefehl ausgestellt hat. In der engen Zelle ohne Frischluft muss ich ewig warten, bis endlich die Tür aufgeht. Ein unfreundlicher Wachebeamter bringt mich in die Aufnahmestelle des Gefängnisses. Ich bekomme die Häftlingsnummer 91029. Von jetzt an bin ich eine Nummer und kein Name, keine Person mehr. Nach kurzen Formalitäten werde ich in einen Nebenraum gebracht, wo ich mich vollständig nackt ausziehen muss. Beamte betrachten mich von vorne und hinten, dann kann ich mich wieder anziehen. Wieder will man ein Foto aufnehmen, wieder halte ich mir die Hände vor das Gesicht. Ich verweigere alle Auskünfte, die man von mir einholen will, wie den Geburtsort und die Vornamen der Eltern. Wegen meines Hungerstreiks lasse ich mich wiegen. Die Waage zeigt 114 Kilogramm. Er habe schon von uns gehört, sagt ein Beamter freundlich zu mir, „ihr seid's die Tierschützer!". „Na ja", meint er dann, „vielleicht wird es nur ein paar Tage dauern, bis ihr wieder draußen seid's." Anders könne er sich das nicht vorstellen. Seine Aussagen machen mir Mut. Dann werde ich einige Gänge entlanggeführt, und der Beamte öffnet eine Zellentür. Erstmals im Leben betrete ich eine Gefängniszelle.

Der Raum ist wahnsinnig schmal, vielleicht 2,3 Meter, und etwa fünf Meter lang. Ganz hinten oben ist ein engmaschig vergittertes Fenster. In der Ecke darunter steht ein Stockbett mit zwei Schlafmöglichkeiten, von der Tür aus gesehen davor sehe ich zwei Spinde für die wenigen Habseligkeiten der Gefangenen, die sie behalten dürfen. Sonst befinden sich noch ein winziger Plastiktisch, ein Waschbecken und, abgegrenzt durch eine Schwingtür, eine Toilette in der Zelle. Der Raum ist düster, die Wände wirken modrig-feucht, in der Luft stehen Schwaden von Zigarettenrauch. Auf dem unteren Bett sitzt ein etwa 30-jähriger Mann und raucht und schaut aus nächster Nähe in einen Fernseher, der auf dem Plastiktisch steht.

Die schwere Stahltür schließt sich hinter mir. Ich begrüße den Mann, doch dieser teilt mir in Zeichensprache mit, dass er mich nicht verstehen kann. Es stellt sich heraus, dass er ein Tschetschene ist und nur Tschetschenisch und Russisch spricht, leider keine Sprachen, die ich beherrsche. Nur drei deutsche Wörter wiederholt er immer wieder, „ficken", „hundertprozentig" und „zappzarapp", Letzteres bedeutet offenbar so etwas wie Diebstahl oder Raub, ein Wort aus dem Gefängnisjargon. Er gibt mir seinen Haftbefehl zu lesen, den er selbst nicht verstehen kann. Dem entnehme ich, dass er bereits einen Monat lang hier in U-Haft sitzt. Er wird verdächtigt, einen Raub begangen zu haben. Er sei dabei gefilmt worden, steht in den Papieren, wie er mit einer gestohlenen Kreditkarte Geld abheben wollte.

Ich klettere auf das obere Stockbett und lege mich hin. „In was für ein Loch bin ich da geraten?", frage ich mich. Oben auf meinem Bett in der Nähe des Fensters ist der beißende Rauch in der Zelle noch am ehesten zu ertragen. Da die Gefangenen nichts anderes zu tun haben, rauchen fast alle ununterbrochen. Nichtraucherschutz ist im Gefängnis ein Fremdwort, es gibt keine Nichtraucherzellen.

Meine Gedanken rasen, „ich muss hier raus", schießt es durch meinen Kopf. Ich versuche mich zu beruhigen. Zunächst wird es sehr bald eine Haftprüfung geben, so viel weiß ich. Da muss eine unabhängige Richterin meinen Fall prüfen, und sie wird mich freilassen müssen, weil ja überhaupt nichts gegen mich vorliegt. Zum Glück unterliegt die Haft der Kontrolle von unabhängigen Gerichten. Trotzdem fällt es mir wirklich schwer einzuschlafen. Ich schaue aus der Zelle in den Hof. Ein bisschen Gras, ein Baum, aber alles grell beleuchtet, in ein farbloses Licht getaucht. Überall sehe ich vergitterte Fenster, hinter denen ebenfalls Gefangene sitzen. Ich habe Hunger. Irgendwann falle ich in einen lähmenden Schlaf.

Mitten in der Nacht wache ich in Panik auf. Ich habe geträumt, ins Gefängnis gekommen zu sein. Langsam realisiere ich, dass ich tatsächlich im Gefängnis bin. Wenn ich in meinem Bett aufstehe, kann ich mich oben ans Fenster lehnen. Dort stehe ich jetzt, schaue in die grellen Scheinwerfer und weine.

Langsam dämmert es. Mein Zellenkumpan schnarcht. Da ich selbst kein Licht andrehen kann, bin ich für das Lesen eines Buches auf die Hilfe anderer angewiesen. Früh schon wird mir die zentrale repressive Funktion des Gefängnisses bewusst: Es raubt einem jede Autonomie. Da man mir auch meine Uhr weggenommen hat, habe ich auch jedes Zeitgefühl verloren. Und keine Information von draußen, ich bin isoliert.

Irgendwann steht mein Zellenkollege auf, nackt bis auf die Unterhose, und macht Turnübungen. Dann geht er auf die Toilette, und durch die große Nähe ist es für mich unvermeidlich, alles davon mitzubekommen. Danach wäscht sich der Tschetschene seinen Anus mit der Hand und mit Wasser aus der Klomuschel, das er dabei am Boden verspritzt. Auch der entsprechende Geruch dringt natürlich ungefiltert bis zu mir vor. Plötzlich realisiere ich, dass ich bereits seit langem nicht mehr auf der Toilette war, und denke mir, dass mein Hungerstreik auch sein Gutes hat. So bleibt mir zumindest momentan diese Erniedrigung erspart.

Mit einem lauten Knall wird unsere Zellentür geöffnet. Davor steht ein Handwagerl, auf dem sich in einem riesigen Kessel schwarzer Tee befindet, daneben steht ein Bottich mit Scheiben trockenen Brotes. Zwei Gefangene schieben den Wagen unter Aufsicht eines Wärters von Zellentür zu Zellentür. „Tee oder ned?!", schreit einer der Gefangenen, und ich merke zum ersten Mal, dass die für solche Tätigkeiten eingesetzten Gefangenen viel unfreundlicher und aggressiver sind als die Wachen selbst. Vielleicht glauben sie, sich durch diese Aggression die Zustimmung und Unterstützung der Wachen erkaufen zu können. Mein Zellengenosse ist sofort mit einem Häferl an der Tür und lässt sich Tee geben. Mir wird unfreundlich mitgeteilt, dass man das nächste Mal nicht mehr so lange auf mich warten werde. Dann knallt die Zellentür wieder zu, und ich stehe mit ein bisschen Schwarztee in einem Häferl da. Schnell ist der getrunken.

Plötzlich höre ich Sprechchöre und Demonstrationslärm von draußen. „Demo!", ruft eine Stimme in den Hof, die von einem Tierschützer stammen könnte. Deutlich ist zu vernehmen, dass irgendwo dort draußen Menschen uns nicht vergessen haben und unsere Freilassung fordern. Aufgeregt hänge ich an den Gitterstäben meines Fensters. Da knallt die Zellentür auf, und ein Wachebeamter mit gezücktem Prügel schreit, dass ich sofort vom Fenster herunterkommen solle. Offenbar würde er mich sonst schlagen. Der Tschetschene deutet mir wild, ich solle sofort vom Fenster weg. Ich lasse mich zurück auf das Bett fallen. Doch der Wachebeamte will, dass ich mit ihm mitkomme. Jetzt werde es die erste Haftprüfung geben. „Endlich", denke ich mir, „jetzt komme ich hier heraus."

Wieder werde ich durch ein Wirrwarr von Gängen geführt. Zuletzt stehe ich vor einer Tür. Davor befindet sich ein Mann, offenbar auch ein Gefangener, den ich nicht kenne. „Hallo", sagt er zu mir, und weil ich nicht reagiere, erklärt er, dass er einer der gefangenen Tierschützer ist. Ich habe ihn noch nie zuvor gesehen, soll aber mit ihm zusammen eine kriminelle Organisation bilden. Was für ein konstruierter Vorwurf!

Die Tür geht auf, und der Wachebeamte bringt mich in das Richterzimmer. Richterin Astrid Toifl-Goster, eine Frau von vielleicht 40 Jahren, sitzt in Jeans und Pullover an einem Tisch und schaut mich sehr unfreundlich, ja hasserfüllt an. Neben ihr sitzt eine Schriftführerin an einem Computer. Man werfe mir vor, Mitglied einer kriminellen Organisation zu sein, sagt die Richterin in einem Ton, der bereits die Vorverurteilung ankündigt. „Es gibt nicht den geringsten Hinweis darauf, dass das stimmt", sage ich. „Bisher wurde mir nie gesagt, was ich konkret getan haben soll, um diesen Verdacht hervorzurufen." – „Ah ja", sagt die Richterin. Warum ich denn die Aussage verweigere, fragt sie mich. „Aus Protest, weil man mir keinen Grund für meine Verhaftung nennt", antworte ich. Ob ich denn die Passwörter für meinen Computer bekanntgeben werde, fragt die Richterin weiter. „Nein", meine ich, „solange mir niemand sagt, warum ich hier bin, sage ich gar nichts." Warum ich denn überhaupt meinen Computer verschlüssle, will die Richterin wissen. „Aus Gründen des Datenschutzes und weil es im Tierschutzaktivismus viele Dinge gibt, die eine Behörde nicht zu wissen braucht, die aber nichts mit Straftaten zu tun haben", entgegne ich. „Ah ja", meint die Richterin wieder ablehnend.

Dann sagt sie, dass sie noch nicht entschieden habe, ob ich in Haft bleiben muss. Über diese Wende im Gespräch überrascht, drehe ich mich ihr zu. Mit einem unfassbar kalten und verächtlichen Blick schaut sie zurück und sagt dann: „Jetzt habe ich es entschieden, gegen Sie besteht der dringende Tatverdacht, der Chef einer kriminellen Organisation zu sein. Sie bleiben bis zur nächsten Haftverhandlung in 14 Tagen wegen Verdunkelungs- und Tatwiederbegehungsgefahr in Untersuchungshaft." Mit diesen

Worten händigt sie mir ein vorgefertigtes Schreiben aus und deutet der Wache, sie solle mich wieder abführen.

„Das kann doch nicht wahr sein!", bricht es aus mir heraus. „Weswegen?! Was liegt konkret gegen mich vor?!" Da die Richterin sich bereits weggedreht hat, wende ich mich an die Schriftführerin. „Das kann doch nicht sein, dass ich hier wegen nichts und wieder nichts 14 Tage verbringen muss!" Die Schriftführerin blickt mich mitleidig an und zuckt die Schultern. Der Wachebeamte nimmt mich am Oberarm und führt mich in den Hof. Mein Zellentrakt hat bereits mit seinem Hofgang begonnen. Jeder Häftling darf einmal alle 24 Stunden für jeweils eine Stunde in den Hof gehen. Man kann sich bewegen, frische Luft atmen und endlich den Himmel sehen, ohne durch Gitterstäbe schauen zu müssen. Und man trifft andere Gefangene, kann plaudern oder sogar Karten spielen. Um den Hof herum stehen die Wachen und beobachten uns. Im vierten und fünften Stock oben erkenne ich Tierschützer hinter vergitterten Fenstern. Wir winken uns zu, zum Sprechen ist die Distanz zu groß.

Nach viel zu kurzer Zeit holen uns die Wachen wieder ab und bringen uns in die Zellen zurück. Es ist jetzt Freitagnachmittag, ein nicht enden wollendes Wochenende nimmt seinen Anfang. Mein Zellenkollege bekommt wieder einen seiner Wutanfälle, bei denen er an die Wände und auf das Bett trommelt und für mich unverständliche Kraftausdrücke schreit. Ich kann ihm das nicht verübeln, die Wachen reden ihn nur auf Deutsch an, und wenn er nichts versteht, so sei das eben sein Pech.

So um 16 Uhr gibt es ein Abendessen. Nicht für mich, ich bin im Hungerstreik. Hier könne man mir schon veganes Essen anbieten, erklärt mir die Wache. Man habe sich extra deshalb erkundigt, und die anderen Tierschutzgefangenen würden das gerne annehmen. Ich esse trotzdem nichts, jetzt bereits seit drei Tagen. Aber ich habe ein gutes Körpergefühl. Später kommt eine Krankenschwester in meine Zelle und erklärt mir, dass ich zumindest Zucker zu mir nehmen soll, weil der Hungerstreik sonst sehr rasch mein Gehirn schädigt. „Ich habe aber keinen Zucker", gebe ich zurück. Einmal pro Woche dürfen sich die Gefangenen etwas kaufen, erklärt sie mir, da solle ich mir Zucker besorgen. Mit diesen Worten drückt sie mir drei kleine Säckchen Zucker in die Hand. Sie schaut mich freundlich an, offenbar weiß auch sie, dass ich im Gefängnis sitze, weil ich Tierschützer bin.

Samstag und Sonntag bleibe ich auf meinem Bett, lese, solange dafür genug Tageslicht durch die Gitterstäbe fällt, und versuche zu verhindern, durch den ununterbrochen laufenden Fernseher abgelenkt zu werden. Auch der Zigarettenrauch in der Luft macht mir schwer zu schaffen, nur die Stunde Hofgang bringt da etwas Erleichterung. Dabei frage ich einen der Wärter, ob ich nicht in eine Zelle verlegt werden könne, in der nicht geraucht wird. Es gebe keine Nichtraucherzellen, wird mir erklärt. Die einzige Konzession des Gefängnisses ist, meinen tschetschenischen Zellenkollegen auf Deutsch zu bitten, weniger zu rauchen. Wie man sich vorstellen kann, hatte das keinen großen Effekt.

4. Der erste Außenkontakt

Ich sitze noch immer auf meinem Bett in dieser grauslichen, düsteren Zelle. Es ist Montag, der 26. Mai 2008, der sechste Tag seit meiner Verhaftung, der sechste Tag meines Hungerstreiks. Vor mir liegt ein Stoß von Polizeiakten, die mir mein Anwalt heute gegeben hat. Endlich soll ich konkret erfahren, was mir eigentlich vorgeworfen wird.

Das erste Wochenende im Gefängnis war entsetzlich gewesen. Die Monotonie des Tages wurde nur durch eine Stunde Hofgang unterbrochen. Dabei war es mir möglich, mich ein bisschen mit anderen Tierschutzgefangenen auszutauschen. Jeden Tag gab es auch eine Solidaritätsdemo vor dem Gefängnis, die ich deutlich in meiner Zelle hören konnte. Sonst versuchte ich das wenige Tageslicht, das durch die eng vergitterten Fenster zu meinem Bett vordrang, für ein bisschen Lesen zu benutzen, gestört durch einen flimmernden Fernseher und dicke Rauchschwaden in der Luft vom ewigen Zigarettenqualm.

Am Sonntag war kurzfristig der Gefängnisempfänger für die Fernseher gestört. Daraufhin schrie ein Häftling aus einer der Zellen über mir in den Hof, dass an dieser Störung die Veganer schuld seien und er sie deshalb totprügeln werde, wenn er sie irgendwo treffe. Es sei ihm egal, ob er dafür eine noch längere Gefängnisstrafe bekommt. Diese Aggression unter Gefangenen war aber die große Ausnahme. Mein Zellenkollege hatte zwar ab und zu Wutanfälle und prügelte die Wand und das Bettgestell mit lautem Geschrei, aber ansonsten war gut mit ihm auszukommen. Wir gingen uns, soweit das in der engen Zelle möglich war, aus dem Weg. Die anderen Gefangenen, die ich im Hofgang traf, waren durchgehend freundlich und nett. Es erschreckte mich allerdings, wie unterwürfig sie sich den Wachen gegenüber benahmen. Immer zu Boden blicken, nie einer Wache in die Augen schauen, jede Anpöbelung still hinnehmen, möglichst unauffällig bleiben, schien die Devise zu sein.

Ich habe noch immer nichts gegessen. Nach den ersten Tagen meines Hungerstreiks ist das Hungergefühl verschwunden. Ich kann wirklich nicht sagen, dass es mir schwer gefallen wäre, nichts zu essen. Ich habe es sogar als sehr erleichternd empfunden, nicht vor meinem Zellengenossen auf die Toilette gehen zu müssen. Die ersten vier Tage meines Hungerstreiks hatte ich ein völlig normales Körpergefühl. Ich habe nur Tee ohne Zucker bekommen. Pro Tag wurde ich 1,5 Kilogramm leichter, wegen des Hungerstreiks wurde ich täglich gewogen. Erst am Sonntag, dem fünften Tag, habe ich bemerkt, dass ich langsam Kreislaufprobleme bekomme. Schnelle Bewegungen und Anstrengungen führen seither dazu, dass mir schwarz vor den Augen wird, insbesondere beim Stiegensteigen zum Hofgang. Ich muss nun sehr aufpassen, nicht plötzlich umzukippen.

Am Montag, endlich, kann ich meinen Freund und Rechtsanwalt Stefan Traxler sehen. Ich werde in ein eigenes Sprechzimmer gebracht, in dem ich mit ihm alleine bin, wenn auch vor uns Mikrofone liegen und eine Videokamera in der Ecke jede Bewegung überwacht. Stefan gibt mir einen Stoß von Akten aus der polizeilichen Ermittlung. Ich solle mir das durchschauen, meint er, suchen, wo etwas über mich steht, und dann mit ihm darüber sprechen. Wir würden dann eine Verteidigungsstrategie für die Haftverhandlung erarbeiten, die in zwei Wochen stattfinden wird. Gegen den Haftbeschluss vom Freitag der Vorwoche schlage er vor, nicht zu berufen. Das deswegen, weil die Berufung länger dauern würde als zwei Wochen und daher in diesem Fall die nächste Haftverhandlung ausgesetzt würde. Wenn ich so schnell wie möglich hier herauswill, dann muss ich die nächste Haftverhandlung gewinnen. Bis dahin könne man nichts tun. Eine niederschmetternde Mitteilung.

Ich bekomme auch eine Reihe von Medienberichten zum Lesen. Ich war sehr gespannt, was man draußen über unsere martialisch durchgeführten Verhaftungen sagen würde. Irgendwie war ich innerlich überzeugt, dass die Öffentlichkeit die Polizei scharf kritisieren würde, war doch das Vorgehen offensichtlich unverhältnismäßig und lag doch überhaupt kein konkreter Verdacht vor. Wie wurde ich da aber enttäuscht.

Polizei und Justiz hatten die Medien mit folgenden Worten informiert: *Österreichweit sind am Mittwoch zahlreiche radikale Tierschützer festgenommen worden. Es handelt sich um das Ergebnis umfangreicher mehrjähriger Ermittlungen, um zahlreiche Brandstiftungen, Gasanschläge und andere schwere Sabotageakte auf Lebensmittelkonzerne, Bekleidungshandelsketten, pharmazeutische Unternehmen, Produzenten landwirtschaftlicher Produkte und jagdliche Einrichtungen aufzuklären. Die Bekanntgabe näherer Details würde den Zweck der noch zu führenden Ermittlungen gefährden. Die Erhebungen sind nach § 278a (kriminelle Organisation) und anderer strafbarer Handlungen durchgeführt worden, die Beschuldigten sind verdächtig, radikale Mitglieder einer militanten, unter mehreren Pseudonymen verdeckt auftretenden und international vernetzten Personengruppe zu sein, die während der vergangenen Jahre zahlreiche der angeführten Straftaten begangen und dabei großen Schaden angerichtet hat.* In einer weiteren Aussendung wurde hinzugefügt, dass die Ergebnisse der Hausdurchsuchungen den Verdacht erhärtet hätten. Die Auswertungen würden aber noch sechs Wochen dauern.

Einige Medien hatten diese Propaganda unkritisch aufgenommen. Besonders bösartig schrieb Oliver Jaindl im „Kurier". Unter dem Titel „*Tierschutz und kriminelle Netzwerke*" war zu lesen, dass der Fall sehr brisant sei, dass einer der Verdächtigen bei der Hausdurchsuchung versucht habe, einen Datenstick mit möglicherweise belastenden Daten zu verschlucken, dass es konkrete Hinweise gebe, dass die Verdächtigen für Brandstiftungen gegen Hühner- und Schweinemasthallen verantwortlich seien und dass sie sogar ein Auto angezündet hätten. Ich sei „zufällig" (unter Anführungszeichen) am Morgen nach dem Brand einer Schweinemasthalle 2002 zum Fotografieren vor Ort gewesen und würde in England wegen Straftaten gesucht. Und der Verfassungsschutzbericht würde von einer Zunahme der einschlägigen Aktivitäten der militanten Tierrechtsszene ausgehen.

Am radikalsten äußerte sich der ehemalige Nationalratspräsident und ÖVP-Abgeordnete Andreas Khol in der „Presse". Unter dem Titel „*Verbrecher für den Tierschutz?*" schrieb er: „*Nach einer bundesweiten vom Staatsanwalt geführten Polizeiaktion wurden zehn Verdächtige in Untersuchungshaft genommen. Sie werden beschuldigt, über Jahre Brand- und Säureanschläge gegen Lebensmittelkonzerne, Handelsketten, Medikamentenhersteller, Bauern und Jäger begangen zu haben. Für einen ‚edlen' Zweck – den Tierschutz. Alle Eingesperrten gehören sieben bekannt aggressiven Vereinen an [diese waren u. a. der Wiener Tierschutzverein, die Vier Pfoten und der Verein Gegen Tierfabriken], sind international vernetzt. Wenn die Vorwürfe stimmen, ein klarer Fall von organisierter Kriminalität. Die vorgeworfenen Straftaten zählen damit zu den schwersten Verbrechen unseres und des europäischen Strafrechts – sie unterscheiden sich nur im Zweck vom international geächteten Terrorismus.*"

Später, als es mir möglich gemacht wurde, schrieb ich einen Brief an Khol, um die Sache aufzuklären, erhielt aber nie eine Antwort. Es ist nicht zu beschreiben, wie man sich fühlt, wenn man derartiges lesen muss und dabei in einer Gefängniszelle sitzt und sich nicht gegen die Vorwürfe verteidigen kann. In meiner schäbigen Zelle, auf dem Bettgestell mit diesen Artikeln in der Hand, wird mir ein weiterer wesentlicher Aspekt der U-Haft bewusst: Man möchte den Beschuldigten die Möglichkeit nehmen, sich in der Öffentlichkeit zu rechtfertigen. Sie werden absichtlich isoliert, sodass die Propaganda von Polizei und Justiz unwidersprochen ihren Weg in die Medien finden kann. Ich realisiere, so deutlich wie noch nie zuvor, dass Ministerien offensichtlich lügen dürfen, um ihr politisches Kalkül umzusetzen. Man nützt dabei das Vorschussvertrauen schamlos aus, das in Österreich generell in staatliche Institutionen gesetzt wird. Ich habe dann später immer wieder in aller Deutlichkeit die Ministerien der vorsätzlichen Lüge bezichtigt, wurde aber nie von ihnen deswegen geklagt. Die zuständigen BeamtInnen werden schon wissen, warum. Ich meinerseits konnte die MinisteriensprecherInnen und die MinisterInnen selbst nicht wegen übler Nachrede klagen, weil sie bei ihrer Tätigkeit „hoheitliche Akte" setzen und dadurch gegen Verleumdungsklagen immun sind. Ein seltsames System, bei dem die eine Seite beliebig lügen kann, ohne dafür zur Verantwortung gezogen zu werden, noch dazu während die andere in einer Gefängniszelle sitzt.

Aber es gibt auch Lichtblicke im Pressespiegel. Die Journalistin Nina Horaczek z. B. schrieb sowohl in der Online-Version der deutschen Wochenzeitung „Die Zeit" als auch im „Falter" objektiv über die Vorfälle. Zwar wurden wir Verdächtigen als radikal und militant bezeichnet, was im Polizeijargon ja schon einer Verurteilung gleichkommt, aber Horaczek zitierte auch aus den Hausdurchsuchungsbefehlen, in denen keine Rede von Brandstiftungen oder Gasangriffen war, sondern nur eine Stinkbombe (Buttersäure), ein verklebtes Türschloss, ein beschädigtes Auto und eine aggressive Demonstration (Nötigung) vorgeworfen wurden. Der Artikel blieb objektiv.

Am heutigen Montag, so lese ich ebenfalls in einer Aussendung, habe es eine Pressekonferenz der Grünen gegeben. Tierschutzsprecherin Brigid Weinzinger kritisierte darin das Vorgehen der Polizei mit scharfen Worten, und die Medien berichteten davon ausführlich. Wenn es keine konkreten Vorwürfe und Verdachtsmomente gebe, so Weinzinger, dann müssten wir Gefangenen sofort freigelassen werden.

Besonders berühren mich die Meldungen von zahlreichen Demonstrationen in vielen verschiedenen Ländern in Solidarität mit uns. Überall gingen TierschutzaktivistInnen vor österreichischen Botschaften auf die Straße und warfen dem Staat Rechtsbruch und politisch motivierte Willkürmaßnahmen vor. Auch in Österreich hatte es in vielen Städten Demonstrationen gegeben. Das dabei verwendete Flugblatt zeigte eine Person mit Hasen im Arm, die von sechs maskierten Polizisten mit Helmen umstellt war und von deren Schusswaffen bedroht wurde, nicht unähnlich der Situation, in der ich mich befunden hatte.

Jetzt aber, sage ich mir, will ich mich dem Ermittlungsakt widmen. Jetzt soll ich erfahren, was man mir eigentlich konkret vorwirft. Gut 500 A4-Seiten mit Ermittlungsergebnissen liegen vor mir auf dem Bett. Doch beim Durchblättern staune ich nicht schlecht. Die ersten paar hundert Seiten handeln von einer Demonstration gegen Rechtsradikalismus in Guntramsdorf in Niederösterreich, die ich niemals besucht habe, ja nicht einmal kenne. Es ging dabei um einen Protest gegen das Treffen einer rechtsradikalen Organisation in einem dortigen Gasthaus. In der Nacht danach soll jemand die Wände des Gasthauses beschmiert und eine Scheibe im Wert von rund 200 Euro eingeschlagen haben. Zahlreiche Seiten im Akt sind mit Aufnahmen von Überwachungskameras gefüllt, die eine vermummte Person mit Fahrrad beim Bemalen der Wände zeigen. Diese Aktion hatte aber weder mit Tierschutz noch mit mir oder dem VGT etwas zu tun. Allerdings seien in derselben Nacht und derselben Gegend Werbeplakate für eine Reptilienschau beschädigt worden, und ein Bekennerschreiben habe eine Beziehung zur antifaschistischen Demonstration hergestellt.

Erst nach etwa 250 Seiten der mir vorliegenden Akten werde ich erstmals erwähnt. Ein Interview mit mir, das ich vor einigen Jahren einer amerikanischen Tierschutz-Webseite gegeben habe, zeige meine subversive Haltung. Damals ging es um die Frage, die wohl jede soziale Bewegung mehr oder weniger spaltet, nämlich, ob man ohne Kompromisse für die Abschaffung jeder Tiernutzung sein soll – Abolitionismus – oder ob man eher pragmatisch für Reformen und Gesetzesänderungen eintreten soll – Reformismus. Bei den deutschen Grünen war diese Spaltung in „Fundis“ und „Realos“ lange Zeit der wichtigste innerparteiliche Konflikt. Ich trete zwar für das ethische Ideal der Abschaffung der Tierausbeutung ein, erkenne aber an, dass wir jetzt und hier stetige, schrittweise Reformen für eine Verbesserung der Situation der Tiere brauchen. Die Webseite – „abolitionist-online“ – stand mir und meinen diesbezüglichen Ideen sehr kritisch gegenüber. Das Interview war also mein Versuch, AbolitionistInnen, die Reformen im Tierschutz ablehnen, zu erklären, warum ich Fortschritte in kleinen Schritten dennoch für wichtig halte. Meine Aussagen in diesem Interview waren also das genaue Gegenteil von dem, was die Polizei in sie hineininterpretieren wollte. Statt zu Radikalität und Gesetzesbruch aufzurufen, plädierte ich für Gesetzesreformen und pragmatisch-schrittweise Verbesserungen ohne radikale Einschnitte.

Im Ermittlungsakt findet sich nur eine von einem Polizisten namens Herbert Landauf vorgenommene Übersetzung des Interviews. Landauf hat keine Ausbildung, die ihn zu dieser Übersetzung befähigen würde. Und so „irrte" er sich an zahlreichen Stellen. Zum Beispiel steht in dem Interview, dass ich in England versucht hatte, die Jagd mit Hundemeuten auf freilaufende Nerze, die mittlerweile verboten ist, zu behindern („sabbing mink hunts"). Bei Landauf wird das zur Sabotage von Nerzfarmen, einer Straftat. Im Interview habe ich auch erwähnt, dass wir im Rahmen unserer Kampagne für ein Legebatterieverbot in insgesamt 50 Legebatterien die Zustände gefilmt und publik gemacht sowie Gesetzesübertretungen angezeigt hatten. Bei Landauf wird das zu 50 Überfällen auf Legebatterien. Und wenn ich davon sprach, dass Aktionen im Graubereich der Legalität für derartige Kampagnen unerlässlich sind, dann bezog ich mich offensichtlich auf nächtliches Filmen in Tierfabriken und auf Aktionen des zivilen Ungehorsams, wie aus dem Kontext des Artikels klar hervorgeht. Bei der Polizei wird das zu einem Aufruf, Straftaten zu begehen. Zu Sachbeschädigungen äußere ich mich auch in dem Interview. Ich sage, dass sie als politisches Mittel nicht wirklich sinnvoll sind, sondern bestenfalls Nadelstiche, weil sie nie in ausreichendem Ausmaß durchgeführt werden könnten. Ein gesetzliches Verbot von Legebatterien allerdings erreiche unverhältnismäßig viel mehr, als jede Sachbeschädigung jemals ändern könnte. Für jeden vernünftigen Menschen sind diese Äußerungen ein klares Plädoyer für klassische NGO-Kampagnen zur Verbesserung von Tierschutzgesetzen und gegen Sachbeschädigungen, von den Ermittlungsbehörden wird derselbe Text in falsch übersetzten Auszügen verwendet, um die Untersuchungsrichterin und die Öffentlichkeit gegen mich zu beeinflussen.

Auf den restlichen Seiten werde ich, wie ich erstaunt in meiner Zelle feststelle, nur noch einmal erwähnt. In einem als „Zwischenbericht" titulierten Aktenteil wird zusammengefasst, was mich verdächtig macht. Ich kann kaum fassen, was ich da lese. Ich sei verdächtig, weil ich *„bei zahlreichen militanten Tierrechtsaktivitäten in Erscheinung getreten"* sei. *„U. a. wurde Balluch im Zeitraum von 1998 bis dato bei sogenannten ‚Tierbefreiungen', Blockaden von Tiertransportern, Besetzungen, Homedemos, Auskundschaften von Stallungen und Jagdstörungen festgestellt."* Dann folgen einige Beispiele:

- *1998, Verdacht auf Freiheitsentziehung; Anhaltung eines Tiertransporters auf der A10 Raststätte Golling und Hindern an der Weiterfahrt gemeinsam mit 23 Aktivisten des VGT.* – 1995 war in Österreich ein strenges Tiertransportgesetz eingeführt worden, an das sich kein internationaler Tiertransporter halten wollte. Deshalb stoppten wir einen solchen Transporter, fütterten und tränkten die Tiere und forderten, dass AmtstierärztInnen den Transporter kontrollieren und eine Strafe aussprechen sollten.
- *2003, Besetzung des Instituts für Krebsforschung* – um auf grausame Tierversuche an Ratten aufmerksam zu machen.
- *2005, Verdacht auf Hausfriedensbruch; Besetzung des Operationssaals der Konrad Lorenz Forschungsstelle, um Tierversuche an Graugänsen zu verhindern.* – In einem

Strafverfahren am zuständigen Bezirksgericht waren wir bzgl. Hausfriedensbruchs längst rechtskräftig freigesprochen worden.

- *2007, Verdacht der Nötigung; Blockade eines Tiertransporters in Wien XXI* – Mit der Blockade sollte auf das Schicksal von Tieren in mehrtägigen Langzeittiertransporten, die quer durch Wien fahren, aufmerksam gemacht werden. Unsere Forderung war, dass die Tiere amtstierärztlich kontrolliert werden sollen. Es kam nie zu einer Anzeige gegen uns wegen Nötigung.
- *Vortragender auf Animal Liberation Workshops* – ein Vorwurf, der sich noch weit bis in den Prozess hineinziehen sollte. Offenbar war für die Polizei der Name dieser Workshops so radikal, dass sie das einer Erwähnung wert fand. Es handelt sich dabei um Wochenendworkshops, die vom VGT alle zwei Jahre in verschiedenen Städten organisiert werden und sich an Menschen richten, die neu für Tierschutz aktiv werden wollen, siehe www.animal-liberation.at. Nichts an diesen Workshops ist irgendwie illegal oder radikal, sie sind frei zugänglich und umfassen oft bis zu 120 TeilnehmerInnen.
- *Interview, in dem sich BALLUCH zur Strategie der ‚Direct Action' (Wirtschaftssabotage) bekennt.* – Das oben zitierte Interview für Reformismus.
- *BALLUCH nahm gemeinsam mit anderen Aktivisten am „International Animal Rights Gathering" 2007 in Holland teil.* – Ein internationales Treffen von TierschutzaktivistInnen. Der Polizeispitzel „Danielle Durand" war ebenfalls bei diesem Treffen anwesend und bezeichnete es in einem Bericht und später vor Gericht als eine friedliche Zusammenkunft von etwa 400 AktivistInnen aus über 20 Ländern, die sich über ihre Tätigkeiten und Erfolge in ihren jeweiligen Ländern austauschten.
- *Verdacht des Landfriedensbruchs 2003, BALLUCH wurde in Finnland im Zusammenhang mit dem Ausspähen einer Nerzfarm festgenommen.*

5. Auf Pelzfarmrecherche in Skandinavien

Meine Tour nach Skandinavien 2003 wurde von der Polizei nicht nur als Begründung meiner Verhaftung angegeben, sondern später sogar als Mitgliedshandlung in einer kriminellen Organisation angeklagt. Ich lege die Akten nieder, schaue aus dem Fenster und versuche mich an meine damalige Fahrt nach Skandinavien zu erinnern.

Im April 2003 hatte die Zeitschrift „Wirtschaft" eine ökonomische Analyse des Pelzhandels in Österreich veröffentlicht. Seit dem Pelzfarmverbot in Österreich im Jahr 1998 ist der Pelzhandel ausschließlich auf Importe eines Produkts angewiesen, das hierzulande gar nicht hergestellt werden darf. Der bereits seit Jahrzehnten unveränderte Rückgang im Pelzhandel ist 2003 gestoppt worden. Zwei Ursachen dafür wurden in dem Artikel angegeben: 1.) Seit es keine heimischen Pelzfarmen mehr gebe, würden in den heimischen Medien mangels Bezugs zu Österreich keine Bilder von Pelztieren mehr gezeigt; 2.) die Kürschnerinnung importiere 2003 fast ausschließlich nur noch aus skandinavischen Pelzfarmen Rohpelze, die für die weltweit besten Tierschutzstandards bekannt seien. Als Gefahren für einen möglichen zukünftigen Anstieg im Pelzhandel konstatierte der Autor einerseits, dass einzelne KürschnerInnen Pelze aus anderen Ländern mit niedrigeren Standards, wie Osteuropa, China oder Russland, importieren könnten, und andererseits, dass von Tierschutzseite her die skandinavischen Pelzfarmen negativ in die Medien gebracht werden könnten.

Deshalb beschloss ich, eine umfassende Bestandsaufnahme der Pelzindustrie in Skandinavien zu versuchen. So besuchte ich im Oktober 2003 Dänemark, Schweden, Norwegen und Finnland, um so viel Film- und Fotomaterial von Pelzfarmen wie nur möglich zurück nach Österreich zu bringen. Es stellte sich heraus, dass die Pelzfarmen in Skandinavien um nichts besser sind als die in Osteuropa. Vielleicht sind manche sauberer, aber für die festgehaltenen Tiere ist die Situation ununterscheidbar, und die Farmen sind generell größer. Die Nerze haben üblicherweise Käfige mit 30 mal 90 Zentimeter Bodenfläche für zwei Tiere, und die Füchse 50 mal 60 Zentimeter, auch zuweilen für mehrere Tiere. Die großen Füchse können in diesen winzigen Käfigen nicht einmal einzeln stehen, ohne an einer Seitenwand des Käfigs anzustoßen. Alle Käfige bestehen nur aus Drahtgitter, auch am Boden.

Zunächst filmte ich drei Tage lang in Finnland, in der Nordwestregion, in der sich praktisch alle Pelzfarmen des Landes befinden. Pelzfarmen sind dort einer der wichtigsten Wirtschaftszweige. In Nykarleby gibt es z. B. 350 Pelzfarmen bei 7000 EinwohnerInnen, d. h., praktisch jedeR EinwohnerIn muss zumindest mit PelzfarmerInnen verwandt sein oder sie sehr gut kennen. Entsprechend stark ist daher dort auch die allgemeine Zustimmung zu Pelzfarmen, und entsprechend schwer ist es als Ausländer mit ausländischem Auto, unbemerkt zu filmen. Bei meinem Besuch von Kaustinen am dritten Tag meines Aufenthalts parkte ich das Auto an einer Straße mitten im Ort und ging zum Eingang einer Pelzfarm, um von dort noch einige Fotos aufzunehmen. In diesem recht kleinen Ort gibt es 130 Pelzfarmen, eine neben der anderen, alle riesengroß. Nach ein paar Fotos sah ich im Augenwinkel einen Mann in einem Auto auf der Straße heranfahren. Rasch sprang ich ins Auto zurück, doch der Pelzfarmer stellte sich mit seinem Auto quer vor mir über die Fahrbahn. Er stieg aus seinem Wagen, ich versperrte meinen. Er klopfte an die Scheiben und schrie etwas auf Finnisch. Ich antwortete auf Englisch, sagte, dass ich ein Tourist sei und nur ein Foto aufgenommen hätte. Er ging ein paar Schritte zurück und zückte sein Handy.

Diese Nebenstraße war zu diesem Zeitpunkt vollkommen mit einer zentimeterdicken Eisschicht überzogen. Zusätzlich hatte ich ein normales Auto mit Vorderradantrieb und ziemlich abgefahrenen Sommerreifen. Der Pelzfarmer hatte ein Geländefahrzeug mit Vierradantrieb und spikebewehrten Winterreifen. Doch der Anruf des Pelzfarmers, offenbar um Verstärkung zu holen, machte mir die Entscheidung leicht: Ich fuhr rückwärts los, schlug die Lenkung voll ein, schleuderte auf dem Eis einmal herum und fuhr, so rasch ich konnte, Richtung Hauptstraße davon.

Der Pelzfarmer war zunächst überrascht. Sicher auch, weil er gerade telefonierte, konnte er nicht sofort reagieren. Obendrein musste er noch langsam umdrehen, weil die Straße ziemlich eng war. Jedenfalls konnte ich einmal abbiegen, bevor es ihm gelang aufzuschließen. Noch eine Kurve, ich nahm sie ganz langsam, um jetzt nur ja nicht in den Graben zu rutschen, er fuhr dicht auf, konnte aber nicht überholen. Jetzt war ich auf der Hauptstraße, vom Eis gesäubert und schnurgerade, wie für Finnland typisch. Ich stieg voll aufs Gas, und die Tachonadel zog nach oben: 130, 140, 150, dann 160 km/h. Sein Geländewagen kam längst nicht mehr mit, wurde immer kleiner im Rückspiegel und verschwand langsam vollständig.

Foto 3: Ich filmte in Kaustinen, einer finnischen Stadt mit 130 Pelzfarmen, die Haltungsbedingungen der Tiere.

Doch sicher hatte er andere Pelzfarmer alarmiert. Später hörte ich, dass auch die Polizei von ihm informiert worden war. Die erkundigte sich sogar in Österreich nach dem Autobesitzer. Jedenfalls fuhr ich noch 20 Kilometer Vollgas geradeaus und bog dann links in eine kleine Forststraße in den Wald. Weitere 60 Kilometer blieb ich auf kleinen Straßen und fuhr nach Osten aus der Gefahrenzone, dann wieder auf großen Straßen noch weitere 200 Kilometer nach Süden, und am nächsten Tag verließ ich Finnland. In drei Tagen hatte ich zwei Videobänder und neun Fotofilme zu je 36 Bildern mit Pelzfarmmotiven aus insgesamt 25 Pelzfarmen gefüllt. Durch den vielen Wald in Finnland ist es relativ leicht, ungesehen sehr nahe an die meisten Farmen heranzukommen. Ich sah kaum Zäune oder Alarmsysteme. Noch in Finnland steckte ich sicherheitshalber das gesamte Material in ein Kuvert und sandte es eingeschrieben per Post zu mir nach Hause. Ich hatte auch Aufnahmen von sogenannten Superfüchsen erstellen können. Diese Füchse, eine finnische Spezialität, sind darauf gezüchtet, durch starke Hautrunzeln und hängende Hautfalten doppelt so viel Pelz wie normale Füchse zu entwickeln. Sie sind in der Natur nicht lebensfähig und nur unter Schmerzen in der Lage zu gehen. Ein klassisches Beispiel einer sogenannten Qualzucht.

Nach meinem Besuch in Finnland ging ich dann auch nach Schweden, Norwegen und Dänemark und filmte dort ungestört weitere Pelzfarmen. In Dänemark hatte ich mit einem Pelzzüchter sogar vereinbart, dass er mir seine Farm zeigt. Ich sei ein Journalist und wolle über dänische Pelzfarmen berichten, hatte ich wahrheitsgemäß angegeben. 40 Minuten lang wurde mir dann der Komplex mit 150.000 Nerzen vorgeführt. Insgesamt besuchte ich auf meiner Reise 76 Pelzfarmen, produzierte neun Videobänder und 17 mal 36 Fotos und fuhr 8905 Kilometer in 118 Stunden reiner Fahrzeit. Zu Hause in Österreich bemerkte ich erstaunt, dass das Filmmaterial aus Finnland nicht angekommen war. Die Post teilte mir telefonisch mit, dass die Polizei auf das Paket aufmerksam geworden sei und es beschlagnahmt habe. Da ich aber finnisches Material brauchte, um den skandinavischen Bericht zu vervollständigen, und da trotz Einschaltung eines finnischen Rechtsanwalts und der österreichischen Botschaft in Finnland keine Aussicht bestand, dass ich meine Fotos und Filme zurückbekommen würde, beschloss ich, sofort, noch bevor die Tötungen der Pelztiere abgeschlossen waren, wieder nach Finnland zu gehen. Zwei österreichische Tierschützer erklärten sich bereit, mich zu begleiten.

Bei meinem letzten Besuch war ich mit dem österreichischen Auto nach Finnland gekommen. Der Pelzfarmer hatte mich aber gesehen und verfolgt, sodass mir klar war, dass auch die Polizei über die Nummerntafel meines Autos verfügte. So beschlossen wir, mit dem Flugzeug zu fliegen und uns vor Ort ein Auto zu mieten. Wir wollten mit keinen finnischen AktivistInnen in Kontakt treten, um unsere Pläne nicht dadurch zu gefährden, dass wir von der Polizei abgehört wurden.

So kamen wir am Sonntag, dem 9. November 2003 in Helsinki am Flughafen an. Wir holten unser Mietauto ab und fuhren damit in den Norden. Zunächst filmten wir eine Pelzfarm erfolgreich. Ein Aktivist war im Auto davongefahren, ein anderer beobachtete die Farm und war mit mir mittels Funkgeräts in Kontakt, während ich drinnen durch die Käfigreihen ging und Aufnahmen machte. Bei der zweiten Farm musste der Fahrer praktisch die Gegend verlassen, weil diese weit von jeder größeren Straße entfernt war. So gingen einer der Aktivisten und ich quer durch den Wald auf die Farm zu. Von weitem sahen wir schon die Füchse in ihren Käfigen. Niemand war dort zu sehen, und so postierte sich mein Kollege wieder im Wald, und ich ging in die Farm, um zu filmen. Nach wenigen Minuten war plötzlich deutlich ein Auto zu hören. Ich lief sofort aus der

Farm heraus. Wir sahen dann ein Fahrzeug zur Farm einbiegen und einen Pelzfarmer im gelben Overall aussteigen und die Käfigreihen entlanggehen. Wir flüchteten sofort tief in den Wald hinein.

Hatte man uns entdeckt? Um die potenziellen VerfolgerInnen zu verwirren, liefen wir zunächst nur zehn Meter neben der nächsten Pelzfarm, einer großen Farm mit Superfüchsen, entlang nach Süden, überquerten die Forststraße an ihrer schmalsten Stelle mit Wald auf beiden Seiten und liefen in einem großen Bogen zwei Stunden lang letztendlich nach Norden zur nächsten großen Straße, die ungefähr fünf Kilometer entfernt war. Dort versteckten wir uns etwa 100 Meter neben der Fahrbahn im dichten Wald und riefen per Handy unseren Fahrer an.

Dieser war, nachdem er uns abgesetzt hatte, zwar weggefahren, aber nicht weit genug. In dieser Region fällt man sofort auf, wenn man nicht dazugehört, insbesondere mit Dreadlocks. Pelzfarmen fühlen sich weltweit in der Defensive und durch Publicity bedroht. Insbesondere in Skandinavien, mit einer starken Tierschutzbewegung, sind PelzfarmerInnen sehr hellhörig und aufmerksam, was Fremde in der Nähe ihrer Farmen betrifft. Unser Fahrer parkte irgendwo neben der Straße sein Auto und rauchte eine Zigarette, befand sich dabei aber, ohne es zu wissen, nur 500 Meter neben einer weiteren Pelzfarm. Plötzlich kam deshalb ein Pelzfarmer zu ihm, schrie ihn an und blockierte sein Auto. Der Aktivist zeigte dem Pelzfarmer verängstigt seinen Ausweis und versuchte ihn zu beruhigen. Er sei nur dort, um die Bäume anzuschauen, als Biologe. Erst zwei Wochen vorher hätten Pelzfarmer zwei Kunststudenten fälschlich beschuldigt, als diese nur Fotos vom Wald hatten aufnehmen wollen, war uns erzählt worden. Der Pelzfarmer rief die Polizei. In der Zwischenzeit waren noch weitere Pelzfarmer angekommen, und die Situation wurde immer bedrohlicher. Die zwei Polizisten waren aber ausnehmend freundlich und ließen den Aktivisten ohne weiteres wieder weiterfahren. Er solle halt nicht mehr hierher zurückkommen.

Nur, genau das tat er, offenbar weil er nicht zu weit von uns zweien im Wald wegbleiben wollte. Er fuhr also eine Weile Richtung Süden, kehrte aber bald um und kam wieder zurück. Gleichzeitig hatte er die Landkarte verblättert und wusste daher gar nicht mehr genau, wo er eigentlich war. So parkte er an einer Tankstelle und rauchte die nächste Zigarette. Bald kam derselbe Pelzfarmer wieder, und diesmal mit fünf anderen Fahrzeugen voller weiterer Pelzfarmer. Der Aktivist sperrte sich im Auto ein, die Pelzfarmer schlugen auf die Scheiben und schrien und drohten, ihn umzubringen. Ein Pelzfarmer nahm ein Gewehr aus dem Auto, lud es vor den Augen des Aktivisten und deutete, er solle die Tür öffnen, oder er würde erschossen. Die Pelzfarmer fotografierten den Aktivisten und nahmen die Autonummer auf.

So schwer bedroht, rief diesmal der Aktivist selbst die Polizei. Sie kam auch kurz darauf, wieder dieselben Polizisten, aber diesmal wesentlich unwirscher. Sie durchsuchten das Auto und fanden die Rucksäcke von uns anderen. Der Fahrer gab zu, dass es noch einen Freund im Wald gebe, dieser würde ebenfalls Biologie studieren und sei Bäume anschauen gegangen. Zusätzlich hatte er auch unser Büro in Wien über seine Zwangslage informiert. Dieses wiederum sandte mir ein SMS, sodass ich bereits von der Gefahr wusste. Ich rief also unseren Fahrer an, der gerade mit der Polizei sprach, und wir vereinbarten am Telefon, dass der andere Aktivist, der mit mir bei der Pelzfarm gewesen war, als sein Bäume beobachtender Freund zur Tankstelle kommen sollte. Vielleicht würde die Polizei sie dann fahren lassen, vor allem, wenn sie meinen Namen nicht hörten.

Der Aktivist ging also zur Tankstelle, und die beiden wurden prompt festgenommen und zuerst nach Kaustinen und dann nach Kokkola auf die Polizeistation gebracht. Kokkola ist eine der Hauptstädte in der Pelzfarmregion. Ich wusste allerdings nichts von diesen Festnahmen. Ich saß noch immer im Wald und beobachtete die nahe Straße. Es war mittlerweile stockdunkel geworden. Ich sah viele Pelzfarmer auf und ab fahren, oft trafen sich sechs oder mehr Fahrzeuge, die Leute sprangen heraus, schrien aufgeregt durcheinander und leuchteten mit ihren Taschenlampen in die Dunkelheit. Dann fuhren sie wieder weiter. Offenbar wurden weitere AktivistInnen gesucht. Einmal kamen die Pelzfarmer in einer Gruppe von etwa zehn Leuten auf gut 40 Meter an mich heran. Ich zog mich bereits durch den Wald zurück, immer die Farmer im Blickfeld, aber dann gingen sie wieder zu ihren Autos und fuhren weiter. Leider hatte der Aktivist, der zur Tankstelle gegangen war, aus Versehen meine Taschenlampe mitgenommen, und so konnte ich mich nur auf meine Augen verlassen, die in der Dunkelheit im Wald nicht sehr zuverlässig waren.

Nach mehreren Stunden ohne Nachricht von den beiden rief ich sie an. Niemand hob ab. Damit war mir klar, sie mussten noch bei der Polizei sein. Waren sie festgenommen worden, dann war ich jetzt ganz auf mich alleine gestellt. Das wollte ich wissen. Also vergrub ich das Videoband mit den Aufnahmen der Superfüchse auf der Pelzfarm an Ort und Stelle und schlich durch den Wald zur Tankstelle. Dort war absolut niemand mehr, sie mussten also festgenommen worden sein.

Was sollte ich tun? Ich konnte versuchen, die Nacht im Wald zu überstehen. Finnland war zu dieser Jahreszeit ziemlich kalt, trotz momentan vergleichsweise milden Wetters sank das Thermometer in der Nacht sicher auf minus fünf Grad. Dazu hatte ich wenig Kleidung, nur für rasches Laufen konzipiert, und war durch und durch nass. Wir hatten mehrere Flüsse und Sümpfe durchquert und waren stundenlang durch den nassen Wald gegangen und an nassen Bäumen angestreift. Zusätzlich dauerte die Nacht in Finnland in diesen Breiten in dieser Jahreszeit etwa 17 Stunden. Und ich hatte seit der Früh nichts gegessen und auch nichts zu essen dabei. Die andere Möglichkeit war, finnische AktivistInnen anzurufen und mich abholen zu lassen. Die sich am nächsten befindenden Leute, deren Nummer ich hatte, wohnten rund 200 Kilometer entfernt. Sie hätten auch mitten in der Nacht tief ins Pelzfarmterritorium hineinfahren müssen, und die Polizei hätte sie abhören und dann mit mir in Verbindung bringen können. Kurz, ich wollte das nur als letzten Ausweg ins Auge fassen. Eine andere Möglichkeit war, mich der Polizei zu stellen. Ich erwartete in diesem Fall, nur bis zu meinem Abflug festgehalten zu werden, und sah so immerhin eine Chance, mein gesamtes Filmmaterial zurückzubekommen.

Einfach geradeaus durch den Wald zu gehen (ich hatte einen Kompass, allerdings ohne Licht) war keine Option. Ich hatte keine Wanderkarte der Gegend und wäre mit Sicherheit auf Pelzfarmen gestoßen, was ich unbedingt vermeiden wollte. Aus der Pelzfarmregion hinauszuwandern hätte mehrere Tage gedauert. Und so beschloss ich, in die nächste größere Stadt zu flüchten und wenigstens für die Nacht noch etwas zu essen zu kaufen. Vielleicht gab es dort auch ein Hotel, eine Busverbindung oder einen Bahnhof. Ich ging direkt durch den Wald bis nach Evijärvi, einer Stadt mit ein paar tausend EinwohnerInnen. Das Stadtzentrum war hell beleuchtet, mit einigen Geschäften und einem noch offenen Supermarkt. Allerdings war absolut niemand auf der Straße, und es gab keinen Bahnhof und kein Hotel. Ich musste also auffallen. So ging ich in den Supermarkt. Es gab kaum KundInnen, insgesamt drei Personen. Als ich so die Gänge entlangging, um mich aufzuwärmen, kamen plötzlich zwei Männer um die Ecke – und erstarrten in dem Augenblick, in dem sie mich sahen. Was auch immer an mir so auffällig war, es gab keinen Zweifel: Die beiden hatten mich als Ausländer, Fremden und Pelzgegner identifiziert und riefen per Handy andere Pelzfarmer zu Hilfe. Ich ging sofort aus dem Geschäft hinaus und wollte so rasch wie möglich zurück zum einzigen Freund, der mir in dieser feindlichen Gegend geblieben war, dem großen nördlichen Wald mit seinen dunklen, Deckung bietenden Bäumen. Aber der war weit und breit nicht zu sehen.

Schon fuhr neben mir ein Auto heran, und ein Mann rief etwas auf Finnisch heraus. Ich ignorierte ihn und joggte weiter. Er rief noch einmal und noch einmal. Zuletzt antwortete ich: „Sorry?“ Da schrie er: „You are in deep trouble!“, und das Auto brauste davon. Hundert Meter weiter traf es auf ein anderes, drehte um, und die beiden schossen auf mich zu und versuchten, mir den Weg abzuschneiden. Ich rannte sofort los, entkam den beiden Autos, wollte aber in keine Seitengasse biegen, die eine Sackgasse sein konnte, und lief daher zurück zum Supermarkt. Hinter mir rannten ein paar Pelzfarmer, von rechts kamen weitere Männer mit Prügeln daher. Ich schoss direkt in den Supermarkt hinein, quer durch die Gänge, durch einen Hinterausgang ins Warenhaus, die Pelzfarmer dicht hinter mir, übersprang ein paar Dosenstapel und lief direkt in ein WC. Die erste Tür zugesperrt, und dann auch noch eine zweite.

Draußen begannen sie auf Finnisch zu schreien und gegen die Türen zu trommeln. Sie versuchten, die Tür aufzubrechen.

Die Angst schnürte mir die Kehle zu. Diese Angst, die einen erstarren lässt, ähnlich wie sich vielleicht eine Maus fühlt einer angreifenden Katze gegenüber, ohne Fluchtmöglichkeit, aussichtslos. Fast wie ein Totstellen. Hätten sie die Tür aufgebrochen und auf mich eingeschlagen, ich hätte nicht einmal meine Arme zum Schutz erhoben. Eine vollkommene innere Leere. Das Leben war zum Stillstand gekommen, direkt am Abgrund.

Da rief ich die Polizei an. Notruf 112. Ich würde hier angegriffen, bräuchte Hilfe. Der Polizist wollte mir nicht glauben. Ich solle in fünf Minuten noch einmal anrufen. Nach drei Minuten rief ich wieder an, die Tür hielt den Angriffen der Pelzfarmer noch stand. Ja, es würde jemand kommen, um mich zu holen. Meine beiden Freunde seien auf der Polizei in Kokkola. In 30 Minuten sei die Polizei da. In 30 Minuten, antwortete ich, bin ich bereits tot. Aufgelegt.

Immer mehr Stimmen vor der Tür, laut knallte etwas Hartes, Metallisches dagegen. Jetzt hatten sie ihren Ausländer, den Pelzterroristen. Jetzt wollten sie ihn vernichten.

Ich rief meine Partnerin in Wien an. Sie hatte keine Ahnung, was vorgefallen war, wusste auch nichts von den Festnahmen, von den Schwierigkeiten. Ein seltsames Gefühl. Sie war unendlich weit weg, 3000 Kilometer. Keine Möglichkeit, irgendetwas Sinnvolles zu sagen, keine Möglichkeit, mir zu helfen. Und dann musste ich auflegen. Das Telefon war meine einzige Verbindung zur Außenwelt. Ich durfte nicht riskieren, dass mir der Akku ausging. Vielleicht gab es ein Leben nach dem Tod.

Stille. Das Schreien und Trommeln hatte aufgehört. Versuchten sie einen Gabelstapler zu holen, um durch die Türen zu brechen? Dann klopfte jemand energisch an die Tür. Polizei, ich solle sofort aufmachen. Ja, ja, dachte ich, nicht mit mir. Warum sollte die Polizei so früh gekommen sein? Es waren erst 21 Minuten seit meinem letzten Notruf vergangen. Sie seien lokale Polizei, nicht aus Kokkola, um mich den Kollegen zu übergeben. Ich wollte den Ausweis sehen, sie sollten ihn unter der Tür durchschieben. Sie taten das. Tatsächlich, Polizei. Ich öffnete die Tür.

Zwei Beamte in Uniform, dicht dahinter 30 Männer mit allen möglichen Waffen in der großen, schlecht beleuchteten Halle. Wir gingen durch die Menge hindurch, kein Wort fiel, ich vermied es, den Pelzfarmern ins Gesicht zu schauen. Dann steckten sie mich in den Arrestwagen, hinten in einen Käfig, und wir fuhren ab.

Ich informierte mit meinem Handy Wien und den Rechtsanwalt in Helsinki, der für mich die beschlagnahmten Filme zurückholen sollte, von meiner Festnahme und dass ich nach Kokkola gebracht wurde. Nach langer Fahrt im eiskalten, unbeheizten Käfig am hinteren Ende des Busses kamen wir in Kokkola an. Dort holten sie mich heraus. Ich musste mich ausziehen, Stück für Stück, vollkommen nackt. Dann durchsuchten sie die Kleidung und meinen Körper. Eine Erniedrigung, die ich an mir abprallen ließ, ich wollte nicht dadurch beeinträchtigt werden. In den nächsten Tagen würde ich meine ganze mentale Kraft brauchen.

Dann rein in die Zelle, rumms, die Stahltür war zu. Ein kleiner Raum, vier mal 2,5 Meter, glatte, gleichfarbige Betonwände, kein Fenster, ein Betonbett, ein Betonklo, ein Betonwaschbecken. Grelles Licht aus drei Leuchtstoffröhren an der Decke, das in der gesamten Zeit nie zurückgedreht wurde. So trostlos dieser Raum war, so hatte ich mich doch noch nie so erleichtert gefühlt in einer Polizeizelle. Bald schlief ich ein.

14 Stunden später ging erstmals die Tür auf. Ein Anruf für mich, mein Anwalt. Bisher hatte niemand mit mir gesprochen, mir gesagt, warum ich eigentlich da war. Immerhin war ja ich angegriffen worden und hatte selbst kein Gesetz übertreten. Der Anwalt fasste sich kurz. Ich sei verdächtig, am 21. September 2003 insgesamt 8000

Nerze aus einer Farm in Kokkola freigelassen zu haben. Ich gab ihm Kontaktadressen aus Wien, wo ich zum fraglichen Zeitpunkt war, und er sagte, er werde versuchen, mir ein Alibi zu beschaffen. Weiters sagte er, ich sei wegen Störung der öffentlichen Ordnung festgenommen worden, und die Polizei könne mich drei Tage lang festhalten. Am vierten Tag müsse ich vor ein Gericht gestellt oder freigelassen werden. Dann legte er auf.

Zurück in die Zelle, rumms, die Tür war wieder zu. Einige Stunden später stellte mir ein Wärter zwei winzige Plastikschalen mit grünem Blattsalat in die Zelle. Mein erstes Essen seit 36 Stunden. Danach mein Verhör. Es ging nur darum, wen ich in Finnland wann und warum getroffen hatte. Ich müsse jede Sekunde, die ich in Finnland verbracht hätte, beschreiben, bei beiden meiner Besuche. Ich erwähnte keine Namen und keine Adressen, konnte mich an nichts konkret erinnern. Am Ende fragte ich, ob ich mit meinem Anwalt sprechen dürfe und ob ich etwas zu essen bekommen und Zähne putzen könne. Ich hätte Essen, Kleidung, Zahnbürste und Bücher im Auto im Polizeihof. Selbstverständlich, meinte der Verhörpolizist vor der Dolmetscherin, brachte mich zur Zelle zurück, und rums, die Tür war wieder zu. 20 Stunden später, immer noch ohne Essen, würde sie das nächste Mal aufgehen.

Alle meine Versuche, die Wachen zu rufen und etwas zu essen zu bekommen, scheiterten. Bestenfalls glotzte jemand durch ein Guckloch herein und ging wieder. Niemand beantwortete meine Fragen, niemand gab mir Nahrung, niemand ließ mich telefonieren, niemand sagte mir, wo die beiden anderen Österreicher waren. Später erfuhr ich, dass sie in derselben Polizeistation, aber in einem anderen Flügel saßen. Sie bekamen etwas zu essen, regelmäßig, sogar vegan, und sie konnten zum Teil auch ihre Sachen aus dem Auto haben. Die Wächter gaben einem von ihnen seine Zigaretten.

Dann das nächste Verhör, sehr unpersönlich, kein Smalltalk. Wieder wurde ich zu Details meines Aufenthalts befragt, sie zeigten mir Fotos von finnischen AktivistInnen und sagten mir deren Namen. Ich erkannte niemanden. Wieder fragte ich nach dem Essen und nach meinem Rechtsanwalt. Natürlich, ich solle mitkommen, sagte der Verhörpolizist vor der Dolmetscherin, steckte mich in die Zelle, und dort blieb ich weiter isoliert, ohne Essen. Einmal holten sie mich noch heraus und fotografierten mich und nahmen Fingerabdrücke. Ansonsten nichts. Die Toilette in meiner Zelle blieb unbenützt. Drei volle Tage nichts zu essen. Erst zwei Stunden vor meiner unerwarteten Entlassung bekam ich zum ersten Mal etwas: drei gekochte Erdäpfel, zwei Kartoffelpuffer und ein winziges Salatschüsserl.

Plötzlich sagte man mir, dass ich entlassen würde. Ich bekam ein Sackerl voller veganer Köstlichkeiten, das irgendjemand für mich abgegeben haben sollte. Die Tierschutznetzwerke funktionieren offenbar. Dann setzten sie uns alle drei spät in der Nacht auf die Straße, mitten in der Pelzfarmregion, nachdem die Zeitungen geschrieben hatten, dass die Polizei drei ausländische Pelzterroristen festgenommen habe. Wo sollten wir hin? Wir telefonierten mit Wien, und von dort aus versuchte man uns einen Schlafplatz bei lokalen TierschützerInnen zu organisieren. Wir fuhren inzwischen zu einem Hotel, aber der Portier verhielt sich so seltsam, als würde er uns erkennen, sodass wir lieber wieder gingen. Dann kam die Nachricht aus Wien: Es gab einen Schlafplatz und eine Adresse. Rasch waren wir dort.

Doch zum Schlafen blieb für mich keine Zeit. Der Film, den ich im Wald versteckt hatte – wie kam ich an den heran? Die Polizei hatte das ganze Auto zerlegt und alle unsere Filme gefunden, selbst den, den unser Fahrer in eine Fruchtsaftflasche gesteckt hatte. Sie wussten auch, dass ein Videoband fehlte, und befragten mich dazu. Morgen Früh würde mein Flugzeug mehr als 600 Kilometer weiter südlich, in Helsinki, nach Hause abheben. Ich musste das Band holen, koste es, was es wolle.

Das von uns gemietete Auto kam dazu nicht in Frage. So vertraute ich mich zwei finnischen Aktivisten an. Wir betrachteten die Straßenkarte, wälzten mögliche Aktionsszenarien, und zuletzt fuhren wir auch tatsächlich 90 Minuten lang durch die Nacht Richtung Evijärvi und der Pelzfarm und dem Wald, in dem der Film lag. Es war vier Uhr früh, wir fuhren immer kleinere Straßen, zuletzt Forststraßen, direkt durch Pelzfarmgebiet. Zweimal sahen wir rechts und links neben der Straße in der Dunkelheit schemenhaft Pelzfarmen vorbeifliegen. Wir wussten, gerade jetzt vor den Tötungen fürchteten die PelzfarmerInnen eine Tierrechtsaktion am meisten. Gerade jetzt patrouillierten sie jede Nacht durch die Straßen auf der Suche nach auffälligen Fremden. Kein Auto, vorn oder hinten, 45 Minuten lang. Hätte uns ein Pelzfarmer gestellt, hätte mich die Polizei gefasst, was wäre geschehen? Wie hätte ich das erklärt? Was machte ich um vier Uhr früh bei einer Pelzfarm?

Und dann kamen wir an. Wir hatten vereinbart, dass die beiden mich absetzen und Reifen wechseln würden, während ich mich unterdessen ohne Licht durch den Wald durchschlagen, den Film ausgraben und wieder zum Treffpunkt zurückkehren würde, so schnell ich konnte. Sollte es ein Problem geben, hatte ich ein finnisches Handy dabei und zur allergrößten Not mein eigenes. Das Auto stoppte, ich sprang hinaus, den Graben hinunter, durch ein Waldstück, kurz lauschen, hörte ich was?, nein, weiter quer über eine Forststraße, wieder in den Wald und über ein frisch gepflügtes Feld, rasch weiter, so schnell es ging, dann durch einen Fluss, im Dunkeln, dann wieder ein bisschen Wald, wieder ein Fluss, platsch ins Wasser rein, die steile kurze Böschung hinauf, in den Wald hinein, wo er am dichtesten war. Unter einem umgefallenen Baum durch, dort war das Versteck. Ein Griff, durch die Blätter in die Erde, und tatsächlich hatte ich die Kassette sofort in der Hand. Kurz wieder angestrengt in die Dunkelheit lauschen – nichts Verdächtiges. Zurück, zurück. Vom Feld aus sah ich die Straße. Die Finnen standen dort. Da kam ein Auto, ganz langsam fuhr es an ihnen vorbei. Ich rannte weiter, warf mich in das letzte Waldstück vor der Straße. Wenn das Auto stehen blieb, dann nichts wie zurück in den tiefen Wald. Aber es rollte weiter, ganz langsam, und dann bog es ab, in Richtung der Pelzfarmen. Ich übersprang den Graben, rannte die Böschung hinauf, rein ins Auto, und wir fuhren davon.

Wir hatten einen sicheren Ort im Auto als Versteck präpariert, Teile des Autos aufgeschraubt. Da kam das Band hinein, schnell wieder zumachen. Ich wechselte meine Schuhe und meine Hose, keine Spuren vom Wald sollten zu sehen sein. Die Kleidung wurde unterm Sitz versteckt. Und dann die lange Strecke zurück zu den anderen. Wir fuhren in einem großen, unverdächtigen Bogen. Wer weiß, ob die Polizei nicht erwartete, dass wir das Band holen würden, und uns irgendwo auflauern wollte.

Gegen acht Uhr früh kamen wir zurück. Aber keine Zeit zum Schlafen. Rasch ging es zu anderen finnischen AktivistInnen nach Hause, das Band wurde mehrfach sicherheitskopiert, die Kopien blieben in Finnland. Und dann mussten wir losfahren, wir hatten nur acht Stunden bis zum Abflug und über 600 Kilometer zu fahren, praktisch ohne Autobahn. Letztendlich erreichten wir aber rechtzeitig den Flughafen. Das letzte Mal Nervosität. Wenn, dann würden sie dort versuchen, unseren Film zu beschlagnahmen. Wohin damit? Wo ihn verstecken?

Beim Check-in die Hiobsbotschaft: Unsere Flugtickets seien gelöscht worden. Das sei von jemandem angeordnet worden, das Schalterpersonal wisse weder, von wem, noch wann noch warum. Bange Minuten. Wir drei trennten uns, damit wir nicht gemeinsam festgenommen werden konnten. Wieder Kontakt nach Wien, die sprachen mit der Fluglinie. Angeblich nur ein harmloses Versehen, das gleich geklärt würde. Wer's glaubt!

Dann konnten wir plötzlich doch ins Flugzeug. Wir drei, weit voneinander entfernt in verschiedenen Teilen des Flugzeugs. Wer hatte die Kassette? Wenn mich jetzt jemand aufrief, wieder das Flugzeug zu verlassen, ginge ich nicht. Sollten sie mich raustragen. Um keinen Preis gab ich den Film wieder her. Dafür hatten wir zu viel mitgemacht in den letzten Tagen und Wochen. Zur Not würde ich versuchen, die österreichischen Fluggäste zu mobilisieren. Aber nichts. Kein Aufruf. Das Flugzeug startete.

Die Pelzfarmer in Finnland machten eine Aussendung an die Presse, die ein Bild von drei maskierten Farmern im Kampfanzug zeigte, alle schwer mit Gewehren bewaffnet und mit einem Strick für einen Galgen in der Hand. Unter diesem Foto stand in der Aussendung: „Wir erklären diese Region zu einer terroristenfreien Zone. Kein Terrorist hat hier irgendetwas verloren. Wir kennen Euch, und wir beobachten Eure Bewegungen. Verbrennt Eure Landkarten und jegliche Information über unsere Farmen. Falls jemand von Euch zu unseren Farmen kommt, dann tut Ihr das vorsätzlich und werdet entsprechend behandelt. Wenn Ihr dieses Wort eines Mannes nicht ernst nehmt, werdet Ihr für den Rest Eures Lebens bereuen, in unsere Gegend gekommen zu sein."

Einige Zeit später saß ich wieder in Kokkola, diesmal vor Gericht. In einem Saal mit vielen PelzfarmerInnen und wenigen TierschützerInnen wurde ich schuldig gesprochen, Pelzfarmen ausspioniert und die öffentliche Ordnung gestört zu haben. Ich bekam eine Geldstrafe von einigen hundert Euro, meine Filme blieben beschlagnahmt. Die Berufungsverhandlung fand fast ein Jahr später in Vaasa statt, einer Großstadt viel weiter südlich, diesmal ohne die Anwesenheit von PelzfarmerInnen. Ein sehr vernünftiger Richter ließ mich lange zu Wort kommen und sprach mich letztendlich vollkommen frei. Der Polizei wurde aufgetragen, mir alle meine Filme zurückzugeben und mehrere tausend Euro Schadenersatz zu zahlen.

Und trotzdem finde ich diese Geschichte nicht nur als Grund für meine U-Haft in den Ermittlungsakten, sondern letztendlich auch als Anklagepunkt in meinem Prozess.

6. Gefängnisalltag

Ein lautes Geräusch an der Tür reißt mich aus meinen Gedanken. Ein Wärter sagt, ich hätte die Möglichkeit, duschen zu gehen. Dabei realisiere ich erst, dass ich immer noch nur die Kleidung bei mir habe, die ich am Leibe trage und die ich bei der Verhaftung aus meiner Wohnung mitnehmen konnte. Ich habe mich bis jetzt nicht waschen können. Also folge ich dem Wärter, und er bringt mich zu einer Gruppe von 30 anderen Gefangenen. Wir werden in einen engen Waschraum geschoben und darin eingesperrt. Insgesamt gibt es hier vielleicht zehn Brauseköpfe, unter die sich bald 30 nackte Gefangene drängen. Dieses ganze Gefängniserlebnis hat mich entkörperlicht, ich lebe nur noch im Kopf. Auch der Hungerstreik hat mich von meinem Körper entfremdet. Es ist für mich absolut unerträglich, in diesem Zustand so nahe an wildfremden nackten Männern zu stehen und mich um eine Dusche zu raufen.

Im Gefängnis darf man sich nur zweimal pro Woche duschen, in Wr. Neustadt sind das für unseren Trakt der Montag und der Donnerstag. Nicht nur, dass das Erlebnis dieser Massendusche sehr erniedrigend ist; lediglich zweimal pro Woche duschen zu dürfen bedeutet, dass man sich permanent verdreckt und nicht frisch gewaschen fühlt. Auch das scheint ein gezieltes Kalkül zu sein, um Gefangene zu entmenschlichen. Auf dreckige Menschen, die sich in der Masse nackt in einem Duschraum drängen, kann man nur herunterschauen. Der Gefangene wird zum „Tier" gemacht. Ich kann mir nicht vorstellen, dass logistische Probleme dagegen sprechen, den Gefangenen täglich ein Dusche zu bieten oder, noch besser, ihnen in jeder Zelle eine eigene Dusche zur Verfügung zu stellen.

Zurück in meiner Zelle, im fahlen Licht des engmaschig vergitterten Fensters auf meiner Pritsche, frage ich mich, wie ich an frische Wäsche herankommen könnte. Mein Zellenkollege kann mir mangels Kommunikationsmöglichkeit dazu keine Auskunft geben. Ich weiß nicht einmal, woher ich Zucker für meinen Tee bekommen soll. Und es ist niemand hier, den ich fragen kann, die Wachen sind ausnehmend unfreundlich und wollen in jedem Fall vermeiden, den Anschein zu erwecken, für Gefangene irgendwelche Dienste zu übernehmen. Man sagt mir nur, ich solle mich in der Früh an diejenigen wenden, die den Tee ausschenken. Ich realisiere, dass man sich im Gefängnisablauf auskennen muss, um Wäsche, Zucker, Bücher, eine Uhr und dergleichen zu bekommen, angeboten wird einem nichts.

Solange noch ein wenig Licht von draußen hereinkommt, kann ich lesen. Dann, so ab 18 Uhr – die Uhrzeit ist nur mein Gefühl –, sitze ich stumm auf meinem Stockbett und spüre eine innere Verzweiflung. Wie ist es möglich, dass der Staat mir so etwas antun kann? Warum gibt es niemanden, der mir hilft? Da merke ich erstmals einen seltsamen Effekt der Haft. Ich frage mich, ob ich mich nicht vielleicht doch irgendwie schuldig gemacht habe und es verdiene, hier zu sitzen. Irgendetwas Böses muss ich ja getan haben, sonst würde man mir das doch nicht antun! Ein bekanntes psychologisches Phänomen, dass das Opfer die Schuld bei sich selbst sucht. Das Gefängnis hat in jeder Hinsicht eine verheerende Wirkung.

Stunde um Stunde verrinnt, in denen ich nur an eine Wand starre, an der der Verputz abbröckelt. Ich bin innerlich leer. Ein Herr Khol kann derartiges über mich schreiben, und es gibt keine Möglichkeit, darauf zu antworten, an die Öffentlichkeit zu treten. Doch dann beschließe ich, den Mut nicht zu verlieren und den Kampf aufzunehmen. Gleich morgen will ich mir Briefpapier besorgen und meine Verteidigung in die Hand nehmen. Mit einem großen Druck auf meiner Psyche schlafe ich letztendlich ein, nur um viel später, es ist noch immer dunkel, wieder aufzuwachen und erneut zu verzweifeln.

Endlich wird es hell, und mein Zellenkollege beginnt wieder mit seiner Gymnastik in der Unterhose. Danach geht er auf die Toilette und reinigt sich aus der Klomuschel heraus. Ich versuche ihn zu ignorieren. Ich bin aber zu nervös, um zu lesen. Bei der Ausgabe des Tees möchte ich diesmal einige Fragen stellen.

Das Teewagerl hört man schon seit geraumer Zeit den Gang vor den Zellen entlangfahren. Endlich geht mit lautem Knall auch unsere Türe auf. Während ich mein Häferl hinhalte, um den ungezuckerten Tee zu bekommen, frage ich, ob ich Briefpapier, Kuverts und Marken haben könne und wie ich frische Wäsche bekäme. Zuerst muss ich dafür, wie erwartet, einen Schwall von Beleidigungen durch die Gefangenen, die den Tee ausschenken, über mich ergehen lassen. Ich sei ja Akademiker, da würde ich so etwas doch wissen, ich Trottel. Dann gibt man mir ein Formular, mit dem ich Anträge an die Anstaltsleitung stellen kann, wie z. B., dass mir von draußen frische Wäsche gebracht werden darf. Briefpapier, Kugelschreiber, Kuverts und Marken könne ich bei der „Ausspeis" bekommen. Mit einem lauten Knall wird die Zellentür wieder geschlossen. „Ausspeis? Was soll denn das sein?", frage ich mich. Niemand ist da, um mir Auskunft zu geben.

Auf das Formular schreibe ich, dass ich gerne frische Wäsche haben würde. Aber wem ich diesen Wunsch jetzt übergeben kann, ist mir noch immer nicht klar. Die Wachen zu rufen ist zwar grundsätzlich möglich, dafür gibt es Klingelknöpfe in der Zelle, aber im Allgemeinen reagiert niemand, wenn man dort draufdrückt. „Ich bin ja ned dein Butler!", fährt man mich an, wenn ich einen Wunsch äußern will. Also sitze ich in der Zelle und warte, ohne zu wissen, worauf. Niemand warnt einen vor, ob am heutigen Tag etwas geschehen wird, wann es den Hofgang gibt oder ob er heute ausfällt, ob AnwältInnen kommen werden oder was auch immer. Man wird dumm sterben gelassen und kann nichts planen. Aber in welcher Weise sollte man sich auch in so einer Zelle auf den Tag vorbereiten? Ich habe sowieso nichts zu tun. Draußen in Freiheit versäume ich einen Termin nach dem anderen, mein Kalender war voll für die nächsten Wochen.

Es ist mir aber nicht einmal möglich, all diese Termine abzusagen. Die Verhaftung hat mich so abrupt aus meinem Leben gerissen, als wäre ich gestorben.

Nach einiger Zeit wird wieder die Zellentür geöffnet. „Ausspeis!", schreit jemand. Nachdem ich zögere, weil ich nicht weiß, was das bedeuten soll und was man von mir will, macht die Wache Anstalten, die Zellentür wieder zu schließen. „Moment", sage ich und stelle mich in den Weg. „Was bedeutet Ausspeis?" Wenn ich etwas kaufen wolle, solle ich mitkommen, sagt man mir. Ich will dem Beamten das ausgefüllte Formular mit dem Antrag auf frische Wäsche übergeben, der lehnt ab und sagt, dass es wieder nur beim Teewagerl in der Früh möglich sei, Formulare abzugeben.

Dann werde ich mit etwa 20 anderen Gefangenen zu einem Shop im Gefängnis gebracht. Dort gibt es einige Dinge zu kaufen. Allerdings habe ich, wie alle anderen hier, kein Geld. Unwirsch erklärt man mir, dass alle Gefangenen ein Konto hätten, auf das nur von außerhalb des Gefängnisses eingezahlt werden könne. Wenn ich etwas kaufe, sage ich meine Häftlingsnummer, und dann wird der Preis von diesem Konto abgebucht. Ich weiß zu diesem Zeitpunkt nicht, ob jemand etwas auf mein Konto eingezahlt hat, aber im Gegensatz zu anderen Gefangenen habe ich eine unglaubliche Unterstützung von außerhalb, und so befinden sich bereits 800 Euro auf meinem Konto. Ich kaufe also einfach einiges ein, darunter viel Zucker und sieben Liter Fruchtsaft, für jeden Tag der Woche einen, bis zur nächsten „Ausspeis", sowie Briefpapier, Kugelschreiber, Kuverts und Briefmarken.

Die gekauften Sachen müssen wir natürlich selbst in unsere Zellen tragen, die Wachen würden Gefangenen niemals beim Tragen helfen. Doch am siebten Tag meines Hungerstreiks bin ich bereits so geschwächt, dass ich diese sieben Liter Fruchtsaft nur sehr mühsam tragen kann und immer wieder rasten muss. Man treibt mich zur Eile an.

Zurück in der Zelle trinke ich gierig einen Liter Fruchtsaft und fühle mich rasch wesentlich besser. Laut Angabe auf der Packung enthält der Saft 800 Kilokalorien. Genug, um mich wieder etwas aufzupäppeln.

Irgendwann am Nachmittag öffnet sich die Zellentür, und die Wache sagt, ich solle mitkommen, ich hätte Besuch. Dass ich im Gefängnis Besuch empfangen kann, ist mir bis dahin gar nicht in den Sinn gekommen. Bei meinen bisherigen Aufenthalten in Polizeihaft war das nie möglich gewesen. Freudig gehe ich mit der Wache mit und komme in einen Raum, dessen eine Wand aus einigen Scheiben besteht, die wie Telefonzellen durch Seitenwände voneinander abgetrennt sind. Vor einer der Scheiben steht ein Schemel, auf den ich mich setzen soll. Rechts und links neben mir sitzen Gefangene ebenfalls auf solchen Schemeln, und ihnen gegenüber, hinter den Scheiben, ist ihr Besuch.

Plötzlich kommt meine Partnerin Lisi zusammen mit meinem Bruder und meinem Vater herein, und die drei setzen sich mir gegenüber auf die andere Seite der Scheibe. Sprechen können wir über ein Telefon, allerdings setzt sich eine Beamtin dazu, die zur Überwachung unseres Gesprächs abkommandiert ist. Wir dürften nicht über den Fall reden, erklärt sie uns, sondern nur Persönliches.

Erst am Vortag habe ich von Anwalt Traxler erfahren, dass nur zehn TierschützerInnen in U-Haft sitzen. Zu meiner Erleichterung sind mein Bruder und meine Partnerin nicht darunter. Es fällt mir schwer, ihnen jetzt gegenüberzusitzen und nicht zu weinen. Lisi und ich pressen unsere Hände aneinander, durch die Scheibe getrennt. Die drei sagen mir, dass sie sich sehr bemühen würden, den Skandal unserer Verhaftung an die Öffentlichkeit zu bringen. Die Polizei würde keine Beweismittel vorlegen können und alle hinhalten. Sowohl Abgeordnete der Grünen als auch der SPÖ würden bereits das Vorgehen von Polizei und Justiz lautstark kritisieren. Es könne nicht mehr lange dauern, bis ich wieder herauskäme. Bis zur Haftverhandlung in zehn Tagen müsse ich mich aber noch gedulden.

Ich erzähle von meinem Hungerstreik und dass ich mich langsam immer schlechter fühle. Andere Gefangene hätten ebenfalls einen Hungerstreik begonnen und dann aber wieder aufgehört, erfahre ich. Die Medien würden das nicht aufgreifen, weil das Gefängnis behaupte, dass ich in Wirklichkeit Essen zu mir nähme. Ich solle daher aufhören, ich würde nur mich selbst schädigen. „Ich kann nicht aufhören", sage ich, „das ist mein letztes bisschen Autonomie, meine letzte Möglichkeit von Protest, die ich nicht aufgeben will." Alle würden sich um meine Gesundheit sorgen, ich solle mir das sehr ernsthaft überlegen, meint Lisi. Dann sind die 30 Minuten Besuchszeit auch schon wieder um. Rasch arrangieren wir noch, dass ich frische Wäsche bekommen solle, allerdings dürfe das nur in einem Paket der Größe 45 mal 35 mal 30 Zentimeter sein, und Bücher könnten sie mir von außen nur bringen, wenn ich sie beantrage und sie bewilligt würden. Ja, und mein Konto werde immer aufgefüllt sein, ich solle mich darüber nicht sorgen und mir kaufen, was ich will. Schon führt mich eine Wache ab, und ich kann den dreien nur noch kurz zuwinken, ehe sich hinter mir wieder die Türen schließen.

Lisi erzählt: *Erst am Dienstag nach den Inhaftierungen konnte ich Martin erstmals in Wr. Neustadt besuchen. Gemeinsam mit seinem Vater und seinem Bruder stellten wir uns schon zeitig in der Früh an, um überhaupt die Möglichkeit zu bekommen, Martin endlich zu sehen. Ich war vorher noch nie in einem Gefängnis, um jemanden zu besuchen, und traute meinen Augen nicht, als ich die Glasscheibe zwischen BesucherInnen und Inhaftierten und den Telefonhörer sah, mit dem man sprechen musste! Dann wurde Martin hereingebracht. Ich kämpfte mit den Tränen, er sah absolut fertig aus, so fertig habe ich ihn noch nie zuvor gesehen. Doch ich dachte mir, dass ich jetzt nicht weinen darf, ich muss stark sein, ich muss jetzt für ihn da sein und ihn unterstützen, ihm helfen. Wir konnten nicht zu dritt mit ihm reden, man verstand ihn nur, wenn man selber den Hörer in der Hand hielt. Es war schrecklich, Martin zwei Meter vor mir sitzend zu sehen, ohne die Möglichkeit, ihn zu drücken oder ihn berühren zu können. Damals dachte ich noch nicht daran, dass ich ihn weitere drei Monate nicht berühren werde dürfen. Er sagte, dass es ihm Kraft gibt, wenn er die Demos vor dem Gefängnis hört, da er so merkt, dass er nicht alleine ist. So war mir klar, dass ich ab jetzt tagtäglich vor dem Gefängnis lauthals demonstrieren werde!*

7. Überstellung nach Wien

Am nächsten Morgen gebe ich den Gefangenen, die den Tee bringen, meinen Antrag auf frische Wäsche und erhalte dafür wieder einige Beleidigungen an den Kopf geknallt, während eine Wache grinsend daneben steht. Dafür kann ich erstmals den Tee mit meinem Zucker versüßen.

Wieder höre ich draußen von meiner Zelle aus die Sprechchöre von den täglichen Demonstrationen gegen unsere Verhaftungen. Ich fühle mich zwar einsam und allein, aber diese Brücke der Solidarität in die Freiheit ist mir von unschätzbarem Wert. Ich bin nicht vergessen.

Plötzlich reißt ein Wachebeamter meine Zellentür auf. „Balluch, Du kommst jetzt in ein anderes Gefängnis, in die Justizanstalt Josefstadt nach Wien", sagt er. Später wird mir erklärt, dass man uns zehn Tierschutzgefangene auf drei Gefängnisse aufteilen wollte, um zu verhindern, dass wir miteinander kommunizieren. Dabei kannte ich fünf der neun Mitgefangenen entweder gar nicht oder nur sehr peripher. Was ich mit denen hätte besprechen sollen, ist mir nie klar geworden. Mein Anwalt sagte noch, ihm sei mitgeteilt worden, dass man mich nach Wien-Josefstadt verlege, weil es in dieser Haftanstalt eine Krankenabteilung gebe und man sicherstellen wolle, dass mein Hungerstreik keine gesundheitlichen Konsequenzen für mich hat.

Ich nehme meine wenigen Habseligkeiten, also den Zucker, den Fruchtsaft und mein Zahnputzzeug, und folge dem Beamten. Er bringt mich in den Hof des Gefängnisses, in dem bereits ein großer Gefangenentransporter wartet, eines dieser riesigen Fahrzeuge mit abgeschlossenen Zellen, die jeweils nur einen Sitz und einen winzigen Sehschlitz bieten, aber so klein sind, dass ich darin nicht einmal aufrecht sitzen kann. Abgesehen davon bekommt man fast keine Luft, weil die Zellen so hermetisch abgeschlossen sind und sich niemand um eine Frischluftzufuhr kümmert. Wie immer in der Haft gibt es keine Möglichkeit, sich zu beschweren. Während man in Freiheit gewohnt ist, mit einem gewissen Respekt behandelt zu werden, und auf den Menschenrechten bestehen kann und sie, wenn nötig, gerichtlich einfordern, ist man im Gefängnis keine Person mehr, dort scheinen die Menschenrechte zu enden. Respekt gegenüber Gefangenen gibt es sowieso keinen.

Wir fahren aus dem großen Gefängnistor hinaus. Draußen sehe ich eine Tierschützerin, die Kathi, mit ihrem Hund und einem Plakat stehen, offenbar werden eine Mahnwache und ein Dauerprotest abgehalten. Ich schreie und trommle an meine winzige Scheibe, um ihre Aufmerksamkeit zu erregen. Da sieht sie mich und lauft herüber, aber der Gefangenentransport fährt schon los. Bei der nächsten Kreuzung bleiben wir wieder stehen, und sie holt uns ein. „Es geht nach Wien, ins Gefängnis in der Josefstadt!", schreie ich. Sie versteht mich, winkt mir zu und wünscht mir alles Gute. Ich bin ihr so dankbar. Dann fahren wir ab, und ich verliere sie sofort aus meinem sehr eingeschränkten Sichtfeld.

Eine Stunde später stehen wir vor dem Eingangstor des Untersuchungsgefängnisses Wien-Josefstadt, mit rund 1200 Gefangenen. Auch hier sehe ich TierschützerInnen, die vor dem Gefängnis warten, allerdings kenne ich sie nicht. Ich winke hinaus und zeige an, dass ich seit acht Tagen nichts mehr gegessen habe. Die DemonstrantInnen interessieren sich aber mehr für die anderen drei Tierschutzgefangenen, die mit mir in die Josefstadt gebracht werden. Diese drei sind mir allerdings unbekannt.

Ich werde aus meiner winzigen, heißen und völlig luftleeren Transportzelle geholt und bin völlig verschwitzt. Meine Habseligkeiten muss ich abstellen, sie werden mir nachgebracht, sagt man. Dann komme ich in eine kleine Durchgangszelle und muss warten. Plötzlich betreten zwei Wachebeamte die Zelle und sagen „Ausziehen!" in scharfem Ton. Ich frage mich, warum ich jetzt wieder diese erniedrigende Prozedur über mich ergehen lassen muss, wenn ich sowieso aus einem anderen Gefängnis komme. Nackt muss ich mich vorbeugen. Einer der Beamten zieht Gummihandschuhe an und steckt seine Finger in meinen Anus. Ich versuche, an etwas anderes zu denken und diese Grauslichkeit nicht in mein Bewusstsein zu lassen. Irgendwann ist auch das vorbei, und ich kann mich wieder anziehen. Zuletzt werde ich in eine Zelle mit vier anderen Personen gebracht. Dafür ist sie breiter und freundlicher als die in Wr. Neustadt. Ich blicke durch das vergitterte Fenster in den Hof. Eine Steinwüste, kein Gras, kein Baum, kein Grün, keine Pflanze zu sehen. Überall sind gleiche Fenster, dicht vergittert, sodass man kaum durchschauen kann, und überall hängen Menschen an diesen Gittern und kreischen unverständliche Laute hinaus. Offenbar versuchen sich hunderte Gefangene gleichzeitig über den Hof durch diese Fenster zu verständigen. Für meine Ohren klingt das wie in einem Affenhaus im Zoo.

Diesmal kann ich mich mit meinen Mitgefangenen unterhalten. Der eine ist Schweizer und sitzt in U-Haft, weil man ihn der betrügerischen Krida verdächtigt, er habe vor dem Bankrott seiner Firma noch Gelder zur Seite geschafft. Die anderen warten in U-Haft auf ihre Prozesse wegen schwerer Körperverletzung, Einbruchsdiebstahl oder gefährlicher Drohung. Man weiß natürlich nie, welche der Geschichten wahr sind und welche nicht. Alle aber haben schon von mir gehört, ich sei der Anführer dieser angeblichen Tierschutzmafia. Dass ich wegen Tierschutzaktivitäten im Gefängnis sitze, scheint meine Mitgefangenen zu belustigen. Ich würde nicht hierhergehören, ist ihr Urteil. Das meine ich auch.

Am nächsten Tag werden wir nicht zum Hofgang abgeholt. Am Nachmittag wage ich es, mich zu beschweren. Ich drücke den Knopf, um die Wache zu rufen. Nach einer Ewigkeit meldet sich eine Stimme, was denn los sei. Ich sage, dass wir noch nicht im Hof waren. Da lacht der Mann am anderen Ende der Leitung und meint belustigt, er habe uns nicht in den Hof gebracht, weil wir uns vielleicht im Hof gefürchtet hätten. Dann legt er auf. Sehr witzig! Es gibt keine Möglichkeit, sich zu beschweren.

Ich habe wieder Besuch. Zweimal die Woche je 30 Minuten kann ich mit Menschen sprechen, die mir wichtig sind, wenn auch nur durch eine Scheibe und ein Telefon. Wieder gibt es Neuigkeiten, Parlamentsabgeordnete der Grünen und der SPÖ wollen mich im Gefängnis besuchen. Bei meiner Tierschutzarbeit habe ich über die Jahre hinweg enge Beziehungen zu den TierschutzsprecherInnen einiger Parteien aufgebaut. Bei vielen Kampagnen haben wir zusammengearbeitet, im Sommer 2006 präsentierte ich zusammen mit SPÖ und Grünen unsere Studie zur Schweinehaltung in Österreich in einer gemeinsamen Pressekonferenz. „Ja", sage ich, „ich würde mich über einen Besuch sehr freuen."

Schon sind die 30 Minuten vorbei, und ein Wärter holt mich ab. Er ist aufgebracht, weil er durch mich beim Kartenspiel gestört wurde. Gerade sitzt er so nett mit seinen KollegInnen zusammen, und jetzt muss er mich in eine Zelle bringen. „Nein", denkt er offenbar, „soll Nummer 91029 doch warten." Ich werde in ein winziges Besenkammerl gesperrt, ohne Fenster und ohne eine Begründung dafür zu bekommen. Der Raum ist so klein, dass ich vom Mittelpunkt aus alle Wände berühren kann. Zum Glück leide ich nicht an Platzangst. Ich habe keine Uhr, also weiß ich nicht, wie lange ich bereits in diesem Raum bin, aber es erscheint mir wie eine Ewigkeit. Absolut nichts passiert, ich höre nicht einmal irgendwelche Geräusche. Wurde ich vergessen? Ich beschließe zu versuchen, auf mich aufmerksam zu machen. Zuerst klopfe ich nur vorsichtig an die Tür, ich weiß ja, wie aggressiv die Wachen hier sind. Nichts passiert. Also klopfe ich noch einmal, immer lauter. Schließlich hämmere ich mit aller Kraft an die Türen und Wände und schreie um Hilfe. Irgendwann öffnet ein Beamter die Tür und fragt, was ich da tue. Ich sage, ich wurde hier abgestellt, vermutlich weil der zuständige Beamte Karten spielen wollte, statt mich in die Zelle zu bringen. Der Beamte sperrt mich wieder ein und geht, um das zu prüfen. Einige Zeit später kommt er zurück und sagt, niemand wisse etwas davon, dass ich hier eingesperrt bin, der zuständige Beamte sei nicht mehr im Haus. Dann bringt er mich in meine Zelle zurück. Beim nächsten Treffen mit meinem Anwalt erzähle ich ihm davon, aber er rät mir von einer offiziellen Beschwerde ab, weil das meine Situation in der Haft nur verschlimmern würde.

Wieder kommt ein Wochenende, und wieder scheint die Zeit stillzustehen. Ich finde keine innere Ruhe, ich bin richtiggehend panisch. Es fällt mir sehr schwer, meine Gedanken zu ordnen. Ich habe so viel zu sagen und hinauszuschreien, aber keine Möglichkeit, das auch zu tun. In den frühen Morgenstunden, wenn meine Zellenkollegen noch schlafen, nehme ich ein Papier und schreibe meine Gefühle auf.

Die Nacht in der Zelle

Zum Schlafengehen nehmen viele Gefangene Schlafmittel. Um 22 Uhr öffnet sich die Klappe an der Stahltür, und die Wachen reichen die Tabletten herein. Man muss sie vor ihren Augen schlucken, sodass man sie nicht aufsparen und dann in der Menge benutzen kann, um für immer zu entschlafen. Der Selbstmord ist hier stets gegenwärtig.

Ich nehme keine Tabletten. Um 22 Uhr werde ich müde und schlafe rasch ein. Nicht ohne Angst, weil ich weiß, was jetzt passieren wird. Unweigerlich nutzt mein Geist die ers-

ten paar Stunden Schlaf, um sich aus der Zelle zu entfernen. Ich bin frei, und die Gefangenschaft, das vergitterte Fenster, die ewig gleiche Wand neben meinem Bett – alles nur ein Traum. Doch es gibt ein böses Erwachen. Jede Nacht. Unweigerlich.

Um ca. drei Uhr wache ich auf, jedes Mal mit der Erleichterung, dass die ewige Gefangenschaft, das ewige An-die-Wand-Starren, nur ein Traum war. Doch es ist umgekehrt. Jedes Mal, wenn ich um drei Uhr früh die Augen öffne und sie sich langsam ein Bild machen von dem mich umgebenden Raum, realisiere ich, Schritt für Schritt, dass ich immer noch da bin, wirklich da bin. Das schiere Entsetzen befällt mich dann und füllt mich aus. Der Mund wird trocken, und mein Herz zerfällt. Jetzt ist an Schlaf nicht mehr zu denken. Ich stehe auf, lege mein Gesicht an das engmaschige Gitter und starre hinaus in diesen unwirklichen Hof. Die Wände sind auf jeder Seite mit sieben Scheinwerfern beleuchtet, die alles in grellweißes Licht tauchen, das bis in die Zelle reicht. Dazwischen überall Kameras und Wachtürme. Einfach grauenhaft und unmenschlich. Langsam und leicht rinnen mir die Tränen über die Wangen, wie ein Sommernieselregen, den ich schon seit langem nicht mehr spüren durfte.

Wenigstens ist mir die Stille und Einsamkeit gegönnt, mitten in einer Zelle voller Häftlinge für mich alleine leise zu weinen.

Wieder ist der Abgrund so deutlich zu spüren, der Tod so nah. Und kein Lebenswillen. In diesen schrecklichen Mauern gibt es kein Leben.

Ich gehe leise in der Zelle auf und ab, drei Schritte bis zur Wand und wieder zurück. Ich versuche, alle Gedanken abzuschütteln, möchte in der monotonen Bewegung Sicherheit finden wie jedes verzweifelte Tier im Käfig. Ich lege mich wieder ins Bett und starre an die Decke über mir, wie schon seit schier endloser Zeit. Die Flutlichter im Hof werfen die ewig gleichen Schatten der Fenstergitter an die Wand. Die ewig gleiche, lebensfeindliche Unbeweglichkeit. Werde ich hier jemals rauskommen? Wieder ein Gedanke, den ich nicht zulassen darf.

Die Stunden verrinnen. Es gibt keinen Horizont für mich anzuschauen, nur Mauern. Aber langsam verändert sich der Himmel. Um 5.30 Uhr erscheint die Sonne hinter meinem Fenstergitter direkt durch die Stacheldrahtverhaue auf den Mauern hindurch. Mir graut vor dem Morgen. Mir graut vor einem weiteren Tag an diesem anus mundi, am Ende der Welt.

8. Besetzung des Krebsforschungsinstituts

Drei Stockbetten stehen in meiner Zelle, ich sitze auf einem der Betten oben. Einer der Häftlinge erzählt mir, dass die Menschenrechte Stockbetten im Gefängnis verbieten würden, aber in Österreich halte man sich einfach nicht daran. Ich kann das nicht überprüfen. Mit Stockbetten passen jedenfalls mehr Menschen in die kleinen Zellen. Hier haben wir weniger als fünf Quadratmeter Zellenfläche pro Person. Ich werde an meine zahlreichen Diskussionen mit politisch Verantwortlichen erinnert, in denen wir um die Nutztieren zustehende Fläche in den Tierfabriken stritten. Einem 110 Kilogramm schweren Schwein werden in Österreich nur 0,7 Quadratmeter Bodenfläche zugestanden, ein Leben lang. Jetzt habe ich ein besseres Gefühl dafür, was das eigentlich bedeutet.

Zum hundertsten Mal lese ich dieselben Aktenseiten über meinen Fall. Da ist die Rede von einer Besetzung des Krebsforschungszentrums in Wien durch den VGT am 28. April 2003. Laut Polizei zeigt das meine Militanz und macht mich deshalb verdächtig. Abgesehen davon finden sich im neuen Aktenteil, den mir mein Anwalt gegeben hat, E-Mails von mir zu dieser Aktion, die ich auf einer internen E-Mail-Liste verbreitet habe. Stimmt, ich habe diese Aktion damals organisiert und bin bis heute stolz darauf.

Foto 4: 312 Ratten wurden zwei Wochen lang zwangsweise mit verschiedenen Kaffeesorten abgefüllt und dann mit Krebs infiziert.

Im Frühjahr 2003 trat eine Person anonym mit uns beim VGT in Kontakt. Das ist ein normales Vorgehen, viele InformantInnen wollen unbekannt bleiben, weil sie Nachteile für ihre Person fürchten, sollte herauskommen, dass sie mit uns gesprochen haben. Letztendlich traf ich dieseN InformantIn mehrmals persönlich. Ein Prof. Wolfgang Huber vom Krebsforschungsinstitut in der Borschkegasse in Wien mache sehr grausame und vor allem sinnlose Versuche an Ratten. MeinE InformantIn gab mir dazu sogar eine Projektbeschreibung auf Englisch, die Prof. Huber selbst verfasst hatte. Demnach wurden Ende 2002 insgesamt 312 Ratten zunächst zwei Wochen lang zwangsweise mit verschiedenen Kaffeesorten abgefüllt und erhielten dann Krebserreger zwischen die Beine injiziert, sodass sie langsam Leber- und Dickdarmkrebs entwickelten. Am 28. April 2003 sollten alle Ratten getötet und seziert werden. Das Ziel dieser Tierversuche sei, die Auswirkung von massivem Kaffeekonsum auf die Entwicklung von Krebs zu studieren, als ob nicht sowieso schon sehr viele Menschen Kaffee trinken und einige davon Krebs bekommen, sodass auf den Menschen anwendbare Daten doch eigentlich durch klinische Studien eruierbar sein müssten. Abgesehen davon halte ich es für ethisch unvertretbar, unbeteiligte Ratten für eine solche Grundlagenforschung, die nicht einmal auf konkrete medizinische Behandlungsmethoden abzielt, die Menschen dann helfen könnten, zu quälen und zu töten.

Ich begann also, mir eine Aktion zu überlegen, um diesen Skandal öffentlich zu machen und vielleicht auch den Ratten zu helfen. Ich schleuste mehrere AktivistInnen in das Krebsforschungsinstitut ein, die sich für Jobs bewarben oder Reinigungsarbeiten übernahmen. Bald wusste ich genau, wo sich Prof. Hubers Büro befand, wo sein Labor war und wo die Ratten in den sogenannten Tierställen gehalten wurden, nämlich in vier Geschoßen im Keller. Büro und Labor, stellte sich heraus, waren ohne abgesperrte Türen direkt zugänglich, über eine Treppe in einem oberen Stockwerk. Die Ratten konnte man allerdings nur durch zwei Türen erreichen, für die eine Magnetstreifenkarte nötig war.

Ich begann die Aktion minutiös zu planen. Eine Aktivistin bewarb sich für einen Job als Tierpflegerin im Tierstall und ließ sich für den 28. April, also den Tag, an dem die Ratten getötet werden sollten, an das Institut einladen, um ihren möglichen zukünftigen Arbeitsplatz anzusehen. Etwa 40 AktivistInnen trafen sich am späten Vormittag keine 300 Meter vom Krebsforschungsinstitut entfernt. Auch eine Journalistin vom „Standard“ kam auf meine Einladung hin mit. Ich war per Telefon in direktem Kontakt mit der Aktivistin im Institut. Sie sollte mir signalisieren, wann sie durch die beiden nur mit Magnetstreifenkarten zu betretenden Türen geführt würde. Genau zu diesem Zeitpunkt wollte ich mit einer Vorhut von AktivistInnen an derselben Stelle sein und die Türen aufhalten. Die Mehrheit der AktivistInnen sollte sich dann in die Tierställe begeben, die Ratten suchen, alles filmen und dokumentieren und abhauen, bevor die Polizei kam. Ich würde währenddessen mit einer Handvoll weiteren AktivistInnen hinauf in Büro und Labor gehen, Fotos aufnehmen und ein Transparent aus dem Büro hängen. Idealerweise sollten zwei Personen sich aus dem Büro abseilen, sodass sie nicht so schnell von der Polizei geräumt werden könnten. Doch alles kam dann doch etwas anders als geplant.

Der Anruf war da! Jetzt ging unsere Aktivistin also den Gang entlang zu den beiden Türen mit den Magnetstreifen-Lesegeräten. Rasch machte ich mich auf den Weg in das Institut hinein, direkt bei mir acht Personen, etwa 20 Meter hinter mir weitere 30. Am Portier vorbei die erste Treppe hinauf, da sah ich unsere Aktivistin, wie sie gerade durch die erste Magnetstreifentür ging. Rasch war ich dort und verhinderte, dass die Tür zufiel. Ein Aktivist hinter mir ging durch die offene Tür und fing die zweite Tür ab, bevor sich diese schloss. Und schon strömten die 30 Personen an uns vorbei in den Tierstall. Ich hörte eine Tierpflegerin aufgeregt schreien, was hier eigentlich los sei. Egal, ich hatte etwas anderes zu tun. Wir ließen die Türen zufallen – von innen waren sie ohne Magnetstreifen zu öffnen – und gingen mehrere Stockwerke hinauf. Dort bog ich direkt ins Büro von Prof. Huber ab, er war allerdings nicht da. Andere AktivistInnen gingen in sein Labor. Zwei Aktivisten und ich blieben in Prof. Hubers Büro, schlossen die Tür und verbarrikadierten sie. Ich hatte Holzpflöcke mit, die so lang waren wie die Türschnalle hoch und dazu dienten, ein Öffnen der Tür zu verhindern. Von außen sperrte uns jemand ein. „Auch gut", dachte ich und schob Eiskasten und Schreibtisch vor die Tür. Das Ganze wurde dann an die Schnallen angebunden. Anschließend kamen noch Bücherschränke und Kästen vor die Tür.

Ohne dass wir das im Büro realisiert hätten, wurden zu dieser Zeit auf der anderen Seite des Gangs, im Labor, die fünf AktivistInnen, die dort fotografierten, von Institutsangestellten angegriffen. Später wurden mir Fotos von Würgespuren am Hals eines Aktivisten gezeigt, und einer der Angestellten benutzte einen Pfefferspray gegen die TierschützerInnen. Dieser Pfefferspray eines der Institutsangestellten wurde dann von der Presseabteilung der Universität dazu benutzt, uns in der Öffentlichkeit zu desavouieren. Man setzte absichtlich das falsche Gerücht in Umlauf, wir hätten giftige Gase im Labor ausströmen lassen. Doch das sollten wir erst viel später realisieren.

Wir hängten das mitgebrachte Transparent gegen Tierversuche aus dem Fenster. Leider gab es keine Möglichkeit, sich aus dem Fenster abzuseilen. Vor der Tür sah ich einige AktivistInnen, die, wie ausgemacht, eine Demonstration gegen Tierversuche abhielten. Dann liefen die ersten AktivistInnen, die aus dem Tierstall kamen, über den Hof des Instituts und auf und davon. Die letzte Aktivistin aus dem Tierstall verließ das Gebäude keine Minute bevor das erste Polizeiauto eintraf. Wir hatten vorher genau überlegt, wo die nächsten Polizeistationen waren, wie lange es dauern würde, bis das erste Polizeiauto kam, und aus welcher Richtung generell Polizei zu erwarten war. Alle AktivistInnen sollten danach nicht mehr in einer Gruppe zusammenbleiben, weil das der Polizei aufgefallen wäre, sondern einzeln so rasch wie möglich in öffentliche Verkehrsmittel steigen. Der Plan ging auf, niemand aus den Tierställen wurde festgenommen. Erst später erfuhren wir, dass jemand in Eigenregie 16 Ratten aus der Versuchsreihe mitgenommen und in gute Pflege übergeben hatte. Noch Monate später bekamen wir immer wieder Fotos von den Ratten aus ihrem neuen Zuhause anonym zugesandt. Viele der Ratten hatten stark verkürzte Schwänze. Auf uns wirkte das so, als seien sie nahe der Basis abgeschnitten worden. Warum, konnten wir uns aber nicht erklären.

Vom Büro aus sahen wir die Ankunft einer ganzen Armada von Polizeiwägen. Die tapferen AktivistInnen auf der Demonstration unten wurden alle aufgeschrieben. Im Büro nebenan lehnte sich ein Beamter aus dem Fenster und schrie aggressiv herüber, dass wir sofort herauskommen sollten. „Wir möchten noch ein bisschen hierbleiben", sagte ich freundlich, „um unseren Protest öffentlich zu machen." Unsere erste Presseaussendung ging in diesen Minuten an die Medien. Ich fotografierte zahlreiche Dokumente im Büro von Prof. Huber ab, die von Tierversuchen handelten, und schickte das sofort elektronisch an unser Büro. Auch Fotos vom Transparent und von unserer Besetzung wurden verschickt, um die Medien mit Bildmaterial zu versorgen.

Plötzlich realisierte ich, dass alle Angestellten des Instituts, sicher gut 400 Personen, aus dem Gebäude strömten und sich im Hof und auf der Straße versammelten. Ohne unser Wissen wurde nämlich das Institut evakuiert, weil das Gerücht von verströmtem Giftgas gestreut worden war. Für mich war das eine hervorragende Gelegenheit, unsere Botschaft zu verbreiten. Ich nahm das mitgebrachte Megafon und begann aus dem Fenster unsere Kritik an Tierversuchen generell und an den Kaffeeversuchen im Besonderen vorzutragen. Mittlerweile kamen auch mehrere Feuerwehrautos mit Blaulicht und Sirene an. Ich fragte mit dem Megafon aus dem Fenster den Leiter der Polizeiaktion, warum die Feuerwehr gerufen wurde, und erklärte, dass wir sie hier nicht brauchen würden und sie unnötig sei. Unterdessen liefen einige Feuerwehrmänner mit einem Sprungtuch unter unser Fenster, breiteten es aus und riefen uns zu, hinunterzuspringen.

Wir waren baff. Warum um alles in der Welt sollten wir aus dem Fenster springen? „Nein danke", sagte ich mit dem Megafon, „hier oben ist alles in bester Ordnung, es wird keine Feuerwehr benötigt, Sie können gerne wieder nach Hause fahren." Die Männer mit dem Sprungtuch zogen sich zurück. Also begann ich wieder von Tierversuchen zu sprechen.

Wieder tauchte ein Polizist im Nebenbüro auf und rief aggressiv zu uns herüber. Wieder antworteten wir freundlich, während unser Anti-Tierversuchstransparent im Wind flatterte. Der ORF verbreitete zu dieser Zeit, ohne dass wir davon wussten, die Nachricht, dass radikale Tierschützer das Krebsforschungsinstitut besetzt hielten und damit drohen würden, Giftgase freizusetzen. Später rief ich die zuständige Redakteurin an und fragte sie, wie sie auf diese Idee gekommen sei. Sie sagte, das habe ihr die Universität gesagt. Warum sie nicht beim VGT Rückfrage gehalten habe, wollte ich wissen. Sie habe dort angerufen, aber es sei besetzt gewesen, war ihre Ausrede. In der Realität besteht bei solchen Aktionen immer die Gefahr, dass böswillige JournalistInnen absichtlich falsche Botschaften verbreiten, um gegen den Tierschutz vorgehen zu können. Davor ist man nie gefeit.

Jetzt waren wir bereits mehrere Stunden im Büro, und ich hatte von dort aus reihenweise Interviews mit verschiedenen Medien geführt. Die Polizei schrie vor der Tür herum und drohte, sie zu zertrümmern. Ich schlug also den anderen beiden Aktivisten im Büro vor, freiwillig die Tür zu öffnen, bevor sie beschädigt würde. Meiner Ansicht nach hatten wir unseren Protest ausreichend vorgebracht. Alle waren einverstanden, also entfernten wir Stück für Stück die einzelnen Möbelstücke, mit denen die Bürotür verbarrikadiert war. Irgendwie erinnerte mich die Szene an jene Musiker, die im Film „Titanic" bis zuletzt spielten, um eine Panik zu verhindern. In Anlehnung an das Gespräch dieser

Musiker unmittelbar vor ihrem Tod sagte ich zu den beiden anderen Aktivisten, dass es mir eine Freude gewesen sei, mit ihnen diese Aktion durchzuführen, und dass ich ihnen jetzt viel Kraft und alles Gute wünsche. Dann schüttelten wir uns die Hände, atmeten tief durch und öffneten die Bürotür.

Draußen befanden sich zu unserem größten Erstaunen einige Polizisten in grellgelben Ganzkörper-Schutzanzügen aus Plastik, mit einer Maske vor dem Gesicht wie Astronauten und Sauerstoffflaschen auf dem Rücken. Wie die Marsmännchen standen sie vor uns und wirkten ausnehmend lächerlich. Sie stürmten auf uns zu und sagten etwas, das aber durch die Masken nicht zu verstehen war. Wir mussten uns umdrehen und bekamen Handschellen angelegt. Dann führte man uns ab. Später verbrachten wir einige Stunden in Polizeihaft und wurden dann wieder freigelassen. Prof. Huber klagte den VGT und mich wegen übler Nachrede achtmal, verlor aber jeden einzelnen Klagepunkt. Unverständlicherweise hatte die Uni Wien diese Privatklage finanziert und musste dann unsere Anwaltskosten begleichen. Außer einer Geldstrafe von 70 Euro gegen den VGT wegen einer unangemeldeten Demo vor dem Institutsgebäude gab es keinerlei Strafen aufgrund dieser Aktion. Bis heute halte ich sie für einen großartigen Erfolg.

Laut Ermittlungsakten sollten diese Aktion und meine dazugehörigen E-Mails aber belegen, dass ich der Chef einer kriminellen Organisation nach § 278a war.

9. Auf der Krankenstation

Solange ich im Gefängnis in Wr. Neustadt war, konnte ich täglich die Demonstrationen hören. Mahnwachen gab es den ganzen Tag, von sieben Uhr früh bis 22 Uhr nachts. Nachdem die zehn Tierschutzgefangenen auf drei Gefängnisse aufgeteilt worden waren – vier blieben in Wr. Neustadt, zwei kamen nach Eisenstadt und vier nach Wien –, wurde auch an diesen Orten täglich protestiert. Nur, in meiner Zelle in Wien-Josefstadt konnte ich die Demonstrationen nicht mehr hören.

Durch die AnwältInnen, die mich besuchten, war ich aber über viele Entwicklungen informiert. Eine eigene Gruppe war gegründet worden, die nur der Hilfe und Verteidigung der Gefangenen gewidmet war. Über zwei Rechtshilfekonten wurden Spenden gesammelt. Der Verein VGT arbeitete Tag und Nacht daran, die Öffentlichkeit über diese Ungerechtigkeiten zu informieren – und seine Datenbanken, Mitgliederlisten und anderen für die Vereinsarbeit lebenswichtigen Dinge zurückzubekommen.

Die Grünen hielten am 30. Mai bereits die zweite Pressekonferenz zur Tierschutzcausa, wie der Fall genannt wurde, ab. Die Abgeordneten Peter Pilz als Sicherheitssprecher und Brigid Weinzinger als Tierschutzsprecherin kritisierten das Vorgehen der Polizei heftig, listeten die rechtlich problematischen Aspekte des Vorgehens auf und kündigten Anzeigen gegen die verantwortlichen PolizistInnen an. Aber auch der Justizsprecher der SPÖ, Hannes Jarolim, meldete sich zu Wort und forderte das Ende der völlig überzogenen U-Haft. Die Staatsanwaltschaft solle Beweise für ihre Anschuldigungen vorlegen oder die Inhaftierten freilassen. Amnesty International drückte in einer Aussendung vom 4. Juni 2008 seine Besorgnis aus und kündigte an, das Verfahren genau zu beobachten. Problematisch sei, dass mit einem Paragrafen zu kriminellen Organisationen gegen Non-Governmental Organisations (NGOs) vorgegangen werde, dass Umfang und Art der Hausdurchsuchungen geeignet seien, die rechtmäßige, legale Arbeit zivilgesellschaftlicher Vereine zu beeinträchtigen, und dass die Akteneinsicht in einem Umfang eingeschränkt werde, dass selbst zum dringenden Tatverdacht und Haftgrund keine konkreten Informationen vorlägen.

Auch die kritische Zivilgesellschaft in Österreich begann sofort mit Solidaritätsaktionen und Protesten. Insbesondere die Linzer Friedenswerkstatt, etwas später aber auch Greenpeace und die Initiative Zivilgesellschaft veranstalteten Demonstrationen und entfalteten Aktivitäten, die der Verbreitung der Kritik am Vorgehen der Behörden dienten. Tierschutzorganisationen, allen voran der VGT, waren natürlich an vorderster Front dabei, wenn praktisch täglich demonstriert und protestiert wurde, nicht nur vor dem Gefängnis, sondern auch in den großen Städten Wien, Linz, Graz, Innsbruck und Salzburg.

International gab es weiterhin immer wieder Aktionen und Demonstrationen aus Solidarität mit uns im Gefängnis. Eine eigene Webseite, www.shameonaustria.org, wurde in zahlreichen Sprachen verfasst, die bis zuletzt detailliert die neuesten Informationen über die Tierschutzcausa in Österreich verbreitete. An Österreichs Grenzen zu Tschechien, der Slowakei, Ungarn und Slowenien wurden einmal die Grenztafeln mit „Ortsende Rechtsstaat" überklebt, ein anderes Mal verteilten ausländische AktivistInnen an jene Personen Bananen, die in die „Bananenrepublik Österreich" einreisen wollten.

Ausländische Medien, insbesondere in England und Deutschland, brachten ebenfalls sehr kritische Kommentare. Victor Schonfeld schrieb im englischen „Guardian" am 5. Juni 2008, *„it is shocking that such things are happening to human beings in a country at the forefront of animal welfare reforms"*. UniversitätsprofessorInnen aus Ländern wie Kanada, der Schweiz und den USA, aus Letzteren z. B. der Bioethikprofessor Peter Singer von der Universität Princeton, verfassten scharfe Protestnoten.

Aber auch im privaten Bereich wurde mobilisiert. Sowohl mein Vater als auch meine Brüder und andere Verwandte schrieben zahlreiche Protest-E-Mails an die Verantwortlichen bei Polizei und Justiz und forderten ihren Bekanntenkreis zu ähnlichen Protesten auf. Die Eltern der Inhaftierten hielten eine eigene Kundgebung vor dem Justizministerium mit der Forderung ab, ihre Kinder freizulassen. Selbst meine ehemaligen SchulkollegInnen beteiligten sich an dieser Welle der Solidarität. Die Medien griffen die kritischen Töne zusehends häufiger auf und wunderten sich darüber, dass die Staatsanwaltschaft keine Beweise vorlegen konnte oder wollte. Der Sprecher der Staatsanwaltschaft Wr. Neustadt sagte nur, man werfe den Verdächtigen 22 Straftaten mit einem Gesamtschaden von 600.000 Euro vor. Von Woche zu Woche aber wurde diese Schadensangabe höher, bis sie zwei Millionen Euro erreichte. Näheres könne man jedoch nicht mitteilen, ohne die laufenden Ermittlungen zu gefährden, versuchte man die JournalistInnen zu vertrösten.

Oliver Jaindl vom „Kurier" zeichnete sich weiterhin durch eine aggressive Schreibweise gegen die Gefangenen und insbesondere gegen mich aus. Unter dem Titel „*Saboteure oder harmlose Aktivisten?*" ließ Jaindl keinen Zweifel aufkommen, wie er diese Frage beantworten würde, seitdem er Papiere zugespielt bekommen habe, die „*das Bild eines Geheim-Netzwerks*" zeichneten. Wörtlich schrieb Jaindl: „*Dem Kurier liegen nun brisante Papiere aus Justizkreisen vor, die Details aus einem abgeschotteten Netzwerk enthüllen: Als einer der Hauptverdächtigen gilt Martin B. Ihm wird von Exekutive und Staatsanwalt angelastet, er sei Mitglied einer Personengruppe, die dem militanten Tierrechtsspektrum zuzuordnen ist und unter Pseudonymen [wie ALF] auftritt. [...] Die Protokolle der Internet- und Telefonüberwachung fördern neue Details zu Tage und legen nahe, dass man es offenbar nicht bloß mit harmlosen Tierfreunden zu tun hat, sondern dass sie sich ausgereifter Methoden bedienen. [...] Die Verdächtigen sollen sich penibel gegen Überwachung geschützt haben. Man war auf der Suche nach Verrätern in eigenen Reihen. Am Telefon war nie von Brandstiftungen in Mastfarmen die Rede – man pflegte laut Protokoll von ‚offenen Lagerfeuern' zu sprechen. In einem nur Auserwählten zugänglichen Forum wurde gepostet, wie man Daten verschlüsselt, um sie im Fall einer Durchsuchung für die Polizei unbrauchbar zu machen. [...] Laut Polizei-Insider seien die Verdächtigen geschult worden: Mit Gähnen, zusammenhanglosen Antworten und passivem Verhalten sollen Verhöre zur Farce werden.*"

Später zeigte sich, nachdem die Verteidigung die teilweise verschrifteten Telefonaufzeichnungen hatte lesen dürfen (weder die Originalaufnahmen noch die vollständigen Verschriftungen wurden den Betroffenen je zugänglich gemacht), dass „offene Lagerfeuer" nur einmal in einem Gespräch erwähnt worden sein sollen. Dabei ging es darum, ob die Hühner-Legebetriebe rechtzeitig bis zum Käfigverbot auf Alternativhaltung umsteigen würden, und man sprach von offenen Tierbefreiungen von Hühnern aus den Käfigen im Beisein von MedienvertreterInnen als Mittel, illegale Legebatterien publik zu machen. Das Gespräch endete damit, dass die beiden Gesprächspartner, der Kampagnenleiter der Vier Pfoten und ich, feststellten, dass die Polizei dieses Gespräch sicher abhörte und das ärgerlich sei, weil man immer von der Polizei belästigt werde.

Auch ich versuchte mich an der Öffentlichkeitsarbeit zu beteiligen. Seitdem ich Briefpapier hatte, verfasste ich laufend Presseaussendungen, öffentliche Statements und offene Briefe, sowohl an RichterInnen, StaatsanwältInnen und PolitikerInnen als auch an die internationale Tierrechtsbewegung, TierschutzaktivistInnen in Österreich und den VGT. Am 27. Mai schrieb ich ein Statement zum Hungerstreik, das mit den folgenden Worten endete: „*Um zu kaschieren, dass diese Aktion ohne jedes konkrete Verdachtsmoment für eine strafbare Handlung – und ohne Ergebnis nach den Hausdurchsuchungen – durchgeführt worden ist, hält sich das Innenministerium jetzt bedeckt, verbreitet Gerüchte von Brandstiftung und hält mich weiter in U-Haft, als ob ein Haftgrund vorläge. Da dieser aber nicht vorliegt, und um den ganzen Skandal dieses Polizeiterrors publik zu machen, musste ich in den unbefristeten Hungerstreik treten und damit meine eigene Gesundheit und mein Leben akut gefährden. Ich rufe alle Bürger und Bürgerinnen in unserem Land, denen die Menschenrechte am Herzen liegen, auf, mich zu unterstützen und mein Leben zu retten. Bitte lassen Sie nicht zu, dass die Verfassung und unsere Grundrechte derartig mit Füßen getreten werden."*

Ich setzte meinen Hungerstreik weiter fort. Am elften Tag, dem 31. Mai 2008, wurde mir beim Hofgang schwarz vor den Augen, und ich konnte nicht mehr weitergehen. Später brachte man mich zu einer Ärztin, die mir noch einmal ausreden wollte, den Hungerstreik durchzuziehen. Sie zeigte sich besorgt. Am zwölften Tag meines Hungerstreiks hatte ich plötzlich den ersten – und für die nächsten 37 Tage letzten – Stuhlgang meiner Haft, steinhart, schwarz und schmerzhaft groß. Danach war der Magen-Darm-Trakt offenbar vollständig leer, und es begannen die Magenkrämpfe, die mich bis zuletzt begleiten sollten. Die Ärztin veranlasste am 13. Tag meine Verlegung in die Krankenabteilung des Gefängnisses im vierten Stock.

Diese Verlegung fand zunächst nicht meine Zustimmung. Der Leiter der Abteilung, in der sich meine Zelle befand, hatte mit mir ein sehr angenehmes und nettes Gespräch geführt und erklärt, er halte meine U-Haft für unbegründet und sei ein großer Tierschützer. Die Hausarbeiter dieser Abteilung, die das Essen verteilten, waren sehr nette Männer, die mich einmal zu ihnen auf die Zelle holten. Dort konnte ich Tee trinken – sie hatten eine eigene Kochplatte – und Schach spielen. Wir sprachen auch über den Hungerstreik und über den Sinn der U-Haft, der offenbar darin besteht, die Beschuldigten zu brechen, zu Aussagen bei der Polizei zu bewegen und zu einem angepassten Verhalten, um möglichst rasch den Prozess hinter sich bringen zu können. Die U-Haft als Beugehaft – mit Sicherheit Teil des Kalküls in der Tierschutzcausa. Und die Polizei sollte in dieser Sache mit ihrer Beugehaft tatsächlich gewinnen: Letztendlich erklärte ich mich zu einem 20-stündigen Verhör zu allen meinen Tierschutzaktivitäten bereit.

Aber ich hatte kein Mitbestimmungsrecht bei der Verlegung. Am 2. Juni holten mich also die Wärter überraschend ab und brachten mich in die Krankenstation in eine Zelle mit zwei anderen Personen. Immerhin sahen die Zellen dort viel freundlicher, fast schon wie in einem Krankenhaus aus. Es gab auch keine Stockbetten mehr. Meine neuen Zellenkollegen waren ein Schlachter, der wegen schwerer Körperverletzung einsaß, und ein deutscher Neonazi, der sogenannte „Ausländer" schwer verletzt hatte und mit seinen 27 Jahren bereits die Hälfte seiner Lebenszeit als Erwachsener wegen rechtsradikaler Delikte in Haft verbracht hatte. Dass ein Deutscher, also selbst ein „Ausländer", in Österreich Menschen verprügelt, weil sie „Ausländer" sind, ist eines der Paradoxa, die dieser Mensch mir vermittelte. Ein friedlicher, antifaschistischer Tierschützer mit einem Neonazi und einem Schlachter in der Zelle, die beide wegen schwerer Körperverletzung einsaßen und sich auch zu ihren Taten bekannten! Ein Alptraum, möchte man meinen, doch seltsamerweise gelang es uns, das Beste aus der Situation zu machen und einigermaßen gut miteinander auszukommen. In keiner Zelle vorher oder nachher lief so der Schmäh, war es so humorvoll wie in dieser.

Der Neonazi war hochgradig unintelligent und ungebildet. Er schien einen tiefen Hass auf TürkInnen und OsteuropäerInnen zu haben, aber ansonsten ideologisch nicht wirklich gefestigt zu sein. Offenbar fühlte er sich in Neonazikreisen irgendwie sozial geborgen, ohne deren vollständige Ideologie übernommen zu haben. Stolz erzählte er, dass in einem Stadtteil von Magdeburg, wo er herkam, eine „ausländerfreie Zone" herrsche, die „Glatzen", wie er seine Nazikumpanen nannte, hätten dort das Sagen. Im Gefängnis in der Josefstadt liegt der Anteil jener Gefangenen, die nicht in Österreich wohnhaft sind, meiner Schätzung nach bei 80 Prozent. Das ist wahrscheinlich u. a. darauf zurückzuführen, dass man in diesen Fällen eher von einer Fluchtgefahr ausgeht als bei Personen, die in Österreich wohnen. Unter den restlichen 20 Prozent machen Neonazis und Altnazis (die wegen Holocaustleugnung einsitzen) einen relativ hohen Prozentsatz aus. Tatsächlich habe ich im Gefängnis das erste Mal überhaupt Personen getroffen, die sich selbst als Neonazis und rechtsradikal bezeichnen und sogar mit SS-Runen und ähnlichen Nazisymbolen tätowiert sind. Und trotz dieser, wie es scheint, explosiven Mischung aus sogenannten „Ausländern" und Nazis gibt es eine breite Solidarität unter den Gefangenen, und man kommt sehr gut miteinander aus, ja, man spricht miteinander sehr freundlich über ideologische Grenzen hinweg. Ich habe nie Schlägereien oder gar sexuelle Gewalt unter den Gefangenen wahrgenommen.

Meine beiden neuen Zellengenossen waren sogenannte Hausarbeiter, d. h., sie arbeiteten in der Küche und als Putzhilfe auf der Krankenstation. Deshalb wurde um sieben Uhr früh die Zelle geöffnet und offen gelassen und dann um 16 Uhr wieder verschlossen. Das ermöglichte mir, statt nur in der Zelle zu sitzen, auch auf dem fensterlosen Gang der Krankenstation entlangzugehen und mit anderen Häftlingen aus anderen Zellen zu sprechen. Allerdings wurde ich aufgrund meines Hungerstreiks immer schwächer und verbrachte viel Zeit im Bett. Während ich am 4. Juni mit meinem Besuch wieder nur über Telefon und durch eine Scheibe sprach, stürzte ich bewusstlos vom Schemel. Ich wurde mit der Krankentrage zurück in meine Zelle auf der Krankenstation gebracht. Von da an konnte ich mich nur noch sehr langsam bewegen.

Lisi erzählt: *Martin ist kurz nach seiner Inhaftierung in den Hungerstreik getreten, seine einzige Möglichkeit des Widerstandes in seiner Situation. Aber ich war stinksauer und wütend, ich hatte furchtbare Angst, dass er den Hungerstreik bis zum letzten Ende weiterführen würde. Denn eines wusste ich genau, wenn sich Martin etwas in den Kopf setzt, hat man kaum eine Chance, ihn vom Gegenteil zu überzeugen. Ich habe mit Ärzten und mit vielen Freunden darüber gesprochen, und alle fanden den Hungerstreik keine gute Entscheidung, weil wir Angst um Martin hatten. Martin wurde nach wenigen Tagen des Hungerstreiks in die Krankenstation der Josefstadt verlegt.*

Ich durfte Martin zweimal die Woche für eine halbe Stunde besuchen, und er wurde von Mal zu Mal dünner. Er versuchte mir immer wieder zu erklären, dass es ihm körperlich eh gut geht. Ich war verzweifelt und hatte durchgehend Angst um Martin, ich wollte ihn immer wieder überzeugen, endlich mit dem Hungern aufzuhören, damit er für seine Verteidigung fit ist, doch er blieb bei seiner Entscheidung. Mit der Zeit wurde mir klar, dass ich gegen meine eigene Meinung ihn jetzt auch bei dieser mir wahrhaft irrsinnig erscheinenden Entscheidung unterstützen muss, ob ich nun wollte oder nicht.

Bei einem Besuch war es dann so weit, wir redeten miteinander, ich habe immer leisere Antworten bekommen, und ich merkte deutlich, dass er sich nicht mehr konzentrieren konnte, und auf einmal brach er zusammen, fiel vom Sessel, und ich konnte sein Gesicht nicht mehr sehen, ich wusste nicht, ob er tot ist, ob er sein Bewusstsein verloren hat, ich schrie. Ich schrie um Hilfe, ich wollte Hilfe holen, doch die einzige Reaktion auf mein Schreien war, dass mir gesagt wurde, dass ich nicht so hysterisch herumschreien soll. Ich starrte weiterhin durch die Scheibe zu Martin, konnte aber noch immer keine Regung erkennen. Dann kamen zwei Wärter, und ich schrie wieder: Helft ihm! Doch die hatten keine Hektik, der eine zog sich langsam Plastikhandschuhe an, der andere richtete die Trage her. Dann bewegte Martin wieder seine Füße und rappelte sich etwas auf. Er wurde auf die Trage gelegt und einfach weggetragen. Ich war zutiefst schockiert über die Behandlung oder eher Nicht-Behandlung von Martin, und ich fühlte mich absolut hilflos, weil man in diesem System eingesperrt ist und nicht helfen und handeln kann.

In der Krankenstation wurde ich täglich gewogen, und man beobachtete meinen Blutzuckerspiegel. Zunächst war mein Gewicht rasch um 20 Kilogramm gefallen, dann nahm es nur noch um ein Kilogramm alle fünf Tage ab. Das Trinken von Fruchtsaft macht da einen großen Unterschied. Zusätzlich habe ich Medikamente gegen meine Magenkrämpfe bekommen, die ich ab dann täglich einnahm. Dadurch kam ich in einen gleichbleibenden Zustand, der sich gar nicht so schlecht anfühlte. Langsam und stetig ging es trotzdem bergab.

10. Die erste Haftverhandlung

Ich setzte meine große Hoffnung in die erste Haftverhandlung am Freitag, dem 6. Juni 2008. Noch immer zählte ich auf die Rechtsstaatlichkeit in Österreich, dass also eine unabhängige Richterin dem Spuk ein Ende machen müsse, wenn weiterhin keine Beweise für einen dringenden Tatverdacht gegen mich vorgelegt würden. Die Mitgefangenen, mit denen ich auf der Krankenstation zu sprechen kam, dämpften aber meine Erwartungen. Fast niemand komme vor seinem Prozess aus der U-Haft heraus, wurde mir erklärt. Nach vier bis spätestens sechs Monaten würde ich meine Gerichtsverhandlung haben, und bis dahin würde ich mich gedulden müssen. Das sagten sie aber nicht ohne Mitgefühl und Solidarität. Einige erklärten frei heraus, dass sie es verdienen würden, hier zu sein, aber ich als Tierschützer nicht. Das sei eine einzige große Frechheit, was mit uns hier aufgeführt werde. Offenbar seien wir Wirtschaftstreibenden mit unseren Tierschutzkampagnen auf die Nerven gegangen, die einen guten Draht in die Politik hätten.

Ich versuchte, mich durch diese Aussagen nicht zu sehr irritieren zu lassen, wollte aber nicht ernsthaft ins Auge fassen, nach dem 6. Juni weiterhin in Haft bleiben zu müssen. Mein Anwalt Stefan Traxler war auch zuversichtlich, zumal einfach nichts Konkretes gegen mich vorgelegt wurde. Der Großteil der Akten war aber für die Verteidigung nicht zugänglich, insbesondere alle Akten der polizeilichen Ermittlungen. Allerdings dürfte rein gesetzlich die U-Haft nur bezüglich Ermittlungsergebnissen ausgesprochen werden, die auch von der Verteidigung eingesehen werden können.

Am 4. Juni, zwei Tage vor der Haftprüfung, hielt der VGT eine Pressekonferenz ab. Mein Bruder Harald als Geschäftsführer des VGT sprach zusammen mit dem Vizepräsidenten des Verbandes österreichischer Tierschutzorganisationen, Alex Willer, der die Solidarität der gesamten Tierschutzszene bekundete, meinem Anwalt Stefan Traxler und dem Menschenrechtsexperten Eberhart Theuer zu den MedienvertreterInnen. Auf der Pressekonferenz wurde auch ein Appell von mir verlesen, den ich auf der Krankenstation geschrieben hatte und der mit den folgenden Worten endete: *„Als Begründung für die Polizeiaktion musste mangels konkreter Verdachtsmomente eine möglichst vage und unkonkrete Anschuldigung gefunden werden. Man entschied sich für § 278a StGB, Bildung einer sehr großen kriminellen Organisation. […] Um diese brachiale Großaktion gegen den Tierschutz vor der Öffentlichkeit zu begründen, [verbreitete die Polizei] dann Verdachtsgründe von Brandanschlägen und Gasangriffen. Davon findet sich aber nichts im Akt. Noch nie gab es in Österreich einen Gasangriff mit Tierschutzbezug, und die letzte tierschutzrelevante Brandlegung ist mindestens sechs Jahre her. De facto sind Sachbeschädigungen im Namen des Tierschutzes in Österreich im internationalen Vergleich ausnehmend selten. […] Dieser Skandal darf nicht geduldet werden. Alle, denen Tierschutz oder Menschenrechte ein Anliegen sind, bitte ich, jetzt aktiv zu werden, um dieses Verbrechen zu verhindern. Derartige Polizeiwillkür gegen unbequeme NGOs kennt man vielleicht aus Diktaturen, aber nicht aus einer Demokratie. Bitte zeigen Sie Rückgrat und stehen Sie gemeinsam gegen diese himmelschreiende Ungerechtigkeit auf.“*

Am 6. Juni folgte eine weitere Pressekonferenz zur Tierschutzcausa vom Verband österreichischer Tierschutzorganisationen zusammen mit den Jungen Grünen/Jungen Alternativen und der Jungen Generation der SPÖ. Einigkeit herrschte über die große Unrechtmäßigkeit der Inhaftierung, die aufgrund vager Vorwürfe seit Wochen aufrechterhalten werde.

Schon von Anfang an war man darüber verwundert, dass dieses Verfahren von der Staatsanwaltschaft Wr. Neustadt, durch Staatsanwalt Wolfgang Handler, geführt wurde. Nur einer der zehn Beschuldigten lebte in Wr. Neustadt, es war kein unmittelbarer Anlass für die Zuständigkeit dieser Staatsanwaltschaft ersichtlich. Allerdings ist in Justizkreisen bekannt, dass das Landesgericht Wr. Neustadt als streng gilt und eher Zwangsmaßnahmen wie Hausdurchsuchungen und Untersuchungshaft genehmigt als andere Gerichte. Ebenfalls am 6. Juni, also am Tag der Haftverhandlung, gestand die damalige SPÖ-Justizministerin Maria Berger öffentlich ein, diesbezüglich einen Fehler begangen zu haben. Die Zuständigkeit von Wr. Neustadt sei aus „registrierungstechnischen Gründen" nur zufällig und versehentlich passiert. Der Name einer Person, eines grünen Gemeinderats, sei unter die der Beschuldigten gerutscht und als erster genannt worden, obwohl er gar keinen Bezug zu Tierschutzorganisationen habe und für dieses Verfahren irrelevant sei.

Dieser deutliche Hinweis auf politische Machenschaften im Hintergrund unseres Falles machte mich zuversichtlich, als ich zu Mittag aus meiner Zelle geholt wurde, um ans Wr. Neustädter Landesgericht gebracht zu werden. Ich hatte an den zwei Tagen vorher ein bisschen Obst gegessen, das mir eine Krankenschwester gegeben hatte, um trotz meines Hungerstreiks so weit zu Kräften zu kommen, dass ich die Reise überstehen würde. Diesmal fuhren wir in einem Kleinbus der Justizanstalt, und ich konnte, mit Handschellen gefesselt, auf der Rückbank mit den drei anderen Tierschutzgefangenen aus dem Wiener Gefängnis sitzen und plaudern. Ich kannte die drei zwar nicht näher, aber aufgrund des ähnlichen Schicksals konnten wir uns zwanglos unterhalten. Alle waren wir total erstaunt, dass man in Österreich wegen normaler Demonstrations- und Kampagnentätigkeit eingesperrt werden konnte. Wir erwarteten ein Ende der Haft in wenigen Stunden.

Ähnliches dachten wahrscheinlich die gut 50 DemonstrantInnen, die uns vor dem Landesgericht in Wr. Neustadt erwarteten. Unter lautem Geschrei und Gejohle wurden wir in das Gefängnis gefahren. Dass viele der anwesenden TierschützerInnen aus Solidarität mit uns weinten, berührte mich wirklich innerlich, und ich fühlte mich nicht mehr so allein und hilflos. In Wr. Neustadt kam ich zunächst in eine Wartezelle und konnte dann mit meinem Anwalt sprechen. Wir wussten beide nicht, was uns bei dieser Haftverhandlung erwarten würde. Traxler hatte im Vorfeld versucht, die zuständige Richterin Astrid Toifl-Goster zu sprechen, aber sie hatte keine Zeit für ihn gehabt. Andererseits gab es ja keine konkreten Vorwürfe, die wir hätten widerlegen müssen.

Eine Wache brachte mich in den Verhandlungssaal. Da die Haftverhandlungen nicht öffentlich sind, saßen dort nur mein Anwalt Stefan Traxler sowie Staatsanwalt Wolfgang Handler, Richterin Toifl-Goster und eine Schreibkraft. Die Richterin erschreckte mich in ihrer Erscheinung, sie trug eine violette Robe mit einem violetten Hut und hatte kohlrabenschwarz geschminkte Lippen, die sie in einer Weise spitz zusammenführte, die mich an das Hinterteil einer Katze erinnerte. Ihr Blick vermittelte mir das Gefühl, dass sie mich abgrundtief verachtete.

Zuerst sagte der Staatsanwalt kurz, dass ich dringend tatverdächtig sei, der Chef einer kriminellen Organisation zu sein. Mein Anwalt hielt mangels konkreter Tatvorwürfe, die es zu entkräften gegolten hätte, ein kurzes Plädoyer für meine Freilassung. Dann zitierte die Richterin aus einer E-Mail von mir, in der ich Aktionen der ALF verteidigen würde. Dabei hatte es sich um eine Diskussion auf einer Internetplattform gehandelt.

Unbekannte Personen hatten nämlich eine Stinkbombe in eine Filiale von Kleider Bauer in Graz geworfen, vor der gleichzeitig seit vielen Monaten gegen Pelz demonstriert wurde. Einige AktivistInnen schrieben deshalb auf dieser Internetplattform, sie würden mit den Demonstrationen aufhören wollen, und kritisierten den Stinkbombenwurf scharf. Ich hatte dazu geantwortet, dass man das in Relation setzen müsse, es handle sich doch nur um eine Stinkbombe, also um Geruch, der mit der Zeit vergehe, und nicht einmal um eine richtige Sachbeschädigung. Es ging mir damals darum, die AktivistInnen zu überzeugen, nicht aufgrund dieser Aktion ihre Demonstrationen einzustellen. Ich erklärte das der Richterin.

Foto 5: Dem Staatsanwalt wird vorgeworfen, die Gründe für die U-Haft nur vorgeschoben zu haben.

Diese fragte mich dann, warum ich einen Datenstick in meinem Socken versteckt hätte, auf dem Bekennerschreiben zu finden gewesen seien. Ich hatte nie einen Datenstick auf diese Weise versteckt und wusste überhaupt nicht, worauf die Richterin anspielte. Später erfuhr ich, dass mein Bruder bei seiner Einvernahme einen Datenstick in einem Socken versteckt hatte, weil dieser Stick die Mitgliederdaten des VGT enthielt und mein Bruder als Geschäftsführer Angst hatte, dass bei Beschlagnahme dieses Sticks der Verein ohne Kontakt zu seinen Mitgliedern nicht weiterbestehen könne. Das betreffe nicht diesen Häftling, half mir der Staatsanwalt.

Die Richterin fragte mich, ob ich nach meiner Freilassung weiter Obmann des VGT bleiben wolle. Verwirrt über diese seltsame Frage bejahte ich. Es sei offensichtlich, murmelte die Richterin, dass der VGT mit Straftaten zu tun haben müsse, wenn er gegen Geschäfte demonstriere, gegen die es auch Anschläge gegeben habe. Wer sollte sonst dafür verantwortlich sein? Dann überreichte sie mir ein vorgefertigtes Urteil: Meine U-Haft wurde um einen Monat verlängert. Insgesamt hatte diese „Verhandlung" weniger als fünf Minuten gedauert. Ich konnte es nicht fassen.

Einige Monate später fanden wir im Ermittlungsakt die Abschrift des Protokolls eines Gesprächs zwischen Richterin Toifl-Goster und dem operativen Leiter der polizeilichen Ermittlungen gegen uns, Josef Böck, am Vortag dieser Haftverhandlung, dem 5. Juni. Im Gegensatz zu meinem Rechtsanwalt, für den sie keine Zeit gehabt hatte, traf Toifl-Goster diesen Polizeieinsatzleiter, der ihr erschütternderweise eine ganze Reihe von Unwahrheiten über die Ermittlungsergebnisse auftischte und Fotos von der Hausdurchsuchung in unserem Materiallager zeigte. Auf Basis dieser Vorwürfe, die uns gar nicht bekannt waren, wurde ich zu weiterer U-Haft verurteilt.

Josef Böck hatte laut Toifl-Gosters Protokoll gesagt:

Bei fast allen der 10 in Untersuchungshaft befindlichen Beschuldigten wurden Tarnanzüge, Sturmmützen und Einwegspritzen, wie sie für Buttersäureattentate verwendet werden, sichergestellt.

Sieht man die Hausdurchsuchungsprotokolle durch, dann findet man, dass bei keinem einzigen der Beschuldigten alle der angegebenen Gegenstände gefunden wurden. Bei fünf der zehn gab es Einwegspritzen, weil diese Personen als TierpflegerInnen arbeiten und dafür solche Spritzen unumgänglich sind. Eine einzige Person hatte einen Military-Tarnanzug und einige Sturmhauben. Ich hatte weder Einwegspritzen noch Tarnanzüge oder Sturmhauben zu Hause.

Bei der Hausdurchsuchung im Büro des VGT wurde hochspezialisiertes, professionelles Einbruchswerkzeug [sichergestellt].

Es handelte sich um Dietriche, also Nachsperrschlüssel mit dem Zweck, bei Recherchen in Tierfabriken unter Umständen auch versperrte Türen öffnen zu können, ohne sie zu beschädigen. Böck war dieser Zweck der Dietriche sehr genau bekannt, weil sein Langzeitspitzel im VGT einem Vortrag von mir beigewohnt hatte, in dem ich diese Dietriche vorstellte und ihren Sinn erklärte. Abgesehen davon war dieser Spitzel auch bei einer Reihe von derartigen Recherchen dabei, die dazu dienen, Filmmaterial aus Tierfabriken zu beschaffen. Zu keiner Straftat, die man der imaginierten kriminellen Organisation andichtete, war ein Einbruchswerkzeug verwendet worden.

Im Lager des VGT [gab es] diverse Gegenstände, die mit den zur Last gelegten Sachbeschädigungen in Verbindung stehen können (auffallend viel Farben und Lacke, alte Öllampe ohne Glas – Wurfgeschoß für Brandanschläge?, auffallend viele Flaschen mit Terpentin). […] Böck zeigt mir Bilder von den sichergestellten Gegenständen.

Das Lager des VGT enthielt ausschließlich Gegenstände, die für die Aktionen und Demonstrationen des VGT verwendet wurden. Noch nie hat es im Tierschutz Brandanschläge durch geworfene Öllampen gegeben. Böck wusste ganz genau, dass kein Gegenstand im VGT-Lager verdächtig war. Eine von der Polizei beauftragte chemische Analyse aller Flüssigkeiten, die im Lager gefunden worden waren, ergab, dass nichts davon mit einer Straftat in Verbindung zu bringen war. Diese Untersuchung versuchte die Polizei ebenfalls als „irrelevant" zu vertuschen.

Aufgrund der Tatsache, dass die vermutlich wichtigsten Dateien [auf den Computern der Beschuldigten] (Aufzeichnungen von diversen ALF-Aktivitäten) verschlüsselt sind und die meisten PCs mit Kennwörtern versehen sind, werden die diesbezüglichen Erhebungen zwischen einigen Wochen bis zu sechs Monaten dauern.

Böcks Polizeispitzel, der zu dieser Zeit noch immer im VGT aktiv war, hatte in den 14 Monaten zuvor an mehreren Workshops zur Computerverschlüsselung teilgenommen und sich an der verschlüsselten Kommunikation beteiligt, wusste daher ganz genau, dass und wozu beim VGT wie auch bei anderen NGOs Computerverschlüsselung verwendet wurde. Die Überzeugung, dass dadurch Aufzeichnungen von ALF-Aktivitäten hätten vertuscht werden sollen, war eine reine, unbegründete Vermutung von Böck, die er der Untersuchungsrichterin vortrug, als würde es sich um sichere Erkenntnisse der Polizei handeln.

Im restlichen Gespräch mit der Richterin hatte Böck noch von 800.000 Euro Schaden gesprochen, der angerichtet worden sei, davon, dass eine Beschuldigte Zeitungsartikel zu Straftaten mit Tierschutzbezug gesammelt habe und dass der U-Häftling Chris Moser in seinem Tiroler Bauernhaus Sägen habe sowie eine Landkarte einer Gegend bei Zurndorf im Burgenland, in der er an einer Aktion gegen eine Treibjagd teilgenommen hatte. In derselben Region sei eine Woche vorher eine Jagdhütte abgebrannt.

Wir konnten das Ergebnis dieser Haftverhandlung nicht begreifen. Für alle zehn U-Häftlinge wurde die Haft um einen Monat verlängert. Am Montag darauf brachten unsere RechtsanwältInnen gegen diese Urteile Berufung beim Wiener Oberlandesgericht ein. Alle juristischen ExpertInnen, die das Urteil lasen und die uns zugänglichen Akten einsehen konnten, waren sich einig, dass dieser Berufung stattgegeben werden müsse. Ohne konkreten Tatverdacht könne es auch keine U-Haft geben. Auf meiner Krankenstation saß auch ein ehemaliger Richter des Oberlandesgerichts Wien wegen Betrugsverdachts ein. Er las alle meine Akten mit Interesse und sagte mir im Brustton der Überzeugung, dass ich mich nicht zu sorgen brauche, weil dieses Urteil niemals im Leben halten könne. Trotz meiner furchtbaren Situation, mit der Aussicht auf einen weiteren Monat im Gefängnis, fasste ich ein bisschen Zuversicht.

Die Medienberichterstattung zum Ergebnis der Haftverhandlung war tendenziell distanziert kritisch. Niemand schrie „Skandal!", niemand fand aber auch das Vorgehen der Behörden nachvollziehbar. Nur Oliver Jaindl vom „Kurier" versuchte in einem Artikel vom 7. Juni weiter, gegen die Beschuldigten und mich zu polemisieren. „*Die Zahl der Demonstranten vor Gericht wird immer kleiner*", verkündete schon der Untertitel, und danach stand: „*Aktivisten und Verteidiger beklagten die angeblich mangelhafte Weiter-*

gabe von Akten durch die Justiz. Verschwörungstheorien wurden gehegt, gar von politisch instrumentalisiertem Strafverfahren war die Rede. Und: Es gebe keine konkreten Vorwürfe. Aus Justiz-Papieren, die dem Kurier vorliegen, geht allerdings hervor, dass es sehr wohl konkrete Zuordnungen von Verdächtigen und angelasteten Vorwürfen gibt. […] Freitag fand jedenfalls zum Leidwesen der Anrainer rund um das Gericht die jüngste unzähliger Demos statt. […] Die Kundgebung verlief im Vergleich zu früheren Demonstrationen friedlich. Das lag vielleicht daran, dass sich nur rund 20 Teilnehmer einfanden."

Mein Bruder Harald verfasste daraufhin am nächsten Tag eine Presseaussendung zu diesem Artikel mit dem Titel *„Kurier verbreitet Unwahrheiten"*. Darin schrieb er: *„Ich weiß nicht, was den Kurier dazu bringt, derartige Falschaussagen […] zu verbreiten."* Es sei bemerkenswert, dass der „Kurier" Justizpapiere habe, die nicht einmal der Verteidigung vorliegen würden. Das lege den Verdacht auf Bruch des Amtsgeheimnisses nahe. Und weiter: *„Gerade bei so einem Verfahren, bei dem es schnell zu Vorverurteilungen und Imageschäden kommen kann, die nicht wiedergutzumachen sind, ist es besonders wichtig, dass seriös und richtig Bericht erstattet wird. Halbwahrheiten müssen vermieden werden. Wir appellieren in dieser Hinsicht besonders an den Kurier, darauf zu achten, seine Leserschaft korrekt zu informieren."*

Im „Standard" schrieb Peter Pilz am selben Tag einen Kommentar, in dem er die Anwendung von § 278a gegen die ÖVP diskutierte. Dort würde man viel eher von einer Mafia sprechen können, die erheblichen Einfluss auf die Politik nehmen wolle. Madeleine Petrovic verfasste einen Gastkommentar in der „Presse" mit dem Titel *„Für Martin …"*, in dem sie schrieb: *„Die überfallsartige Polizei-Aktion des Innenministers gegen 14 österreichische Tierschutzvereine war überzogen, unverhältnismäßig und unangemessen. Die seit 21. Mai 2008 über Martin B. und neun weitere AktivistInnen verhängte U-Haft ohne konkrete, begründete Vorwürfe und ohne volle Akteneinsicht für die AnwältInnen ist eine rechtsstaatliche Katastrophe – ebenso wie das ‚Hinbiegen' der gerichtlichen Zuständigkeit nach Wr. Neustadt durch einen mittlerweile eingestandenen ‚Fehler bei der Benennung des Aktes'. […] Alle diese Umstände und historische Vergleiche mit Widerstandsbewegungen weisen deutlich darauf hin, dass die Tierrechtsbewegung offenbar so erfolgreich wird, dass alle erdenklichen Schikanen und Fouls aufgeboten werden, um den etablierten Kräften und ihren profitablen Geschäften mit dem Leid von Tieren noch ein wenig Zeit zu geben. […] Geht es nach dem derzeitigen Innenminister, dann scheint es überhaupt nur wenige Kapitalverbrechen zu geben: den Tierschutz im Allgemeinen, den Verbleib in Österreich nach negativer Asyl-Entscheidung (Arigona und andere) oder das Eingehen einer Ehe mit einer Person ohne EWR-Zugehörigkeit. […] Neben den wirtschaftlichen Auswirkungen der Forderungen der Tierrechtsbewegung geht es aber auch um Grundfragen des Menschseins und um das bröselnde Selbstbewusstsein des weißen Mannes. Charles Darwin hat gezeigt, dass der Mensch nicht die einzigartige, vom Tierreich losgelöste Krone des Lebens ist. […] Sigmund Freud hat die vorletzte Bastion der Überlegenheit des Homo sapiens, die Dominanz kognitiver Prozesse, relativiert. […]*

Und selbst in dem zusammengeschmolzenen Bereich scheinbarer menschlicher Überlegenheit, im Bereich des kognitiven Denkens, ist der Mensch kein Solitär der Entwicklung. Martin B. hat die Kontinuität des Bewusstseins postuliert und damit die wohl allerletzte Begründung für das milliardenfache Leid, das Tieren zugefügt wird, als unhaltbare Ideologie entlarvt. Dahinter stehen zwei entgegengesetzte Grundauffassungen von Menschheit und Gesellschaft. […] Ich zweifle keine Sekunde daran, dass nach der Abschaffung der Sklaverei, nach der Formulierung der Menschenrechte und nach der Abschaffung der Vorrechte von Stand und Geburt das Postulat der Tierrechte der nächste Meilenstein der Rechtsentwicklung sein wird. So bitter die Zeit auch für Martin B. jetzt ist: WE SHALL OVERCOME."

Gerd Maier von der Zeitschrift „Ökonews" interviewte sowohl den Pressesprecher des Innenministeriums, Rudolf Gollia, als auch den Pressesprecher der Wr. Neustädter Staatsanwaltschaft, Johann Fuchs. Gollia verkündete im Namen der Polizei: *„Es war alles angemessen. Ich sage dazu jetzt gar nichts mehr. Das muss Ihnen genügen. Ob Ihnen die Antwort passt, weiß ich nicht."* Und zur Frage, wer das Vorgehen gegen den Tierschutz beschlossen habe: *„Ich werde nicht sagen, wer das entschieden hat. Das ist nämlich irrelevant, wer das angeordnet hat. Sie werden von mir keine Namen hören."*

Fuchs sagte im Namen der Staatsanwaltschaft: *„Ich gebe zu solchen Details keine Auskunft. Aussagen der Verteidiger kommentieren wir nicht. Es gibt eine dringende Verdachtslage, die für den Richter ausgereicht hat, um eine U-Haft zu verhängen. Mehr will ich nicht sagen. […] Ich gebe keinen Kommentar zu Ermittlungsergebnissen."*

Und im Berliner „Neuen Deutschland" kommentierte Ingolf Bossenz die Haftentscheidung unter dem Titel *„Leider nicht in Tibet"* so: *„Sie haben Pech, die zehn Tierschützer, die seit drei Wochen in U-Haft sitzen und noch weiter dort schmoren müssen. Wäre eine solche von Willkür nachgerade strotzende konzertierte Polizei- und Justizaktion in Tibet erfolgt, würde sich tagtäglich die Abscheu darüber in die Spalten der Generalanzeiger-Presse ergießen. Doch der Skandal spielt im EU-Rechtsstaat Österreich. […] Der Verdacht liegt nahe, dass es vor allem um Einschüchterung geht. Das Exempel, das statuiert wird, soll für ein störungsfreies Funktionieren der Tierausbeutungsindustrie sorgen. Tierschutz im bürgerlichen Staat ist schließlich klar definiert. Wer mit der einen Hand seinen Hund krault und sich mit der anderen ein Schnitzel reinschiebt, entspricht dem schizophrenen Idealbild. Wer darin einen Widerspruch sieht, muss halt mit den Konsequenzen leben. Wie die zehn im Knast."*

11. Rosa Brigade

Vor der Haftverhandlung hatte mir mein Anwalt wieder eine Menge Seiten des Ermittlungsaktes übergeben. Mich betreffend fand sich darin die Kopie eines Artikels in der Zeitschrift „Wiener" vom Juli 2007, Seiten 24 bis 29. Unter dem Titel *„Rosa Brigade. Sie robben nachts durch Getreidefelder und steigen in Schweinefarmen ein. Ein Versteck-*

spiel mit aufgebrachten Bauern und der Polizei. Der Wiener war eine Nacht lang mit Tierschutz-Aktivisten auf Tour." wurde von einer nächtlichen Recherche mit AktivistInnen des VGT und mir mit zahlreichen Bildern und beklemmenden Beschreibungen der Zustände in den Schweinefabriken berichtet. Als Einziger der Aktiven hatte ich meinen Namen preisgegeben, damit diese Tierschutzaktivität ein Gesicht bekam. Ermittlungsleiter Böck sandte den Artikel an Staatsanwalt Handler, damit die beschriebene Aktivität auf strafrechtlich relevante Tatbestände überprüft werde. Offenbar fand Handler aber keine Straftaten, da der Artikel nur deshalb seinen Weg in den Akt fand, weil er meine Gesinnung und meine Bereitschaft, heimlich in der Nacht Schweinefabriken zu betreten, dokumentierte.

Im selben Aktenteil wurde mir in diesem Zusammenhang aber auch eine „Straftat" zur Last gelegt. Sie fand sich unter „Faktum 29" (in der Diktion der Polizei wurden die Straftaten in diesem Verfahren als Fakten bezeichnet) mit dem Untertitel „*Verdacht des Diebstahles durch Einbruch oder mit Waffen*". Die Polizei stellte fest, dass am 21. April 2008 in der Sendung „Bürgeranwalt" des ORF unter dem Titel „*Arme Schweine*" ein Video gezeigt und danach diskutiert wurde. An dieser Diskussion hatte auch ich teilgenommen und mich, nach Ansicht der Polizei, zu einer Straftat bekannt: „*[Es] ist auch eine offensichtliche Bekennung durch DDr. Balluch zu dem unrechtmäßigen Eindringen in den Schweinezuchtbetrieb zu hören, bzw. nimmt er diese laut Bürgeranwalt-Moderator Resetarits Peter in Kauf.*"

Zum Tathergang von Faktum 29 wurde im Polizeibericht ausgeführt: „*Im Zeitraum von 3.4.2008, 20 Uhr, bis 4.4.2008, 6:45 Uhr, drangen Mitglieder des Vereins Gegen Tierfabriken in den Schweinezuchtbetrieb mit einem mitgebrachten Zweitschlüssel durch eine Brandschutztür ein. Im Stall haben sie ein Video gedreht, auf dem eine Zucht mit der Nachgeburt und zwei tote Ferkel zu sehen sind. Weiters war ein Ferkel zu sehen, das blutunterlaufen war und stark zitterte. Dieses Ferkel war am nächsten Morgen tot. Durch den nächtlichen Besuch entstand kein Schaden.*" Die Amtstierärztin, der das Video noch am 4. April 2008 zusammen mit einer Anzeige wegen Tierquälerei übergeben worden war, empfahl dem Schweinefabriksbetreiber, der von dem nächtlichen Besuch nichts bemerkt hatte, eine Anzeige gegen die TierschützerInnen. Diese „Straftat", die in Wirklichkeit überhaupt keine war, wurde mir aufgrund meines Diskussionsbeitrags im „Bürgeranwalt" angelastet. Allerdings war ich zur „Tatzeit" in den Südkarpaten, wie die Polizei durch ihre Observationen und Überwachungen genau wusste, und konnte daher für das Filmen des Videos gar nicht verantwortlich sein. Das hinderte die Polizei nicht daran, derartige Vorwürfe gegen mich zum Nachweis des dringenden Tatverdachts, Chef einer kriminellen Organisation zu sein, vorzulegen.

Mit den Journalistinnen des „Wiener" war ich allerdings im Juli 2007 tatsächlich in zwei Schweinefabriken gegangen. Sie hatten uns beim VGT kontaktiert und gefragt, welche Tierschutzaktivitäten wir momentan durchführen würden. Spontan luden wir sie zu einer unserer nächtlichen Recherchen ein, mit denen wir dazu beitragen wollten, dass die sogenannten Kastenstände, das sind körpergroße Gitterkäfige für Mutterschweine in den Zuchtfabriken, verboten werden.

Bei Tagesrecherchen hatten wir die beiden Zuchtbetriebe entdeckt und sowohl Zufahrts- als auch Fluchtwege für den Notfall ausgekundschaftet. In der Nacht kamen wir zu viert wieder, mit den beiden Journalistinnen im Schlepptau. Die Handys waren zu Hause geblieben, wir wollten nicht später durch die Polizei geortet werden können. Arrangiert wurde die Aktion natürlich weder am Telefon noch per E-Mail. Zu sehr fürchteten wir uns davor, von der Polizei überwacht zu werden.

Über die befahrenen Landstraßen ging's im Laufschritt, damit uns niemand sah. Dann schlichen wir gebückt durch die Felder bis in die Nähe der ersten Schweinefabrik. Mit dem Nachtsichtgerät wurde die Gegend nach verdächtigen Bewegungen abgesucht. Keine JägerInnen am Hochstand, keine Autos am Fabriksgelände, es konnte losgehen. Wir waren alle mittels Funkgeräten miteinander in Verbindung. Zwei Posten, jeder mit Nachtsichtgerät ausgestattet, blieben auf beiden Seiten des Geländes in gut 100 Meter Entfernung im Feld liegen. Sie teilten uns, die wir in den Schweinebereich hineingehen wollten, alle paar Minuten mit, ob die Luft noch rein war.

Es war ein heißer Sommertag, und einige Fenster der Schweinefabrik standen offen. Gut für uns. Rasch zogen wir uns weiße Overalls und Atemschutzmasken über, um zu verhindern, dass irgendwelche Krankheitserreger in den Tierbereich gebracht wurden. Durch das Fenster gelangten wir in eine riesige Halle mit mehreren hundert Mutterschweinen in Kastenständen im Spalier, dicht an dicht nebeneinander. „Das ist der sogenannte Deckstall", erklärte ich den Journalistinnen. Diese weiblichen Schweine wurden künstlich befruchtet und mussten jetzt die mehr als 110 Tage ihrer Schwangerschaft ununterbrochen ohne jeden Strohhalm auf hartem Boden in diesen körpergroßen Käfigen stehen. Der Platz war zu gering, um sich überhaupt seitlich hinlegen zu können.

Wir verdunkelten die Fenster und filmten mit Scheinwerfern. Am 25. Juli 1997 hatte ein Schweinefabriksbetreiber in Pürstendorf im Weinviertel, Niederösterreich, eine Tierschützerin beim Filmen in seinem Betrieb – ohne verdunkelte Fenster – überrascht und ihr mit einer Schrotflinte in den Oberschenkel geschossen. Später brachte er als Ausrede vor, er habe sie für eine Ungarin gehalten, die Schweine stehlen wollte. Für seine Tat wurde er nie belangt, Polizei und Justiz hatten Verständnis. Deshalb wollten wir keine Wiederholung des Vorfalls und passten besonders gut auf.

Durch einige weitere Türen gelangte man in den sogenannten Abferkelstall. Hier wurden die Mutterschweine in die gleichen Kastenstände gesperrt, nur standen diese in einer Vier-Quadratmeter-Bucht. Ab eine Woche vor dem Geburtstermin bis vier Wochen danach, wenn die Kinder drei Monate zu früh von der Muttermilch entwöhnt und der Mutter weggenommen werden, damit diese wieder künstlich befruchtet als Gebärmaschine missbraucht werden kann, müssen die weiblichen Schweine hier leben, ohne die Möglichkeit, ein Nest zu bauen und sich um ihre Kinder zu kümmern. In den österreichischen Schweinefabriken, wie dieser hier, mussten die Mutterschweine damals lebenslang ununterbrochen in solchen körpergroßen Käfigen stehen. Das wollten wir an die Öffentlichkeit bringen, um ein Verbot zu erreichen, wie es etwa in der Schweiz und in Schweden bereits Realität ist.

Nach dieser Schweinefabrik fuhren wir noch zu einer zweiten. Diesmal benutzten wir unsere Dietriche, um eine verschlossene Tür aufzusperren. Auf diese Weise kann man in den Betrieben filmen, ohne eine Spur zu hinterlassen, also ohne dass es den BesitzerInnen auffällt und ohne dass irgendein Schaden entsteht. Deshalb ist dieses nächtliche Filmen auch keine Straftat, sondern bestenfalls Besitzstörung, ein zivilrechtliches Delikt, das die FabriksbesitzerInnen einklagen müssten.

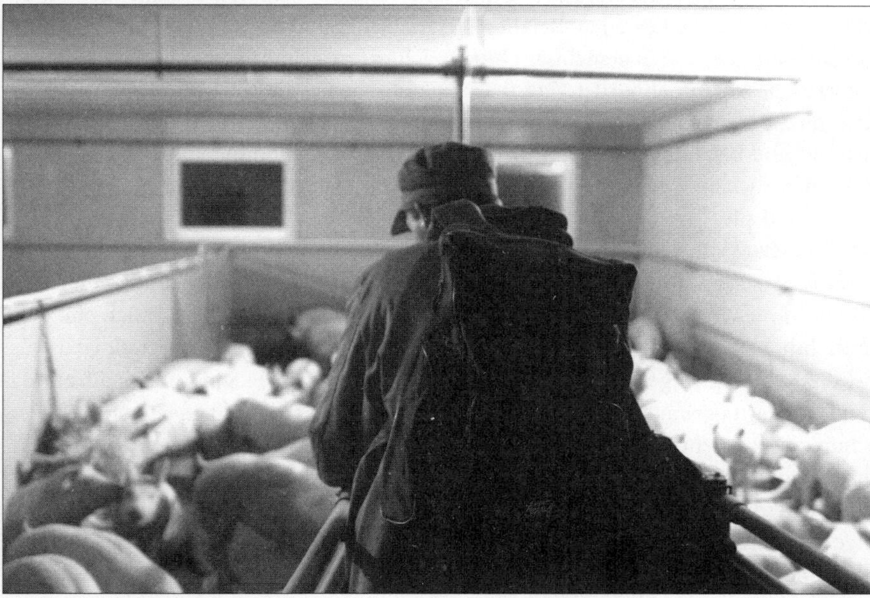

Foto 6: Tierschützer beim Filmen in einer Schweinefabrik. Heimlich werden die Tierfabriken in der Nacht betreten, ohne Spuren zu hinterlassen.

In den Polizeiberichten, die mich belasten sollten, war auch von Tierbefreiungen die Rede. Richtig, der VGT hatte bereits einige sogenannte offene Tierbefreiungen durchgeführt. Bei offenen Befreiungen bringt man zwar die Tiere aus der Tierfabrik und in Sicherheit, bekennt sich aber öffentlich zu der Tat, steht dafür zur Not auch vor Gericht ein und versucht durch JournalistInnen, die die TierbefreierInnen bei ihrer Aktion begleiten, die Sache an die Öffentlichkeit zu bringen. Der VGT hat mehrmals auf diese Weise Schweine und Hühner aus Tierfabriken geholt. Meistens gab es trotz öffentlicher Bekennung zur Tat keine Anzeige und kein Gerichtsverfahren gegen uns.

Im Akt inkriminiert war allerdings ein Vorfall vom März 2003. Damals ging es uns um ein Legebatterieverbot, und einer dieser Betriebe war uns besonders negativ aufgefallen. Am Boden lag mehrere Zentimeter hoch der Staub, was belegte, dass seit langem niemand mehr diese Legebatterie betreten hatte. Es waren gesetzwidrig viele Hühner in die Käfige gestopft, zumeist fünf, aber manchmal sogar sechs statt der damals zugelassenen vier Tiere pro Käfig. Die Hennen selbst hatten große Wunden, waren mit Würmern übersät und hatten praktisch überhaupt keine Federn mehr. Trotz einer Anzeige beim zuständigen Amtstierarzt war nichts geschehen. Wir wollten diese Zustände an die Öffentlichkeit bringen und gleichzeitig einige der Tiere retten.

Die Journalistin Nina Horaczek vom „Falter" erklärte sich sofort bereit, mich bei der Befreiungsaktion zu begleiten. Bei dieser Tierfabrik stand die Tür einfach offen, und so gingen wir in der Nacht gemeinsam hinein. Ich nahm sieben Tiere mit und brachte sie sofort in die Notaufnahme der Veterinärmedizinischen Universität Wien. Eine der Hennen musste gleich eingeschläfert werden, weil sie sich in einem so schlechten Gesundheitszustand befand. Die anderen wurden stationär aufgenommen, und wir beglichen dafür natürlich die Rechnung. Gleichzeitig mit dem Erscheinen des entsprechenden Artikels im „Falter" zeigten wir den Betrieb wegen zahlreicher Übertretungen des Tierschutzgesetzes an. Heute ist die Käfighaltung von Legehühnern in Österreich verboten.

Eine Staatsanwältin sah den Tatbestand der dauernden Sachentziehung von sieben Hühnern im Wert von 15 Euro erfüllt und leitete ein Verfahren gegen mich ein. Telefonisch bot sie mir an, wenn ich die 15 Euro bezahlen und mich entschuldigen würde, die Sache zu vergessen. Das wollte ich aber keinesfalls. Es ging mir nicht um das Geld, sondern darum aufzudecken, dass österreichische Tierfabriken laufend das Tierschutzgesetz brachen und trotzdem nicht dafür belangt wurden. In erster Instanz wurde ich schuldig gesprochen und bekam eine bedingte Geldstrafe von mehreren hundert Euro. Allerdings stellte sich in diesem Verfahren heraus, dass der Amtstierarzt nur wenige Wochen vor der Aktion zur Kontrolle in diesem Betrieb gewesen war, jedoch nur die Papiere kontrolliert und die Tiere nie angesehen hatte. Laut Tierschutzgesetz muss jeder tierhaltende landwirtschaftliche Betrieb sowieso nur alle 50 Jahre (!) einmal amtstierärztlich kontrolliert werden. Wenn diese Kontrollen dann auch noch so schlampig durchgeführt werden, ohne auf die Tiere auch nur einen Blick zu werfen, dann ist das ein echter Skandal. Nach unserer Anzeige, die vom ORF medial begleitet wurde, entfernte die Behörde tausende überzählige Hühner aus der Legebatterie und erteilte dem Betreiber eine Geldstrafe, die allerdings geringer ausfiel als meine. Ich ging also in Berufung.

Am Landesgericht St. Pölten konnte ich vor drei RichterInnen meine Argumente vorbringen. Ich erklärte, dass wir alles versucht hätten, auf dem Behördenweg die Herstellung des gesetzlich vorgesehenen Zustands zu erreichen, aber ohne Erfolg. Was sei uns also anderes übrig geblieben, als die durch die gesetzwidrig tierquälerischen Bedingungen verletzten Tiere zu befreien? Die RichterInnen folgten meinen Argumenten insoweit, als sie mich tatsächlich freisprachen. Sie beriefen sich dabei auf § 42 Strafgesetzbuch, meine Tat sei nicht strafwürdig gewesen. Ich hätte im Sinne der großen Mehrheit der Bevölkerung gehandelt. Wenig später wurde § 42 klammheimlich aus dem Strafgesetzbuch entfernt. Offenbar wollten sich einflussreiche Personen gegen weitere derartige Befreiungsaktionen absichern.

Dieser schöne juristische Erfolg führte einige Zeit später, und nicht ohne eine sehr intensive Kampagne des VGT, zu einem Legebatterieverbot in Österreich, um das uns bis heute viele Länder beneiden. Mir dagegen wurde dieselbe Aktion in der Tierschutzcausa als Beweis vorgelegt, dass ich jemand sei, der bereit ist, das Gesetz zu übertreten und in der Nacht Tiere aus landwirtschaftlichen Betrieben zu „stehlen" alias befreien. Deshalb stünde ich unter dem dringenden Tatverdacht, Chef einer kriminellen Organisation im Tierschutz zu sein, und müsse in Untersuchungshaft gehalten werden.

12. Stellungnahme der Oberstaatsanwaltschaft

Jetzt saß ich wieder in meiner Zelle mit dem Schlachter und dem Neonazi. Ich konnte nicht begreifen, was hier eigentlich ablief. Diese sogenannte Haftverhandlung war eine einzige Farce gewesen. Mir wurde nichts Konkretes vorgeworfen, ich konnte zu nichts Stellung nehmen – und wurde dennoch zu einem Monat Gefängnis verurteilt. Und was, bitte schön, sollte bei der nächsten Haftverhandlung anders werden, was sollte sich ändern? Wie kam ich hier jemals wieder raus?

Meine Zellenkollegen kehrten erst um 16 Uhr von ihrer Arbeit zurück, bis dahin konnte ich allein auf meinem Bett sitzen oder, wenn es mein Körpergefühl erlaubte, den fensterlosen Gang der Krankenstation entlanggehen. Einen Hofgang gab es für mich nicht mehr. Ab 16 Uhr wurde dann die Zelle abgesperrt, und die beiden anderen rauchten ununterbrochen. Wieder musste ich also jeden Tag, sogar auf der Krankenstation, in einer Luft voll Rauch sitzen, ohne mich dagegen wehren zu können.

Im Gefängnis in der Josefstadt besteht die „Ausspeis" darin, dass man an einem Donnerstag einen Zettel mit Angeboten bekommt, die man ankreuzen kann. Am Donnerstag darauf werden einem diese angekreuzten Dinge gebracht. Da in meiner Zelle jetzt eine Kochplatte stand, hatte ich mir eine Packung Tee bestellt, neben dem üblichen Fruchtsaft. Dazu hatte ich auch eine Nagelschere und eine Uhr bekommen. Diese Uhr war aber sofort kaputt, nur, in der Haft kann man sich bei niemandem beschweren. Ich musste also eine weitere Uhr kaufen, und diese funktionierte dann glücklicherweise, sodass ich endlich wieder wusste, wie spät es eigentlich war.

Dadurch, dass auf der Krankenstation die Zellen jeden Tag eine Zeit lang offen waren, vormittags und nachmittags jeweils einige Stunden für die normalen Häftlinge, hatte ich andere Insassen kennengelernt. Der Chef der Hausarbeiter auf meiner Station war ein verurteilter Mörder, der allerdings schon mehrere Jahrzehnte im Gefängnis saß und seinen Angaben nach längst hätte entlassen werden müssen. Die Justizministerin, so erklärte er mir, weigere sich aber, und deshalb laufe für ihn ein Verfahren am Europäischen Gerichtshof für Menschenrechte. Dieser Mann konnte zwar zeitweise schlecht gelaunt sein, war aber im Allgemeinen sehr nett. Ein weiterer Gefangener, den ich kennenlernte, war ein junger Bursch, der beim Einbruch in ein Lagerhaus von der Polizei überrascht worden war und sich bei der Flucht – er sprang vom Dach auf die Straße – ein Bein gebrochen hatte. Deshalb war er auch auf der Krankenstation. Er wollte Kupfer im Wert von 350 Euro stehlen, erklärte er mir. Dafür bekam er dann drei Monate Haft. Er kam nach mir ins Gefängnis und durfte es vor mir wieder verlassen.

Ein besonders netter Gefangener war in einem sehr schlechten gesundheitlichen Zustand, er hatte Zungenkrebs. Der Grund für seine Haft war seinen Angaben nach, dass er in der Nacht Mistkübel aus einer U-Bahn-Station klauen wollte, um diese als Altmetall zu verkaufen. Ich wunderte mich wirklich, auf welche Ideen die Menschen kommen. Die Sicherheitskameras hatten ihn dabei gefilmt, und wegen seiner Vorstrafen saß er wieder in U-Haft.

Ein Seitenflügel der Krankenstation war für AIDS-PatientInnen reserviert, erklärte man mir. Ich ging auch dort zu den Zellen, wenn sie offen waren, und sprach mit den Gefangenen. Alle waren ausnehmend nett zu mir, für sie war ich ein richtiger Medienstar. Diese Bekanntheit beruhigte mich etwas, und ich hoffte, dass sie mir Schutz vor dieser willkürlichen Haft bieten würde.

Ein weiterer Hausarbeiter, der für meine Abteilung zuständig war, hatte mehrere nationalsozialistische Tätowierungen. Allerdings erzählte er, dass er diese Ideologie heute nicht mehr teilen würde. Er saß ein, weil er Banken um 40.000 Euro betrogen hatte. Seine Strategie war gewesen, im Internet die Unterschrift einer Person zu suchen und dann ihre Bankkontonummer und Angaben darüber, wann sie auf Urlaub war, herauszufinden. Facebook dürfte dafür viele Möglichkeiten bieten. Dann, so erzählte er mir, übte er, die Unterschrift zu fälschen, ging zu einer Bank und hob von dem Konto Geld ab, während der Kontoinhaber auf Urlaub war. Dadurch sei seine Aktion erst so viel später aufgefallen, dass die Aufnahmen der Sicherheitskameras schon nicht mehr verfügbar waren. Trotzdem wurde er eines Tages erwischt und überführt. Während meiner Zeit auf der Krankenstation hatte er seinen Prozess und bekam vier Jahre Gefängnis. Es berührte mich sehr, ihn danach bitterlich weinen zu sehen. „Warum", fragte ich ihn, „machst Du denn so etwas, warum gehst Du nicht einfach arbeiten?" Es sei dadurch so einfach, rasch viel Geld einzunehmen, versuchte er mir seine Beweggründe zu erklären, und es habe eh nur reiche Banken getroffen. Sehr einfach dürfte das nicht sein, dachte ich mir, wenn man dafür vier Jahre ins Gefängnis geht.

Auf der Krankenstation kam ich immer wieder mit Gefangenen in Kontakt, die in der Küche arbeiteten. Sie erzählten mir, dass man das Essen für Gefangene nicht zu sich nehmen solle. Erstens werde es mit Brom versetzt. Angeblich würde das sexuelle Gefühle unterbinden. Ich hatte in meiner gesamten Haftzeit nie auch nur im Geringsten Gefühle oder Gedanken oder Träume dieser Art, was ich allerdings auf den Druck zurückführte, unter dem ich in dieser Zeit stand. Aber ich konnte nie auch nur irgendein

Anzeichen von Sexualität bei anderen Gefangenen wahrnehmen. Nur in der Massendusche hing ein Zettel der Anstaltsleitung, auf dem stand, dass die Gefangenen für Sex Kondome verwenden sollten, um Krankheiten vorzubeugen. Aber auch in der Massendusche habe ich nie sexuelle Handlungen zwischen Gefangenen gesehen.

Zweitens, so erzählten mir die Küchenhilfen, sei das Essen für die Gefangenen mit sehr viel Mehl angereichert. Das würde satt und dick machen, gleichzeitig aber wenig kosten. Das Essen habe daher einen sehr grauslichen Geschmack. Ich konnte dazu keine Angaben machen, da ich ja im Hungerstreik war. Aber die Küchenhilfen machten mich darauf aufmerksam, dass die Wärter ein eigenes Essen bekamen und nicht das Gleiche aßen wie die Häftlinge. Daran merkte man wieder, in welcher Position die Häftlinge waren. Sie konnten sich über nichts beschweren und bekamen deshalb das mieseste Essen. Die Wärter dagegen hätten sich sehr wohl beschweren können und wurden daher auf einem wesentlich besseren Niveau versorgt. Diese Zwei-Klassen-Gesellschaft erschien mir äußerst ungerecht. Es gehört wohl nicht zur Bestrafung von Gefangenen, sie mit schlechtem Essen zu versorgen. Auch StraftäterInnen haben ein Anrecht auf die gleiche Ernährung wie die WärterInnen. Das Ungleichgewicht kam einfach dadurch zustande, dass man den Gefangenen ihren Personenstatus geraubt hatte. Sie waren schlicht nicht mehr in der Position, sich über irgendetwas beschweren zu können. Im Gefängnis kann man direkt verfolgen, welche Konsequenzen das hat: Gefangene kann man anschreien und in Besenkammerln sperren, ihnen kaputte Uhren verkaufen und das mieseste Essen geben, und sie werden nur still zu Boden schauen und sich alles gefallen lassen. Ich habe nie erlebt, dass ein Gefangener gegen diese Behandlung Widerstand geleistet hätte.

In meiner Zelle in der Krankenstation hatte ich auch ein Radiogerät. Es war sehr seltsam, diesen fröhlichen, unbeschwerten Stimmen zuzuhören, während für mich die Welt zusammengebrochen war. Im Radio werden Gefängnisse nie erwähnt. Ich realisierte, dass das Leben da draußen ohne mich ganz genau so weiterging, als hätte ich nie gelebt. Doch eine Sendung riss mich aus diesen depressiven Gedanken, das „Tierrechtsradio". Seit Juni 1999 mache ich diese Sendung wöchentlich freitags jeweils eine halbe Stunde lang bei Radio Orange auf 94,0 MHz. Aufgrund meiner Verhaftung übernahm meine Partnerin Lisi nun diese Aufgabe. Am 13. Juni, dem 24. Tag meiner Haft, konnte ich sie erstmals live im Radio hören. Es war so unfassbar für mich, dass mir die gesamten 30 Minuten lang die Tränen über die Wangen liefen. Sie grüßte mich in der Sendung, sprach mich direkt an und sagte, wie sehr sie in Gedanken bei mir sei. Alle anderen Mitgefangenen in ihren Zellen hatten ihre Radios ebenfalls auf diesen Sender eingestellt und beneideten mich sehr. Diese massive Solidarität und Unterstützung von außerhalb gibt es normalerweise für keine Gefangenen.

Besonders machte sich das in den Briefen bemerkbar, die ich nun bekam. Jede Woche brachten mir die Wachen 20 bis 30 Briefe, meistens von Personen, die ich gar nicht kannte, oft auch aus dem Ausland. Fast alle waren Menschen, die sich für Tierschutz engagierten und von meinem Schicksal gehört hatten. Diese Briefe zu lesen war für mich sehr berührend und half mir über schwierige Stunden hinweg. Auch viele Menschen, die ich zwar kannte, von denen ich aber schon lange nichts mehr gehört hatte, nutzten die Gelegenheit, sich wieder zu melden. Später erfuhr ich, dass ich noch viel mehr Briefe hätte bekommen müssen. Da aber der Staatsanwalt jeden einzelnen Brief lesen und zensurieren wollte, kamen die Briefe mit großer Verspätung und viele überhaupt nicht bei mir an. Ich bemühte mich, alle Schreiben, die eine Absenderadresse enthielten, auch zu beantworten, kam aber bei weitem nicht nach. Selbst mit drei Briefen pro Tag, die ich wegschickte, war ich bald hoffnungslos im Hintertreffen. Aber ich konzentrierte mich eben hauptsächlich darauf, öffentliche Stellungnahmen zu schreiben und meine Verteidigung voranzutreiben. Mangels konkreter Vorwürfe war ich dabei darauf beschränkt, die Öffentlichkeit über die Hintergründe meiner Verhaftung zu informieren und die bekannten Ermittlungsmethoden aufzuarbeiten.

Juristisch setzte ich alle meine Hoffnungen in die Berufung zum Oberlandesgericht Wien. Am 9. Juni war diese bereits abgeschickt worden, und man hatte mir angekündigt, dass sie sieben bis zehn Tage brauchen werde. Jeden Moment erwartete ich also ein Urteil – das wohl nur meine Freilassung bedeuten konnte. Doch zuerst kam noch ein schwerer Rückschlag. Am 24. Juni kam die Stellungnahme der Oberstaatsanwaltschaft Wien zu unserer Haftbeschwerde. Sie war vernichtend. Die Oberstaatsanwaltschaft empfahl, uns in Haft zu behalten, und begründete das in einem zwölfseitigen Schreiben. Die polizeilichen Erhebungen hätten ergeben, dass es eine „Doppelstrategie" im „militanten Tierrechtsaktivismus" gebe. Dabei würden legale Proteste mit Straftaten wie Stinkbombenlegen, Einschlagen von Fensterscheiben, Graffitisprühen an Hauswände, Verkleben von Schlössern und Zersägen von Jagdständen kombiniert. Die Willenseinigung zu diesem Vorgehen der Verdächtigen sei „konkludent" erfolgt, d. h., es habe zwar nie eine direkte Absprache gegeben, man erwarte aber sozusagen unausgesprochen voneinander die entsprechenden Handlungen. Zusätzlich gebe es eine internationale Vernetzung auf Tierschutzkongressen und sogenannten Gatherings. Der „militante Tierrechtsaktivismus" sei unternehmensähnlich gestaltet, weil es eine Rollenverteilung gebe. Ich würde z. B. „überwiegend" bei legalen Aktionen auftreten, eine führende Rolle in der Rekrutierung und Ausbildung von TierschutzaktivistInnen übernehmen und für die Bereitstellung der Infrastruktur des VGT zum militanten Aktivismus sorgen. *„So fungiert er als Organisator und Vortragender auf ‚International Animal Rights Gatherings' und ‚Animal Liberation Workshops' und unterhielt Kontakte zu militanten ausländischen Tierrechtsaktivisten."* Zusätzlich würde ich in Diskussionsbeiträgen in Internetforen Straftaten im Namen des Tierschutzes befürworten und verteidigen, Verhaltenstipps geben und ein Vorgehen gegen Verräter fordern. Im VGT-Büro habe man 15 Handys, vier Funkgeräte und eine Tasche mit Sperrwerkzeug gefunden. Der DNA-Test an Letzterem habe ergeben, dass ich dieses Sperrwerkzeug zumindest berührt haben musste. Die Stellungnahme endete mit den Worten: *„Den Annahmen der Beschwerdeführer zuwider sind sämtli-*

che Beschuldigte sohin mit hoher Wahrscheinlichkeit Mitglieder einer kriminellen Organisation im Sinne des § 278a StGB.“

Als ich das las, blieb mir der Mund offen. Wie unglaublich naiv oder politisch bösartig mussten diese BeamtInnen der Oberstaatsanwaltschaft sein, um so einen Schrieb zu verfassen! Kein einziger der genannten Vorwürfe brachte mich in irgendeiner Form mit Straftaten in Verbindung. Vielmehr wurden nur Aktivitäten aufgelistet, die für NGOs wie den VGT in keiner Weise auffällig oder bemerkenswert waren. Auch Greenpeace und die Vier Pfoten agieren so.

Der zentrale Vorwurf schien der einer „Doppelstrategie“ zu sein. Dieser Begriff sollte noch eine große Rolle im Folgeprozess spielen. Mit Doppelstrategie war gemeint, dass für dasselbe politische Ziel, z. B. gegen die Jagd oder den Pelzhandel, sowohl legale Protestaktivitäten der Beschuldigten als auch Straftaten Unbekannter durchgeführt worden seien. Nur, das ist bei absolut jedem politischen Ziel der Fall. Gegen die ÖVP z. B. gibt es, wie mir persönlich von einem Altbundeskanzler erzählt wurde, 25 Straftaten pro Jahr und gleichzeitig zahlreiche legale Protestaktivitäten. Genauso umgekehrt gegen die SPÖ und die Grünen. Auch gegen den VGT gibt es zahlreiche Straftaten pro Jahr und laufend Proteste jener Interessengruppen, gegen die sich unsere Kampagnen richten. Entweder war sich die Oberstaatsanwaltschaft dessen nicht bewusst – und entsprechend naiv –, oder sie übersah es absichtlich, weil sie unsere Haft aus einem politischen Motiv heraus fortgesetzt sehen wollte. Nach meiner Entlassung konnte ich mit der zuständigen Beamtin der Oberstaatsanwaltschaft sprechen, und sie sagte: „Wer soll sonst diese Straftaten durchgeführt haben, wenn nicht ihr?“ Das ist das Niveau oberstaatsanwaltlicher Verdächtigungen? Wer ist eigentlich mit „ihr“ gemeint? Alle TierschützerInnen oder alle meine Bekannten oder alle Mitglieder des VGT? Hier haben wir es wieder, das „Amalgam“ in den Worten von Altbundeskanzler Kreisky: Es gibt politisch motivierte Straftaten, die nicht zugeordnet werden können, und bekannte Personen, die sich für dieselben politischen Ziele einsetzen, und so mischt man das einfach zusammen und verfolgt Letztere, weil man Ersterer nicht habhaft werden kann. Das ist das typische Element eines politisch motivierten Prozesses.

Doch in meiner Zelle war ich machtlos gegen solche Erklärungen von höchster Stelle. Die Oberstaatsanwaltschaft hatte gesprochen, das musste ja fundiert und gut begründet sein. Dass noch immer kein konkreter Vorwurf gegen mich geäußert worden war, blieb unter einem Wust schöner Formulierungen versteckt. Ich war völlig verzweifelt.

Mitte Juni war ich von meiner Zelle plötzlich und unerwartet in die Zelle von Helmut Elsner verlegt worden, gegen den gerade der BAWAG-Prozess lief. Elsner war in der Krankenstation, weil er sich einer Herzoperation hatte unterziehen müssen. Ihm ging es gesundheitlich nicht gut. Die Verlegung in seine Zelle wurde zwar, wie im Gefängnis üblich, ohne mich zu fragen über meinen Kopf hinweg entschieden, ich war aber froh darüber. Elsner rauchte nicht, und mit ihm konnte ich mich niveauvoll über vieles unterhalten, nicht zuletzt über die politische Situation im Land. Er liebte klassische

Musik und mied, wie ich, Gewaltfilme im Fernsehen. Und wir konnten miteinander Schach spielen, was mir half, für kurze Zeit wenigstens, meine Situation zu vergessen. Elsner las die Stellungnahme der Oberstaatsanwaltschaft und meinte überzeugt, dass das nicht halten werde und ich spätestens bis Oktober aus der Haft entlassen würde. Er selbst hoffte darauf, bis Weihnachten wieder frei zu sein. Tatsächlich sollte sich seine Haft in derselben Zelle aber noch bis Sommer 2011 hinziehen, also weitere drei Jahre!

In einem stillen Moment schrieb ich meine Gefühle nieder.

Gedanken eines Gefangenen

Ich war seit vielen Wochen keinen Schritt mehr im Freien. Auf der Krankenstation des Gefängnisses Wien-Josefstadt ist für Gefangene kein Hofgang vorgesehen. Aber selbst wenn, ist dieser Hof ein einziger bedrückender Alptraum. Ein winziges Stück mit einer hohen Wand umgebener Beton, sechs Schritte breit und sieben Schritte lang, darüber thront ein Wachturm.

Stacheldraht. Videokameras. An den gleichförmigen Innenhofwänden ein vergittertes Fenster neben dem anderen. Dahinter hocken gefangene Menschen und versuchen sich gegenseitig etwas zuzurufen. Daraus entsteht ein allgemeiner Lärmpegel von nicht identifizierbarem Gekreisch, wie in einem Primatenhaus im Zoo. Eingesperrte Primaten, hier wie da.

Durch mein vergittertes Fenster kann ich in den Hof hinunterschauen. Das Gitter ist aber kein normales Fenstergitter, es ist so dicht und engmaschig, dass gerade noch ein Orangenkern durchpasst. Dadurch ist es nicht nur immer ziemlich dunkel und düster in meiner Zelle, ich bin auch vom Leben draußen getrennt. Und da spreche ich noch gar nicht von Freiheit, die sich irgendwo hinter diesen mit hohem Stacheldraht bewehrten Mauern befindet. Nichts von der Freiheit kann ich sehen. Keinen freien Menschen, keine Autos, keine Häuser, nur die immer gleichen Steinwände. Sie sind seit einer Ewigkeit meine Welt. Nicht nur. Ich muss an Rosa Luxemburg und ihren Bericht aus der Gefängniszelle denken. Tauben. Die einzigen freien Wesen, zu denen ich laufend Kontakt habe. Gerade sitzen sie wieder oben auf meinem Fenstergitter und gurren. Mein Gitter sei deswegen so engmaschig, weil die Insassen hier sonst mit den Tauben Freundschaft schließen und sie füttern würden, und das würde die Zellen verdrecken. Durch das engmaschige Gitter geht das nicht mehr. Der letzte direkte Kontakt zu freien Wesen ist dadurch gekappt.

Die Sonne geht auf, streicht über den Himmel, geht unter. Wie spät ist es? Egal. Es scheint mich nichts mehr anzugehen. Ich starre an die gleichen strukturlosen Wände. Monatelang.

Zweimal pro Woche kann ich jeweils eine halbe Stunde lang, von meinen Lieben durch ein dickes, schalldichtes Glas getrennt, Besuch empfangen. Sprechen können wir durch eine Telefonleitung. Die Zensur ist anwesend. Gefällt ihr nicht, worüber wir reden, kann sie die Leitung abdrehen. Ich presse meine Hand an die abweisende Glasscheibe. Es ist so unpersönlich. So einsam. Irgendwo da drüben ist der Weg in die Freiheit.

Foto 7: Trauerprotest vor dem Denkmal der Gründer der Ersten Republik. Der Staatsterror gegen den Tierschutz bedroht die Demokratie.

Freiheit? Tun und lassen können, was man will. Nur schemenhaft kann ich mich erinnern, wie das einmal war. Mit zunehmender Haftlänge entwickelt sich ein Tunnelblick, als würde ich durch eine lange Röhre schauen. Freiheit ist unwirklich, ist vergangen.

Den Druck der Haft soll der Häftling spüren, lautet angeblich eine interne Anweisung. Der Verlust der Autonomie schmerzt am meisten. Nichts mehr kann ich selbst entscheiden, was ich tun will. Selbst um das Aufdrehen des Lichts muss ich bitten. Jederzeit kann ich durchsucht, können mir meine Sachen weggenommen werden. Jederzeit kann ich aus der Zelle in eine andere verlegt werden. Gefragt werde ich um nichts mehr. Häftling Nummer 91029.

Der Körper verfällt langsam. Monatelang kein Sport, kein Laufen im Freien. Das Leben auf Sparflamme. Wenig Bewegung. Wenig Denken. Einfach an die Wand starren. Keine Privatsphäre. Ich bin immer mit anderen auf engstem Raum zusammengesperrt. Man kann sich nicht aus dem Weg gehen. Es ist unvermeidlich, sich zumindest aus dem Augenwinkel heraus dauernd gegenseitig zu beobachten. Die ultimative Erniedrigung ist der Toilettengang vor den Zellengenossen. Aber man gewöhnt sich.

Das Leben im Augenblick, im Hier und Jetzt. Anders ist es nicht zu ertragen. Kein Hoffen, kein Bangen, kein Zweifeln, was sein kann. Hier und jetzt tickt die Zeit, schaust Du durch die Gitterstäbe in den trostlosen Hof. Was der nächste Augenblick bringen wird, wird sich zeigen, wenn er da ist. Soll ich die Tage zählen, ohne Entlassungsdatum? Nur das Verlieren jedes Zeitgefühls bringt die notwendige Gleichgültigkeit, um weiterzuleben. Selbstmord. Ein kurzer Augenblick, und es wäre vorbei. Am Leintuch vom Fensterkreuz baumeln oder mit den Spiegelscherben die Pulsadern aufschneiden. Wie leicht ginge das. Wie nah davor stehe ich, es auch wirklich zu tun. Gleichgültig würde ich zuschauen, wie mit dem letzten Atemzug oder dem letzten Tropfen Blut das Leben meinen Körper verlässt. Ein Ende des Ganzen, egal welches, scheint die Erlösung zu sein. Besser, als weiter an die Wand zu starren.

Hinübergleiten ins Nichts, ohne Wiederkehr an diesen Ort am Ende der Welt. Was für ein zuckersüßer Gedanke!

Wenn der Druck zu groß wird, verlässt der Geist den Körper. Ich starre ohne Gedanken. Mein Bewusstsein spielt mir vor, dass das nicht ich sei hier in der Zelle. Wie ein Traumbild. Am besten ohne Erwachen.

Psychopharmaka bekommt man sofort, wenn man darum bittet. Viele tun es. Manche werden süchtig danach. Es stellt ruhig.

Gestern Nacht hat wieder einer durchgedreht, in der Zelle schräg über mir. Geschlagene eineinhalb Stunden hat er verzweifelt an die Fenstergitter getrommelt, geschrien, geweint, geschluchzt. „Lasst mich raus! Ich will raus!", zuletzt ein gestammeltes „Bitte lasst mich raus!". Gebrochene Menschen.

Am nächsten Tag war er in der Krankenstation, sein Körper blau unterlaufen. Er muss mit allem – Händen, Füßen, Körper und Kopf – an die Gitterstäbe getrommelt haben. „Selber schuld", sagt die Krankenschwester, „geschieht dir recht, wenn's jetzt wehtut." Das respektvolle „Sie" wurde jedem bei der Einlieferung genommen. Respekt gibt es keinen mehr. Nicht einmal vor sich selbst.

13. Fingierte Vorwürfe: „Brandstiftung" Zurndorf, Sachbeschädigung Wildon

Bei jedem weiteren Treffen mit meinem Anwalt bekam ich neue Teile des Ermittlungsaktes der Staatsanwaltschaft Wr. Neustadt überreicht. Bisher gab es weiterhin keine konkreten Vorwürfe gegen mich, doch in dem neuen Aktenteil fuhr die Polizei nun mit Anschuldigungen auf. Ich sollte verdächtig sein, eine Brandstiftung und eine Sachbeschädigung begangen zu haben. Tatsächlich basierten beide Anschuldigungen auf verfälschten Beweismitteln und widersprachen diametral den Informationen, die die Polizei zu dieser Zeit bereits von ihrem Spitzel im VGT hatte.

Zunächst einmal war den neuen Aktenteilen zu entnehmen, dass es eine eigene Sonderkommission (SOKO) gegen den Tierschutz gegeben hatte, die Anfang April 2007 gegründet wurde. Die Ermittlungen durch Staatsanwalt Handler liefen allerdings schon seit Oktober 2006. Dem Akt waren auch einige Ermittlungsmaßnahmen zu entnehmen, die gegen uns gesetzt worden waren, weil sich die Anträge und deren Bewilligungen im Ermittlungsakt befanden. Die Ergebnisse dieser Ermittlungsmaßnahmen waren allerdings nirgends zu sehen. Auf die hatten wir keinen Zugriff, sie unterlagen nicht der Akteneinsicht. Die SOKO hatte gleich nach ihrer Gründung die Rufdaten der Handys zahlreicher TierschützerInnen für sechs Monate rückerfasst, um festzustellen, wer mit wem gesprochen hatte. Man begann dann aktiv Telefone abzuhören, E-Mails mitzulesen, beim Finanzamt Abfragen zu Kontobewegungen zu machen, schließlich gab es monatelange persönliche Observationen, sechs Monate lang einen Peilsender an meinem Auto und dem eines anderen Tierschützers, zahlreiche technische Überwachungen u. a. meines Büros, des VGT-Materiallagers und vieler Privatwohnungen sowie Videofallen vor Eingangstüren und einen Großen Lauschangriff, in dessen Verlauf Mikrofone zur Abhörung in privaten Wohnräumen installiert worden waren. Zusätzlich fand sich in einer Randbemerkung eines Berichts der LeiterInnen der SOKO der Hinweis, dass zumindest im Jahr 2007 sogenannte Vertrauenspersonen, also bezahlte private Spitzel, und verdeckte ErmittlerInnen, also professionelle Polizeispitzel, in Tierschutzorganisationen eingeschleust worden sein mussten. Ich war zutiefst erschüttert, welcher Aufwand hier betrieben worden war. Und jede weitere Ermittlungsmaßnahme, die noch tiefer in die Privatsphäre eindrang, wurde in den Anträgen damit begründet, dass man bisher noch nichts gefunden habe, was beweise, dass die kriminelle Organisation sich besonders professionell abschirme. In keinem einzigen der SOKO-Berichte war auch nur der Anschein eines Zweifels zu finden, dass man vielleicht doch unschuldige Personen verfolgte. Auch das war für mich ein klarer Hinweis darauf, dass die SOKO einen politischen Auftrag hatte. Die Personen, die verfolgt werden sollten, waren die Vorgabe, was man ihnen anhängen könnte, war Aufgabe der SOKO herauszufinden.

Dann war plötzlich die Rede von einem Belastungszeugen gegen mich, der aber nicht einvernommen worden war, sondern mit dem es nur informelle Gespräche gegeben hatte. Was er mir konkret vorgeworfen hatte, blieb ungenannt. Mein Anwalt Traxler nahm Kontakt mit ihm auf, und dieser Mann verfasste eine Erklärung, in der stand, dass er nichts Belastendes gegen mich angegeben habe. Daraufhin zeigte Traxler SOKO-Chefinspektorin Bettina Bogner wegen Amtsmissbrauchs an. Der Belastungszeuge war vorerst einmal vom Tisch.

Der erste konkrete Vorwurf gegen mich betraf die angebliche Brandstiftung an einer Jagdhütte im Eichenwald bei Zurndorf im Burgenland. Dem Akt war ein Polizeibericht eines Streifenbeamten zu entnehmen, der am 11. November 2007 um 19.09 Uhr das Feuer im Eichenwald gesehen hatte. Zwei Tage später fanden der Revierjäger und ein Jagdkollege am Vormittag die völlig ausgebrannten und verkohlten Reste der Hütte. Sie meldeten ihre Beobachtung der Polizei. Am 14. November 2007, also am nächsten Tag, untersuchten zwei Brandsachverständige den Brandort. Sie fanden weder einen Hinweis auf Brandstiftung noch Spuren eines gewaltsamen Eindringens in die Hütte vor dem Brand. Ihr Bericht kam daher zu dem Schluss, dass es sich um eine *„fahrlässige Herbeiführung einer Feuersbrunst"* in der Zeit „11.11.2007, 11 Uhr – 11.11.2007, 19 Uhr" gehandelt habe. Vom Standpunkt der Brandsachverständigen aus eine klare Sache, insbesondere, dass aufgrund der Beobachtung des Streifenpolizisten der Brand vor dem 11. November 2007, 19 Uhr begonnen haben musste. Niemand vermutete eine Straftat, schon gar nicht eine, die durch TierschützerInnen ausgeführt worden sein sollte. Am 17. November 2007 erreichte ein anonymes Schreiben die Polizei. Darin stand, dass der Brand durch das Jagdpersonal der Jagdgesellschaft verursacht worden sei, *„da das Personal in der Brandnacht bis spät in die Nacht in dieser Hütte gefeiert und den Holzofen stark angefeuert hatte. Diese Fakten sind dem Jagdleiter bekannt gewesen, werden aber ignoriert. Auch vom örtlichen Versicherungsvertreter, wahrscheinlich da öfters auf die Jagd eingeladen."* Die Polizei befragte daraufhin die Jäger noch einmal eindringlich, und tatsächlich gestanden diese, angeblich aus Angst vor dem Jagdpächter anfangs die Unwahrheit gesagt zu haben. Ja, sie hätten wirklich unmittelbar vor dem Brand den Ofen in der Hütte benutzt und mit viel leicht brennbarem Holz stundenlang befeuert. Zusätzlich hatte es nie die gesetzlich eigentlich vorgeschriebenen Kaminprüfungen durch einen Rauchfangkehrer gegeben, und zwei Jahre vor dem Brand war bereits ein Kaminbrand aufgetreten, aufgrund dessen einige Stellen des Holzdachs verkohlt waren.

Foto 8: Mit Regenschirmen wird den JägerInnen die Sicht genommen, sodass sie die flüchtenden Tiere nicht treffen können.

Spätestens an dieser Stelle wäre der Vorfall normalerweise ad acta gelegt worden. Nicht so hier. Die SOKO hatte mich zu diesem Zeitpunkt telefonisch überwacht und festgestellt, dass ich am 13. November 2007, also zwei Tage nach dem Brand, mit einer Kollegin im selben Jagdrevier gewesen war und vier illegale Fasanerien fotografiert hatte. In Fasanerien werden Fasane gezüchtet, um sie dann für die Jagd aussetzen und abschießen zu können. Das burgenländische Jagdgesetz schreibt aber vor, dass dieses Aussetzen einige Wochen vor Beginn der Jagdsaison erfolgen muss. 1000 Fasane Mitte November in Jagdvolieren zu halten, wie ich es vorfand und dokumentierte, war also illegal. Ich telefonierte vor Ort mit dem burgenländischen Tierschutzombudsmann, und er versprach mir, dass es am nächsten Morgen eine behördliche Kontrolle geben werde. Ein anonymer Hinweis hatte mich auf die Spur dieser illegalen Fasanerien gebracht, möglicherweise von derselben Person aus dem Umfeld der Zurndorfer Jagdgesellschaft, die auch den anonymen Hinweis zum Brand an die Polizei geschickt hatte. Aber solche anonymen Hinweise sind für Tierschutzorganisationen normal. In den Wochen vor diesem Vorfall war ich bereits in einigen anderen Regionen gewesen und hatte dort z. B. 300 illegal in einer Garage in Halbturn gehaltene Rebhühner gefilmt und Anzeige erstattet. In ähnlicher Weise gelang es uns, das Aussetzen gezüchteter Rebhühner direkt bei einer Treibjagd zu dokumentieren. Der damalige Tierschutzombudsmann im Burgenland war an solchen Anzeigen sehr interessiert und verfolgte sie auch mit Konsequenz. Doch bei seiner Überprüfung am 14. November 2007, dem Morgen nach unserem Telefonat, waren alle Fasanenvolieren bei Zurndorf plötzlich leer. Herbert Landauf von der SOKO hatte unser Telefongespräch belauscht und musste wohl die Jägerschaft vor der behördlichen Kontrolle gewarnt haben! Rasch hatten die JägerInnen alle 1000 Fasane aus den Volieren getrieben und dadurch ihre illegalen Machenschaften vertuschen können, sodass das Aufdecken eines Gesetzesbruchs mit exekutiver Hilfe verhindert werden konnte.

Doch damit nicht genug. Die SOKO war also darüber informiert, dass ich mich mit einer Kollegin am 13. November 2007 zu Mittag im selben Jagdrevier aufgehalten hatte, in dem zwei Tage zuvor eine Jagdhütte abgebrannt war. Sie witterte ihre Chance und ließ sich von der regionalen Polizei den Brandbericht geben. Daraus wurde im Ermittlungsakt der Staatsanwaltschaft „Faktum 23, Verdacht der Brandstiftung durch militante Tierschützer". Die Tatzeit wurde auf „11.11.2007, 19:09 Uhr – 13.11.2007, 13:40 Uhr" abgeändert. Jetzt hatte die SOKO einen Verdächtigen, sogar den Hauptverdächtigen, zur Tatzeit an einem Tatort und konnte ihm Brandstiftung vorwerfen.

Ich hatte bei meinem Besuch am 13. November 2007 in diesem Jagdrevier nichts von einer abgebrannten Hütte gesehen. Nachdem die behördliche Kontrolle der Fasanenvolieren aufgrund der Intervention der Polizei negativ ausgefallen war, kontaktierte uns der anonyme Informant wieder. Die Jagdgesellschaft plane, teilte er uns per Fax mit, am Wochenende die zahmen Fasane in Massen abzuschießen. Wir beschlossen daraufhin spontan, eine große Aktion durchzuführen, die Jagd zu stören und den Abschuss der illegal gehaltenen Fasane zu dokumentieren. Es war aber aufgrund der Kürze der Planungszeit nur möglich, diese Aktion am Telefon zu besprechen, was wir normalerweise aus Sicherheitsgründen vermieden. Die SOKO realisierte also durch ihre Abhöroperation bald, was wir vorhatten, und warnte wieder die Jagdgesellschaft. Diese verschob die Fasanenjagd, hielt aber am Jagdtermin fest, weil bereits so viele deutsche JagdkollegInnen eingeladen waren. Man werde eben statt der Fasane 600 angefütterte Feldhasen schießen. Hauptsache, irgendwelche Tiere können massenweise abgeschossen werden, und die Gäste haben ihren Spaß.

Am 18. November 2007 trafen sieben Autos mit mehr als 30 TierschutzaktivistInnen gegen neun Uhr im Jagdgebiet Zurndorf ein. Vorausgeschickte Späher hatten festgestellt, dass die etwa 60 JägerInnen mit ihrer Treibjagd direkt südlich von Zurndorf beginnen wollten. Rasch fuhren wir vor und liefen mitten unter die JägerInnen hinein. Wir hatten alle Regenschirme in der Hand, die wir aufspannten, um den JägerInnen die Sicht auf ihre Opfer zu nehmen. Zusätzlich trugen wir Warnwesten, um gesehen zu werden. Im November 1991 hatte bei einer ähnlichen Aktion der Vier Pfoten in Vitis im niederösterreichischen Waldviertel ein Jäger seine Schrotladung einem Tierschützer in den Bauch geschossen. Den Behörden gegenüber behauptete er dann, er habe den Aktivisten nicht gesehen, und wurde natürlich nicht zur Rechenschaft gezogen. Wir hofften, dass durch die Warnwesten eine derartige Ausrede nicht mehr so einfach akzeptiert würde.

Die Jägerschaft reagierte sehr aggressiv. Ein Jäger schoss einem Tierschützer mit seiner Schrotladung direkt durch den aufgespannten Schirm! Doch die Jagd musste dennoch abgebrochen werden, zu groß war das Chaos vor Ort. Die JägerInnen sammelten sich und warteten, wie in solchen Fällen üblich, auf die Polizei, um sich diese StörerInnen vom Hals schaffen zu können. Die lokale Polizei war allerdings überfordert. Sie konnte nicht genügend Kräfte zusammenziehen, um mehr als 30 TierschützerInnen am Betreten des Jagdgebiets zu hindern. Später sollten politisch einflussreiche JägerInnen diesen Vorfall zum Anlass nehmen, um eine Änderung der gesetzlichen Lage zu erreichen. Mittlerweile ist die Polizei gesetzlich verpflichtet, bei Jagdstörungen alles andere stehen und liegen zu lassen und ihre gesamte Zeit und alle Ressourcen zu investieren, um TierschützerInnen am Schutz von Zuchtfasanen zu hindern. Am 18. November 2007 allerdings zog sich die Polizei wieder zurück und verließ das Jagdrevier.

Einige offenbar dazu abkommandierte Jagdgehilfen blockierten die Straße, um die Tierschutzautos an der Verfolgung zu hindern, während der Großteil der deutschen Jagdgäste zu einem anderen Teil des Reviers gebracht wurde, um dort die Jagd auf die Feldhasen fortzusetzen. Doch die TierschützerInnen waren viel zu gewieft, einige Autos hatten sich frühzeitig taktisch zurückgezogen, und die Jägerschaft war rasch gestellt. Ich lief quer über das Feld auf die Treibjagd zu. Einige TreiberInnen hatten einen großen Kreis gebildet und versuchten mit Lärm und Geschrei, die Feldhasen in Richtung der JägerInnen zu scheuchen, die mit den Gewehren im Anschlag in einem Halbkreis standen. Ich platzierte mich neben einem Jäger, sprach ihn freundlich an und öffnete meinen Schirm. Kaum legte der Jäger an, brachte ich meinen Schirm zwischen ihn und sein Jagdopfer, sodass er es nicht mehr sehen konnte. Er schimpfte und fluchte und versuchte mich zu bedrohen. Mittlerweile waren alle Schützen auf diese Weise von TierschützerInnen mit Regenschirmen „besetzt". Auch der zweite Trieb wurde abgebrochen.

Die JägerInnen zogen sich zum Mittagessen zurück. Danach, offenbar durch viel Alkohol gestärkt, versuchten sie erneut, Feldhasen zu schießen. Wiederum waren die TierschützerInnen rasch zur Stelle, nur befanden sich die JägerInnen in einer Sackgasse, deren Einfahrt sie versperrt hatten, weshalb wir zu Fuß bis zur Treibjagd laufen mussten. Deshalb kamen zunächst die Schnellsten als Erste an, und die alkoholisierten JägerInnen gingen zum Angriff über. Mehreren AktivistInnen wurden die Kameras zerschlagen, andere wurden zu Boden geworfen, getreten, bespuckt und geschlagen. Einen Tierschützer wollten die JägerInnen sogar in ein Auto zerren. Erst als das Gros der TierschützerInnen vor Ort war, konnte die Gewalt der JägerInnen eingedämmt werden. Damit war der Tag vorüber, die Jägerschaft brach die Jagd ab. Es war uns aber gelungen, einige Angriffe der JägerInnen auf uns zu filmen. Damit konnten wir zweifelsfrei beweisen, dass die JägerInnen unprovoziert und oft sogar von hinten die TierschützerInnen angegriffen und schwer verletzt hatten. Die Medien interessierten sich für den Vorfall, und in einer Fernsehsendung am späten Abend konnte ich mit einem Sprecher der Jägerschaft öffentlich über Gewalt diskutieren. Unsere Filmausschnitte bewiesen auch, dass die JägerInnen TierschützerInnen bespuckt und beschimpft hatten und alle Aggression und Gewalt eindeutig von einer Seite ausgegangen war. Trotzdem wurde auch diese Jagdstörungsaktion von der SOKO als Tätigkeit einer kriminellen Organisation gegen uns ins Treffen geführt.

Einige Zeit später informierte uns die anonyme Person, dass die Fasanenjagd an einem gewissen Tag nachgeholt werde. Zu diesem Zeitpunkt hatte ich aber bereits realisiert, dass wir von der Polizei abgehört wurden und diese Informationen brühwarm die Jägerschaft bekam. Das erzählte uns nicht nur der anonyme Informant, anders waren auch die Vorfälle nicht erklärbar. Diesmal also arrangierten wir erneut am Telefon eine Aktion gegen diese Jagd, gingen aber – ohne das vorher am Telefon zu besprechen – zu einer ganz anderen. Die SOKO informierte wieder die Jägerschaft, und diese organisierte Traktoren und die lokalen Medien. Man wollte eine Blockade der TierschützerInnen inszenieren, behaupten, die Bauernschaft würde sich schon gegen diesen „Tierschutzterror" wehren, und das Ganze gleich durch jagdtreue JournalistInnen an die Öffentlichkeit bringen. Doch TierschützerInnen tauchten keine auf. Dadurch ließen sich die JägerInnen aber nicht bremsen. Der Journalist des regionalen Bezirksblattes nahm ein paar Fotos der Traktoren auf und brachte einen großen Artikel, in dem er einfach behauptete, TierschützerInnen seien vor Ort gewesen und blockiert worden. Der Untertitel behauptete: *„Zum zweiten Mal innerhalb eines Monats versuchten Tierschützer, die Jagd in Zurndorf zu stören. Doch dieses Mal bissen sie sich die Zähne an der örtlichen Bauernschaft aus.*" In diesem Artikel wurde im Übrigen sogar offen zugegeben, dass die

Polizei den VGT abgehört und die Informationen an die Jägerschaft weitergegeben hatte. Sogar der ORF fiel auf diese Propagandaaussendung der Jägerschaft herein. Wenn die TierschützerInnen schon keine radikale Aktion durchführen, dann muss man diese eben herbeidichten, nicht unähnlich der SOKO, die mangels schwerwiegender Straftaten mit Tierschutzbezug einen Jagdhüttenbrand aufgrund eines überhitzten Ofens zu einer Tierschutzbrandstiftung umdichtete, um wenigstens irgendeinen Vorwand für die Verfolgung von TierschützerInnen zu haben.

Einige Wochen nach der Jagdstörungsaktion in Zurndorf las ich in einer Tageszeitung von dem Brand der Jagdhütte. Da kein Datum angegeben war, ging ich davon aus, dass die Jagdhütte erst nach unserer Aktion gebrannt hatte. Ich empfand darüber ein bisschen Schadenfreude, zumal diese Jagdgesellschaft uns gegenüber sehr brutal aufgetreten war. Ich fasste daher diesen Artikel auf Deutsch und Englisch zusammen und verbreitete das in Internetforen, auch international. Auf irgendeiner Tierschutzwebseite wurde die englische Version des Zeitungsartikels von der SOKO gefunden. Die nahm den Text sofort begeistert in ihren Ermittlungsakt auf und nannte den Eintrag ein Bekennerschreiben, obwohl der Artikel nur objektiv vom Faktum des Brandes und dem angegebenen Schadensausmaß berichtete. Das sei der endgültige Beweis, wurde in einem Abschlussbericht verlautet, dass es sich um eine militante Tierrechtsaktion gehandelt habe.

Der zweite Vorwurf einer Straftat gegen mich, mit dem die SOKO plötzlich aufwartete, war „Faktum 18". Unbekannte TäterInnen hatten in einem Jagdrevier bei Wildon in der Südsteiermark in der Nacht von Samstag, 10. November 2007 auf Sonntag, 11. November 2007 – also in derselben Zeit, in der in Zurndorf, 300 Kilometer entfernt, die Jagdhütte abbrannte – eine Fasanenvoliere beschädigt. Der SOKO gelang es also, mich der Begehung zweier Straftaten zu verdächtigen, die 300 Kilometer voneinander entfernt zur selben Zeit stattgefunden hatten, wobei das eine, der Brand in Zurndorf, ja nicht einmal eine Straftat war. In diesem Jagdrevier befand sich jedenfalls eine 30 Jahre alte Voliere, bestehend aus Holzpfosten, die mit einem Kaninchenzaun umwickelt waren, gedacht für gekaufte Fasane vor der Freilassung ins Revier zum lustigen Abschuss auf einer Treibjagd. In dieser Nacht hatte jemand offenbar einige dieser morschen Holzpfosten gebrochen und „Hunting is Murder, ALF" auf eine Plane geschrieben.

Am selben Wochenende hielt der VGT in Graz einen der sogenannten Animal Liberation Workshops ab. Ich war mit der Durchführung der Veranstaltung betraut, war ununterbrochen anwesend, hielt eine Reihe der Workshops selbst ab und schlief zusammen mit 15 anderen Personen in einem großen Raum des Veranstaltungshauses. Man möchte also meinen, ich hatte ein sehr gutes Alibi. Allerdings zeichnete sich die Ermittlungsarbeit der SOKO dadurch aus, dass sie nie auch nur das geringste Interesse daran zeigte, Alibis der Beschuldigten zu überprüfen. Ihr Argument war, dass das irrelevant sei, weil man als Chef einer kriminellen Organisation für deren Straftaten verantwortlich war, auch wenn man sie nicht selbst begangen hatte. Das hinderte die SOKO aber nicht daran, mir in ihrem Abschlussbericht ein Jahr später die Begehung von mehr als einem Dutzend Straftaten direkt vorzuwerfen – darunter auch Zurndorf und Wildon.

Der Verdacht gegen mich, die Sachbeschädigung bei Wildon begangen zu haben, wurde folgendermaßen argumentiert: Ich hätte mit anderen AktivistInnen in mehreren Telefongesprächen und E-Mails von einem „jagdmäßigen Spaziergang" gesprochen, der am Sonntag ab dem Vormittag südlich von Graz stattfinden sollte. Dann sei dieser Spaziergang aber abgesagt worden. Die schlauen SOKO-BeamtInnen schlossen messerscharf: *„Gedankenschluss: Obwohl in den Gesprächen der Anschlag auf eine Fasanen-Voliere nicht dezidiert angesprochen wurde, kann davon ausgegangen werden, dass mit dem geplanten ‚jagdmäßigen Spaziergang' die vermeintlich abgesagte, aber dann doch durchgeführte Sachbeschädigung in Wildon besprochen wurde."* Und der Zeitpunkt für das Treffen, Sonntagvormittag, sei nur ein Code für ein Treffen zwölf Stunden vorher, Samstagabend, gewesen. SOKO-Mitglied Landauf hatte auf meinem Computer Fotos von den illegalen Fasanerien bei Zurndorf gefunden, die ich am 13. November 2007 aufgenommen und meiner Anzeige beigelegt hatte. Ich selbst war auf diesen Fotos ebenfalls zu sehen, zusammen mit der Angabe von Datum und Uhrzeit. Landauf gab diese Fotos in den Ermittlungsakt und schrieb dazu, dass es sich „wahrscheinlich" um Fotos von der Zerstörung der Fasanerie bei Wildon handle, obwohl die Volieren bei Zurndorf wesentlich größer waren und am Rand eines Feldes standen, während die Fasanenvoliere bei Wildon sehr klein und von einem dichten Wald umgeben war. Abgesehen davon hatte die SOKO zu dieser Zeit ihren Spitzel im VGT und wusste daher aus erster Hand, dass am Sonntag tatsächlich die Störung einer Treibjagd geplant war und dann abgesagt wurde. Statt „Treibjagdstörung" wurde am Telefon von „jagdmäßigem Spaziergang" gesprochen. Die SOKO ignorierte vorsätzlich diese Informationen, um einen Verdacht gegen mich vortäuschen zu können, der niemals zutraf.

Ich saß völlig machtlos in meiner Zelle, und mir rannen die Tränen über die Wangen. Mit solchen Tricks konnte die SOKO die Richterschaft beeindrucken, sogar die Oberstaatsanwaltschaft deckte dieses Vorgehen – oder war darauf hereingefallen. Wie sollten wir von unseren Zellen aus beweisen, was hier getrieben wurde? Gleich setzte ich mich vor mein Briefpapier und schrieb Informationen für unsere AnwältInnen, Briefe an die Staatsanwaltschaft und die RichterInnen sowie Presseaussendungen. Doch der Schulterschluss zwischen Staatsanwaltschaft, Richterschaft, SOKO und Innenministerium war nicht zu durchbrechen.

14. Mein Hungerstreik

Ich hatte nur unmittelbar vor der Haftverhandlung am Freitag, dem 6. Juni ein bisschen Obst gegessen, sonst war ich seit dem 21. Mai im Hungerstreik. Es war erstaunlich, wie lange dieses Essen nachwirkte, noch fünf Tage danach fühlte ich mich körperlich wesentlich besser. Doch am Montag darauf, dem 20. Tag meines Hungerstreiks, wurden die Magenkrämpfe so stark, dass ich ab dann täglich Medikamente dagegen nahm. Täglich wurden mein Gewicht und der Glukosegehalt in meinem Blut gemessen. Ich hatte bei meiner Festnahme etwa 117 Kilogramm gehabt, jedenfalls zeigte die Waage nach zwei Tagen Hungerstreik mit ca. 1,5 Kilogramm Abnahme pro Tag 114 Kilogramm an. Mittlerweile waren diese auf 90 Kilogramm zurückgegangen. Ich trank täglich einen Liter Fruchtsaft und ziemlich viel gezuckerten Tee. Das Gewicht nahm dadurch nur noch sehr langsam ab, wenn ich mich auch oft unendlich schwach fühlte. Ich sah mich wie ein filigranes Gebilde aus Glas, das bei einem heftigen Stoß völlig zerbrechen würde. Hätte mich jemand mit der Faust geschlagen, wären mir mit Sicherheit alle Knochen zerbrochen. Ich hatte ganz stark Muskelmasse abgebaut, mein Körperumfang war viel geringer als vorher. Keine der beiden Hosen, die ich mitgebracht hatte, passte mir noch, sie hatten fast den doppelten Umfang meines Bauches. Oft wurde mir bei der leisesten Anstrengung schwarz vor Augen.

Ich sprach mit dem damaligen Chefarzt der Krankenabteilung des Gefängnisses. Er war sehr freundlich und hielt die Vorwürfe gegen mich für völlig absurd. Er sagte mir, dass er bereits seit langer Zeit Mitglied des VGT sei und die Aktivitäten unseres Vereins mit viel Sympathie und Wohlwollen verfolge. Wenn wir eine kriminelle Organisation bilden würden, dann sei auch er ein Mitglied dieser Organisation, da er ja unsere Arbeit finanziell unterstütze. Er war erstaunt, dass unsere AnwältInnen uns nicht rascher aus dem Gefängnis bringen konnten.

Über meine Essensverweigerung zeigte er sich besorgt und versprach mir, meinen Zustand sehr genau im Auge zu behalten. Vom 25. Tag meines Hungerstreiks an wurde ich regelmäßig künstlich ernährt. Dazu wurde ich in ein Krankenzimmer gebracht und bekam eine Infusion mit irgendwelchen Nährstoffen, von denen man mir zugesichert hatte, dass sie vegan seien. Nach diesen Infusionen fühlte ich mich natürlich besser und nahm sogar immer wieder leicht an Gewicht zu. Wenn sich mein Zustand trotz dieser künstlichen Ernährung weiter verschlechtern würde, sei eine Verlegung in das Allgemeine Krankenhaus möglich, wurde mir erklärt. Mir war klar, dass alles daran hing, dass ich den Fruchtsaft zu mir nahm. Hätte ich den abgesetzt, wäre ich innerhalb von zwei bis drei Tagen völlig zusammengeklappt und ins Delirium gefallen. Das blieb mir immer noch als Möglichkeit.

Das Justizministerium zeigte sich ebenfalls an meinem Zustand interessiert. Zweimal kamen Beamte und fragten in der Krankenstation nach, wie es mir gesundheitlich ging. Am 26. Juni, dem 37. Tag meines Hungerstreiks, konnte ich das zufällig selbst beobachten. Einmal wurde ich auch von einer polizeiinternen Untersuchungskommission befragt, die Menschenrechtsverletzungen durch die Polizei im Umgang mit mir untersuchte. Sie wirkten sehr verständnisvoll und fragten mich nach jedem Detail meiner Verhaftung. Nach diesem Besuch habe ich allerdings nie wieder von ihnen gehört.

Am Tag 36 meines Hungerstreiks hatte ich 35 Kilogramm an Körpergewicht verloren. Ich hatte erstmals eine sehr ernste Todeserfahrung. Ich fühlte mich, als stünde ich auf dünnem Eis bis zum Hals in einer Gletscherspalte. Oben das Licht und das Leben, unter der letzten dünnen Eisschicht, die mich noch hielt, die Finsternis und der Tod. Jede Bewegung war gefährlich, dauernd knirschte das Eis, jeden Moment konnte es nachgeben, und ich wäre im freien Fall gewesen.

Eine ähnliche Erfahrung hatte ich am Tag 39 noch einmal. Ich fühlte mich dem Tod sehr nahe. Irgendwie dachte ich, wenn ich jetzt nicht bald essen würde, wäre es vorbei. Ich erzählte das dem Chefarzt. Er prüfte die Funktionsfähigkeit meiner Nieren und überhaupt meinen Gesundheitszustand und meinte, es sei noch nicht ganz so weit. Ich konnte allerdings kaum noch geradeaus schauen, hatte Konzentrationsschwierigkeiten, musste meinen Kopf mit der Hand halten, mich sehr vorsichtig und langsam bewegen und dauernd die Magenkrämpfe mit Medikamenten behandeln.

In der Öffentlichkeit wurde mein Hungerstreik sehr wenig beachtet. Man erzählte mir, dass das Gefängnis bei Nachfragen durch JournalistInnen abwiegeln und behaupten würde, ich würde sowieso Nahrung zu mir nehmen. Am 19. Juni 2008 berichtete die Zeitung „Österreich" davon, dass ich künstlich ernährt würde. Doch die Reaktion in der Öffentlichkeit allein war nicht mein Ziel, ich hätte den Hungerstreik auch ohne öffentliche Aufmerksamkeit durchgezogen. Es ging mir hauptsächlich um meine letzte Möglichkeit von Protest gegen diese offensichtlich politisch motivierte Willkür und die Lügen der Staatsmacht.

Doch eines war mir auch klar, ich würde nicht so weitermachen können und gleichzeitig meine Verteidigung organisieren. Die nächste Haftverhandlung war für den 7. Juli angesetzt, und dieses Mal, so beschloss ich, würde ich mich nicht so leicht abspeisen lassen. Ich würde mich laut und deutlich selbst verteidigen und dazu bis dahin das Gesetz genau studieren und auf meinen Rechten bestehen. Das setzte aber voraus, so viel war mir klar, dass ich meinen Hungerstreik zumindest unterbrechen musste. Die Alternative wäre gewesen, keinen Fruchtsaft mehr zu trinken und direkt auf einen möglichst raschen Totalzusammenbruch zuzusteuern. Ich entschied mich letztendlich für die Auseinandersetzung mit dem System in der Weise, die mir am besten liegt: mit meinem Intellekt.

Am 39. Tag meines Hungerstreiks – also acht Tage vor der nächsten Haftverhandlung, zu der ich in diesem Zustand nie hätte fahren können – ließ ich mir eine Orange geben und lutschte davon etwa ein Achtel. Die Reaktion meines Körpers war katastrophal, ich hatte sofort sehr starke Magenschmerzen und Wasserdurchfall. Ich vereinbarte mit dem neuen Chefarzt der Krankenstation, gemeinsam zu versuchen, mich so weit aufzupäppeln, dass ich in acht Tagen zu der Haftverhandlung gehen könnte. Ich bekam dann täglich einen gestrichenen Esslöffel Haferschleim mit Sojamilch zu essen und hatte dabei das Gefühl, diese Menge würde meinen Magen vollständig ausfüllen. Offenbar war er auf Erbsengröße geschrumpft. Es erstaunte mich, dass so wenig Essen einen derartigen Einfluss auf mich hatte. Jedenfalls kam ich so ganz langsam wieder zu den Lebenden zurück. Nach acht Tagen – am Tag meiner Haftverhandlung – konnte ich bereits ein winziges Schüsserl voll Haferschleim zu mir nehmen, eine Menge also, nach der ein gesunder Mensch niemals satt wäre. Mir kam das aber wie ein Festmahl vor. Am 50. Tag, also zehn Tage nach Hungerstreikende, hatte ich den ersten Stuhlgang.

Vier Tage später schaffte ich es zum ersten Mal, einen ganzen Teller veganer Nahrungsmittel auf einmal zu essen. Ich begann gleichzeitig, nach Möglichkeit Kraft- und Ausdauertraining zu absolvieren, um wieder sowohl Muskeln als auch Kondition aufzubauen. Dafür nutzte ich einen Radtrainer, den ich in einem Abstellraum der Krankenstation gesehen hatte und den mir ein freundlicher Hausarbeiter, Gefangener wie ich, auf den Gang stellte. Trotz zahlreicher an die Gefängnisleitung gerichteter Anträge durfte ich nie in eine Kraftkammer gehen oder Trainingsgewichte bekommen. Also band ich meine Aktenstöße, die mittlerweile eine beachtliche Größe erreicht hatten und aus vielen tausend Seiten bestanden, zusammen und trainierte damit, als ob sie Hanteln wären. *„So wird dieses mit völligem Schwachsinn gefüllte Papier doch noch einer sinnvollen Nutzung zugeführt“*, schrieb ich am 5. Juli in einem Brief an meinen Vater.

Körperlich fühlte ich mich ab etwa vier Wochen nach Ende des Hungerstreiks wieder sehr gut, d. h. fit, leicht und gesund. Ich wäre aber sicher nicht in der Lage gewesen, im Rahmen einer hochalpinen Tour große Kälte oder Entbehrungen in den Bergen durchzustehen, wie ich das seit Jahrzehnten so gerne tat. Mir wurde noch immer viel leichter kalt als früher. Ich hatte während des gesamten Hungerstreiks nie mehr geschlafen als sonst, immer nur sieben Stunden oder sogar weniger, im Schnitt eher fünf in jeder Nacht.

Holger Meins starb nach 28 Tagen Hungerstreik in einem deutschen Gefängnis. Er war jedoch von Anfang an sehr dünn und trank wahrscheinlich keinen Fruchtsaft in dieser Zeit, wurde aber zuletzt zwangsernährt. Barry Horne, ein englischer Tierschutzgefangener, war nach 63 Tagen Hungerstreik im Gefängnis so irreparabel geschädigt, dass er letztendlich am Versagen innerer Organe verstarb. Ich war 39 Tage im Hungerstreik. Es war sicher eine Grenzerfahrung, aber diese lange stabile Phase, offenbar durch den Konsum von Fruchtsaft ermöglicht, hat mich überrascht. Wenn man es auf die Spitze treiben will, dann sollte man entweder nur Wasser oder bestenfalls gezuckerten Tee zu sich nehmen, aber sonst nichts, das hatte ich gelernt. Ich wollte mir diese Option noch offenhalten.

15. Die zweite Haftverhandlung

Das Wiener Oberlandesgericht hatte noch nicht über unsere Berufung gegen das Urteil in der ersten Haftverhandlung entschieden, da kam bereits die zweite Haftverhandlung auf mich zu. Aufgrund der zunehmenden Verbesserung meines körperlichen Befindens konnte ich mich sehr gut vorbereiten. Da in jeder Gefängnisabteilung ein Buch mit allen Paragrafen der Strafprozessordnung aufliegt, konnte ich mir auch die für mich relevanten Gesetze durchlesen.

Am Montag, dem 7. Juli 2008 war die Haftverhandlung angesetzt. Einige Tage davor wurden die Urteile im BAWAG-Prozess gesprochen. Der in diesem Verfahren Hauptangeklagte war ja mein Zellenkollege Helmut Elsner. Fast jeden Tag musste er bereits um sieben Uhr früh aufstehen und wurde bald danach von Wachebeamten abgeholt und in den Großen Schwurgerichtssaal im selben Haus gebracht. Nach 117 Prozesstagen und einer Verhandlungsdauer von etwas mehr als einem Jahr erhielt Elsner neuneinhalb Jahre Gefängnis. Es muss ihn schwer getroffen haben, aber er trug es mit Fassung. Auch in seinem Verfahren war, soweit ich das beurteilen konnte, vieles nicht mit rechten Dingen zugegangen. Mein Vertrauen in die österreichische Justiz befand sich am Nullpunkt. Keine gute Voraussetzung, um in eine Haftverhandlung zu gehen.

Am 7. Juli wurde ich in der Früh abgeholt und wieder in eines dieser schrecklichen, großen Transportfahrzeuge verladen. In einer winzigen Zelle in diesem Fahrzeug konnte ich wieder die gesamte Fahrt über weder sitzen noch vernünftig aus dem winzigen Sehschlitz hinausschauen und genügend Frischluft bekommen. Es war aber ein ganz seltsames Gefühl, draußen Menschen zu sehen, die frei waren. Mir kam das schon nicht mehr real vor. Sie wissen gar nicht, wie gut es ihnen geht, dachte ich mir.

Am Wr. Neustädter Landesgericht angekommen, musste das Fahrzeug durch eine lautstarke Solidaritätsdemo hindurchfahren. Niemand der AktivistInnen erkannte mich aber durch den winzigen Sehschlitz hindurch. Es tat dennoch sehr gut, so viele Menschen zu sehen, die sich extra Zeit genommen hatten, um mich zu unterstützen. Das Transportfahrzeug fuhr direkt in den Hof des Gefängnisses, und ich wurde in eine Wartezelle gebracht. Knapp vor Beginn der Haftverhandlung durfte ich mit meinem Anwalt Traxler sprechen.

Er war zu meiner Überraschung nicht sehr zuversichtlich. Aber zu oft waren wir bereits enttäuscht worden, und heute war nichts irgendwie anders als bei der letzten Haftverhandlung vor einem Monat. Traxler meinte, am 21. Juli würde die Verdunkelungsgefahr als Haftgrund wegfallen. Dieser Termin sei also die nächste realistische Chance, hier herauszukommen. Ich wollte dennoch kämpfen und teilte Traxler mit, dass ich eine Rede halten wolle. Er sagte, dann werde er eben nichts sagen, damit ich genügend Zeit hätte, mich zu verteidigen. Er warnte mich allerdings gleich vor, dass man mir sehr wenig Zeit geben werde.

Schon wurde ich zur Verhandlung aufgerufen. Im Gerichtssaal saß neben dem altbekannten Staatsanwalt Handler ein neuer Richter, Andreas Pablik. Er schaute mich wesentlich freundlicher an als seine Vorgängerin Toifl-Goster, und ich fasste Mut. Der Staatsanwalt verlas eine Liste von Straftaten, von denen er der Ansicht war, sie seien von einer kriminellen Organisation begangen worden, deren Chef ich sei. Dann beantragte er, meine U-Haft um zwei Monate zu verlängern. Danach wandte sich Richter Pablik an meinen Anwalt und bat um dessen Stellungnahme, aber dieser gab gleich mir das Wort. Ich stand auf. „Sie können ruhig sitzen bleiben", sagte Pablik. „Ich möchte lieber stehen", gab ich zurück. „Was hier vor sich geht, regt mich zu sehr auf, um einfach auf meinem Sessel sitzen zu bleiben."

Ich atmete einmal tief durch und begann möglichst ruhig zu sprechen. „*Sehr geehrter Herr Rat, ich möchte jetzt das mir nach § 176 der Strafprozessordnung zustehende Recht auf eine letzte Äußerung als Beschuldigter in Anspruch nehmen. Immerhin geht es um zwei Monate meines Lebens, die ich nach Ansicht des Staatsanwalts in einer Zelle verbringen soll. In meinem bisherigen fast siebenwöchigen Gefängnisaufenthalt habe ich auch mit einem Gewalttäter die Zelle geteilt, der als fünffach Vorbestrafter nach Verurteilung wegen schwerer Körperverletzung genau solche zwei Monate im Gefängnis bleiben musste. Es handelt sich also um ein sehr schwerwiegendes Urteil, das heute gefällt werden soll.*

Der Staatsanwalt hat eine lange, beeindruckende Liste von Straftaten vorgelesen. Wenn man sich das anhört, möchte man meinen, dass bald jede Auslagenscheibe eingeschlagen und jeder Verkaufsraum mit Buttersäure verstunken sein müsse. Aber wenn der Staatsanwalt eine Liste aller Autounfälle der letzten Jahre vorlesen würde, dann bekäme man den Eindruck, dass bald jeder in einen Autounfall verwickelt sein müsse. Aber halt! Erst eine statistische Analyse liefert die objektive Basis, um derartige Listen richtig bewerten zu können. Faktum ist, dass die Tierschutzkriminalität in Österreich im internationalen Vergleich verschwindend gering ist! Das kann Ihnen jede Statistik bestätigen.

Selbst tierschutzfremde Länder wie Tschechien, Mexiko oder Spanien haben eine wesentlich höhere Kriminalitätsrate mit Tierschutzbezug. Und das alles, obwohl Österreich, statistisch gesehen, die meiste Tierschutzaktivität aller Länder dieser Welt hat. Über 600 Tierschutz-Kundgebungen, über 150 Tierschutz-Aktionen und über 50 Tierschutz-Veranstaltungen pro Jahr stehen gerade einmal einer Handvoll Fällen von Tierschutzkriminalität gegenüber. Die soziologisch interessante Frage ist also eigentlich: Warum ist die Tierschutzkriminalität in Österreich so gering? Und noch interessanter: Warum gab es trotzdem gerade in Österreich die drakonischste Polizeiaktion aller Zeiten gegen den Tierschutz?

Die Staatsanwaltschaft und eine vom Innenministerium eingerichtete Sonderkommission zum Tierschutz ermitteln seit zwei Jahren. Bisher konnten sie keine einzige Straftat aufklären! Und das trotz massivem Lauschangriff, Abhören von Telefonen und Wohnräumen, Bespitzelung, Observierung und Einsatz von in die Vereine eingeschleusten BeamtInnen. Statt die logische Schlussfolgerung zu ziehen, offensichtlich die Falschen ins Visier genommen zu haben – vielleicht sind die für die Tierschutzkriminalität Verantwortlichen doch EinzeltäterInnen oder autonome Kleinstgruppen, wie die Polizei im Akt festhält, die nicht offen als TierschützerInnen auftreten –, bläst man zum Großangriff.

Der Grund ist nachvollziehbar. Staatsanwaltschaft und Sonderkommission wollen ihr Gesicht wahren und nicht als erfolglos und unfähig gelten. Also wurde ein massiver Polizeieinsatz mit 23 Hausdurchsuchungen bei den im Tierschutz aktivsten Personen Österreichs beschlossen. Und wie wurde das gerechtfertigt? Mangels irgendeines konkreten Tatverdachts ersann man das nebulose Konzept einer großen kriminellen Organisation. Weil eine derartige Organisation mindestens zehn Personen umfassen muss, wurden willkürlich genau zehn Personen in Haft genommen und dabei einfach ignoriert, dass diese Personen sich nicht einmal gegenseitig kennen und zu Gruppen gehören, die seit vielen Jahren nichts miteinander zu tun haben, ja sich regelrecht aus dem Weg gehen.

Bemerkenswert ist auch, dass sich Staatsanwalt und Polizei bisher standfest geweigert haben, mich zu befragen und mir irgendwelche Indizien vorzulegen, obwohl mein Anwalt seit Wochen darum anfragt. Was für ein anderer Schluss ist aus diesem Umstand zu ziehen, als dass sie keine Fragen und keine Evidenz haben?"

Foto 9: Für meine zweite Haftverhandlung wurde ich in einer winzigen Zelle eines großen Transportfahrzeugs nach Wr. Neustadt gebracht. Die Zelle war sehr heiß und ohne Frischluftzufuhr, durch den winzigen Sehschlitz konnten mich die DemonstrantInnen nicht erkennen.

Richter Pablik wurde zunehmend unruhig, offenbar war man bei Haftverhandlungen so lange Vorträge insbesondere der Beschuldigten nicht gewohnt. „Es geht hier nur um einen Verdacht", sagte er, „die Polizei muss in dieser Phase des Verfahrens keine Beweise Ihrer Schuld vorlegen." Es gehe aber um einen dringenden Tatverdacht, ohne den ich nicht in U-Haft gehalten werden dürfe, zitierte ich aus der Strafprozessordnung.

„Ein paar kritische Fragen", fuhr ich fort, *„zeigen sofort die Unhaltbarkeit des Vorwurfs einer großen kriminellen Organisation:*

- *Warum soll es sich bei den Verantwortlichen für die Tierschutzkriminalität um eine große Organisation statt viele autonome Kleinstgruppen handeln? Es gibt dafür kein Indiz. Der eigentliche Grund ist, dass nur das Strafmaß für eine große Organisation eine Untersuchungshaft rechtfertigt.*
- *Warum sollen gerade die vom Staatsanwalt genannten Straftaten der kriminellen Organisation zugeordnet werden? Es gibt kein Kriterium für die Zuordnung, die Straftaten haben nichts gemeinsam außer ein Tierschutzmotiv, und nicht einmal das haben alle, manche sind gar keine Straftaten.*

- *Welche Personen sollen Mitglieder dieser Organisation sein und warum? Wiederum kann kein Kriterium dafür angegeben werden. Die zehn Verhafteten wurden willkürlich ausgewählt, weil mindestens zehn Verdächtige für eine große kriminelle Organisation notwendig sind. Allein schon, dass genau zehn ausgewählt wurden, zeigt die Willkür, die hinter der Auswahl steht.*

Dass Staatsanwalt und Sonderkommission derartig über Leichen gehen, um ihr Gesicht zu wahren, ist zutiefst erschütternd. Offenbar sind sich diese Leute nicht bewusst, was sie dabei anrichten! Zahllose Personen wurden von einer Gruppe bewaffneter, maskierter Männer zu Hause in der Nacht überfallen. Man hat sie im Bett mit Scheinwerfern angestrahlt und ihnen Schusswaffen an den Kopf gehalten. Davon waren alle Personen betroffen, auch jene, die nichts mit Tierschutz zu tun hatten und ebenfalls in den Wohnungen anwesend waren, darunter sogar Kinder. Alle diese Opfer der Polizeiüberfälle sind jetzt schwerst traumatisiert. Die Intimsphäre zahlloser Personen wurde verletzt, ihre privatesten Bereiche durchwühlt, alle persönlichen Sachen von fremden Menschen angeglotzt und angetatscht. Zehn Personen wurden wochen- bzw. monatelang in winzige Zellen gesperrt und ihrer Freiheit beraubt. Ihr gesamtes Leben wurde damit unterbrochen, ihre Planung durcheinandergebracht. Und sie konnten die ihnen wichtigsten Personen und ihre Tiere nicht mehr sehen!

Zusätzlich kam es zu einer ungeheuerlichen Rufschädigung für die verdächtigen Personen. Von der Nachbarschaft über Bekannte und die KollegInnen am Arbeitsplatz bis zu den Mitgliedern in den Tierschutzvereinen und den GegnerInnen der Tierschutzaktivität – allen diesen Personen wurde ein Verdacht auf kriminelle Handlungen vorgegaukelt, der gar nicht existiert. Und die Polizeiaktion hat auch eine ungeheuerliche Sachbeschädigung verursacht, z. B. sind alle Computer und Laptops unseres Vereins VGT jetzt unbrauchbar und müssen neu gekauft werden. Für den Verein ergibt sich ein gesamter Sachschaden von wahrscheinlich mehreren 100.000 Euro.

Die psychischen Schäden, die durch Staatsanwalt und Sonderkommission angerichtet wurden – fahrlässig oder sogar vorsätzlich –, sind nicht mehr wiedergutzumachen. Zahllose Personen wurden schwer traumatisiert, ihr Vertrauen in die Staatsgewalt maßgeblich erschüttert, ihr Zuhause wurde geschändet, sie selbst zutiefst erniedrigt und gedemütigt. Für alle Zukunft werden sie in Angst leben müssen. Die meisten werden eine Psychotherapie brauchen.

Staatsanwalt und Sonderkommission haben sogar Evidenz fabriziert, die keine ist, wie einen fingierten Belastungszeugen und eine fingierte Brandstiftung. Die Verantwortlichen für diese Verbrechen müssen zur Verantwortung gezogen werden!"

Pablik unterbrach mich wieder und sagte, der nächste Häftling würde bereits auf seine Haftverhandlung warten, er habe keine Zeit mehr, sich das alles anzuhören. Ich ließ mich nicht davon abbringen. Im Gesetz sei eine Verhandlung vorgesehen, die Verteidigung dürfe zu jedem Vorwurf Stellung nehmen, führte ich mit Verweis auf das Gesetz aus. Traxler sagte, dass seinem Mandanten zustehe, sich zu seiner Verteidigung zu äußern.

„Für die Zukunft bleibt mir eine letzte Frage. Es geht in der heutigen Verhandlung nicht um Schuld, sondern lediglich um einen dringenden Tatverdacht. Wenn ich hier herauskomme, was soll ich nach Ansicht des Gerichts anders machen, um nicht mehr verdächtig zu sein, nicht mehr in Untersuchungshaft genommen zu werden, als ich es bisher getan habe?

Muss ich eine andere Gesinnung haben, obwohl mir die Verfassung garantiert, dass ich aufgrund meiner Weltanschauung nicht benachteiligt werden darf?

Soll ich keine normale NGO-Arbeit mehr leisten, obwohl diese Arbeit international anerkannt ist und nicht nur demokratiepolitisch notwendig, sondern auch im Sinne der großen Mehrheit der Bevölkerung in Österreich sehr wichtig?

Darf ich keine Konferenzen mehr organisieren oder keine (Neu-)AktivistInnentreffen mehr abhalten?

Oder darf ich keine Bücher mehr schreiben und die dafür nötigen Daten sammeln und Archive anlegen?

Wenn sich diese Fragen nicht vernünftig und klar beantworten lassen – wie kann dann meine Untersuchungshaft rechtsstaatlich gedeckt sein?

Zuletzt möchte ich dem Gericht eine kurze Analyse der Liste vorgeworfener Straftaten, die der Staatsanwalt angeführt hat, bieten. Sie werden ja, ohne Angabe von Gründen, einer einzigen angeblich existierenden Organisation zugeordnet. Es handelt sich um 33 sogenannte Fakten.

Von diesen 33 müssen unmittelbar fünf Straftaten abgezogen werden, die laut Akt vor Inkrafttreten des § 278a StGB gesetzt worden sind und damit nicht unter diesen Paragrafen fallen. Sie sind ja bereits fast 20 Jahre her und auch als Straftat selbst längst verjährt.

Einer der restlichen Vorfälle ist ein klassischer Run-in, eine nicht-kriminelle Aktion des zivilen Ungehorsams, wie sie für NGOs üblich ist.

Ein weiterer Vorfall betrifft eine angemeldete Demonstration im Beisein der Polizei, also keine kriminelle Aktivität.

Zwei Vorfälle betreffen das Filmen eines Schweinestalls durch simples, sachbeschädigungsfreies Betreten durch eine offene Tür. Sie sind daher auch nicht kriminell.

Der Fall Zurndorf ist, wie bereits ausgeführt, keine Brandstiftung, sondern ein fahrlässiger Brand durch Überhitzen eines nicht isolierten Ofens.

Warum auch das Aufstechen des Reifens eines Polizeiautos ohne jeden Tierschutzbezug hier angeführt wird, möge der Staatsanwalt erklären.

Übrig bleiben nach diesen Abzügen nur mehr 22 Vorfälle in sechs Jahren mit einem Gesamtschaden von wesentlich weniger als 100.000 Euro. Also drei Fälle pro Jahr! Diese 22 Vorfälle gliedern sich in:

- *Sieben Stinkbomben mit Buttersäure*
- *Siebenmal eingeschlagene Scheiben*
- *Dreimal Farbschmierereien*

- *Einmal Beschädigung von Hochständen und einmal einer leeren, uralten, desolaten Fasanenvoliere*
- *Zwei Tierbefreiungen (Schweine und Fasane) ohne Sachbeschädigung*
- *Eine briefliche Drohung*

Mit dieser Tätigkeit innerhalb von sechs Jahren soll die angebliche kriminelle Organisation erheblichen Einfluss auf Wirtschaft oder Politik ausgeübt haben! Das Umsägen jagdlicher Einrichtungen kann in keinster Weise als erhebliche Einflussnahme auf Wirtschaft oder Politik gesehen werden. Ebenso das Beschmieren des Wohnhauses eines Tierexperimentators. Die zwei Tierbefreiungen sind offensichtlich der Versuch, bedrohten Individuen unmittelbar zu helfen, und nicht, Einfluss auf Wirtschaft oder Politik auszuüben.

Hiermit bleiben nur noch 17 Vorfälle in sechs Jahren. 15 davon waren gegen die Besitzer der Firma Kleider Bauer gerichtet, einer gegen ein Pelzgeschäft und eine briefliche Drohung gegen eine Tierversuchsfirma. Ich habe mich führend weder an der Kampagne gegen Kleider Bauer noch gegen Pelz betätigt. In den letzten Jahren gab es weder eine Kampagne des VGT gegen Tierversuche im Allgemeinen noch gegen die betroffene Firma im Speziellen.

Keinem der Beschuldigten kann auch nur eine der genannten Straftaten durch konkrete Verdachtsmomente zugeordnet werden! Es gibt keinen Hinweis, dass für alle Vorfälle dieselbe Tätergruppe verantwortlich ist! Angesichts dieser Umstände ist eine Verlängerung der U-Haft nicht möglich!"

Richter Pablik bedankte sich dafür, dass ich nicht, wie von ihm offenbar befürchtet, eine politische Rede gehalten hatte. Dann sagte er, meine U-Haft werde um weitere zwei Monate bis September verlängert, und überreichte mir den bereits ausgefüllten Haftbeschluss.

Nicht, dass ich das nicht erwartet hätte, von allen Seiten war ich bereits darauf vorbereitet worden. Aber trotzdem raubt einem so eine unverfrorene Ungerechtigkeit immer wieder den Atem, insbesondere wenn sie weitere Monate Haft ohne absehbares Ende bedeutet. Stumm ließ ich mich von der Wache abführen, wieder in eine winzige Zelle im Transportfahrzeug stecken und zurück nach Wien bringen. Beim Anblick der DemonstrantInnen vor dem Gefängnis durch meinen kleinen Sehschlitz, die so lange gewartet und so auf meine Freilassung gehofft hatten, begannen die Tränen zu rinnen.

16. Das Wiener Oberlandesgericht bestätigt die Haft

Wieder zurück in meiner Zelle war ich am Boden zerstört. Langsam realisierte ich, dass es durchaus möglich war, dass ich tatsächlich Monate und vielleicht sogar Jahre an diesem schrecklichen Ort würde verbringen müssen. Ich konnte und wollte das nicht glauben. In den frühen Morgenstunden, wenn alles noch ruhig war und kein Laut zu hören, ich aber nicht mehr schlafen konnte, schrieb ich mir meine Gefühle von der Seele.

Gefangenschaft ist …

Gefangenschaft ist, immer im gleichen Raum hinter einer schweren Stahltür eingesperrt zu sein, immer dieselbe Wand und dieselbe Decke anzustarren, immer durch dieselben Gitterstäbe in denselben engen Betonhof hinunterzuschauen mit den hohen Stacheldrahtverhauen.

Gefangenschaft ist, einmal alle 24 Stunden diesen lebensfeindlichen Betonhof für eine Stunde betreten zu „dürfen" und sonst 23 Stunden in derselben Zelle zu sitzen.

Gefangenschaft ist aber auch, immer wieder nicht einmal diesen Hofgang zu haben und auf die Rückfrage, warum, einen „lustigen" Witz zu hören zu bekommen, z. B. dass die Wärter gedacht hätten, wir würden uns im Hof fürchten und deshalb lieber in der Zelle sitzen bleiben.

Gefangenschaft ist, auf engstem Raum mit fremden Menschen zusammengesperrt zu sein, ohne dem auch nur für eine Sekunde entkommen zu können.

Gefangenschaft ist, permanent einem Zigarettenrauch ausgesetzt zu sein, ohne die Möglichkeit, sich zu beschweren.

Gefangenschaft ist, ohne jeden Respekt behandelt zu werden und den Respekt vor sich selbst zu verlieren.

Gefangenschaft ist, ohne jede Möglichkeit der Beschwerde den Launen der Wärter ausgeliefert zu sein.

Gefangenschaft ist, nichts mehr selbst entscheiden zu können – ob Licht brennt, ob die Wäsche gewaschen oder die Zelle gesäubert werden kann, ob man Schreibzeug, etwas zum Malen oder Bücher bekommt, ob man frische Kleider, vegane Seife oder Zahnpasta haben darf und wann man was essen will.

Gefangenschaft ist, für vernünftiges Essen von milden Gaben aus der Küche abhängig zu sein.

Gefangenschaft ist, jederzeit von fremden Menschen herumkommandiert, in andere Zellen verlegt, nackt ausgezogen und durchsucht zu werden oder alle Sachen, die man hat, weggenommen zu bekommen.

Gefangenschaft ist, sich nur zweimal pro Woche zusammen mit wildfremden nackten Menschen in einer Massendusche waschen und nie ein Bad nehmen zu können.

Gefangenschaft ist, niemals allein für sich zu sein.

Gefangenschaft ist, alle Urlaubspläne vergessen zu können.

Gefangenschaft ist, alle Vereinbarungen nicht einhalten zu können, ohne das den Betroffenen mitteilen zu dürfen.

Gefangenschaft ist keine Berge, keine frische Luft, kein Wasser zum Schwimmen, keine Sonne und kein Regen.

Gefangenschaft ist, an heißen Tagen in einer engen Zelle zu schwitzen, ohne Ventilator, Kühlung oder Wasser.

Gefangenschaft ist ein Leben ohne jeden Sport, ohne Laufen, Klettern oder Kraftübungen.

Gefangenschaft ist, den Job zu verlieren und die Miete nicht mehr bezahlen zu können.

Gefangenschaft ist ein Leben ohne Freunde und Freundinnen, sondern nur mit wildfremden Personen.

Gefangenschaft ist, ohne Liebe und geliebte Personen, ohne jeden physischen Kontakt auszukommen.

Gefangenschaft ist der ewige Zweifel, wie lange das noch dauert.

Gefangenschaft ist die völlige Hilflosigkeit.

Gefangenschaft ist, irgendeinen Befehl zugerufen zu bekommen und, wenn man ihn nicht versteht oder nicht kennt, zusammengeschrien zu werden.

Gefangenschaft ist ein Leben ohne Grün, ohne Pflanzen, ohne Wald.

Gefangenschaft ist ein Leben ohne Tiere.

Gefangenschaft ist ein Leben ohne Leben.

Gefangenschaft ist Folter!

Doch es gab auch viele Lichtblicke für mich. Mein Zellenkollege Elsner war mir in diesen Tagen eine große Stütze, er war noch immer überzeugt, dass ich bis Oktober aus dem Gefängnis draußen sein würde. Sein gut gemeinter Rat war, den AnwältInnen meine Verteidigung zu überlassen und hier im Gefängnis das Beste aus der Situation zu machen, einfach Bücher lesen, Musik hören und versuchen, die Haft nicht an sich herankommen zu lassen. Ich begann zu meditieren, und das half mir, wieder zu mir selbst zu finden.

Zweimal die Woche konnte ich weiterhin für je 30 Minuten Besuche empfangen. Einer der vielen Menschen, die zu mir kamen, Pierre, gab mir den Rat, mich in meiner Zelle so zu fühlen zu versuchen, als ob ich freiwillig dort wäre. Erstaunlicherweise half mir das etwas weiter. Weniger aufbauend waren Briefe, die mir erklärten, dass die Haft ja nur meinen Körper gefangen halte, nicht aber meinen Geist. So könne ich frei sein und würde in meinen Überzeugungen ungebrochen bleiben. So schön das klang und so gut es gemeint war, in der Realität scheinen mir Körper und Geist zu verbunden zu sein, um so getrennt leben zu können. Ein eingesperrter Körper bedingt einen eingesperrten Geist, und Gewalt kann auch die tiefsten Überzeugungen brechen, wie es z. B. George Orwell in „1984“ beschreibt. Trotzdem war ich den vielen BriefschreiberInnen sehr dankbar, die mich weiterhin ununterbrochen mit zahlreichen Briefen versorgten, die allerdings oft erst einen oder sogar zwei Monate später ankamen, als sie abgeschickt worden waren.

Auch die mediale Berichterstattung war ermutigend. Die bösartigen Stimmen wie jene von Jaindl im „Kurier“ waren mehr oder weniger verstummt. Irene Brickner vom „Standard“, Martina Lettner vom „Profil“, Wolfgang Höllrigl von „Österreich“ und Manfred Seeh von der „Presse“ schrieben regelmäßig sehr kritische Artikel und stellten nicht nur die Berechtigung der U-Haft in Frage, sondern auch die Anwendung von § 278a und die Ermittlungen an sich. Ossi Hicker sprach in der Zeitung „Heute“ erstmals deutlich von einem Skandal – und wurde daraufhin prompt von SOKO-Chefinspektorin Bettina Bogner angerufen und eine Stunde lang bearbeitet. Gegen mich würde tatsächlich einiges vorliegen, und er würde sich auf die Seite von Verbrechern stellen, wenn er die Ermittlungen gegen mich skandalisiere, wurde Hicker eröffnet. Er blieb dennoch bei seiner kritischen Linie. Mehrmals besuchten mich JournalistInnen im Gefängnis, darunter Birgit Wittstock für „Die Zeit" und Nina Horaczek für den „Falter", und brachten kritisch-objektive Artikel.

Viele PolitikerInnen der Grünen, insbesondere jene, mit denen ich zusammengearbeitet hatte, setzten sich nicht nur pausenlos für mich ein, sie besuchten mich auch im Gefängnis. Tierschutzsprecherin Brigid Weinzinger schrieb darüber in ihren Blogs: *„Martin bewegte die eine Frage, die er immer wieder stellte: ‚Wie gibt es das in einem Rechtsstaat, dass wir hier ohne einen einzigen konkreten Anklagepunkt und ohne auch nur die Spur eines Beweises eingesperrt werden können?', und ich konnte nur antworten: Ich bin entsetzt, dass es das gibt. Ich hätte es nie für möglich gehalten, dass es in Österreich zu solcher Willkür kommen kann."*

Die grüne Referentin für Landwirtschaft und Tierschutz, Katharina Fatzi, schrieb nach ihrem Besuch bei mir: *„Martin machte auf mich den erschöpften Eindruck eines Menschen, der hungert und bereits Mangelerscheinungen hat. Ich habe ihn sehr eindringlich gebeten, seine Gesundheit nicht aufs Spiel zu setzen. Diese sinnlose und rechtswidrige Haft geht vorbei. Wir brauchen ihn nachher in seiner ganzen Brillanz, um diese Missstände entsprechend aufzeigen zu können."*

Madeleine Petrovic, frühere Bundessprecherin und später niederösterreichische Landtagsabgeordnete der Grünen, kam ebenfalls zu Besuch und schrieb darüber den folgenden Bericht: *„Um 9:30 Uhr Eintreffen beim Landesgericht, dann penible Taschen-Kontrolle. Anschließend durchsuchte Taschen verpflichtend ins Schließfach und nochmals durch eine Personenschleuse – ohne Tasche, ohne Handy –, dann Warteschlange beim Anmeldeschalter. Ohne Erfahrung mit den Gebräuchen des Hauses unsicher: Die anderen BesucherInnen haben Erlaubnisscheine der Staatsanwaltschaft, niemand da, um Fragen zu beantworten. Daher: wieder hinaus durch die Schleuse, zur Journal-Staatsanwältin im vierten Stock, endlose Telefonate mit der Staatsanwaltschaft Wr. Neustadt, dann endlich die Erlaubnis zum Besuch von Martin, sodann in der Kanzlei Stempel holen, dann wieder hinunter, durch die Schleuse und wieder hinten anstellen in der Endlos-Schlange. Der Raum selbst hat keine Fenster, ist denkbar unattraktiv, abweisend und öd. An den Wänden Anschläge in ganz besonders bürokratischem Amtsdeutsch. Für die Garderobe/Taschen, die im Schließfach vor der Schleuse zurückgelassen werden mussten, werde angeblich nicht gehaftet, durch die Novellierung der StPO komme es jetzt zu langen Wartezeiten usw. usf. Schmutzige Wände, zwei harte Holzbänke für ca. 30 Leute, weinende Babys und Kleinkinder, die am Steinboden krabbeln, resignierende, frustrierte und teils wütende Mit-Wartende. Dann endlich an der Reihe, erfahre die Nummer 185, dann wieder warten, keine Auskunft, keine Zeitangabe, wie lange noch. Nach 12 Uhr Aufruf von 185: Mitteilung,* *dass ich Martin noch nicht sehen kann, weil der Anwalt bei ihm sei. Wieder warten ohne Ahnung, wie lange. Nach 13 Uhr endlich nochmals Aufruf. Im nächsten Raum kleine offene Gesprächs-Kojen nebeneinander, Panzer-Glas zwischen den U-Häftlingen und den BesucherInnen, Gespräche nur via Telefon, immer daneben eine Praktikantin, die aufpasst, Notizen macht. Null Respekt, das Ende der Menschenwürde, der Gedanke an die Unschuldsvermutung wird zur bösen Farce. Wie durch ein Wunder wirkt Martin entschlossen, ungebrochen und stark. Ein kurzes Gespräch, bloß nicht zu emotional. Dann wieder retour, ich auf die eine Seite, hinaus, Martin retour, zurück, hinein.*"

Auch der grüne Sicherheitssprecher Peter Pilz war bei mir im Gefängnis und schrieb dazu auf seinem Blog: „*Ich habe jetzt eine Ahnung, wie es einem Menschen geht, der wochenlang unschuldig im Gefängnis sitzt.*" Von der SPÖ kamen der ehemalige Tierschutzsprecher und heutige Budgetsprecher Jan Krainer sowie der Justizsprecher Hannes Jarolim. Zusätzlich kamen einige UniversitätsprofessorInnen zu Besuch, andere wandten sich in offenen Stellungnahmen gegen meine Haft, wie Univ.-Prof. Ludwig Huber, Univ.-Prof. Kurt Remele, Univ.-Prof. Gerhard Marschütz, Univ.-Prof. Klaus Petrus, Univ.-Prof. Volker Sommer, Univ.-Prof. Wolfgang Kromp, Univ.-Prof. Tom Regan, Univ.-Prof. John Sorenson, Univ.-Prof. David Sztybel und Univ.-Prof. Peter Singer. Letzterer schrieb in einem Artikel im englischen „Guardian" (später wurde es auch im „Standard" in deutscher Übersetzung gebracht): „*Martin Balluch legte man als Begründung für seine Verhaftung eine 1500-seitige Polizeiakte vor, in der sein Name ganze drei Mal erwähnt wird – und das jedes Mal nur in Verbindung mit Zeitungsinterviews oder von ihm verfassten Artikeln. […] Ironischerweise ist Balluch – ein brillanter Mann mit Doktoraten in Physik und Philosophie – einer der bekanntesten Fürsprecher eines gewaltfreien, demokratischen Reformansatzes innerhalb der weltweiten Tierschutzbewegung. In einem Aufsatz für ‚In Defence of Animals', ein von mir herausgegebenes, 2006 erschienenes Buch, schrieb er: ‚Kein realistisches Maß an Guerilla-Angriffen der Art, wie sie von der Animal Liberation Front verübt werden, hätte der Legebatteriehaltung in ähnlicher Weise schaden können wie das neue österreichische Gesetz.' In den letzten Jahren waren österreichische Tierschutzorganisationen erstaunlich erfolgreich darin, Wähler und Mandatare zu überzeugen, Gesetze zur schrittweisen Abschaffung der Käfighaltung von Legehennen und Fleischkaninchen sowie der Pelztierzucht zu unterstützen. […] Bei der Verfolgung der Tierschutzbewegung durch die Polizei scheint es sich um den Versuch eines Gegenschlags gegen eine gesetzeskonforme, friedliche Herausforderung der Art und Weise, wie wir die Tiere behandeln, seitens der das Innenministerium kontrollierenden konservativen Partei und ihrer Unterstützer in der Industrie zu handeln. Dass dies in einer europäischen Demokratie passieren kann, ist schockierend.*" Auch die bayrische Landtagsabgeordnete Barbara Rütting, die niederländische Parlamentsabgeordnete Marianne Thieme, Literaturnobelpreisträgerin Elfriede Jelinek, die schwedische Parlamentsabgeordnete Helena Leander und Toni Hubmann von Toni's Freilandeier, der aufgrund der Vorfälle Mitglied des VGT wurde, nahmen öffentlich gegen unsere U-Haft und die Verfolgung Stellung.

Aus meiner Zelle mit Elsner konnte ich wieder täglich die Demonstrationen vor den Gefängnismauern hören. So sehr sie mich auch berührten und stärkten, so sehr war ich innerlich verzweifelt. Doch es gab auch im Gefängnis einige Personen, die mich wieder aufrichteten. Einige der Wachen und Krankenschwestern auf der Krankenstation sprachen sich ganz deutlich gegen meine U-Haft aus und bezweifelten deren Rechtmäßigkeit. So oft ich diesen Personen begegnete, waren sie freundlich und hilfsbereit.

Einige Anwälte hatten sich eingefunden und mir ihre Hilfe angeboten. Helge Doczekal, ein großer Sympathisant des mit dem VGT verbundenen „Tierparadieses Schabenreith", war ein Strafverteidiger am Wiener Landesgericht und daher täglich im Haus. Er begann sich für mich einzusetzen und mich unter der Woche täglich zu treffen. Er war voll Zuversicht, und es gelang ihm, mir wieder Mut zu machen. Wir alle setzten auf das Urteil des Wiener Oberlandesgerichts über unsere Haftbeschwerde.

Am 27. Juni durfte ich zum ersten Mal telefonieren, zunächst nur mit meinem Vater, später auch mit meiner Partnerin Lisi. Zwar war es nur möglich, pro Woche insgesamt 20 Minuten am Telefon zu sprechen, und die Gespräche wurden überwacht, aber mittels Telefonkarten, die ich bei der „Ausspeis" bestellen konnte, war für mich das Telefon in der Krankenabteilung immer erreichbar, solange meine Zelle geöffnet wurde. In anderen Abteilungen des Gefängnisses war es problematischer, zu einem Telefon zu kommen, und meistens nur an einem einzigen Tag zu einer vorgegebenen Zeit möglich.

Nachdem ich begriffen hatte, dass man einen Katalog der Gefängnisbücherei beantragen konnte, und mir das gelungen war, bestellte ich einige Bücher über das Leben in der Wildnis. Zwei Monate nach Haftbeginn bekam ich drei Bücher, die ich aber nach kürzester Zeit bereits ausgelesen hatte. Ohne die Bücher meiner Besuche wäre mir sehr rasch der Lesestoff ausgegangen.

Nachdem ich wieder zu essen begonnen hatte, litt ich unter der sehr schlechten veganen Ernährung im Gefängnis. Auch da halfen mir nette Menschen. Immer wieder kamen Personen aus der Küche zu mir und steckten mir vegane Nahrungsmittel zu, einmal Tofu, einmal Sojapudding, dann wieder Sojamilch und Sojajoghurt. Letztendlich bekam ich auf diesem Weg auch neue tierversuchsfreie Zahnpasta und Seife. Ohne diese Hilfe wäre ich früher oder später ohne für mich nutzbare Toiletteartikel dagestanden.

Ich begann auch in christliche Messen zu gehen, sowohl katholische als auch evangelische. Beide Priester imponierten mir sehr, sie schienen sich wirklich gegen die Unmenschlichkeit in diesen Mauern zu stemmen. Der katholische Priester sagte am Anfang der ersten Messe, die ich besuchte, zu einem mit Gefangenen gefüllten Raum, er wisse, dass die Gefangenen hier keinen Respekt erfahren und erniedrigt würden, deshalb wolle er ihnen jetzt Respekt zeigen. Mit diesen Worten verbeugte er sich tief und betonte, dass sie Menschen seien wie alle anderen auch und dass sie genauso viel wert seien, egal wessen sie sich auch immer schuldig gemacht hätten. Ich war beeindruckt. So angesprochen zu werden änderte tatsächlich das Selbstwertgefühl.

Der schönste Raum im Gefängnis Josefstadt ist jener für die evangelischen Messen.

Er ist mit Kindermalereien behangen, bunt und voller Leben. Der evangelische Priester veranstaltete Treffen für die Gefangenen zur gemeinsamen Besinnung, zum Gespräch und sogar zum gemeinsamen Singen. Allerdings schien es so, als ob die Gefängnisleitung seine Arbeit boykottierte und ihm möglichst viele Knüppel zwischen die Beine werfen wollte. Im persönlichen Gespräch mit ihm konnte ich im Gefängnis erstmals meine Sorgen aussprechen.

Und dann die Hiobsbotschaft. Am 24. Juli rief ich meine Freundin Lisi an, wie immer unter großer Eile, um möglichst viel in den insgesamt 20 Minuten Telefongespräch pro Woche unterbringen zu können, da eröffnete sie mir, dass das Wiener Oberlandesgericht unsere Berufung abgelehnt hatte. Die U-Haft würde zu Recht bestehen.

Lisi erinnert sich: *Gegen das Urteil der ersten Haftverhandlung wurde Beschwerde beim Oberlandesgericht (OLG) Wien eingereicht. Wir alle hofften, dass das OLG endlich diesem ganzen Wahnsinn ein Ende setzen werde und alle wieder freikommen. Wir warteten wochenlang auf eine Reaktion und setzten große Hoffnungen in diese Berufung. Immer wieder, wenn ich mit Martin telefonieren durfte, was alle paar Tage für ca. fünf Minuten der Fall war, fragte er mich, ob das OLG schon reagiert habe.*

Dann kam die große Enttäuschung. Unser Anwalt rief mich an und teilte mir mit, dass das OLG die U-Haft für gerechtfertigt hält und sie bis September verlängert. Über mir brach wieder einmal eine Welt zusammen, ich dachte mir, dass es das eigentlich gar nicht geben kann, ich war zutiefst verzweifelt. Ich weiß noch genau, dass ich im Büro inmitten von Aktenbergen saß, die ich gerade nach den Ordnungsnummern sortierte, und diese Aktenberge stürzten wahrlich über mir zusammen. Und dann läutete mein Handy, es war Martin, aus dem Gefängnis. Ich wollte Martin bei allen Telefonaten und Besuchen aufbauen und ermuntern, und jetzt war ich es, die ihm diese furchtbare Nachricht überbringen musste.

Meine Hände zitterten, denn ich wusste, seine erste Frage wird nach dem OLG-Urteil sein. Ich kämpfte mit den Tränen, hob ab und sagte nur, dass ich schreckliche Nachrichten habe, denn das OLG hat unsere Beschwerde abgelehnt. Dann brach ich in Tränen aus, Martin sagte kaum etwas, ich glaube, er weinte auch, beide konnten wir diesen weiteren furchtbaren Schicksalsschlag nicht fassen. Mit dieser brutalen Botschaft wurde uns ein weiterer Hoffnungsschimmer, uns endlich wieder in Freiheit sehen zu können, mit einem Schlag genommen. Das Telefonat war vorbei, und ich schluchzte, brach zusammen, total am Boden zerstört, inmitten dieser Aktenberge.

Am nächsten Tag hatte ich das 112-seitige Urteil von Senatspräsidentin Ingrid Jelinek, die bekannt dafür ist, praktisch alle Berufungen dieser Art eiskalt abzuweisen, in der Hand. Die Begründung gab wörtlich die Angaben der Oberstaatsanwaltschaft wieder. Ich sei dringend tatverdächtig, Mitglied einer kriminellen Organisation im Tierschutz zu sein, die seit 1997 bestehe. Der Tatverdacht gründe sich auf meine Meinungsäußerungen in Internetforen, denen zu entnehmen sei, dass ich strafrechtliche Aktivitäten im Tierschutz gutheißen würde. Zusätzlich wurden wieder mein Interview mit der Webseite „abolitionist-online" und die „Brandstiftung" bei Zurndorf sowie die Sachbeschädigung bei Wildon genannt. Sich hier zu verteidigen war ein Kampf gegen Windmühlen!

In einer stillen Minute schrieb ich über die Qual, die diese Haft für mich bedeutete.

Foto 10: Eine Menschenkette verbindet die Göttin der Weisheit, Pallas Athene, vor dem Parlament mit dem Justizpalast, in dem der Oberste Gerichtshof als höchste Instanz über die U-Haft entscheiden muss.

Warum die Haft eine Qual ist

Wer es nicht selbst am eigenen Leib erlebt hat, kann es vielleicht nicht glauben: Die Haft ist eine fürchterliche, völlig unerträgliche Qual. Monatelang im selben winzigen Raum verkümmert der Körper, verkümmert der Geist, verkümmert die Seele. Bei vollem Bewusstsein. Wie bei fortschreitendem Alzheimer nimmt man den eigenen Verfall deutlich wahr – und kann nichts dagegen tun.

Warum kann ich eigentlich die Ruhe nicht genießen? Warum kann ich mich nicht darüber freuen, für nichts mehr Verantwortung zu haben, mich um nichts mehr kümmern zu müssen? Warum lese ich nicht einfach gute Bücher, da ich mich doch sonst immer ärgere, dafür keine Zeit zu haben?

Einmal bin ich in eine Gletscherspalte gestürzt und habe mir die Schulter gebrochen. Ein anderes Mal hat mich ein herabstürzender Felsbrocken beim Klettern in einer Felswand erwischt und mir die andere Schulter zerschlagen. Und wieder ein anderes Mal kam ich in einer Nordrinne beim Skifahren in eine große Lawine, oder ich habe in den Bergen den Weg verloren und musste im Schnee über Nacht biwakieren. Oder ich kam beim Klettern in einen Wettersturz, und die Blitze schlugen links und rechts von mir ein, während sich die Felswand mit einer Eisschicht überzog.

Ja, ich hatte Todesangst und große Schmerzen in diesen Situationen. Ja, ich musste mich total zusammennehmen, um nicht in Panik zu geraten und um genügend Kraft zu haben, das durchzustehen. Aber alle diese Erlebnisse waren nichts im Vergleich zu dieser Qual in der trockenen, warmen Zelle, in der ich seit Monaten sitze und in die mir dreimal täglich das Essen gestellt wird, für das ich keinen Finger rühren muss.

Jederzeit würde ich lieber von einem Stein mitten in einer Felswand die Schulter zerschlagen bekommen oder in eine Gletscherspalte stürzen, als weiter in dieser Zelle zu sitzen.

Jederzeit tausche ich mit jemandem, dem tief in den Bergen im Winter die Skibindung bricht, sodass ihm ohne Schlafsack eine lange, kalte Nacht im Schnee bevorsteht, statt in Haft zu bleiben.

Jederzeit lieber starke Schmerzen und einen schweren Überlebenskampf als passives Verrotten in einem Zustand, bei dem alle Grundbedürfnisse befriedigt sind, die man fürs nackte Überleben braucht.

Die Haft bringt einen in einen alptraumhaften Zustand, in dem alle sekundären Bedürfnisse wie Liebe, Freundschaft, Geselligkeit, Bewegung, Sexualität und Zärtlichkeit unbefriedigt bleiben. Die Qualen dieser Deprivation werden in seltsam-perversem Rollentausch von den Tätern selbst durch Abgabe von Psychopharmaka an die Opfer gemildert. Zuerst werden die Qualen vorsätzlich verursacht und dann pharmakologisch bekämpft. Lernt man so mehr über die Wirkung derartiger Mittel? Oder macht dieser Prozess die Opfer noch abhängiger von den Tätern, noch mehr zu willenlosen Zombies, die dann den Tätern gegenüber sogar noch so etwas wie Dankbarkeit empfinden?

Warum findest Du die Haft so schlimm, schreibt mir jemand in einem Brief. Wären Schmerzen und Todesangst nicht viel schlimmer? Mir wäre es lieber, man würde heute noch für Diebstahl die Hand abhacken, statt mich einzusperren, sagt mir ein Mithäftling. Lieber die Prügelstrafe als jahrelang Gefängnis, sagt ein anderer. Und ich kann sie verstehen. Ist unser vorgeblich humaner Strafvollzug wirklich so human?

Die Evolution hat uns Tiere auf Gefahren und Krisen vorbereitet. In lebensbedrohlichen Situationen reagiert der Körper entsprechend, starken Schmerzen gegenüber reagiert er mit körpereigenen Schmerzmitteln oder einem Schockzustand. Todesangst mobilisiert die letzten Reserven. Lange andauernde Gefangenschaft ist uns dagegen in unserer evo-

lutionären Geschichte nie begegnet. Es gibt keine körpereigene adäquate Reaktion darauf, z. B. keinen winterschlafartigen Zustand, der die Zeit überbrückt und die Qualen lindert. Dem Leiden in der Gefangenschaft sind wir völlig unvorbereitet vollständig ausgeliefert.

Das sollten wir auch bedenken, wenn wir als Gesellschaft Wildtiere in Zoos oder sogenannte Nutztiere in Tierfabriken einsperren. Auch sie machen die Qualen der Gefangenschaft durch. Und auch sie sind darauf nicht evolutiv vorbereitet und haben keine körpereigenen Mechanismen, damit umzugehen und die Leiden zu lindern.

Gefangenschaft ist inhuman. Artgerecht ist nur die Freiheit.

17. NGO-Arbeit ist keine Beschäftigung

Jede Woche gab mir Anwalt Stefan Traxler wieder einen Packen Dokumente aus dem Ermittlungsakt, ich hatte bereits vier Kartons voll. Die Akten begannen ein Bild zu formen, das mich sehr erschreckte. Diese SOKO hatte auf allen Ebenen die Tierschutzarbeit unter die Lupe genommen und dabei die verrücktesten Hypothesen verfolgt. Keine einzige Aktivität einer der Tierschutzorganisationen erschien ihr unverdächtig. Und die RichterInnen des Landesgerichts Wr. Neustadt genehmigten kunterbunt die absurdesten Ermittlungsmaßnahmen, oft mit haarsträubenden Begründungen, die belegten, dass diese RichterInnen entweder unfassbar naiv oder bösartig sind oder sich sehenden Auges politisch instrumentalisieren ließen.

Richter Martin Kargl z. B. ersuchte in einem mit 29. November 2007 datierten Brief die Staatsanwaltschaft München um Rechtshilfe bezüglich der Überwachung von Kontobewegungen der Verdächtigen. Kargl ließ darin seiner Fantasie freien Lauf und schrieb, es gebe einen *„strategischen Zusammenschluss von verschiedenen Vereinen und Gruppierungen aus dem Tierrechtsspektrum, darunter auch der im Rechtshilfeersuchen genannte VGT (Verein Gegen Tierfabriken). Im Zuge der bisherigen Aktivitäten kam es zu Demonstrationen und genau – über gesicherten E-Mail-Verkehr aller Beteiligten – geplanten Störaktionen mit Sachbeschädigungen, deren Höhe bereits Hunderttausende Euro beträgt. Das Geflecht der involvierten Gruppierungen erstreckt sich zumindest von Österreich über Deutschland in die Niederlande, die Aufgaben aller Beteiligten sind offenbar bei jedem Anschlag klar und unmissverständlich verteilt. […] Weiters werden potenzielle Ziele längere Zeit von Mitgliedern der Gruppen beobachtet, um einen Erfolg der jeweiligen Aktion sicherzustellen. […] Es ist offensichtlich, dass die Tätigkeit der länderübergreifenden Vereinigung darauf gerichtet ist, Straftaten zu verüben, wobei deren Begehung nicht nur ein Zweck oder eine Tätigkeit von untergeordneter Bedeutung ist. Angesichts des erheblichen Schadens, den das Vorgehen der Vereinigung bisher verursacht hat, besteht der Hauptzweck der Vereinigung in der Planung und Durchführung fanatisch-militant motivierter Tierrechtsaktionen ohne Rücksichtnahme auf fremdes Vermögen. Die Begehung von Straftaten gegen fremdes Vermögen stellt somit – neben der Demonstrationstätigkeit – das Hauptinstrument der Vereinigung zur Verfolgung ihrer Ziele dar. Die Tatsache, dass* *ein Gutteil der Mitglieder der beteiligten Gruppierungen keiner Beschäftigung nachgeht, sondern auf Kosten der jeweiligen Gruppierungen lebt und agiert [...] indiziert zudem den ausgeprägten finanziellen und technischen Background der Vereinigung.*"

Nicht nur, dass Richter Kargl die normale Recherche- und Kampagnentätigkeit von NGOs einfach unter kriminelle Aktivitäten und Sachschäden subsumiert, hat er offenbar noch nie davon gehört, dass NGOs auch Angestellte haben. Unfassbarerweise bezeichnet er die Arbeit bei einer NGO als „keiner Beschäftigung nachgehen, sondern auf Kosten der jeweiligen Gruppierungen leben". Wollte man Herrn Kargl die Sachlage erklären, müsste man wirklich bei null anfangen – vorausgesetzt, er weiß wirklich nicht, wovon er redet, und versucht nicht absichtlich, einen Verdacht zu konstruieren, wo keiner besteht. Vielleicht könnte man Herrn Kargl mitteilen, dass bei den Vier Pfoten etwa 200 Personen angestellt sind und beim Wiener Tierschutzverein mehr als 100. Dagegen verblassen die ein Dutzend Angestellten des VGT ja völlig!

Die SOKO steht Richter Kargl allerdings an Naivität oder politischer Bösartigkeit in nichts nach. SOKO-Chefin Bettina Bogner fand heraus, dass der VGT ein jährliches Budget von 700.000 Euro hat und elf Personen Vollzeit beschäftigt. Das kommentiert sie mit: „*Inwieweit die Finanzierung des Vereins rein aus Spendengeldern möglich ist, scheint hierorts fraglich.*" In der Welt der SOKO ist es offensichtlich unvorstellbar, dass 20.000 Personen Mitglieder eines Tierschutzvereins sind und jährlich pro Person 35 Euro Mitgliedsbeitrag zahlen. Wahrscheinlich haben sie selbst noch nie etwas idealistisch ohne eigenen Vorteil geleistet. Dabei gibt es in Österreich wesentlich größere Tierschutzorganisationen als den VGT, z. B. den Aktiven Tierschutz Steiermark mit 35.000 Mitgliedern, den Wiener Tierschutzverein mit einem etwa achtmal so großen Budget und die Vier Pfoten mit 40-mal so viel.

Und auf welche verbrecherische Weise, vermutet die SOKO, füllt der VGT sein Budget auf? Mit Schutzgelderpressung! Bogner schreibt weiter: „*Aufgrund des aktuellen Erhebungsergebnisses der SOKO wird hierorts davon ausgegangen, dass die Kontrollstelle für artgemäße Nutztierhaltung unter anderem als Geldgeberin einer kriminellen Organisation fungiert. [...] Die Funktion dieser Kontrollstelle innerhalb der Lebensmittelindustrie ist jene, dass die, begründet auf privatwirtschaftliche Verträge, im Bereich der Produktion von Speiseeiern akkreditierte Kontrollstelle sämtliche Produktionsbetriebe auf die Einhaltung von vorgegebenen Qualitätsstandards überwacht. Diese Überwachung der landwirtschaftlichen Erzeugerbetriebe bis hin zu den großen Verpackungsstellen wird durch sogenannte Linzenzgebühren für die zu vergebenden Prüfzeichen von den zentralen Packstellen finanziert. Aus den Einnahmen dürfte ein direkter Geldfluss an die kriminelle Tierrechtsorganisation zum Zwecke deren Finanzierung erfolgen. [...] Ebenso wurde aus Telefonüberwachungsprotokollen bekannt, dass es ein Bestreben der Aktivisten gibt, auch im Bereich der Fleischindustrie mit einem Gütesiegel Fuß zu fassen, um durch eine zu gründende GmbH Geldmittel zu erwerben. Im Vorfeld zu diesen Bestrebungen kam es bereits zur sogenannten ‚Grunztour' des VGT [mit einem 5 m großen Plastikschwein] quer durch Österreich."* Richterin Toifl-Goster schrieb davon, dass Wirtschaftsexperten des Landeskriminalamts die Unterlagen des VGT nach der Bürodurchsuchung sichten würden *„hinsichtlich des Vorwurfs, dass verdeckt Schutzgelder bezahlt wurden"*. Obige Kontrollstelle ist zu einem Drittel im Besitz des VGT, die anderen beiden Drittel gehören den Vier Pfoten und dem Wiener Tierschutzverein.

SOKO und Richterschaft stellten sich das offenbar folgendermaßen vor: Die „radikalen Tierrechtsgruppen" demonstrieren gegen schlechte Nutztierhaltungen, bis diese sich bereit erklären, ein Gütesiegel für eine verbesserte Tierhaltung anzunehmen, dafür Lizenzgebühr zu zahlen und sich kontrollieren zu lassen. Mit dieser „Schutzgelderpressung" würden die Kassen des VGT und anderer Teile der „kriminellen Organisation" gefüllt. Tatsache ist allerdings, dass weder der VGT noch eine andere Tierschutzorganisation Gewinne aus diesen Lizenzgebühren gezogen haben. Diese Gebühren gingen vollständig in den Aufwendungen für die Kontrollen der landwirtschaftlichen Betriebe auf. Aber das der SOKO und den RichterInnen zu erklären, die bereits so weit in die Fantasiewelt dieser angeblichen kriminellen Organisation eingetaucht waren, scheint unmöglich. Die RichterInnen bewilligten sogar eine Hausdurchsuchung bei der Kontrollstelle. Gefunden wurde natürlich weder beim VGT noch bei der Kontrollstelle eine Bestätigung dieses Verdachts, und bald darauf verschwand der Vorwurf „Schutzgelderpressung" wieder in der Schublade der SOKO und wurde nie wieder erwähnt.

Als weitere kriminelle Geldquelle und Mittel zur Rekrutierung neuer krimineller Organisationsmitglieder zog die SOKO unsere Tierschutzvorträge an Schulen in Betracht. Seit 1995 bietet der VGT, und seit längerer Zeit schon andere Tierschutzvereine Österreichs, im Rahmen des Projekts „Tierschutz im Unterricht" Schulen sogenannte TierschutzlehrerInnen für zweistündige Unterrichtseinheiten an. Dabei werden die Schulen auch um Spenden gebeten, um den Aufwand zu finanzieren. Dazu schrieb die SOKO: *„Die Bemühungen zur Nutzung des Multiplikatorenpotentials von Kindern/Jugendlichen und somit zur Instrumentalisierung und Indoktrinierung für die Tierrechtsrevolution des Balluch Martin im Zuge des sogenannten Tierschutzunterrichts [...] sind offenkundig."* Dann verhörte die SOKO sogar zwei achtjährige Kinder, Gerulf und Helga, die dem Unterricht beigewohnt hatten. Aus deren Vernehmungsprotokoll: *„Der Vortrag hat eine Stunde gedauert (von 9 Uhr bis 10 Uhr) und war von der Schulleitung organisiert. [...] Vortragende war eine Frau glaublich mit dem Vornamen Elisabeth und war vom Verein VGT. [...] Die Frau hat uns von Hühnern erzählt, die in kleinen Käfigen gehalten werden. Man sollte solche Eier aber nicht kaufen. [...] Die Frau machte darauf aufmerksam, dass man die Eier von der Käfighaltung nicht kaufen sollte, sondern nur Bio-Eier. Wir Kinder sollten im eigenen Kühlschrank darauf achten und unsere Eltern dazu anhalten, dass sie nur Bio-Eier kaufen."*

Tierschutzorganisationen führen Kampagnen durch, um Firmen oder politische Verantwortliche zu einer Änderung Richtung mehr Tierfreundlichkeit zu bewegen. In den Augen der SOKO ist so etwas offenbar grundsätzlich Nötigung und eine erhebliche Einflussnahme auf Wirtschaft oder Politik, wie das im § 278a kriminalisiert wird. In einem SOKO-Papier wird von den Verhandlungen der Vier Pfoten mit der Firma Metro berichtet: *„Am 18.10.2007 wurde Metro von der Tierrechtsorganisation Vier Pfoten per Email angeschrieben und es wurde mitgeteilt, dass sie auf die Blacklist wegen Vertrieb ungarischer Stopfenten gesetzt wurden. Am 9.11.2007 erklärte Metro daraufhin den Ausstieg aus dem Verkauf von Geflügelstopfleber. Mit neuerlichem Email vom 9.11.2007 wurde [von den Vier Pfoten] auch der Ausstieg aus dem Verkauf von Fleisch aus Stopfleberproduktion gefordert. Am 16.11.2007 erhielt Metro von den Vier Pfoten ein Formular, mit welchem der Ausstieg aus dem Verkauf von Stopfmasttieren ultimativ bis 15.12.2007 erklärt werden sollte.“*

Foto 11: Die 1867 mühsam erstrittene Verfassung, die die bürgerlichen Freiheiten garantiert, wird durch die Tierschutzcausa, in der normale NGO-Arbeit kriminalisiert wird, zu Grabe getragen. Ein Protest vor dem Justizpalast.

Auch die Kampagne der Tierschutzorganisation RespekTiere gegen den Lebendhummerverkauf bei Metro wurde von der SOKO penibel dokumentiert, im Büro von RespekTiere gab es sogar zwei Hausdurchsuchungen. *„In einem E-Mail vom 23.1.2005 wird Metro von RespekTiere über Hummerhaltung aufgeklärt und zum Ausstieg aus dem Verkauf lebender Hummer aufgefordert. [...] Da das Schreiben von RespekTiere unbeantwortet blieb, erging am 27.9.2005 neuerlich ein E-Mail mit dem Inhalt ‚... es liegt letztendlich an Ihnen, auf welcher Ebene wir in Zukunft weiter verfahren ... falls sich aber von Ihnen keine Gesprächsbereitschaft abzeichnet, müssen wir Sie aufmerksam machen, dass wir unsere Proteste in möglichst medienwirksamer Form weiter fortsetzen müssen.‘ [...] Am 23.9.2006 hat es bei den Metro Märkten Vösendorf, Wien-Simmering und Innsbruck weitere Protestkundgebungen gegeben. Im Zuge dieser wurde der Geschäftsleitung ein Schreiben von RespekTiere übergeben mit dem Inhalt: ‚[...] sollte der Konzern allerdings wieder zu keiner Kooperation bereit sein, werden wir unsere Proteste größtmöglich fortführen und die schlechte Nachricht zu verbreiten wissen.‘“* Mittlerweile hatte sogar der Verwaltungsgerichtshof entschieden, dass die Lebendhummerhaltung in Verkaufsräumen dem Tierschutzgesetz widerspricht. RespekTiere hatte also mit seiner Kampagne nur für die Einhaltung bereits bestehender Gesetze gesorgt.

Als zentrale Kampagne der angeblichen kriminellen Organisation fasste die SOKO die Kampagne des VGT gegen den Verkauf von Käfigeiern auf, die nach dem Verbot der Käfighaltung von Legehennen in ganz Österreich einsetzte. Aus dem SOKO-Bericht: *„Auch im Zuge der Eier-Kampagne ist die Undercover-Recherchetätigkeit der AktivistInnen von Bedeutung, um kompromittierendes Material aus Hühnerhaltungsbetrieben zu gewinnen, die als Druckmittel gegen Eiabnehmer eingesetzt werden können.“* In diesem Zusammenhang zitierte die SOKO einen Diskussionsbeitrag eines Salzburger VGT-Aktivisten in einem Internetforum vom 18. Juli 2003: *„Seit gestern haben wir jetzt das benötigte Video- und Fotomaterial, um die Gastronomen zu bearbeiten und zum Umstieg weg von Käfighaltungseiern zu bewegen und in Folge, wenn es bei manchen nicht funktioniert, diese über eine Aktion und Medien (in den nächsten 2–3 Wochen vor den jeweiligen umstellungsunwilligen Cafehäusern und Restaurants in der Altstadt zu demonstrieren) zum Einlenken zu bewegen.“*

Die SOKO besuchte über 60 Firmen und fragte sie, ob sie wegen ihres Handels mit Käfigeiern vom VGT belästigt worden seien. *„AIDA gab an, dass im Herbst 2004 der VGT bei AIDA angerufen und sich über die verwendeten Eier informiert habe. Im Dezember 2004 habe dann eine Demonstration des VGT stattgefunden, bei der mittels Megaphon Sprüche wie ‚Tiere müssen wegen der Preispolitik von AIDA verrecken‘ kundgetan wurden. Es wurden Flugblätter verteilt und Kunden belästigt. Eine weitere Demonstration dieser Art habe im Februar 2005 stattgefunden. In weiterer Folge erhielt AIDA eine große Anzahl von Protestschreiben. [...] AIDA ergänzte seine Angaben per Email dahingehend, dass die Umstellung auf Bodenhaltungseier zu diesem Zeitpunkt ausschließlich auf Druck des VGT erfolgte. [...] AIDA beugte sich dem Druck des VGT aus Angst vor weiteren wirtschaftli-*

chen Einbußen durch das vom VGT hervorgerufene veränderte Kaufverhalten der Kunden. Durch den Umstieg von Käfigei auf Bodenhaltungsei entstanden AIDA Mehrkosten in Höhe von ca. 80.000 Euro jährlich."

Die Firma Ölz Meisterbäckerei wurde offenbar von der SOKO kontaktiert *„und übermittelte den Emailverkehr zwischen ihr und dem VGT. [...] Im vorliegenden Emailverkehr droht der VGT der Firma Ölz an, an alle Firmen, in denen Ölz mit Produkten gelistet ist, Informationspakete über die Käfighaltung zu schicken. Weiters kündigt der VGT negative Berichterstattung über Ölz in Printmedien und Internet an. [...] Letztlich schreibt Ölz an den VGT, dass Ölz bis Ende Juni völlig auf Bodenhaltungseier umsteigen werde."*

Zahlreiche Veranstaltungen standen ebenfalls im Fokus der SOKO, viele davon waren vom Verfassungsschutz beobachtet worden, und es gab Berichte von Polizeispitzeln, auf die die SOKO zurückgreifen konnte. Eine davon war das von der Grünen Bildungswerkstatt im August 2001 organisierte Kunstsymposium „Tier als Subjekt" im Großwarasdorfer Kulturzentrum Kuga. Dort soll neben mir auch ein englischer Aktivist einen subversiven Vortrag gehalten haben. Und der ebenfalls in U-Haft befindliche Künstler Chris Moser habe seine Skulpturen ausgestellt.

Im September 2003 hielt ein schwedischer „Ploughshares-Aktivist" einen Vortrag über seine letzte Aktion. Er hatte eine Brüterei beschädigt und danach innerhalb des Gebäudes mit veganen Torten auf die Belegschaft gewartet, sie freundlich begrüßt und sich dann der Polizei gestellt. Bei „Ploughshares-Aktionen" werden – nach dem christlichen Motto „Schwerter zu Pflugscharen" – ethisch begründete Sachbeschädigungen durchgeführt, z. B. von Massenvernichtungswaffen oder Institutionen, die für den massenhaften Tod von Tieren verantwortlich sind, zu denen man sich bekennt und für die man dann die (Gefängnis-)Strafe auf sich nimmt, um in der Gesellschaft ein Zeichen zu setzen. Der Vortragende musste später acht Monate in einem schwedischen Gefängnis verbringen.

Auch unsere internationale „Animal Conference 2006", zu der mehr als 200 TierschützerInnen aus 16 Ländern kamen, wurde in den Akten als inkriminierend erwähnt. Das Amt für Verfassungsschutz und Terrorismusbekämpfung hatte während der Zeit der Konferenz Straftaten erwartet und war deshalb in erhöhter Alarmbereitschaft, allerdings wurde keine einzige Straftat verübt.

Dass alle U-Häftlinge an Aktionen des zivilen Ungehorsams für Tierschutz teilgenommen hatten, war laut SOKO ein Zeichen ihrer Bereitschaft, *„Regelverstöße gegen zivilrechtliche und verwaltungsrechtliche Normen bewusst in Kauf"* zu nehmen. Recherchen in Tierfabriken, Beiträge in „einschlägigen" Diskussionsforen im Internet und Computerverschlüsselung wurden als zentrale Hinweise auf einen dringenden Tatverdacht gesehen.

In den mir zu dieser Zeit vorliegenden Akten waren bereits mehr als 150 TierschutzaktivistInnen als verdächtig angeführt. Die Wohnung einer Frau wurde durchsucht und sie selbst von der SOKO einvernommen, weil sie eine E-Mail an die deutsche Tierrechtsgruppe PETA geschrieben hatte, in der sie sich für die ALF interessierte. Bei ihrem Verhör gab sie an, „zwei- bis dreimal an Demonstrationsmärschen des VGT teilgenommen“ und den Newsletter des VGT bezogen zu haben.

Gegen eine andere Frau wurde sogar eine der nächtlichen Hausdurchsuchungen vom 21. Mai 2008 mit maskierten, bewaffneten WEGA-Einheiten durchgeführt, weil sie im Internet eine Geschichte über eine Schweinebefreiung veröffentlicht hatte, die im Akt wiedergegeben wurde. Mit neun Jahren sei sie Vegetarierin geworden, dann sei sie bei den Vier Pfötchen und danach beim VGT aktiv gewesen. Im Alter von 13 Jahren habe sie im Jahr 1997 an einer harmlosen Aktion des VGT, bei der Flugblätter verteilt wurden, teilgenommen und dabei erfahren, dass jemand die Befreiung zweier Schweine aus einer Tierfabrik plane. Sie habe sich dann angeschlossen und für sich selbst ein krankes Ferkel mitgenommen, das sie über zehn Jahre gepflegt habe. Später wurde sie die Partnerin meines Bruders, der Geschäftsführer des VGT ist, was wahrscheinlich auch dazu beitrug, dass sie als Ziel der polizeilichen Großaktion ausgewählt wurde.

Auch bei der Büroleiterin des VGT tauchte die Polizei in den frühen Morgenstunden des 21. Mai 2008 zu Hause auf. Als Begründung stand im Akt: *„Aufgrund ihrer Vertrauensstellung zu Balluch Martin und ihrer langjährigen Tätigkeit im Sekretariat des VGT ist sie offenbar über sämtliche Vereinsaktivitäten und die Aktivitäten und Kampagnen der Mitglieder der kriminellen Organisation bestens informiert. Zu den Tätigkeiten von ihr zählte offenbar auch die Unterstützung von Aktivisten bei diversen Kampagnen. Es ist daher davon auszugehen, dass die kriminelle Organisation auch die Infrastruktur des VGT genützt hatte.“* Zur Untermauerung ihrer subversiven Natur fügte die SOKO an: *„In einem Email vom 4.8.2007 schreibt die VGT-Büroleiterin über ‚das Konzept der wahren Preispolitik bei Billa: 1 kg Schweinefleisch € 2,99, 1 kg Räuchertofu € 16,99‘ und ergänzte dann wörtlich: ‚da wird man doch wütend, oder?‘“* Weiters soll sie einmal eine junge Aktivistin als ihr Kind ausgegeben und dadurch die verbilligte ÖBB-Familiencard in Anspruch genommen haben.

Sogar in den Abendnachrichten des ORF erwähnt wurde der Fall eines Mannes, der von der SOKO verdächtigt worden war, ein militanter Tierschutzaktivist zu sein. In den Fokus der ErmittlerInnen gekommen war er, weil er in einem Internet-Literaturforum einen Beitrag zum Veganismus geschrieben und gemeinsam mit VGT-AktivistInnen vor der spanischen Botschaft in Wien an einer Kundgebung gegen den Stierkampf teilgenommen hatte. Er wohnte in der Nähe eines Tatorts, an dem zwei Autos der Firmenchefs von Kleider Bauer beschädigt worden waren. Dafür wurde er beschattet, sein Telefon wurde abgehört, und er wurde einvernommen und musste seine DNA abgeben. Letztendlich stellte die SOKO ihre Ermittlungen gegen ihn ein, u. a. weil er nur vegetarisch und nicht vegan lebe.

Die SOKO hatte, so wurde mir klar, gegen alles und jedeN im Tierschutz ermittelt. Bei so viel Aufwand würde die Polizei nicht so schnell aufhören und von uns ablassen, realisierte ich. Offenbar musste ich mich auf einen längeren Konflikt einstellen.

18. Tiertransporte

Auch bei dem steirischen Tierschutzverein Tier-WeGe hatte es eine Hausdurchsuchung gegeben. Im Akt stellte die SOKO fest, dass das *„Hauptgebiet des Vereins die Kontrolle/Überwachung der Tiertransporte"* ist. In diesem Zusammenhang hat die Tier-WeGe auch oft mit dem VGT zusammengearbeitet. Im Akt fand ich folgendes Ergebnis dieser Hausdurchsuchung im Vereinsbüro und bei den Obleuten zu Hause: *„Aufgrund von im Zuge der Hausdurchsuchung sichergestellten Foto- und Filmdateien kann angenommen werden, dass der Obmann der TierWeGe bei folgenden Tiertransport-Aktionen zumindest beteiligt war: Am 20.2.2008, 26.2.2008, 27.2.2008, 5.2.2008 in Kärnten, 12.2.2008 in Kärnten, 11.1.2008 in Herzogenburg, 19.3.2008, 13.3.2008, 9.2.2008, 5.2.2008 in Kärnten zusammen mit dem Tiertransportinspektor, 29.1.2008, 31.1.2008, 5.2.2008, 7.2.2008, 1.3.2008 in Triest, 31.1.2007 Gießendorf, 30.1.2007 in Graz. Schweinetransportdemo 21.8.2007."*

Auf meinem Computer waren Fotos einer Recherche und Verfolgung von Tiertransporten aus Österreich in den Süden Europas gefunden worden, die Anfang Mai 2008, also nur zwei Wochen vor meiner Verhaftung, stattgefunden hatte. Die SOKO kommentierte die Bilder, die ich dabei aufgenommen hatte, mit den Worten: *„Balluch bei der Auskundschaftung eines Geländes, 5.5.2008"*.

80.000 männliche Kälber aus der österreichischen Milchindustrie werden jährlich in den Süden transportiert, weil sie in Österreich „überflüssig" sind. Sie können später einmal keine Milch geben. Diesen Transporten zu folgen klingt nach keiner großen Aufgabe. Doch die Transportfirmen spüren bereits, wie sehr die Öffentlichkeit ihre Machenschaften ablehnt. Sie wollen daher nicht, dass auch nur irgendwelche Filme oder Informationen darüber an die Öffentlichkeit gelangen. Und dafür sind sie offenbar bereit, praktisch über Leichen zu gehen, wie wir immer wieder zu merken bekommen. Am Montag, dem 5. Mai und Dienstag, dem 6. Mai 2008 plante ich, mit fünf TierschützerInnen in drei Autos einem solchen österreichischen Kälbertransport in den Süden zu folgen.

Montag, 3 Uhr früh.

Wir sind schon seit einiger Zeit auf den Beinen und mit unseren Autos unterwegs, um die Verladung von Kälbern zu filmen. In der Nacht von Sonntag auf Montag werden jede Woche Kälber im Alter zwischen zwei und vier Wochen im Osten Österreichs von einem Tiertransporter bei den verschiedenen Milchbetrieben eingesammelt und dann u. a. zum Nutzviehmarkt nach Bergheim bei Salzburg gebracht. Insgesamt braucht der Transport-Lkw gut zehn Stunden, bis er voll mit ganz jungen männlichen Überschusskälbern beladen dort ankommt.

Montag, 13 Uhr.

Die Abladung der Kälber am Nutzviehmarkt in Bergheim beginnt. Laufend kommen auch kleinere Fahrzeuge aus der Umgebung mit Anhängern, in denen Kälber stehen, an. Mehrere große Sammeltransporte erscheinen. Das Abladen auf der Rampe bedeutet großen Stress für die jungen Tierkinder, sie schreien ununterbrochen nach ihren Müttern. Zwei große Langstreckentransport-Lkws mit Anhängern und italienischem Kennzeichen stehen bereit, um auf je drei Etagen insgesamt rund 250 Kälber pro Transporter aufzunehmen.

Foto 12: Österreichische Kälber werden nach 35 Stunden Transport in italienische Kalbfleischfarmen gesteckt. Die Tierkinder stehen in einer sargähnlichen Box, angekettet und mit dem Kopf in einem Loch fixiert erhalten sie Milchaustauscher mit zu wenig Eisen als Nahrung, damit sie anämisch werden, sodass ihr Fleisch hell bleibt.

Montag, 16 Uhr.

Die Verladung auf die italienischen Transporter beginnt. Ich klettere auf einen Baum am Salzachufer, um von außerhalb des Geländes auf öffentlichem Grund die Verladung der Kälber zu filmen. Bald schon werde ich von den Leuten an der Sammelstelle der Kälber bemerkt, und die wollen sich offensichtlich nicht bei ihrer Tätigkeit filmen lassen. Ungefähr 15 Männer nähern sich meinem Baum, davon ganz vorne zwei Männer mit einer laufenden Motorsäge. „Das kann ja nur ein Scherz sein", denke ich mir noch, da legt der eine die Motorsäge an den Baum an, auf dem ich sitze. Die Sägespäne fliegen, die Säge schneidet tief in den Stamm, als wäre er aus Butter.

Meine Partnerin Lisi stürzt zu meinem Schutz herbei und stößt die Motorsäge weg. Sie stellt sich schützend vor den Baum. Der Mann packt sie und schleudert sie zu Boden. Weitere AktivistInnen, die zu Hilfe kommen, bedroht er mit laufender Motorsäge. Doch durch die Anwesenheit von mehreren Kameras und so vielen Personen lässt er sich davon abhalten, wieder anzugreifen. Mit Beschimpfungen aller Art ziehen er und seine Kumpane sich wieder in den Nutzviehmarkt zurück.

Montag, 18 Uhr.

Die Beladung der italienischen Transporter schreitet weiter voran. Einer ist schon abgefertigt, der andere noch größtenteils leer. Die Kälber im Transporter – man sieht sie durch die Luken dicht gedrängt nebeneinander stehen – schreien und schreien, ununterbrochen. Ein Amtstierarzt hat mir erklärt, dass die Kälber in diesem Alter noch kein Wasser vertragen, sie brauchen die Milch ihrer Mütter. Diese ist aber nur für die Menschen bestimmt. Die Wassertränken in den Transportfahrzeugen bleiben daher leer.

Eine Aktivistin fotografiert von außerhalb des Geländes über den Zaun die Verladerampe. Da springt einer der italienischen Fahrer des Tiertransporters auf und läuft schreiend auf die Fotografin zu. Er schlägt mit dem langen Stock, den er zum Treiben der Kälber verwendet, über den Zaun auf sie hin. Der zweite Tiertransportfahrer wird ebenfalls plötzlich aggressiv. Er läuft aus dem Gelände heraus, um den Zaun herum und greift ebenfalls mit erhobenem Stock die Fotografin an. Diese flüchtet in den Wald. Ein Aktivist stellt sich dem Angreifer in den Weg und sagt ihm in klaren Worten, dass er sofort den Stock niederlegen soll. Der italienische Frächter bedroht den Mann, schreit ihm aus unmittelbarer Nähe Beleidigungen ins Gesicht und zieht sich dann doch lieber unverrichteter Dinge in das Nutzviehmarktgelände zurück.

Montag, 20 Uhr.

Alle Kälber sind jetzt auf die italienischen Tiertransporter verladen. Zwei Etagen sind aber leer geblieben. Die Fahrzeuge stehen herum und warten, die Kälber schreien und schreien. Da kommt noch ein letzter österreichischer Tiertransporter mit Kälbern. Die Tiere werden rasch direkt von diesem Fahrzeug in den italienischen Langstreckentransporter mit den leeren Etagen gebracht.

Montag, 21 Uhr.

Abfahrt aus Bergheim. Die beiden italienischen Transporter machen sich auf den Weg.

Sie fahren direkt auf die Westautobahn Richtung Deutschland. Nach Rosenheim geht es über das Inntaldreieck Richtung Tirol. Bei Innsbruck wird auf die Brennerautobahn abgebogen, und bald darauf beginnt Italien. Die Autos der TierschützerInnen folgen.

Dienstag, 1 Uhr früh.

Auf der Fahrt durch Österreich gab es keine besonderen Vorkommnisse, keine Pausen. Kaum auf italienischem Boden, soll sich das aber rasch ändern. Durch eine Autobahnbaustelle ist nur eine Spur zu befahren. Der italienische Transporter, hinter dem ich herfahre, bleibt plötzlich stehen, mitten auf der Autobahn, mitten in der einzigen Fahrspur. Er legt den Rückwärtsgang ein und fährt direkt auf uns zu. Ich fahre sofort ebenfalls zurück, um einen Zusammenstoß zu vermeiden. Hinter mir kommt aber bereits ein anderes Auto, das nun auch zum Abbremsen gezwungen wird. Der Transporter schiebt weiter zurück, ich bin nun praktisch eingeklemmt. Rasch fahre ich rückwärts zwischen die Baustellenabgrenzungen hinein, und der Stoß des Tiertransporters geht ins Leere. Da jetzt das Auto des Passanten direkt hinter dem Tiertransporter zu stehen gekommen ist, bleibt den Fahrern des Transporters nichts anderes übrig, als weiterzufahren.

Dienstag, 1.30 Uhr.

Der Tiertransporter versucht uns dadurch abzuschütteln, dass er unvermittelt auf einen Autobahnparkplatz abbiegt. Dort bleibt er auf der Fahrbahn stehen. Wieder fährt er im Rückwärtsgang auf mein Auto zu. Zwischen lauter Lkws, die dort geparkt sind, ist es gar nicht so leicht, den Rammversuchen des Tiertransporters zu entkommen. Dann fährt dieser aber wieder auf die zweispurige Autobahn, um dort, mitten auf der ersten Spur, einfach stehen zu bleiben, mitten in der Nacht. Ich fahre an ihm vorbei und warte wenige hundert Meter weiter auf einem Parkplatz, in Sichtweite des Transporters.

Gut 20 Minuten später erscheint ein Polizeiauto. Offenbar ist es von den Fahrern des Tiertransporters gerufen worden. Der Transporter setzt sich wieder in Bewegung, dicht dahinter die Polizei. Nachdem die beiden an mir vorbei sind, schließe ich mich hinten dem Konvoi an. Bei der nächsten Ausfahrt fährt der Tiertransporter ab, gefolgt von der Polizei und mir. Plötzlich bleibt der Fahrer des Transporters stehen und rennt auf mein Auto zu. Zwei Polizisten springen aus ihrem Wagen. Mit gezogenen Schusswaffen stellen sie sich neben mein Auto und fordern mich auf herauszukommen. Ich folge der Aufforderung und stelle mich neben mein Auto. Einer der Polizisten hält mir die Pistole an den Kopf und redet auf Italienisch. Ich versuche auf Deutsch und Englisch, dann mit den Worten „Journalisti – trasporti animali – investigazione" die Sache zu erklären. Dabei zeige ich dem Beamten meinen Presseausweis. Die Polizei beruhigt sich. Offenbar hatte ihnen der Tiertransportfahrer eine ganz andere Geschichte erzählt. Dennoch kontrollieren die Beamten alle Ausweise der MitfahrerInnen und lassen die Daten am Computer abfragen. Nach 15 Minuten können wir unbehelligt weiterfahren.

Die Fahrer des Tiertransporters waren unterdessen wieder in ihren Lkw gesprungen und sofort losgefahren, offenbar in der Hoffnung, so ihre VerfolgerInnen abschütteln zu können. Doch wir waren gut organisiert, ein weiteres Auto konnte unmittelbar den Tiertransporter lokalisieren und auf den Landstraßen auf seiner Spur bleiben.

Dienstag, 3 Uhr früh.

Die Kälber, die in Ostösterreich als Erste eingesammelt wurden, sind bereits 24 Stunden unterwegs. Die beiden Tiertransporter kommen in Bozen an und stellen sich auf den Parkplatz der Sammelstelle für Kälber am Ritten. Dort legen sich die beiden Fahrer des Tiertransporters, von denen wir jetzt erkennen, dass sie mit den zwei Personen, die in Bergheim die fotografierenden TierrechtsaktivistInnen mit Stöcken angegriffen haben, identisch sind, in ihre bequemen Betten im Fahrzeug. Die Kälber müssen unterdessen die Nacht praktisch stehend und dicht gedrängt im offenen Lkw verbringen. Ein anderer Tierschützer und ich gehen im Dunkeln um die Transporter herum und filmen die Zustände mit Infrarotlicht heimlich, still und leise, schauen den verängstigten Tierkindern direkt in die Augen, während die Fahrer nur wenige Meter von uns entfernt schlafen, ohne irgendetwas davon zu bemerken. Offenbar war den beiden nicht aufgefallen, dass sie uns durch ihre Polizeiaktion doch nicht hatten abschütteln können.

Dienstag, 9 Uhr.

Die Kälber werden von den Langstreckentransportern abgeladen und auf zwei kleinere Transportfahrzeuge getrieben. Sie schreien noch immer, ununterbrochen. Die beiden Fahrzeuge machen sich auf den Weg in den Süden. Beide werden dabei von Tierschutzfahrzeugen verfolgt. Sie fahren auf die Autobahn und verlassen Südtirol durch die Salurner Klause. Der eine fährt dann nach Vicenza, der andere nach Verona. Es gelingt uns auf der Fahrt, Fotos der Kälber zu machen und anhand der Ohrmarken nachzuweisen, dass es dieselben Kälber sind, die 30 Stunden zuvor in Ostösterreich auf die Transporter verladen wurden. Der Fahrer droht aus dem Fenster, hupt und bremst abrupt, um das Fotografieren zu verhindern.

Dienstag, 13 Uhr.

Einer der Tiertransporter fährt bei Verona-Nord ab. Dort wartet schon die Polizei, offenbar wiederum von dem Fahrer „zu Hilfe" gerufen. Wiederum werden die AktivistInnen sehr aggressiv aufgehalten und kontrolliert. Als allerdings den Beamten erklärt wird, dass es sich um Tierschutz handelt, geben auch diese zu, dass da einiges im Argen liege, und sind wesentlich freundlicher.

Der Tiertransporter ist unterdessen weitergefahren – und diesmal ist es mir im versteckt wartenden Auto gelungen, mich an seine Fersen zu heften. Es geht in die Kleinstadt Lugagnano und dort kreuz und quer herum, offenbar um die neuen VerfolgerInnen abzuschütteln. Wiederum stoppt der Transporter unvermittelt mitten auf der Straße und stößt rasch zurück, aber ich kann ausweichen. Letztendlich fährt der Transporter auf eine Kälbermastfabrik zu.

Dienstag, 14 Uhr.

Nach 35 Stunden Fahrt werden die erschöpften Kälber aus dem Tiertransporter geladen, trotzdem schreien sie noch unaufhörlich. Wir warten die Nacht ab und wagen uns dann in die Kälbermastfabrik. Und was wir da sehen, ist nahezu unfassbar. Die ganz jungen Tierkinder sind dort praktisch im Dunkeln an ganz kurzen Ketten angehängt. Sie stehen auf Vollspaltenböden ohne jegliches Stroh oder andere Einstreu. Zwischen den Kälbern sind Wände eingezogen, die sie sargähnlich einklemmen, sodass sie sich auch dann nicht umdrehen könnten, wenn sie nicht angekettet wären. Vor ihnen ist ein Loch in der Wand, durch das sie den Kopf stecken müssen. Dort steht ein roter Kübel, in dem ihnen ein sogenannter „Milchaustauscher" als Nahrung geboten wird. In den nächsten Wochen werden sie nur eisenarme, flüssige Nahrung erhalten, sodass ihr Pansen verkümmert und ihr Fleisch weiß bleibt. Dann werden sie geschlachtet, um den Gourmets weißes Kalbfleisch zu bieten – das Fleisch von Tierkindern, die nach der Geburt von ihren Müttern getrennt wurden, die 35 Stunden lang transportiert wurden, die dann noch wochenlang in enge Kälberboxen gekettet und vorsätzlich falsch ernährt wurden, um Eisenanämie zu bekommen, bevor sie brutal zum Schlachthof gezerrt und geschlachtet werden.

Diese Kälberhaltung ist bereits seit geraumer Zeit in der gesamten EU verboten. Der VGT hat die filmischen Beweise den italienischen Behörden zur Anzeige übergeben. Zusätzlich wurden alle gewalttätigen Übergriffe auf AktivistInnen dokumentiert und bei den zuständigen Behörden ebenfalls zur Anzeige gebracht. Soweit uns bekannt, wurden aber alle diese Anzeigen nicht weiterverfolgt und entsprechende Ermittlungen eingestellt. Stattdessen gab es eine SOKO gegen den Tierschutz, die uns zwei Wochen später in der Nacht aus den Betten riss. Seither sitze ich in U-Haft.

19. Polizeiverhör und dritte Haftverhandlung

Nach dem negativen Bescheid des Oberlandesgerichts wurde mir langsam klar, dass diese Haft noch sehr lange dauern konnte. Was sollte bei den nächsten Haftprüfungen anders verlaufen? Dass ich bis zu meinem Prozess in Haft bleiben würde, hatten meine Zellenkollegen – außer Elsner – immer schon gesagt. Zunächst gab es das Gerücht, dass unser Prozess schon im August beginnen würde. Doch je mehr Aktenseiten ich zu lesen bekam, desto klarer wurde, dass diese Ermittlungen nicht nur sehr umfassend waren und schon sehr lange anhielten, sondern auch noch intensiv weitergingen und entsprechend lange dauern würden. Die SOKO hatte nichts Konkretes gefunden, auch bei den Hausdurchsuchungen nicht. Jetzt wollte man uns durch die Haft brechen, zu irgendwelchen Geständnissen bringen und einfach weitersuchen. Solange wir in Haft waren, kam die SOKO dem politischen Ziel, unsere Aktivitätsstrukturen zu zerschlagen und uns einzuschüchtern, kontinuierlich näher.

Noch immer konnten unsere AnwältInnen keine Einsicht auch nur in irgendeinen der Berichte der Überwachungsmaßnahmen nehmen, das wurde als „Verschlusssache" behandelt. So z. B. auch, was in den sechs Monaten, in denen ich einen Peilsender am Auto hatte, herausgekommen war. In der Haftbegründung fand sich keine Erwähnung dieser Überwachung, aber Staatsanwalt Wolfgang Handler hatte mehrmals in internen Papieren, die sich in den zugänglichen Akten fanden, über die Peilsenderergebnisse geschrieben: *„Offensichtlich fahren die Täter, darunter auch DDr. Martin Balluch, mögliche Anschlagsziele ab, um Erkenntnisse über die gegenständlichen Objekte zu gewinnen."* Erst viel später sollte ich erfahren, was ich zu dieser Zeit nur ahnen konnte: dass Handler diesen Vorwurf frei erfunden hatte, um einen Verdacht zu schüren. Gegen derartige Unwahrheiten nichts unternehmen zu können und stattdessen in einer winzigen Zelle eingesperrt zu bleiben, ohne irgendeine Aussicht auf Änderung der Situation, brachte mich zur Verzweiflung.

Was sollte eigentlich die SOKO und den Staatsanwalt daran hindern, in einem öffentlichen Prozess dieselben Unwahrheiten zu verbreiten und die RichterInnen zu beeindrucken? Warum sollten mich RichterInnen nicht mit derselben Begründung, wie sie z. B. im Urteil des Oberlandesgerichts stand, zu fünf Jahren Haft verurteilen, der für § 278a vorgesehenen Maximalstrafe? Vielleicht hatte SOKO-Leiter Böck tatsächlich recht, und ich würde hier nie wieder herauskommen! Niemals hätte ich gedacht, niemals, dass es bei normaler NGO-Arbeit in einem Land wie Österreich so weit kommen kann. Offenbar war ich eben doch zu naiv und gutgläubig gewesen.

Ich litt auch unter den Schikanen der Wachebeamten. Um einen Besuch oder den Rechtsanwalt zu treffen, wird man in einen „Warteraum" geführt, der meistens mit Gefangenen überfüllt ist und kein Fenster und keinerlei Lüftung hat. An der Wand steht zwar, dass Rauchen verboten ist, aber niemand hält sich daran, und so steht in dem Raum der Rauch in derart großen Schwaden, dass man die anderen schon fast nicht mehr sehen kann. Für mich war das dicht zusammengedrängte Sitzen ohne Frischluft eine echte Qual. Abgeholt wurde man, indem ein Beamter die Tür öffnete, einen Namen brüllte und mit dieser Person dann wegging. Nach Ende des Besuchs oder des Gesprächs mit dem Anwalt musste man wieder in dem Raum sitzen und hoffen, dass sich ein Wachebeamter fand, der die Freundlichkeit hatte, einen in die Zelle zurückzubringen.

Einmal wartete ich nach einem Anwaltsbesuch wieder in diesem Raum, um in die Zelle zurückkehren zu können. Dabei plauderte ich mit einem anderen Gefangenen. Ein Beamter öffnete die Tür und schrie meinen Namen. Offenbar reagierte ich seiner Ansicht nach nicht schnell genug, jedenfalls sagte er, wenn ich lieber hier sitzen und mit anderen reden würde, dann solle ich das noch weiter genießen, und ließ mich weitere geschlagene drei Stunden in dem engen, luftleeren Raum sitzen.

Ein anderes Mal hatte ich mich gerade von meinem Besuch trennen müssen und sollte direkt danach meinen Anwalt sehen. Der Beamte brachte mich wieder in den Warteraum und ließ mich dort ganze 80 Minuten sitzen. Dieselbe Zeit musste mein Anwalt warten. Ihm wurde gesagt, ich sei noch beim Besuch und momentan nicht abkömmlich. In Wirklichkeit warteten er und ich in zwei verschiedenen Räumen, bis sich der Wachebeamte bequemte, uns zusammenzulassen.

Telefonieren durfte ich sowieso nur 20 Minuten pro Woche. Dazu lief eine Zeituhr mit, die nach 20 Minuten keine weiteren Telefonate mehr zuließ. Einmal sprach ich am Telefon, in dieser wertvollen Zeit, als plötzlich auf dem Gang um die Ecke ein Wachebeamter meinen Namen brüllte: „Balluch! Herkommen!" Betreten legte ich auf und kam. Der Beamte war vielleicht halb so alt wie ich. Aus wenigen Zentimetern Entfernung schrie er mir ins Gesicht, dass ich nicht so lange telefonieren solle, insbesondere ohne ihn vorher zu fragen. Unter normalen Umständen würde ich Beamte, die sich so benehmen, zurechtweisen. Ich würde mir das niemals gefallen lassen, war ich doch in jeder Hinsicht im Recht. Doch unter den Bedingungen der Haft kann dich jeder Beamte, dem gerade danach ist, zusammenschreien und anpöbeln, und du wirst schweigen und unterwürfig dreinschauen. Das Gefängnis ist ein Ort, der dir dein Selbstbewusstsein nimmt.

Ohne Gegenwehr nehmen sich die Wachebeamten natürlich heraus, was sie wollen. Da ich genügend Geld auf meinem Gefängniskonto hatte, konnte ich verschiedene Zeitungen abonnieren, die täglich in meine Zelle gebracht wurden. Manchmal kamen diese Zeitungen erst sehr spät bei mir an. Einmal, als ich zu einem Anwaltsgespräch gebracht wurde und am Wächterbereich vorbeiging, sah ich den Grund dafür: Die Wachebeamten lasen einfach meine Zeitungen!

In einer derartigen Abhängigkeit ist man besonders hilflos, wenn man gesundheitliche Probleme bekommt oder Schmerzen hat. Aufgrund des großen Drucks, dem ich im Gefängnis ausgesetzt war, begann ich unbewusst mit den Zähnen zu knirschen und sie insbesondere im Schlaf sehr fest aufeinanderzubeißen. Zwei meiner Backenzähne waren aufgrund einer schon länger zurückliegenden Wurzelbehandlung bereits dunkel gefärbt. Durch mein nächtliches Zähneknirschen zerbrachen sie plötzlich. Ich musste also zu einem Zahnarzt. Im Gefängnis in der Josefstadt kommt jede Woche ein Zahnarzt vorbei und behandelt Notfälle. Am 7. August wurde ich zu diesem Zahnarzt gebracht, und er riss mir beide zerbrochenen Backenzähne einfach aus dem Kiefer.

Selbst in Freiheit ist es oft nicht leicht, mit ZahnärztInnen umzugehen. Aber in Gefangenschaft wird man nicht mehr als Person und als Patient behandelt. Auch der Zahnarzt fragt nicht, was man sich wünschen würde, er bittet um keine Zustimmung für eine Behandlung, er macht, was unbedingt notwendig ist, um den Gefangenen ruhig zu stellen, und Schluss. Egal, welche Langzeitauswirkungen das hat. Später erklärte mir mein Zahnarzt in Freiheit, dass man auf die Zähne Kronen hätte setzen können. Das wäre relativ billig und sehr effektiv gewesen. Niemand hatte mir auch gesagt, dass obere Zähne im Kiefer, wenn ihre Gegenüber im Unterkiefer fehlen, langsam nach unten wandern. So musste ich mir nach meiner Freilassung Implantate machen und die oberen Zähne abschleifen lassen, eine Operation um weit mehr als 5000 Euro.

Doch nach der Entfernung der Zähne im Gefängnis begannen die Schmerzen erst richtig. Ich bekam keine ausreichenden Mittel dagegen, und am 10. August waren die Zahnschmerzen in der Nacht letztendlich so groß, dass ich mit dem roten Knopf, der für Notfälle gedacht war, um Hilfe rief. Ich erwartete eine rasche Reaktion, doch die kam nicht. Erst nach minutenlangem Läuten meldete sich eine ärgerliche Stimme und fragte, was das Ganze solle. Ich erklärte, dass ich unerträgliche Zahnschmerzen hätte. Den Beamten schien das wenig zu interessieren, und er verwies mich auf den nächsten Tag. Doch die Zahnschmerzen wurden immer schlimmer, und ich musste immer wieder den roten Knopf betätigen, bis endlich nach einigen Stunden eine Krankenschwester kam und mir Morphium spritzte.

Im Gefängnis muss man auch jeden Moment mit einer Durchsuchung der Zelle rechnen. Einmal steckte mir eine gutmeinende Person 700 Euro zwischen die Akten, die mir im Gefängnis ausgehändigt wurden. In meiner Zelle, als ich die Akten dann durchblätterte, segelten plötzlich sieben 100-Euro-Noten auf den Boden. Im Gefängnis kann man jedoch mit Geld nichts anfangen. Wäre das bei einer Zellendurchsuchung aufgeflogen, hätte ich Probleme bekommen. Ich schmuggelte das Geld also beim nächsten Treffen mit einem meiner Anwälte wieder hinaus. Aber ich hatte auch andere „heiße“ Ware in der Zelle, meinen Sojapudding, die Sojamilch, das Sojajoghurt und den Tofu, die ich ab und zu zugesteckt bekam. Bei einer Durchsuchung meiner Zelle wurde einmal ein Sojapudding gefunden, und der Abteilungsleiter beschlagnahmte ihn. Ich musste es als Entgegenkommen auffassen, dass ich dafür nicht in eine Strafzelle im Keller gesperrt wurde.

Doch nicht alle Wachebeamten waren unfreundlich. Einige behandelten mich korrekt und setzten sich dadurch von ihren KollegInnen, die diesen Job offenbar nur übernommen hatten, um ihre Komplexe ausleben zu können, deutlich ab. Viele sympathisierten offen mit mir als Tierschutzgefangenem. Der Leiter des Magazins im Gefängnis z. B. besuchte mich sogar in meiner Zelle, erkundigte sich über mein Befinden und sprach mit mir über meinen Fall. Ich hatte als Tierschutzgefangener eine gewisse Sonderstellung. Manche BeamtInnen behandelten mich extra deswegen schlecht, andere wiederum waren besonders freundlich. Die öffentliche Aufmerksamkeit für meinen Fall gab mir einen gewissen Schutz.

Am 1. August konnte ich das erste und einzige Mal während meiner Haft einen sogenannten „Tischbesuch“ empfangen. Das bedeutet, dass der Besuch nicht hinter einem Glasfenster bleiben und über ein Telefon sprechen muss, sondern mit dem Gefangenen an einem Tisch sitzen kann. Als Lisi mir gegenübersaß, umarmten und küssten wir uns die 30 Minuten hindurch, ohne viel zu sprechen. Die Beamtin, die für unsere Gesprächsüberwachung eingeteilt war, drängte sich nahe an uns heran, um auch ja zu hören, was ich Lisi ins Ohr flüstern könnte. Dabei war dieses Theater nur lächerlich. Was sollte ich schon groß besprechen, das die Ermittlungen gefährden konnte? Noch Tage nach unserem Treffen war ich innerlich so glücklich darüber, Lisi wieder berührt haben zu können.

Am 18. August erhielt ich auch Besuch vom damaligen Bundessprecher der Grünen, Alexander Van der Bellen. Er sagte, er habe mein Buch und einige Artikel von mir gelesen und halte sie für sehr interessant. Dann bot er mir an, auf der Bundesliste der Grünen für die nächste Nationalratswahl zu kandidieren. Es würde sich aber nur um eine symbolische Nominierung handeln, also ohne echte Chance auf einen Platz im Parlament. Das sei als Solidarität mit mir gedacht und würde entsprechend in der Öffentlichkeit verbreitet. Ich war begeistert. Es berührte mich sehr, wie viele PolitikerInnen sich für mich einsetzten, damals insbesondere die Tierschutzsprecherin der Grünen, Brigid Weinzinger. Und dieser Solidaritätsakt der Grünen zu einer Zeit, in der das Innenministerium alles tat, um mich als gefährlichen Kriminellen darzustellen, war ein Wagnis für ihre Parlamentswahl, das man nicht zu gering einschätzen darf. Die damalige ÖVP-Innenministerin Maria Fekter hatte während meiner U-Haft beim Erntedankfest am Heldenplatz in Wien über den VGT gesagt, wir seien „Verbrecher". Zur Ankündigung der Grünen, dass sie mich für die Nationalratswahl nominieren würden, meinte sie, das sei „ein fatales Signal – nämlich keinerlei Achtung und Respekt vor dem Rechtsstaat, sondern parteipolitischer Aktionismus und massiver Druck auf die unabhängige Justiz". In einem späteren Interview sagte Fekter auch, dass sie Demonstrationen für radikal halte und selbst grundsätzlich nie demonstrieren würde. Ich war den Grünen sehr dankbar für ihre Entscheidung. Ihre Wahlnominierung half mir, meine Haft ein bisschen leichter zu nehmen.

Doch psychologisch meine größte Stütze in diesen Tagen war Anwalt Helge Doczekal. Er war der Einzige in meiner Umgebung, außer vielleicht Helmut Elsner, der das Urteil des Oberlandesgerichts für nicht so dramatisch hielt. Zunächst einmal riet er mir davon ab, gegen das Urteil zu berufen. Wenn der Oberste Gerichtshof das Urteil bestätigen würde, sagte Doczekal, dann wäre meine Haft „einzementiert" und ich käme hier nicht wieder hinaus. Unsere Aufgabe sei, neue Ermittlungsergebnisse zu produzieren, die die Beweislage, aufgrund derer der dringende Tatverdacht als Voraussetzung meiner U-Haft ausgesprochen worden war, revidieren würden. Ich müsse dazu die Fragen der Polizei beantworten, ich solle ein ausführliches Polizeiverhör machen. Dann wäre meine Stellungnahme amtlich, wir würden sofort eine neue Haftverhandlung beantragen, und ich ginge frei.

Bei meinem nächsten Besuch sprach ich wieder einmal mit meiner ehemals langjährigen Partnerin Paula, die mich in der Haft sehr unterstützte und an der Kampagne für meine Freilassung intensiv beteiligt war. Sie sagte, dass ich unbedingt diese Chance nutzen und mit der Polizei sprechen solle. Ich sei denen intellektuell sowieso haushoch überlegen, so ein Verhör könne ich nur gewinnen. Wenn ich eine Plattform hätte, zu sprechen und mich zu verteidigen, dann würde ich sicher freikommen. Es half mir sehr, dass Paula so von mir überzeugt war.

Am nächsten Tag sagte ich also Doczekal, dass ich über meinen Schatten springen und mit der Polizei sprechen würde. Am 21. Juli war ich bereits seit zwei Monaten in U-Haft, und dadurch konnte rein gesetzlich eine Verdunklungsgefahr als Begründung für meine Haft nicht mehr herangezogen werden. Mit einer Aussage bei der Polizei stünden meine Chancen bei der nächsten Haftverhandlung also sehr gut, war sich Doczekal sicher. Ich vertraute ihm. Doch die Polizei schien an einem Gespräch mit mir überhaupt nicht interessiert zu sein. Doczekal kam Tag für Tag wieder und sagte jedes Mal, die Polizei habe keine Zeit, der Staatsanwalt sei nicht interessiert, es sei fast unmöglich, ein Polizeiverhör für mich zu arrangieren. Das kenne er gar nicht, dass die Polizei und der Staatsanwalt einen Verdächtigen gar nicht einvernehmen wollten. Tja, dachte ich mir, wenn sie keine konkreten Vorwürfe gegen mich haben, stehen sie bei einem Verhör ziemlich dumm da. Kein Wunder, dass sie nicht mit mir reden wollen.

Mit viel Mühe gelang es Doczekal zuletzt, die Polizei zu einem Verhör zu bewegen. Am 29. Juli wurde ich dafür in einen eigenen Raum im Gefängnis gebracht. Bogner stellte die Fragen, Landauf führte Protokoll, und Doczekal saß still hinten in der Ecke und beobachtete das Geschehen. Ich wurde zu meiner Arbeit im VGT befragt und erklärte unsere Kampagnenarbeit. Ich machte allerdings gleich klar, dass ich über keine andere Person als mich selbst sprechen würde. Ansonsten beantwortete ich alle Fragen außer jener nach den Passwörtern für die Computer. Bogner schien allerdings ziemlich desinteressiert an der Befragung zu sein, sie war trotzdem höflich zu mir. Es fiel mir schwer, sie als Ursache meiner Misere zu hassen. Ich antwortete lange und ausführlich auf alle Fragen, wie Doczekal mir das aufgetragen hatte. Nur als Bogner einiges über meine Beziehung zu Paula und Lisi wissen wollte, hielt ich mich kurz. Über intime Details wollte ich nicht sprechen. Auf Bogners Frage, ob ich mit der einzigen weiblichen Tierschutzgefangenen irgendwann einmal Sex gehabt hätte, antwortete ich gar nicht mehr. Als Bogner auf einer Antwort bestand, sagte ich Nein, ich hätte keinen Sex gehabt.

Das Polizeiverhör wurde am 4. und 8. August fortgesetzt. Zuletzt sagte Bogner, ich solle das, was ich zu sagen hätte, einfach niederschreiben und ihr mittels Anwalt übergeben. Dann müsse sie nicht mehr dabeisitzen und sich das alles anhören. Insgesamt hatten die Verhöre 20 Stunden gedauert. Doch das Protokoll davon, zusammen mit den Texten, die ich noch nachreichte, sollte später überhaupt keine Rolle spielen. Polizei und Staatsanwalt agierten so, als habe es dieses Verhör nie gegeben. Das bestätigte mich in meiner Annahme, dass derartige Verhöre nur zur Belastung der Beschuldigten dienen, nie zur Entlastung. Deshalb ist es definitiv besser, nicht mit der Polizei zu sprechen.

Doczekal war trotzdem begeistert und beantragte sofort eine dritte Haftverhandlung. Alle Zweifel waren seiner Meinung nach ausgeräumt, ich hätte alle Fragen gut beantwortet, es bestehe kein Grund mehr, mich weiter in U-Haft zu halten. Am 13. August wurde ich aus meiner Zelle geholt, um mit einem Wagen der Justizwache nach Wr. Neustadt zu meiner Haftverhandlung zu fahren. Diesmal werde er dabei sein, sagte Doczekal, und ich solle alles ihm überlassen. Ich solle während der Haftverhandlung nur schweigen. Es fiel mir zwar schwer, dem zuzustimmen, aber er war so überzeugt, dass alles gutgehen würde, dass ich mich davon anstecken ließ.

Als wir vor dem Gefängnis in Wr. Neustadt vorfuhren, waren wieder zahlreiche DemonstrantInnen anwesend. Diesmal sprangen sie um das Auto herum, in dem sie mich sehen konnten, und blockierten es eine Weile. Die Justizwache reagierte völlig überzogen, fuhr rücksichtslos durch die Menge ins offene Tor des Gefängnishofs und untersuchte das Auto, ob nicht vielleicht ein Kratzer zu sehen war. Obwohl das natürlich nicht der Fall war, hörte ich die Beamten noch lange über diese „radikalen Demonstranten" schimpfen. Dann konnte ich noch kurz mit Doczekal sprechen und saß letztendlich vor dem Verhandlungssaal. Da ging die Tür auf, und ein anderer Tierschutzgefangener, Chris Moser aus Tirol, kam heraus. Ich fragte ihn ohne besondere Erwartungen, wie es gegangen sei. Er schwieg und zeigte mit den Händen Flügel. „Heißt das, Du bist frei?", fragte ich fassungslos. „Ja", sagte er kurz und wurde in die Freiheit geführt. „Die Mauer bröckelt", frohlockte ich, „vielleicht habe ich doch eine Chance." Allerdings war mir bewusst, dass ich als Hauptbeschuldigter und angeblicher Chef dieser erfundenen kriminellen Organisation erst als Letzter das Gefängnis würde verlassen können.

Im Verhandlungssaal saßen Staatsanwalt Handler, Anwalt Doczekal und Richter Pablik sowie eine Schreibkraft. Handler beantragte, wie immer, die Verlängerung der U-Haft mit denselben alten Vorhaltungen ohne konkreten Bezug zu mir. Doczekal führte, in einem sehr unterwürfigen Ton, wie mir schien, aus, dass ich bereit gewesen sei, alle Fragen der Polizei zu beantworten, und dass damit alle Zweifel ausgeräumt seien. Richter Pablik sagte dazu, dass es sich vielleicht nicht um eine kriminelle Organisation handle, aber eine kriminelle Vereinigung könne es schon sein oder ein verbrecherisches Komplott nach § 277. Dann verhängte er U-Haft über mich für weitere zwei Monate und übergab mir das wie immer vorgefertigte Urteil. Wieder war eine dieser Zwei-Minuten-„Verhandlungen" vorbei, und ich wurde zurück nach Wien in meine Zelle gebracht.

Doczekal hatte mit diesem Ergebnis nicht gerechnet, und seine Stimmung kippte ins Gegenteil. Seiner Ansicht nach war jetzt nichts mehr auszurichten, keine Chance mehr auf eine Entlassung aus der U-Haft bis zu meinem Prozess. Ich fragte ihn, wie das möglich sei, ohne irgendwelche Beweise gegen mich. „Na ja", meinte Doczekal, „zehn Prozent der U-Häftlinge werden nachher in ihrem Prozess freigesprochen und sind daher unschuldig gesessen. Im Gefängnis in der Josefstadt mit 1200 Gefangenen betrifft das 120 Personen." Ich sei also nicht allein mit meinem Schicksal, unschuldig in Haft zu sitzen. Er besuchte mich trotzdem weiterhin, so oft er konnte, fast täglich.

Nach diesem niederschmetternden Ergebnis nahm ich erstmals Psychopharmaka, die den Gefangenen jeden Abend in ihren Zellen angeboten werden. Die kleine grüne Pille hatte tatsächlich eine sonderbare Wirkung, die Verzweiflung legte sich für eine Weile. Trotzdem ich unbedingt vermeiden wollte, derartige Mittel zu nehmen und davon abhängig zu werden, sah ich mich insgesamt achtmal dazu gezwungen, medikamentöse Hilfe für meine psychischen Panikzustände in Anspruch zu nehmen.

Ich schrieb meine Gefühle nieder.

Ich will kein Märtyrer sein

Im Jahr 2004, nach unseren ersten durchschlagenden Erfolgen im Tierschutz wie dem Legebatterieverbot, das die Tierindustrie tief erschüttert hat, muss eine mächtige Clique im Land den Großangriff auf den Tierschutz und insbesondere auf den VGT beschlossen haben. Der Tierschutz wurde zur größten Gefahr für die nationale Sicherheit erklärt, wie das ein Sprecher des Bundesamtes für Verfassungsschutz und Terrorismusbekämpfung anlässlich der islamistischen Bombenanschläge in London 2005 gegenüber dem „Kurier" formulierte. Das war der Startschuss für eine massive Bespitzelung jeder noch so harmlosen Tierschutzaktivität. Dann wurden rigorose Demoverbote gegen uns erlassen und mit Gewalt durchgesetzt. Im alljährlichen Verfassungsschutzbericht verunglimpfte man gleich alle Vereine und Gruppierungen, die Demos und Kampagnen durchführen, als militant und potenziell kriminell. Der VGT wurde sogar explizit erwähnt.

Als nächsten Schritt der Eskalation initiierte das Amt für Terrorismusbekämpfung eine Finanzprüfung unseres Vereins. Zusätzlich wurde in einer Aussendung an alle Schulen vor dem VGT gewarnt. Das Ziel: den VGT zu kriminalisieren und zu isolieren und durch geschickten Rufmord seiner Mitglieder und SpenderInnen zu berauben.

Die Polizei trat dann an Firmen heran, die Kampagnengegner des VGT waren, um sie zu beraten und gemeinsam Strategien zu entwickeln, wie sich die VGT-Kampagnen verhindern ließen. Beispielsweise wurde einer Firma explizit empfohlen, verfassungswidrige Pseudodemos zu veranstalten, um so VGT-Informationsveranstaltungen über die tierquälerischen Praktiken der Firma zu verhindern. Im Verfassungsschutzbericht werden legale Demonstrationen und Kampagnen, die Firmen erfolgreich zu einer tierschutzfreundlicheren Haltung gebracht haben, als Bedrohung für die Verfassung und als Geschäftsschädigung bezeichnet. Damit aber hat sich das Innenministerium explizit gegen die Verfassung gestellt, weil derartige Kampagnen das Herzstück einer funktionierenden Demokratie sind und deshalb durch die Verfassung geschützt.

Der Innenminister und der Direktor für die öffentliche Sicherheit legten noch ein Schäuflein nach, um den VGT zu diffamieren. Der damalige Innenminister Platter bezeichnete den VGT im Parlament als gewalttätig und gestand erst nach Intervention der Volksanwältin, dass er dafür keine Belege hatte. Klagen konnten wir ihn nicht, weil seine Aussage vor dem Parlament ein „hoheitlicher Akt" im Namen der Republik gewesen ist.

Die Rache folgte auf dem Fuß. Was niemand für möglich hielt, wurde Wirklichkeit. Wie in einer Diktatur wurde eine Sondereinheit der Polizei gegründet mit dem ausschließlichen Ziel, einen Großangriff auf den Tierschutz und insbesondere den VGT einzuleiten. AgentInnen wurden in den VGT eingeschleust, Mikrofone in Vereinsräumlichkeiten angebracht, zwei Dutzend Personen wurden monatelang observiert, ihre Handys jahrelang abgehört – mit großem finanziellem Aufwand – und sogar Peilsender an ihren Autos angebracht, die Eingänge zu ihren Wohnungen wurden permanent überwacht und gefilmt.

Am 21. Mai 2008 drangen dann 23 maskierte und bewaffnete Polizeieinheiten mit Gewalt in Wohnungen und Büros aus dem Tierschutzbereich ein, entfernten alles, was für eine seriöse Tierschutzarbeit notwendig ist, und steckten zehn der aktivsten Personen bis heute ins Gefängnis. Ohne Anklage und ohne konkreten Verdacht, unter dem Vorwand, eine große, geheimnisvolle und nicht eingrenzbare kriminelle Organisation zu bilden, die viele verschiedene Tierschutzvereine umfasse. Es liegen Protokolle von internen Treffen der Sonderkommission der Polizei vor, bei denen diskutiert wird, wie man dem VGT die Gemeinnützigkeit entziehen und ihm sonst wie schaden und ihn vernichten kann. Keine Rede von Kriminalität, da geht es nur noch um die Vernichtung des aktivsten Tierschutzvereins Österreichs. Und die Tierschutz-Kontrollstelle sollte ausgehebelt und wegen „Schutzgelderpressung" stillgelegt werden.

Ich bin einer der Inhaftierten. Meine Rolle ist die des Märtyrers. Zugegeben, es handelt sich hier um den größten Angriff auf Meinungs- und Verfassungsfreiheit und auf außerparlamentarischen politischen Aktivismus in Österreich seit dem Zweiten Weltkrieg. Zugegeben, das ist ein historischer Moment. Es geht um die Entscheidung, auf welchen Weg sich unsere Gesellschaft machen will – in Richtung gläserne BürgerInnen und Polizeistaat oder in Richtung Datenschutz, Privatsphäre und politische Versammlungsfreiheit ohne Bespitzelung und Polizeiterror. Aber die Folter der U-Haft ist sehr konkret und individuell.

Gegen gewalttätigen Polizeiterror in dieser Dimension bleibt nur passiver, gewaltfreier Widerstand. Das Leiden, das der Staatsterror unschuldigen und gewaltfreien AktivistInnen zufügt, soll die Entrüstung in der Gefangenschaft schüren, die letztendlich den Terror beendet. Wie weiland bei Gandhi, Martin Luther King und Nelson Mandela ist meine Rolle die, das Leiden in der U-Haft erhobenen Hauptes zu leisten und meinen Überzeugungen treu zu bleiben. Die Gedanken sind frei, steht in vielen der weit über 200 Unterstützungsbriefe, die ich bereits in meiner Zelle empfangen habe.

Aber ich bin ein Waldläufer, ein Tier, ein Primat. Ich habe seit Monaten keinen Baum mehr gesehen, geschweige denn berührt, gerochen oder erklettert. Kein Grün in meiner Zelle, kein Grün beim Blick aus dem Fenster. Keine Sonne dringt durch das engmaschige Gitter. Als Veganer bin ich vom Sonnenlicht für meine Vitamin-D-Versorgung abhängig. Hier muss meine Haut ohne Sonnenlicht auskommen.

Eine lebensfeindliche Betonwelt. Aus Leuchtstoffröhren kaltes Kunstlicht. Ich kann mich nicht bewegen, Körper und Geist verfallen. Laut Tierschutzgesetz müssen SchimpansInnen wie uns pro Individuum mindestens 200 Quadratmeter Bodenfläche, mindestens sechs Meter hohe Räume, dreidimensional strukturiert, und mindestens 400 Quadratmeter grün bewachsenes Freiareal, das täglich dauerhaft zugänglich ist, zur Verfügung stehen. Ich muss mich mit fünf Quadratmetern begnügen. Keine dreidimensionale Struktur, um die geistige Gesundheit zu garantieren. Kein Ausgang ins Freie. In dieser Haltung wird man langsam verrückt. Kein Tag ohne stures Hin- und Hergehen. Sieben Schritte vor, umdrehen an der Wand, sieben Schritte zurück, umdrehen, immer dieselbe Bewegung. Hospitalismus nennt man das. Ein sicheres Zeichen bei Zootieren, dass die Haltung in den

Wahnsinn treibt. Jede Nacht hört man verzweifeltes Schreien aus den Zellen, lautes Trommeln an die Gitterstäbe, bis es nach Stunden abflaut.

Nein, auch die Gedanken sind hier nicht mehr frei. Zum schieren Überleben schlucke auch ich Psychopharmaka, wie die weiblichen Schweine im Kastenstand. Körper und Geist sind viel zu sehr verbunden, um in körperlicher Gefangenschaft nicht auch geistig gefangen zu sein.

Aber ich bin mir schon bewusst, wie wichtig es ist, diesen Konflikt zu gewinnen. Ich spüre die Solidarität in über 150 Briefen und den täglichen Demos vor dem Gefängnis, die in meiner Zelle zu hören sind. Ich fühle die Liebe bei den Besuchen von den Personen, die mir nahestehen. Ich empfinde das weltumspannende Agieren im Tierschutz, wenn ich in der Zeitung von einer Aktion in China trotz Terrorhysterie anlässlich der Olympischen Spiele lese – in einer Diktatur! Auch wenn kein Ende meiner Folterhaft abzusehen ist.

Ich will kein Märtyrer sein, aber ich bin es. So ist der Lauf der Welt. Nicht in heroischer Pose, sondern mit den Augen voller Tränen. Nicht stolz und ungebrochen, sondern verzweifelt und schwach. In meine Rolle gezwungen, die ich mir nicht ausgesucht habe.

Aber wie auch immer das hier ausgehen mag, ich werde mich immer, mein ganzes Leben, für Tierschutz und Tierrechte einsetzen. Dieser Grundeinstellung werde ich in keinem Fall den Rücken kehren, da müssen sie mich schon umbringen. Eine Schlacht kann man verlieren, den Kampf um die Erhaltung der bürgerlichen Freiheiten aber, meine Lieben, den müssen wir gewinnen.

20. Das Recht auf Demonstrationsfreiheit

Auch mein Freund und Anwalt Stefan Traxler kam weiterhin zu mir ins Gefängnis und brachte mir neue Aktenberge. Bis dahin müssen es schon 50.000 Aktenseiten gewesen sein, die ich in meiner Zelle anhäufte. Die neuesten Aktenteile enthielten Vorwürfe, unsere Demonstrationen seien illegal gewesen. Dazu habe es auch Urteile des Verwaltungsgerichtshofs gegeben. Wir hätten dann illegal weiterdemonstriert.

Diese verkürzte Darstellung der Situation war sehr ärgerlich, aber in meiner Zelle und ohne Aussicht auf ein Haftende musste ich mir dauernd sagen, dass ich mich nicht aufregen dürfe. Was war wirklich passiert damals, im Dezember 2006?

Zunächst hatte die Polizei plötzlich unsere Kundgebungen gegen den Pelzhandel der Bekleidungskette Kleider Bauer in Wien mit der Begründung untersagt, es sei zu befürchten, dass es dabei zu Gewalthandlungen kommen könne. Eine sehr seltsame Begründung, wie mir schien, da es noch nie bei Kundgebungen des VGT zu Gewalthandlungen gekommen war. Insbesondere hatten wir gerade vor Kleider Bauer in der Wiener Mariahilfer Straße seit Oktober 2006 regelmäßig demonstriert, und nie war es zu Gesetzesübertretungen gekommen.

Nachdem alle Gespräche und Proteste gegen diese Demonstrationsverbote nichts genutzt hatten, beschlossen wir, einen Schritt zu setzen, wie er für Protestbewegungen in so einem Fall üblich ist: Wir planten eine Aktion des zivilen Ungehorsams. Schon Martin Luther King hatte im Rahmen seiner Bürgerrechtsbewegung gegen die Ausgrenzung von Menschen mit dunkler Hautfarbe in den Südstaaten der USA deutlich gesagt, dass ungerechte Demonstrationsverbote, die politisch motiviert sind und einen gerechten Protest verhindern sollen, mit „nonviolent direct action", also einer direkten Aktion des zivilen Ungehorsams, bekämpft werden können. In meinem Buch „Widerstand in der Demokratie" (Promedia Verlag 2009) lege ich die Rahmenbedingungen für solche Aktionen klar und unzweideutig dar, sie waren in diesem Fall erfüllt.

Am 18. Dezember 2006 kamen daher mehr als 30 Personen am Ort zusammen, an dem die Demonstration untersagt worden war, und führten trotzdem eine friedliche Demonstration durch. Als die Polizei mit großem Aufgebot auftauchte und die Demonstration wegen einer angeblichen Gefahr für die öffentliche Sicherheit auflöste, setzten wir uns aus Protest auf den Boden und leisteten passiven Widerstand. MedienvertreterInnen und sogar die Tierschutzsprecherin der Grünen im Parlament, Brigid Weinzinger, waren als BeobachterInnen anwesend. Die Polizei entschied, nicht einzugreifen und die Demonstration weitergehen zu lassen. Es kam zu keiner Gewalthandlung, wodurch in meinen Augen bewiesen war, dass der Untersagungsgrund nicht vorlag. Tatsächlich wurden wenig später die Demonstrationen wieder erlaubt.

Aber auch der Grazer Magistrat begann plötzlich, unsere Demonstrationen mit Strafbescheiden zu beantworten. Am 28. Dezember 2006 verlautete er, dass alle Kundgebungen des VGT zu Tierschutz in Graz nicht mehr genehmigt würden. Davon betroffen waren nicht nur die Demonstrationen gegen Kleider Bauer, sondern auch unsere wöchentlichen Informationskundgebungen am Hauptplatz. Dieser massive Eingriff in das Grundrecht auf Demonstrationsfreiheit wurde von der Grazer Stadtverwaltung mit „sachlich begründeten Einwänden" gerechtfertigt, die nach telefonischer Auskunft des Magistratsbeamten Andreas Köhler im Wesentlichen darin bestanden, dass sich manche PassantInnen durch die Demonstration gestört fühlen könnten.

Der Grazer Magistrat berief sich in seinen bis zu diesem Zeitpunkt bereits mehr als zehnmal erlassenen Strafbescheiden auf das steirische Landesstraßenverwaltungsgesetz. Danach bedarf jede Nutzung einer steirischen Landesstraße der Zustimmung der zuständigen Straßenverwaltung, im Falle von Kundgebungen in Graz also der Zustimmung des Grazer Magistrats. Doch derartige Zustimmungen müssen beantragt werden und gehen dann den Behördenweg, d. h., die Behörde kann sich sechs Monate Zeit lassen, bis sie vom Antragsteller zu einer Stellungnahme aufgefordert werden darf, und sie kann jeden Antrag ohne Angabe von Gründen wieder abweisen. Wir waren davon überzeugt, dass diese Auslegung des steirischen Landesstraßenverwaltungsgesetzes im Widerspruch zur österreichischen Verfassung stand.

Die Demonstrationsfreiheit ist ein Grundrecht, das durch das österreichische Staatsgrundgesetz, Artikel 12 und die Europäische Menschenrechtskonvention, Artikel 11 geschützt ist. Wie auch der österreichische Verfassungsgerichtshof bestätigt, darf das

Grundrecht auf Demonstrationsfreiheit nicht einem Bewilligungsverfahren durch die staatliche Obrigkeit unterliegen. Es wäre ja auch absurd, von einem Grundrecht zu sprechen, wenn man für dessen Inanspruchnahme erst die Genehmigung der Behörde einzuholen hat.

Da alle unsere Versuche, den Grazer Magistrat auf die Verfassung aufmerksam zu machen oder überhaupt in einem persönlichen Gespräch gehört zu werden, scheiterten, beschlossen wir, eine Besetzung durchzuführen. Am 15. Februar 2007 erschienen etwa 30 AktivistInnen im Grazer Magistrat und betraten das Büro des zuständigen Beamten Andreas Köhler sowie eines seiner Kollegen nebenan. Ich setzte mich auf Köhlers Schreibtisch und sagte freundlich, dass ich mit ihm jetzt darüber reden wolle, dass er unser von der Verfassung garantiertes Grundrecht auf Versammlungsfreiheit breche. Köhler antwortete, dass er mit mir nicht sprechen werde, und verließ das Büro. Daraufhin schlossen wir uns in seinem Büro ein und verbarrikadierten die Tür. Ähnlich war es im Büro nebenan abgelaufen. Die Bürotüren waren sehr massiv, daher war es möglich, sie mit den vorhandenen Möbelstücken und Schreibtischen fix zu verklemmen. Nur mit schwerem Gerät und einer völligen Zerstörung der Tür sollte es der Polizei möglich sein, in das Büro einzudringen.

Foto 13: Wir forderten nicht nur Demonstrationsfreiheit, sondern auch konkret ein Gespräch auf höchster Ebene über die Demonstrationsverbote.

Dann hängten wir ein eigens dafür gemaltes Transparent mit der Aufschrift „Für Demofreiheit in Graz“ zwischen den beiden besetzten Büros an die Außenwand. Vor der

Tür begann eine Demonstration mit Spruchbändern wie „Demonstrationsfreiheit muss bleiben!". Anschließend informierten wir die Medien. Rasch kam die Polizei und nahm mit uns Kontakt auf. Wir würden uns schwerer Vergehen schuldig machen, und es sei unsere letzte Chance, sofort herauszukommen, drohte man uns. Doch wir ließen uns nicht beirren und forderten über das Megafon bürgerliche Freiheiten und die Einhaltung der Verfassung. Unsere Forderung für die Beendigung der Besetzung war, dass der Magistrat sich bereit erklärte, auf höchster Ebene über das Problem zu sprechen. Solange wir dafür keine Zusage bekamen, wollten wir die Besetzung fortsetzen.

Die Verhandlungen über ein Ende der Besetzung zogen sich bis tief in die Nacht. Eine steirische Landtagsabgeordnete der Grünen versuchte zu vermitteln. Endlich, gegen Mitternacht, erhielten wir die Zusage für ein hochrangiges Gespräch mit dem Magistrat eine Woche später. Wir lösten daraufhin die Besetzung auf und wurden in einem stockdunklen Magistratsgebäude von Polizeikräften festgenommen.

Am 22. Februar 2007 gab es ein Gipfelgespräch mit hochrangigen VertreterInnen der Stadt Graz, den Polizeichefs und uns, das aber scheiterte. Der Grazer Magistrat drohte weiterhin damit, uns Geldstrafbescheide für jede abgehaltene Tierschutzkundgebung zu schicken. Am 3. März lenkte dann die Stadtverwaltung auf höchster Ebene ein. Der Magistratsdirektor sagte, dass ab sofort jede Kundgebungsanmeldung als genehmigt gelte, außer es gebe eine explizite Untersagung durch den Magistrat. Damit war zwar für den Moment das Auslangen gefunden, aber verfassungskonform war das noch immer nicht. Untersagt werden können laut Verfassung Kundgebungen nur von der zuständigen Bundespolizeidirektion aufgrund spezifischer Gefahren, etwa einer Gefahr für die öffentliche Sicherheit. Dass ein Magistrat ohne Angabe von Gründen eine Kundgebung willkürlich untersagen konnte, war von der Verfassung nicht vorgesehen. Der Verfassungsgerichtshof hatte bisher zum steirischen Landesstraßenverwaltungsgesetz gesagt, dass es bezüglich des Grundrechts auf Versammlungsfreiheit nicht verfassungswidrig sei, wenn es verfassungskonform interpretiert werde. Was damit gemeint war, blieb leider offen und lieferte dem Magistrat die Ausrede dafür, unsere Demonstrationen weiterhin zu bestrafen. Unserer Ansicht nach war die verfassungskonforme Interpretation des Gesetzes, dass der Magistrat grundsätzlich jede nicht von der Bundespolizeidirektion untersagte Versammlung automatisch zu bewilligen hatte.

Am 14. März 2007 erhielten wir einen weiteren Strafbescheid des Grazer Magistrats in der Höhe von 100 Euro. Dieser Bescheid wurde wegen einer Kundgebung vom 13. Jänner 2007 ausgesprochen, für die wir zwar wenige Tage zuvor bei der Straßenverwaltung eine Genehmigung beantragt, aber nicht erhalten hatten, weil die wenigen Tage für eine Bearbeitung nicht ausgereicht hätten. Unsere Berufung gegen diesen offensichtlichen Verfassungsbruch wies der Unabhängige Verwaltungssenat Graz zwar zurück, schwächte die Geldstrafe aber in eine Mahnung ab. Erst am 29. September 2008 entschied der Verfassungsgerichtshof über unsere Beschwerde in diesem Fall und gab uns in jeder Hinsicht recht: *„Die belangte Behörde verhängte zwar keine Geldstrafe über den*

Beschwerdeführer […]. Der Verfassungsgerichtshof ist jedoch der Auffassung, dass auch die Erteilung einer Ermahnung einen Eingriff in das Grundrecht auf Versammlungsfreiheit bewirkt. […] Der Bescheid war wegen Verletzung des verfassungsgesetzlich gewährleisteten Rechtes auf Versammlungsfreiheit aufzuheben."

Spät, aber doch gab uns also das höchste in diesem Zusammenhang zuständige Gericht Österreichs recht. Ohne unseren Widerstand aber wäre der Grazer Magistrat weiterhin gegen alle Kundgebungen, die politisch nicht opportun waren, mit einer verfassungswidrigen Anwendung eines Landesgesetzes vorgegangen. Trotz dieser nachträglichen höchstgerichtlichen Rechtfertigung unserer Aktionen waren diese von der SOKO im Akt als Beleg für unsere angeblich kriminelle Orientierung angeführt. Wieder konnte ich in meiner Zelle zu so viel Unverfrorenheit nur schweigen.

21. Auf die Wilhelmshöhe

Ich war mittlerweile von den Auswirkungen des Hungerstreiks so weit genesen, dass ich die Krankenstation verlassen konnte. Fast drei Monate lang war ich bereits im Gefängnis. Und obwohl die Zellen der Krankenstation an sich menschlicher und lebensfreundlicher als die üblichen Zellen in der Haftanstalt Josefstadt sind, ging ich langsam psychisch zugrunde. Ständig leuchteten überall nur grelle Neonröhren. Die Zeit schien mir zwischen den Fingern zu zerrinnen.

Die Zeit verrinnt!

Monatelang im ewig gleichen Raum, in meiner Zelle.

Die Zeit vergeht.

Sie zerrinnt mir zwischen den Fingern.

Noch wenige Tage vor meiner Verhaftung bin ich eine Skitour gegangen. Jetzt wird es bereits wieder herbstlich. Was bleibt, ist ein riesiges Loch in meinem Leben.

Zeit ist das Wertvollste, was ich habe. Und ich habe nicht mehr viel davon in meinem Leben. Das ist das Schlimmste für mich in Gefangenschaft: zuschauen zu müssen, wie die Zeit verrinnt, ohne sie nutzen zu können.

Meine Mithäftlinge führen alle Stricherllisten. Jeden Tag streichen sie das jeweilige Datum aus einem Kalender und füllen Berge von Seiten mit herausgestrichenen Tagestabellen.

Ich will nicht, dass die Zeit vergeht. Ich warte nicht schon sehnlichst in der Früh auf den Abend und am Abend auf die Früh. Ich erschrecke darüber, wie die Tage, Wochen und Monate vergehen und ich noch immer in diesem Verlies feststecke. Die Sinnlosigkeit dieses Zeitverlustes reißt Löcher in meine Seele. Wo sind die Berge, die Wälder, die Natur, die sonst mein Leben bereichern? Wo ist die Liebe, die mich sonst mit Energie und Lebenslust füllt? Wo bleibt die kreative politische Arbeit im Tierschutz, bei der ich normalerweise nicht weiß, wo ich zuerst anfangen soll, so hoch türmt sie sich vor mir auf? Was kann man Sinnvolles und Befriedigendes tun in einer Zelle? Monatelang?

Ich kann mir nicht erlauben, in meiner Vergangenheit zu kramen und Bilder wunderschöner Erlebnisse vor meinem geistigen Auge hervorzuholen. Da tun sich Abgründe auf. Da verliere ich den Boden unter den Füßen. Ich denke nicht an die Berge, die Liebe und all die wichtigen Tierschutzaufgaben, die meiner harren. Ich kann es mir nicht erlauben. Nicht in meinem Schwebezustand der Unsicherheit. Ohne auch nur im Geringsten zu wissen, ob mein Lebensstillstand noch Tage, Wochen, Monate oder sogar Jahre dauern wird. Wie lange ich noch zuschauen muss, wie die Zeit verrinnt, als Beobachter, der nicht eingreifen kann. Obwohl es meine Zeit ist, mein Leben, das hier langsam zerfließt, ohne gelebt zu werden.

Aber auch wenn es das eigene Leben ist, das einem lautlos entwischt, muss man unbeeindruckt zuschauen. Anteilnahme führt zum Nervenzusammenbruch, zum Irrsinn oder Selbstmord. Die oberste Regel im Gefängnis: Denke nichts, plane nichts, fühle nichts, agiere wie eine Maschine. Was kommt, das kommt. Und solltest Du jemals erwachen und frei sein und die Zeit aufhören zu zerrinnen, dann kannst Du die Scherben Deines Lebens aufsammeln und neu beginnen. Bis dahin bleibe ich lieber mehr tot als lebendig. Und sei es mit der Hilfe von Tabletten.

Die Leitung der Krankenstation beschloss, wahrscheinlich aus ehrlicher Sympathie mit mir und Mitgefühl für meine Situation, mich in die Außenstelle Wilhelmshöhe zu verlegen, eigentlich ein Gefängnis, das für Lungenkranke gedacht ist. Wie ich später hörte, hatte sich mein Bruder, der praktischer Arzt ist, beim Chefarzt dafür eingesetzt. Am 27. August wurde ich aus meiner Zelle geholt und mit einem Kleinbus der Justizanstalt hinaus in den Wienerwald bei Tullnerbach zu dieser Außenstelle gefahren.

Auf dem Weg dorthin fuhren wir direkt an meinem Büro in Wien-Penzing vorbei. Durch die getönten Scheiben konnte ich hinter dem Fenster unsere Büroleiterin stehen und gedankenverloren auf die Straße schauen sehen. Ich schrie, so laut ich konnte, aber sie hörte mich nicht. Wie es wohl im Vereinsbüro so weiterging, unter diesen Bedingungen?

Auf der Wilhelmshöhe angekommen, wurde ich in den Keller gebracht und musste mich dort nackt ausziehen. Ein Wachebeamter prüfte streng jedes einzelne meiner Kleidungsstücke, bevor ich eine Anstaltskleidung überreicht bekam. Auf der Wilhelmshöhe muss man sogar die Unterhosen des Gefängnisses benutzen, keine eigene Kleidung. Dann wurde ich in eine Zelle mit zwei anderen Gefangenen gebracht. Sie waren zwar nett und boten mir gleich Tee an – alle Zellen auf der Wilhelmshöhe haben Kochplatten –, aber wie alle Gefangenen rauchten sie unaufhörlich. Deshalb beantragte ich, in eine Einzelzelle verlegt zu werden. Bisher waren solche Anträge von mir immer ignoriert worden, eine nette Ärztin auf der Wilhelmshöhe aber, der ich mein Leid mit dem Rauch klagte, sorgte rasch dafür, dass ich tatsächlich eine Einzelzelle bekam.

Sie war, wie erwartet, winzig klein. Wenn ich mit ausgestreckten Armen in der Mitte stand, konnte ich fast alle Wände berühren. Sie maß vielleicht 2,5 mal zwei Meter, mit einer separaten Dusche. Mein Bett passte gerade noch in den Raum, dazu ein winziger Tisch und ein Sessel. Hier auf der Wilhelmshöhe hatte ich erstmals auch mit weiblichen Wachebeamtinnen zu tun. Das machte für mich aber keinen Unterschied. Gleich am ersten Tag riss eine dieser Frauen meine Zellentür auf und beschwerte sich unfreundlich, dass ich mein Handtuch so aufgehängt hätte, dass sie mich durch das Guckloch in der Tür nicht vollständig sehen könne, wenn ich im Bett läge. Aber im Allgemeinen waren die WachebeamtInnen auf der Wilhelmshöhe eher zu ertragen als in Wien. Der Leiter der Außenstelle ließ mich allerdings gleich seine Willkür spüren, als ich nach meiner Ankunft mit ihm sprach. Ich wollte meinen Anwalt und meine Freundin telefonisch darüber informieren, dass ich verlegt worden war. Er erlaubte mir aber nur ein Telefonat, ich könne mir aussuchen, mit wem der beiden. Ohne Angabe von Gründen.

Ein Psychologe der Anstalt ließ mich zu sich bringen, um abzuschätzen, wie suizidgefährdet ich war. Er war unfassbar unfreundlich und ließ mich wissen, dass ich selbst schuld sei und es verdienen würde, im Gefängnis zu sein. Hätte ich mich eben nicht kriminell betätigen sollen. Was konnte ich dazu sagen? Lieber schwieg ich, derartige Demütigungen bereits gewohnt.

In der Außenstelle Wilhelmshöhe befanden sich damals rund 30 männliche und drei weibliche Gefangene. Die Zellen wurden am Vormittag und am Nachmittag jeweils für ein paar Stunden geöffnet, sodass man auf den Gang hinausgehen und mit den anderen Gefangenen reden konnte. Das Highlight des Tages war für mich der Hofgang, der auf der Wilhelmshöhe in einem durch einen Extrazaun auf dem Gefängnisgelände abgesicherten Käfig stattfand, in dem sich aber elf Bäume befanden. Endlich konnte ich wieder Bäume berühren, auf einer Wiese liegen und einen Wald sehen.

Besuche konnten auf der Wilhelmshöhe nur am Wochenende empfangen werden. Einmal wurde ich Zeuge, wie WachebeamtInnen einen jungen schwarzen Gefangenen ansprangen, ihn zu Boden schlugen und ihm die Arme verdrehten. Dann wurde er weit nach vorne gebeugt in eine Strafzelle geschleift. Ein Besucher hatte versucht, ihm heimlich eine SIM-Karte für ein Handy zu überreichen. Das war der Wache aufgefallen, und sie griff ein, als ginge es um Leben und Tod. Dieser Gewaltausbruch schockierte mich sehr.

Die Anstaltsleitung bot mir an, als sogenannter Hausarbeiter auszuhelfen. Am liebsten wäre ich im Garten beschäftigt gewesen, erfuhr aber, dass das nicht möglich sei, weil man verhindern müsse, dass ich mit Personen von außerhalb Kontakt aufnehme. Wenn es auch nur eine einzige Demonstration vor dem Gefängnis gebe, sagte mir der Anstaltsleiter, würde man mich sofort wieder zurückschicken. Deshalb könne ich auch nicht in die Zelle der Hausarbeiter umziehen, weil man von dort aus auf die Straße schauen kann. Als ich einmal in dieser Zelle zu Besuch war, sagte mir ein Wachebeamter scharf, dass ich nicht zu nahe an die Fenster herangehen dürfe.

Meine Arbeit bestand zunächst darin, das Essen aus der Küche zu holen und mit einem Wagen zusammen mit zwei anderen Gefangenen jeweils in der Früh, zu Mittag und am Abend in die Zellen zu bringen. Die beiden anderen Hausarbeiter, beide ungarische Einbrecher, waren sehr freundlich zu mir, doch kaum gingen sie vor den WachebeamtInnen mit dem Essenswagen von Zelle zu Zelle, schrien sie herum und waren unsagbar aggressiv und unfreundlich. Außerhalb des Sichtbereichs der WachebeamtInnen beruhigten sie sich sofort wieder und waren lustige Gesellen. Offensichtlich war es ihnen wichtig, vor den WachebeamtInnen als besonders scharf und streng gegenüber anderen Gefangenen zu gelten. Ich litt darunter insofern, als es wirklich schwer war, mit diesem Essenswagerl durch die Gänge zu rasen, ohne an den Wänden anzufahren. In den ersten Tagen fing ich mir daher oft Beleidigungen und Zurechtweisungen ein.

Für das Putzen der Gänge war ein österreichischer Einbrecher eingeteilt, der mich, ohne mich zu kennen, überhaupt nicht mochte. An meinem ersten Arbeitstag drückte er mir einen riesigen, brennheißen Teekessel in die Hand, den ich in einen oberen Stock tragen sollte. Ich verbrannte mich dabei nicht nur furchtbar, ich verschüttete auch einigen Tee auf den Stiegen. Im Augenwinkel sah ich, dass der Mann voll Schadenfreude grinste. Ein anderer Hausarbeiter sagte mir später, ich solle von diesem Mann keine Aufträge annehmen, er sei sehr bösartig.

Als ich zwei große leere Metallbehälter, in denen das Essen gewesen war, aus dem zweiten Stockwerk in den Keller tragen musste, fiel mir einer davon mit unsagbar lautem Gepolter die Stiegen hinunter. Es war wirklich schwer, bei dieser ungewohnten Arbeit nicht aufzufallen, aber nach kurzer Zeit ging es schon viel leichter vonstatten.

Einmal dazu eingeteilt, die Gänge und Stiegen zu waschen, genoss ich diese Aufgabe regelrecht. Alle anderen waren in ihren Zellen eingesperrt, während ich ganz für mich allein mit großer Sorgfalt stundenlang jede einzelne Stiege und jeden Quadratmeter Gang zuerst mit einem Besen vom Staub befreite und dann nass abrieb. Keine WachebeamtInnen und auch sonst niemand kam in den Stunden, die ich zum Putzen brauchte, je vorbei. Nie davor und danach habe ich das Putzen so gern getan.

Als Hausarbeiter konnte ich auch einmal für 45 Minuten in eine Kraftkammer gehen und dort Gewichte stemmen. Ich hatte das in Wien oftmals beantragt, aber nie bewilligt bekommen. In meiner ganzen Haftzeit konnte ich daher trotz all meiner Bemühungen nur dieses eine Mal Sport betreiben. Die Zeit war leider rasch wieder um.

Diesen Vorteilen auf der Wilhelmshöhe standen einige Nachteile gegenüber. Ich vermisste die täglichen Besuche meines Anwalts Doczekal sehr, der mich immer darüber am Laufenden gehalten hatte, was gerade geschehen war. Auch Anwalt Traxler kam nicht zu mir auf die Wilhelmshöhe hinaus, und so hatte ich auch keine neuen Aktenteile und keinerlei Information. Es stand zwar ein Radiogerät in meiner Zelle, aber damit konnte ich nicht die mir so wahnsinnig wichtigen Tierrechtsradiosendungen auf Radio Orange hören, und auch andere Nachrichtensender waren schwer zu empfangen. Kein Geräusch von Demonstrationen drang je an mein Ohr, ich war von der Welt abgeschnitten.

22. Besuche sind verboten

Am schlimmsten war für mich, dass ich aufgrund eines Verbots von Staatsanwalt Handler keine Besuche empfangen konnte. Der Staatsanwalt war der Ansicht, es bestehe die Gefahr, ich würde meinem Besuch irgendwelche Informationen geben, die die Ermittlungen gegen mich gefährden könnten. Dabei war rein gesetzlich gesehen der Haftgrund Verdunkelungsgefahr mit dem 21. Juli, also zwei Monate nach meiner Verhaftung, obsolet geworden. Dennoch bestand der Staatsanwalt darauf, dass ich nur in einer überwachten Weise Besuche treffen dürfte, und eben das sei auf der Wilhelmshöhe nicht zu garantieren. Deshalb dürfe ich überhaupt keine Besuche mehr empfangen, und damit Schluss.

Das war ein herber Schlag für mich. Wie sollte ich die nächsten Wochen oder Monate oder vielleicht sogar Jahre auf diese Weise überstehen?

Ich hatte ein sehr großes Fenster in meiner Zelle und genügend Platz zwischen den Gitterstäben, sodass ich auf den Verstrebungen sitzen konnte. Ich sah auf ein Gefängnisgelände mit viel Gras und Bäumen und vielleicht 100 Meter weiter einen Außenzaun. Dahinter begann der Wienerwald. Es war für mich eine Wohltat, stundenlang da hinaus in den Wald zu schauen. Plötzlich hatte ich die fixe Idee, dass meine Partnerin Lisi doch da draußen im Wald auftauchen könnte. Wie wunderbar wäre das! Wir könnten Stunden miteinander verbringen, auch wenn die Distanz zu groß war, um zu sprechen oder sich überhaupt Zeichen zu geben.

Wenn sie jetzt dort aus dem Wald treten würde …

In eine kleine Zelle einer Außenstelle meines Gefängnisses verlegt, sitze ich am Fenster und starre durch die Gitterstäbe zum Wald hinauf. Ca. 100 Meter trennen mich von der freien Welt, und neben meinem Fenstergitter noch ein hoher Stacheldrahtzaun.

Es dämmert bereits, und im letzten Tageslicht sehe ich ein Reh aus dem Wald treten. Nur wenige Meter außerhalb des Gefängniszaunes grast es friedlich im Halbdunkel des Abendlichts.

Wenn sie nur dort aus dem Wald käme. Wenn wir uns nur sehen könnten, beieinandersitzen, sie am Waldrand, ich in meinem Fenster, durch Zaun und Gitter getrennt, aber doch vereint. Wie könnten wir uns lieben!

In der Dämmerung spähe ich durch das fahle Licht. Wird sie kommen? Habe ich sie versäumt?

Wieder ein Tag. Alle paar Minuten schaue ich hinauf zum Waldrand. Was, wenn sie plötzlich aus dem Wald treten würde?

Und dann wird Wirklichkeit aus meinen Träumen. In Fleisch und Blut steht sie da, oben im Dämmerlicht. Und alles ist wieder gut. Sie sieht mich, und ich sehe sie, und wir sind uns näher als je zuvor. Dicke Tränen quellen aus meinen Augen. Sie sitzt dort oben am Waldrand im hohen Gras. Ich sitze in meinem Fenster, die Finger ins Gitter gekrallt, und unsere Blicke weichen nicht voneinander.

Eine Stunde lang ist alles still, und ihre Kraft fließt zu mir herüber.

Da gehen die Scheinwerfer an im Garten des Gefängnisses. Eine der Kameras filmt mir direkt ins Gesicht. Sie steht auf, hebt die Hand zum Abschied und verschwindet in den Wald zurück.

Jetzt wird alles leichter zu ertragen sein.

Lisi erlebte das so: *Martin verzweifelte immer mehr in der Justizanstalt Josefstadt. Für Martin sind Natur, Wildnis, Bäume und Wiesen besonders wichtig. Aber in der Josefstadt konnte er nur Gitter und Himmel sehen, manchmal eine Taube. Da er auf der Krankenstation lag, gab es auch keinen Hofgang. Dies deprimierte ihn zusätzlich zu der schon immensen Belastung des Inhaftiertseins und der Schwäche durch den Hungerstreik. Ihm wurde von der Außen- und Krankenstation auf der Wilhelmshöhe vorgeschwärmt, und so setzte er alles daran, dorthin zu kommen. Und das geschah auch. Für mich war es einerseits schön, dass er dieses Ziel erreicht hatte und dort doch mehr Grün sehen konnte als in Wien, was ihn, so dachte ich, sicherlich ein wenig aufbauen konnte. Andererseits war die Wilhelmshöhe weit entfernt, und ich bekam ein anderes Problem. Als ich erfahren habe, dass Martin verlegt wurde, habe ich mich sofort im Internet schlau gemacht, wie die Besuchstage dort sind. Dann habe ich dort angerufen, um mich nochmals zu erkundigen, wann ich denn Martin das nächste Mal sehen könnte. Doch da wurde mir mitgeteilt, dass dies gar nicht möglich ist. Es gebe niemanden, der das Gespräch mithören könnte. Kein Gerichtsbeamter würde sich die Mühe machen, dorthin zu fahren, nur damit ich eine halbe Stunde mit Martin plaudern könnte. Ich meinte, dass das doch ein Witz sei und man doch niemandem seine Besuche streichen kann. Ich brachte dann auch den Vorschlag vor, dass ich die Person, die für solche Gespräche in Wien eingeteilt war, hinfahren und danach wieder zurück nach Wien bringen könnte, doch aus, das war nicht möglich. So stand ich nun vor dem Ergebnis, dass ich Martin einfach nicht mehr sehen konnte, für wie lange auch immer.*

Das konnte doch nicht wahr sein!

Also setzte ich mich ins Auto, fuhr zur Wilhelmshöhe und machte einen Spaziergang rund um das Gefängnis. Und dann sah ich ihn auch, er saß am Fenster hinter Gitterstäben, wie ein Tier im Zoo, und schaute ins Grüne. Ich setzte mich hinter den Zaun und winkte ihm, er erkannte mich, und so saß ich dort und starrte auf Martin hinter Gittern, bis es dunkel wurde, und war einfach nur froh, ihn zu sehen.

Am nächsten Tag fuhr ich wieder zur Wilhelmshöhe und wollte mich wieder an den gleichen Platz setzen, doch es war Vormittag, und im Garten waren Häftlinge, die dort herumspazierten, und dann sah ich, wie die Überwachungskameras nicht auf das Innere des „Gefängnisauslaufs", sondern auf mich gerichtet wurden, und dann kam auch schon ein Wärter und schrie mich an. Ich meinte nur, dass ich spazieren sei und mein Handy hier in den Büschen verloren hätte. Der Wärter sagte, dass ich sofort verschwinden solle, denn hier dürfe man sich nicht aufhalten!

Beim nächsten Telefonat mit Martin habe ich erfahren, dass er für einen Tag als Strafe in den Keller gesperrt wurde. Mir wurde dann gesagt, dass es verboten ist, in ein Gefängnisareal hineinzuschauen und Gefangenen zuzuwinken oder sie zu grüßen, aber es war für mich die einzige Möglichkeit, Martin zu sehen, denn die Besuche wurden uns einfach gestrichen.

Nach Lisis zweitem Besuch wurde ich zum Anstaltsleiter gerufen, der mir stolz die Bilder der Überwachungskamera zeigte und mich zu 24 Stunden Strafhaft im Keller verurteilte. Diese Strafhaft war mir egal, ich fürchtete nur, Lisi würde sich dadurch davon abhalten lassen, wieder zu kommen. Und tatsächlich kam sie nie mehr wieder.

Also beantragte ich, wieder in das Gefängnis Josefstadt zurückgebracht zu werden. Alle Vorteile auf der Wilhelmshöhe konnten in meinen Augen diese Nachteile nicht aufwiegen. Ich hatte ein Recht darauf, Besuche zu empfangen, also sollte man mir diese auch ermöglichen. Und sei es in diesem Betonloch, dem Gefängnis in Wien.

23. Endlich in Freiheit!

Bei meiner Ankunft in der Josefstadt am 1. September 2008 wurde ich wieder nackt ausgezogen und durchsucht. Anschließend führte man mich einem Arzt vor, der mich grundlos anschrie. Ich fragte ganz ruhig, warum er so aggressiv sei und ob er sich mir gegenüber nur so verhalte, weil ich ein Gefangener sei. Er schwieg betreten und schickte mich aus dem Behandlungszimmer. Dann brachte man mich mitsamt meinen mittlerweile fünf Kisten voller Akten in eine Zelle im Erdgeschoß. Der Raum war sehr schmal, düster und muffig. In den zwei Stockbetten lagen Gefangene, die offensichtlich auf Drogenentzug waren. Sie jammerten unaufhörlich vor sich hin und waren nicht ansprechbar. Jedes leiseste Geräusch führte zu Wutausbrüchen und Beschwerden über ihr unerträgliches Kopfweh. Sie rauchten ohne Pause, und entsprechend dicht standen die Rauchschwaden in der Luft. Oben in einer Ecke befand sich ein winziges Fenster mit engmaschigem Gitter, durch das man praktisch nicht durchschauen konnte. Ich war von diesem Loch, das sich eine Zelle nannte, zutiefst entsetzt. In der Abteilung, zu der meine neue Zelle gehörte, wurden keine Kochplatten erlaubt, die Zellen blieben den ganzen Tag verschlossen, und telefonieren konnte man nur freitags nach Antrag. Das hatte mir ein Wachebeamter gleich bei der Ankunft erklärt. Ich war völlig verzweifelt und musste mir ganz bewusst laut beruhigend zureden, um nicht in Panik zu geraten. Nur mit großer Mühe konnte ich einschlafen.

Am nächsten Tag in der Früh stellte ich gleich einen Antrag, mit dem Chefarzt der Krankenstation sprechen zu können. Ich plante, dort eine Tätigkeit als Hausarbeiter zu beantragen. Dann hatte ich endlich wieder ein Gespräch mit Anwalt Doczekal. Er eröffnete mir, dass es einen Vorschlag seitens der Justiz gebe. Alle Tierschutzgefangenen würden entlassen, wenn wir unsere Berufungen gegen laufende Haftverhandlungsurteile zurückziehen würden. Ich war durch die bisherige Beugehaft so gebrochen, dass ich sofort zusagte. Nur Elmar Völkl würde auf seiner Beschwerde beim Obersten Gerichtshof bestehen, erzählte mir Doczekal, weil er sich sicher sei, diese zu gewinnen. „Und was, wenn nicht?“, fragte ich verzweifelt. Elmar war in Eisenstadt in U-Haft. Ich würde ihn brieflich kontaktieren und zu einem Rückzug der Beschwerde drängen.

Das war wenigstens eine gute Nachricht, aber ich war mir nicht sicher, ob sie überhaupt stimmte. Es schien mir ein seltsamer Kuhhandel zu sein. Gibt sich die österreichische Justiz für so etwas her? Als Nächstes wurde ich zu einem Besuch gebracht. Ich sah meine Lisi wieder und die beiden Obleute der steirischen Tierschutzorganisation Tier-WeGe, die auch eine Hausdurchsuchung hinter sich hatten. Sie waren so fröhlich. Doch leider konnten sie mich nicht anstecken. Mitten während des Besuchs brach ich in Tränen aus und konnte mich kaum noch beruhigen. Es war mir richtiggehend peinlich.

Anschließend kam der Leiter des Gefängnismagazins zusammen mit einem seiner Hausarbeiter zu mir in die Zelle. Er sagte, dass ich bei ihm im Magazin arbeiten und mir eine Zelle mit seinem Hausarbeiter teilen könne. Dort werde zwar auch geraucht, es sei aber wesentlich angenehmer als hier. Ich war begeistert, das war wirklich Licht am Horizont. Doch der Magazinleiter dämpfte gleich meine Vorfreude. Er müsse erst bei Staatsanwalt Handler anfragen, ob das in Ordnung gehe. Ich konnte mir ausrechnen, wie lange der für seine Entscheidung brauchen und was er dazu sagen würde.

Plötzlich kam ein Wachebeamter und sagte: „Balluch, Sie können heimgehen!“ Was? Ich glaubte, mich verhört zu haben. „Jetzt, sofort?“, fragte ich. „Raus!“, drängte der Beamte. Rasch packte ich meine Sachen zusammen, gab meinen rauschgiftkranken Zellengenossen meine restlichen Fruchtsäfte und übertrug ihnen schriftlich alles, was ich für die nächste „Ausspeis“ in zwei Tagen bestellt und bereits bezahlt hatte. Dann kam ich zur Ausgabestelle, die mir meine Schlüssel, Ausweise und mein restliches Geld gab. Anschließend trat ich aus dem Gefängnistor in die Freiheit hinaus!

Lisi erinnert sich: *Am Dienstag, dem 2. September, dem 105. Tag der Haft, besuchte ich gemeinsam mit zwei Freunden Martin im Gefängnis. Er war wieder in der Justizanstalt Josefstadt und musste seine winzig kleine Zelle mit Kettenrauchern teilen. Er war verzweifelt und am Boden zerstört. Langsam fand ich auch keine Worte mehr, ihn wirklich aufzubauen, da bis jetzt jeder Hoffnungsschimmer auf eine Enthaftung zerschmettert wurde.*

Nach dem Besuch fuhr ich direkt ins Büro, um weiter Aktenberge zu kopieren und zu schlichten, als mein Telefon klingelte. Es war die Assistentin des Anwalts von Martin. Ich meinte kurz und knapp, dass ich sie später zurückrufen werde, da ich gerade im Auto unterwegs bin, doch sie schrie ins Telefon: „Sie kommen frei!“

Ich konnte es nicht fassen und fragte immer wieder nach, ob das wirklich der Fall ist oder ob es sich vielleicht nur um ein Gerücht handelt. Sie sagte, dass es einen Bescheid von der Oberstaatsanwaltschaft Wien gibt, der die sofortige Enthaftung veranlasst.

Ich lief ins Büro und brüllte freudestrahlend herum, dass sie freikommen, und sah nur ungläubige Augen vor mir. Erst als ich den gemailten Bescheid der Oberstaatsanwaltschaft herzeigte, wurde es allen klar. Mit dem Bescheid in der Hand sprang ich wieder ins Auto und raste zur Justizanstalt, vorne rein, mit dem Zettel wachelnd, dann wurde mir erklärt, dass sie hinten in der Wickenburggasse rauskommen. So rannte ich auf die Rückseite des Gebäudes, durchgehend mit verschiedenen Leuten telefonierend, um diese frohe Botschaft so schnell wie möglich zu verbreiten. Dann standen wir vor dem riesigen Stahltor. Und plötzlich ging die Tür auf, und ein absolut dünner, total fertig ausschauender, aber übers ganze Gesicht strahlender Martin stand vor mir. Wir haben uns umarmt und für den Rest des Tages nicht mehr losgelassen. Für genau diesen Moment habe ich monatelang demonstriert, Akten kopiert, geordnet, Interviews gegeben, Aktionen abgehalten, JournalistInnen und PolitikerInnen kontaktiert. Für mich war nun mein Kampf gegen diese Ungerechtigkeit zu Ende, alle TierschützerInnen waren wieder frei, Martin war frei. Doch für ihn sollte der Kampf erst jetzt wirklich beginnen.

So viele Menschen standen da und umarmten mich und gratulierten mir. Ich konnte mich gar nicht in dem Ausmaß bei allen bedanken, in dem ich mich in ihrer Schuld fühlte. Auch der grüne Sicherheitssprecher Peter Pilz war da und erzählte mir, dass wir gemeinsam am nächsten Tag eine Pressekonferenz geben würden. Ich sagte ihm, ich würde mich unsicher fühlen, ob ich nicht sofort wieder verhaftet werde, aber er meinte, ich sei jetzt von allen Menschen in Österreich am meisten vor einer weiteren Verhaftung gefeit.

Die Oberstaatsanwaltschaft Wien schrieb in einer Pressemitteilung: „*Die Oberstaatsanwaltschaft Wien hat im Zuge der Überprüfung einer Haftbeschwerde und nach Fallerörterung mit Vertretern der Staatsanwaltschaft Wr. Neustadt diese heute angewiesen, die Enthaftung der sogenannten ‚Tierschützer' zu beantragen. [...] Der Haftgrund der Verdunkelungsgefahr ist durch das Gesetz mit zwei Monaten begrenzt. Diese Frist ist zwischenzeitig angelaufen, zudem sind die wesentlichen Beweismittel sichergestellt und auszuwerten, sodass eine Inhaftierung der Beschuldigten als Maßnahme zur Sicherung des Verfahrens nicht – mehr – erforderlich ist. Der Haftgrund der Tatbegehungsgefahr besteht zwar weiterhin, doch darf die Untersuchungshaft nicht fortgesetzt werden, wenn sie zu der zu erwartenden Strafe außer Verhältnis steht. Da die Beschuldigten überwiegend unbescholten sind, droht die jeweils mehr als drei Monate dauernde Untersuchungshaft jedoch angesichts der jeweils aktuellen Strafdrohung von bis zu fünf Jahren und des Ausmaßes der realistisch zu erwartenden unmittelbar zu vollziehenden Strafen unverhältnismäßig zu werden.*"

Im „Standard" wurden weitere Details dazu veröffentlicht. Die Oberstaatsanwaltschaft hatte sich mit der Frage der Berufung gegen die Freilassung von Chris Moser am 13. August befasst und dabei befunden, dass nicht nur diese Enthaftung in Ordnung war, sondern auch die Anhaltung der übrigen Häftlinge unverhältnismäßig wurde. Der Wr. Neustädter Staatsanwalt Handler soll zwar argumentiert haben, dass eine Freilassung der Verdächtigen die noch notwendigen Vernehmungen und damit den Abschluss der Ermittlungen weiter verzögern würde, doch die Oberstaatsanwaltschaft sei dem nicht gefolgt. Gerüchteweise hörte man munkeln, dass die SPÖ-Justizministerin die Enthaftung veranlasst habe, weil die Wr. Neustädter Staatsanwaltschaft die immer wieder versprochenen Beweise für die Schuld der Häftlinge nicht und nicht vorlegen konnte. Hätte die ÖVP schon damals, und nicht erst nach der Wahl im Herbst 2008, die Justizministerin gestellt, wären wir vielleicht viel länger in U-Haft geblieben. Wäre andererseits die Öffentlichkeit nicht mittlerweile so stark mobilisiert und so kritisch gegen Polizei und Justiz in dieser Causa eingestellt gewesen, hätte unsere Haft möglicherweise ebenfalls Jahre gedauert. Ein politisches Verfahren wie dieses steht und fällt mit der öffentlichen Meinung.

Anlässlich unserer Freilassung schrieb der deutsche Philosoph und Essayist Peter Sloterdijk im „Standard" unter dem Titel *„Schläft die österreichische Zivilgesellschaft?"*: *„Das Vorgehen der Justizbehörden gegen die Tierschützer zeichnet sich durch eine grobe Unverhältnismäßigkeit der Maßnahmen aus. Die maßlose Ausdehnung der U-Haft implizierte nicht nur die latente und manifeste Kriminalisierung von Personen, die gegen die Misshandlung von Tieren kämpfen und gelegentlich auf unkonventionelle Methoden zurückgreifen, um systematische Formen der Tiermisshandlung aufzudecken; sie kommt einer Vorverurteilung per Prozedur gleich. Die österreichische Öffentlichkeit hat ein Recht darauf zu erfahren, wie die Nähe der Staatsanwaltschaft zu den Positionen der Vertreter einer gewissen, der Tierquälerei verdächtigen Industrie in diesem Land zu rechtfertigen ist. Mit großer Sorge beobachten wir die Passivität der Öffentlichkeit und die relative Gleichgültigkeit der österreichischen Medien gegenüber diesen Vorgängen, die gleichwohl Beunruhigung auf breiter Front hervorrufen müssten. Obwohl eine schweigende Mehrheit der Bevölkerung die überzogenen Maßnahmen der Justizbehörden nicht gutheißen konnte, nimmt man sie fatalistisch hin wie eine bizarre alpenländische Anekdote unter anderen, ohne so recht zu begreifen, dass hier ein Schritt zum Abbau rechtsstaatlicher Verhältnisse geschieht, ja mehr noch, ein Schritt zur Infragestellung der Demokratie durch eine Justiz mit manifesten lobbyistischen Neigungen. […] Es ist höchste Zeit, die Lähmung der bürgergesellschaftlichen Energien in diesem Land aufzubrechen, es gilt jetzt, ein Zeichen zu setzen, dass es für viele Bürger nicht infrage kommt, sich schweigend an behördliche Unrechtshandlungen anzupassen."*

Ich konnte nicht mehr in die Wohnung zurückkehren, in der ich von der Polizei vor fast vier Monaten überfallen worden war. Dort hatte ich meine ganze Kindheit und Jugend verbracht, bis auf die Zeit im Ausland war das über mehr als 40 Jahre der Mittelpunkt meines Lebens gewesen. Jetzt konnte ich diesem Ort nicht einmal mehr nahe kommen. Tatsächlich sollte ich diese Wohnung nie wieder betreten. Zum Glück kam ich zunächst für einen Monat bei meiner Partnerin unter, dann bot mir eine Frau an, im Haus ihrer Großmutter zu wohnen, die gerade ins Altersheim hatte übersiedeln müssen. Dankend nahm ich an und nutzte das Haus als sicheren Rückzugsort, ohne mich dafür bei der Polizei zu melden. Das wäre mir zu gefährlich erschienen, rechnete ich doch immer noch jede Nacht mit einem Überfall.

Foto 14: Nach der Entlassung aus der U-Haft empfängt mich meine Partnerin direkt vor dem Gefängnis.

Auch zahlreiche andere Personen unterstützten mich in dieser Phase völlig selbstlos. Einer kaufte mir einen neuen Laptop, eine unbekannte Gönnerin ein Fahrrad, „damit Dir die Polizei keinen Peilsender mehr aufmontieren kann". Mein Auto war während der Haftzeit so festgerostet, dass ich es nur noch von der Werkstatt abholen lassen konnte. Als bekannt wurde, dass die SOKO noch immer meine Armbanduhr beschlagnahmt hielt, weil ich darauf wichtige Daten gespeichert haben konnte, wurden mir mehrere Uhren mit der Post ins Büro geschickt. Ein Radgeschäft schenkte mir aus Solidarität ein 100-Euro-Sicherheitsschloss. Ich begann mich hier in Österreich wieder gut aufgehoben zu fühlen und schloss mit dem Land Frieden, nachdem ich es durch diese Behördenmaßnahmen richtiggehend zu hassen begonnen hatte.

Was mein Verfahren betraf, so hatte zwar im Oktober 2008 der Oberste Gerichtshof aufgrund einer Berufung gegen das Urteil des OLG durch andere Häftlinge unser erstes Hafturteil höchstgerichtlich bestätigt, ich war aber dennoch sicher, dass es nie zu einer Anklage kommen würde. Es lag überhaupt nichts vor. Man werde, so war ich überzeugt, es einfach möglichst lange hinauszögern, zugeben zu müssen, dass man ohne Verdachtsmomente gegen uns vorgegangen war. Nichtsdestotrotz sollten die Verantwortlichen rasch zur Verantwortung gezogen und uns Betroffenen eine Wiedergutmachung gezahlt werden, dafür wollte ich mich einsetzen. Daneben machte ich mich mit Hilfe einer Traumatherapeutin und zusammen mit meinen ArbeitskollegInnen beim VGT daran, die Scherben wieder aufzusammeln und mein Leben und unsere Tierschutzarbeit neu anzugehen.

Für mein neues Leben wollte ich ein weiteres unschuldiges Opfer aus dem Gefängnis holen: einen Hund aus dem Tierheim. Im Tierparadies Schabenreith wurde ich fündig, ein junger Mischlingshund, der kurz davor an der Autobahn ausgesetzt und ins Tierheim Wels gebracht worden war, hatte es mir angetan. Hätte ich damals geahnt, dass es wirklich einen Prozess geben würde, in dem die Staatsmacht alles daransetzen sollte, mich für Jahre ins Gefängnis zu bringen, ich hätte diesen Hund wahrscheinlich nicht bei mir aufgenommen – riskierte ich doch damit, dass er ein zweites Mal sein Zuhause verlieren würde.

24. Generalangriff auf den VGT

Kaum waren wir Gefangenen in Freiheit, veröffentlichte das ÖVP-Innenministerium am 4. September 2008 eine Pressemeldung, die die weitere Tonart vorgeben sollte. Die Polizei war bis in die höchsten Kreise hinein nicht nur nicht bereit zurückzustecken, sie ging voll zum Angriff über. In der Aussendung wurde die Anzahl der Straftaten meiner angeblichen kriminellen Organisation seit 1996 auf 224 erhöht und der Schaden diesmal sogar mit 3,5 Millionen Euro angegeben. Der geschäftsführende Generaldirektor für die öffentliche Sicherheit, Elmar Marent, wurde mit der Aussage zitiert, man müsse 62 dieser 224 Straftaten der „verdächtigen Tätergruppe" zuordnen, über die deshalb letztendlich von weisungsfreien RichterInnen die U-Haft verhängt worden sei. Die 62 Straftaten, die mir und anderen vom Innenministerium aufgrund einer nicht näher spezifizierten Faktenlage öffentlich zugeordnet wurden, setzten sich aus neun Brandstiftungen, darunter wiederum der Jagdhüttenbrand bei Zurndorf, zwei versuchten Brandstiftungen, zwei Bombendrohungen, 25 schweren Sachbeschädigungen, neun Sachbeschädigungen, einer gefährlichen Drohung, zwei beharrlichen Verfolgungen, einer versuchten schweren Nötigung und elf Nötigungen zusammen. Obwohl ich das Innenministerium und Marent sofort anschrieb und fragte, auf welche Ermittlungsergebnisse sie sich bezogen, wurde das mir gegenüber nie aufgeklärt. Ein Rechtsanwalt, den wir mit einer Klage wegen übler Nachrede beauftragen wollten, erklärte, dass eine solche Aussendung ein hoheitlicher Akt sei und nicht mit einer Zivilklage belangt werden könne. Zu meinem Erstaunen wurde ich also wieder einmal mit der Tatsache konfrontiert, dass Ministerien die BürgerInnen beliebig verleumden dürfen, ohne dass sich irgendwer dagegen wehren kann. Umgekehrt Ähnliches einfach so über MinisterInnen zu behaupten wird umgehend mit einer Klage beantwortet, die auch noch die SteuerzahlerInnen finanzieren, wie ich bereits oft erleben musste. Dabei nutzen die Ministerien auch noch unverschämt den Vertrauensvorschuss aus, der ihnen als einer staatlichen Institution entgegengebracht wird.

Leider sind wir beim VGT ein derartiges Vorgehen spätestens seit 2004 gewohnt. Unsere Tierschutzerfolge bis dahin wie das Pelzfarmverbot (erreicht 1998), das Verbot von Wildtieren im Zirkus (erreicht 2002) und das Legebatterieverbot (erreicht 2004) schränkten die Tierindustrie in einem relevanten Ausmaß ein. Als Reaktion darauf wurden wir in den jährlichen Verfassungsschutzberichten des Bundesamtes für Verfassungsschutz und Terrorismusbekämpfung 2004 und 2005 namentlich erwähnt. Der Abschnitt „militanter Tierschutz“ bestand und besteht bis heute, mit Ausnahme von Bemerkungen zu wenigen Straftaten, im Wesentlichen aus einem Tätigkeitsbericht des VGT und oft auch direkt meiner Person. Die namentliche Erwähnung konnten wir ab 2006 unterbinden, indem wir eine Beschwerde einreichten und die Polizei zugeben musste, ihre Vorhaltungen nicht belegen zu können. Der VGT wurde im Verfassungsschutzbericht für 2006 nur noch im Abkürzungsverzeichnis geführt und in den Folgeberichten gar nicht mehr.

Laufend werden Veranstaltungen des VGT von der Polizei observiert und bespitzelt, wie aus verschiedenen Aktenteilen der Tierschutzcausa hervorgeht. So war ein Spitzel am 23. Jänner 2004 auf einer VGT-Demo gegen die Jagd, im August 2001 beim Kunstsymposium „Tier als Subjekt“, am 17. Juli 2002 bei meinem Vortrag zu Tierversuchen, 2007 auf unserem Animal Liberation Workshop in Innsbruck und im November 2008 auf unserem Tierrechtskongress in Wien. Und das ist nur die Spitze des Eisbergs, das sind nur jene Spitzel, die neben den beiden Langzeitspitzeln, die später im VGT aufgedeckt wurden, in den Ermittlungsakten mehr oder weniger zufällig erwähnt werden.

Das Bundesamt für Verfassungsschutz und Terrorismusbekämpfung (BVT) sowie die neun Landesämter (LVT) scheinen sich weniger für den Schutz der Verfassung im Sinne von Meinungs- und Versammlungsfreiheit zu interessieren als für den Schutz der Profite der wirtschaftlich Mächtigen, in unserem Fall der Tierindustrie. Im Jahr 2004 bekamen wir das zu spüren, als das Wiener LVT das Finanzamt veranlasste, die Buchhaltung des VGT zu prüfen. Das wissen wir aufgrund einer Anfrage an das Innenministerium nach § 26 Datenschutzgesetz, die wir gestellt hatten, um die über den VGT gespeicherten Daten zu eruieren. Die wenige Information, die wir damals erhielten, umfasste auch ein Fax des Wiener LVT an das Finanzamt mit der Aufforderung, beim VGT eine Finanzprüfung vorzunehmen. Das Ziel war festzustellen, ob der VGT über seinen Shop nicht mehr T-Shirts absetzt und einen größeren Umsatz macht, als einem gemeinnützigen Verein zustünde. Inwiefern eine derartige Finanzprüfung dem Schutz der Verfassung dienen kann, wollte uns das LVT auf Anfrage nicht mitteilen. Die Finanzprüfung verlief indessen negativ, d. h., es war nichts zu beanstanden.

Im September 2005 wurde staatlicherseits weiter gegen den VGT eskaliert. Das Unterrichtsministerium verfasste einen Brief an alle Schulen Österreichs, um sie vor Tierschutzvorträgen des VGT zu warnen. Die LehrerInnen hätten, bevor sie jemanden vom VGT in ihren Unterricht einladen, die Pflicht, sich von dessen Kompetenz und Absichten zu überzeugen. Werde das Thema „instrumentalisiert", müsse eingeschritten werden. Es sei bezüglich Tierschutz besser, sich an die Veterinärmedizinische Universität oder die Tierärztekammer zu wenden. Etwa zur selben Zeit wurde gegen mich ein allgemeines Verbot erlassen, an der Uni Wien – und sei es nur im Rahmen eines Seminars – Vorträge zu halten. Und das, obwohl ich an derselben Universität noch 2005 in Philosophie mit „Sehr gut" promoviert hatte. Auf meine Anfrage erklärte das Rektorat, ich sei ein Sicherheitsrisiko. Dabei ist es noch nie bei einem meiner zahlreichen Vorträge zu Tumulten oder einem Gewaltausbruch gekommen.

Foto 15: Die Legebatterie eines ÖVP-Bürgermeisters.
Für ihn war ich ein Terrorist, weil ich seinen Betrieb fotografierte.

Im Dezember 2006 wurden eine Zeit lang alle Tierschutzdemonstrationen des VGT mit der Begründung untersagt, es bestehe die Gefahr, dass es zu Gewaltübergriffen käme. Dadurch sei die öffentliche Sicherheit gefährdet. Die Grünen stellten daraufhin eine parlamentarische Anfrage an den damaligen ÖVP-Innenminister Günther Platter. Dieser antwortete am 15. März 2007, die Untersagung sei erfolgt, weil der VGT auf seiner Homepage „regelmäßig anonyme Bekennerschreiben, welche teilweise gewalttätige Aktionen beschreiben", veröffentliche. Tatsache ist aber, dass auf der Webseite des VGT noch nie ein Bekennerschreiben veröffentlicht worden ist. Nach einer Beschwerde von mir bei der Volksanwaltschaft wurde der Innenminister von Volksanwältin Terezija Stoisits aufgefordert, Webausdrucke der VGT-Seite mit solchen Bekennerschreiben vorzulegen. Darauf antwortete Platter, das sei so nicht gemeint gewesen, er habe nur sagen wollen, dass man über Links von der VGT-Homepage zu anderen Seiten komme, von denen man sich letztendlich bis zu Bekennerschreiben durchklicken könne. Die Volksanwältin konnte der Argumentation des Innenministers nicht folgen. Vom Betreiber einer Homepage könne nicht behauptet werden, er identifiziere sich vollständig mit allen Inhalten von Webseiten, die über seine Links erreichbar sind. Für Behauptungen, „welche immerhin den Ruf von Organisationen und den dahinterstehenden Menschen beeinträchtigen können", sollte in Zukunft eine „entsprechend belegte Faktenbasis" vorhanden sein, argumentierte sie.

Innenminister Platter nannte noch einen zweiten Grund für die Untersagungen in seiner Anfragebeantwortung vor dem Parlament am 15. März 2007. Es habe sechs Vorfälle bei Demos des VGT gegeben, bei denen es zu Gewalttaten gekommen sei. Die Liste dieser sechs Vorfälle zeigte aber entweder gar keine Gewalttaten, wie z. B. im Fall der Besetzung der ÖVP-Bundeszentrale durch den VGT, oder diese hatten nichts mit dem VGT zu tun. Volksanwältin Stoisits stellte dazu nach einem Briefwechsel mit dem Innenminister fest: „Von den Vorfällen, mit denen der VGT in der Anfragebeantwortung in Verbindung gebracht wurde, weist selbst laut Stellungnahme [des Ministers] lediglich die Besetzung der ÖVP-Zentrale am 21.11.2002 eine Verbindung mit dem VGT auf."

Der VGT versuchte, Innenminister Platter aufgrund dieser öffentlichen Aussagen wegen übler Nachrede zu klagen. Die Klage wurde kostenpflichtig mit der Begründung abgewiesen, es habe sich um einen hoheitlichen Akt gehandelt, der zivilrechtlich nicht einklagbar sei. Die Sicherheitsdirektion Wien, der wir eine Berufung gegen die Kundgebungsuntersagungen geschickt hatten, wies unser Ansinnen mit derselben Begründung zurück, wie sie der Minister in seinem Statement vor dem Parlament verwendet hatte. Im Oktober 2007 schalteten wir bezahlte Anzeigen in „Standard" und „Presse", in denen ich Innenminister Platter klar und deutlich der Lüge bezichtigte. Denn obwohl ich den Minister nicht klagen kann, steht ihm dieser Weg umgekehrt jederzeit offen. Er klagte mich aber nicht. Stattdessen gründete er eine SOKO gegen uns.

Und diese SOKO betrieb zunächst sehr aktiv eine ähnliche Verleumdung wie ihr Minister. Noch 2007 sprach sie mit zahlreichen Firmen, die mit dem VGT (zum Teil nach einer Kampagne) kooperierten, um tierfreundlichere Produkte zu verkaufen, wie z. B. Bäckereien, die keine Legebatterieeier mehr nutzten. Die SOKO verbreitete bei diesen Firmen den Eindruck, der VGT sei eine kriminelle Organisation, was natürlich die weitere Zusammenarbeit verhindern sollte. Darüber hinaus konfrontierte die SOKO sämtliche KundInnen der Kontrollstelle für artgemäße Nutztierhaltung, die zu einem Drittel im Eigentum des VGT steht, mit demselben Verdacht und erweckte den Eindruck, dass die Kontrollstelle als Finanzierungsquelle krimineller Aktivitäten diene und die Kontrollgebühr als „Schutzgelderpressung" zu sehen sei. Die Kontrollstelle geriet daraufhin in schwere wirtschaftliche Turbulenzen, die sie bis heute nicht überwunden hat.

Nach der Hausdurchsuchung im VGT-Büro weigerte sich die SOKO, dem VGT insbesondere seine Computerdaten wieder zurückzugeben. Während bei Hausdurchsuchungen in einem Büro der Technischen Universität Wien und in einer Firma, beide ebenso am 21. Mai 2008 im Rahmen der Tierschutzcausa erfolgt, die beschlagnahmten Daten sofort in Kopie ausgehändigt wurden, ließ man den VGT absichtlich ohne seine Infrastruktur, um ihn zu zerstören. Bereits am 25. Mai 2008, nur vier Tage nach der Hausdurchsuchung, beantragte der VGT die Rückgabe seiner Daten. Staatsanwalt Handler bot letztendlich nach zahlreichen Telefonaten an, der VGT möge eine Festplatte in die Wasagasse in Wien zum Sitz der SOKO bringen, dann werde eine Kopie der Daten ausgefolgt. Am 4. Juni wurde eine Festplatte übergeben, doch die SOKO weigerte sich weiterhin, die Daten herauszugeben. Die Ausrede der SOKO, das sei technisch nicht möglich, wurde durch ein Gutachten der Technischen Universität Wien, das der VGT in Auftrag gegeben hatte, widerlegt. Im Juli schließlich gab die SOKO bekannt, sie werde dem VGT erst dann seine Daten in Kopie überlassen, wenn er die Passwörter für die Verschlüsselungen bekanntgebe. Eine derartige Erpressung ist gesetzlich allerdings nicht vorgesehen, abgesehen davon hatte die SOKO sowieso eine unverschlüsselte Backupkopie des VGT-Servers.

Nach unserer Entlassung aus der U-Haft beantragte der VGT beim Untersuchungsrichter, er möge der SOKO auftragen, die Daten herauszugeben. Die Arbeit des VGT wurde durch das Zurückhalten der Daten verunmöglicht. Einerseits drohte der Entzug des Spendengütesiegels, wenn den PrüferInnen dieses Siegels die Buchhaltung des VGT nicht zeitgerecht übergeben wurde. Die SOKO hatte unterdessen die Buchhaltung des VGT in Kopie dem Finanzamt übergeben, um nachsehen zu lassen, ob der VGT auch Erbschaftssteuer gezahlt hat. Andererseits war der VGT ohne seine Fotos und Filme nicht in der Lage, Öffentlichkeitsarbeit in Tierschutzbelangen durchzuführen. Ohne die Daten von Mitgliedern konnte der VGT weder zu Spenden aufrufen noch Mitgliedsbeiträge einheben oder die Einzugsaufträge von regelmäßigen Spenden durchführen. Dem VGT wurden aber auch alle Unterlagen zu laufenden Gerichtsverfahren weggenommen. Aufforderungen der Gerichte, die Anzeigen wegen Tierquälerei zu belegen, konnte also nicht nachgekommen werden. Ohne seine E-Mails war es dem VGT nicht möglich, mit seinen AnsprechpartnerInnen zu korrespondieren. Aufgrund der Beschlagnahme mussten alle Computer durch den VGT neu gekauft und installiert werden.

Am 10. Februar 2009 kam es zu einer mündlichen Verhandlung vor dem Untersuchungsrichter Andreas Pablik am Landesgericht Wr. Neustadt. Am 19. März 2009 fällte

Pablik den Beschluss, dass dem VGT – zehn Monate nach der Beschlagnahme! – alle seine Daten in Kopie übergeben werden müssen. Die SOKO kam dieser richterlichen Verfügung nur teilweise nach und hielt eine 1,5 Terabyte große Festplatte mit der Ausrede zurück, die Polizei verfüge nicht über genügend Speicherplatz, um diese Festplatte zu kopieren. Erst während der Hauptverhandlung im Sommer 2010 übergab Richterin Sonja Arleth eine vom gerichtlich beeideten Sachverständigen für EDV-Fragen, Christian Lürzer, bereits Ende April 2009 hergestellte Kopie dieser Festplatte dem VGT.

Doch der schwerste Angriff auf den VGT bestand in dem Versuch, dem Verein die Gemeinnützigkeit zu entziehen. Die Aberkennung der Gemeinnützigkeit hätte für den VGT die Nachzahlung von ca. 700.000 Euro an Umsatzsteuern für erhaltene Spenden und damit den Bankrott bedeutet. Nachdem die SOKO Ende März 2009 dem VGT zähneknirschend eine Kopie der Buchhaltung übergeben musste, kamen bereits am nächsten Tag die SteuerfahnderInnen vom Finanzamt ins VGT-Büro, um die Buchhaltung dahingehend zu prüfen, ob dem Verein die Gemeinnützigkeit zu entziehen sei.

Ausgelöst wurde diese Maßnahme durch die SOKO. Einem Sitzungsprotokoll vom 19. Juni 2008 in den Räumlichkeiten der SOKO in der Wasagasse in Wien ist das unzweideutig zu entnehmen: *„Heute fand in den SOKO-Räumlichkeiten (Wasag. 22, Zi 119) zwischen 13 und 14:15 Uhr die vereinbarte Besprechung mit SOKO-Mitgliedern und Herrn Stark, Steuerfahndung, statt. Grundsätzliche Überlegungen folgten. Wesentlicher Punkt für eine weitere Finanzamts-Tätigkeit wird der Aspekt ‚Gemeinnützigkeit' darstellen. Wenn es gelingt, die Gemeinnützigkeit abzusprechen, sind weitere Maßnahmen sinnvoll. Andernfalls erfolgt ein (Negativ)Bericht an das Finanzamt und Staatsanwalt. […]*

Die SOKO wird bei SPAR Unterlagen über Zahlungen für die Eierkontrolle und eventuell Aufzeichnungen über Spenden anfordern. Einblick durch das Finanzamt kann erfolgen. […]

Erbschaften: Diese müssten auf alle Fälle dem Finanzamt gemeldet worden sein und auch entsprechende Erbschaftssteuer sollte bezahlt worden sein. Überprüfung durch Steuerfahndung wird erfolgen. Per Memory-Stick wurden Daten (von der Datensicherungsgruppe aus HD-Beständen gesichert) an Herrn Stark übergeben. Weitere Kontakte Steuerfahndung-SOKO: Voraustelefonat Mo 23.6.2008. Geplantes Treffen bei SOKO (Zi 119) Di 24.6.2008."

In den Akten findet sich dann am 27. August 2008 ein Bericht der SOKO von Inspektor Hampl über die Finanzen des VGT, gerichtet an „Staatsanwaltschaft Wr. Neustadt – Auftrag". Der Bericht endet mit den Worten: *„Inwieweit die Einnahmen und Ausgaben den Vereinsstatuten entsprechen und ob die Gemeinnützigkeit tatsächlich gegeben ist, wird derzeit geprüft."*

Am 10. März 2009 schrieb das ÖVP-Finanzministerium an das verantwortliche Finanzamt, dass dem VGT die Gemeinnützigkeit abgesprochen werden solle: *„Im gegenständlichen Fall [des VGT] ist schon aus den Statuten ersichtlich, dass grundsätzlich [gemeinnützige] Zwecke mit rein politischen Zielen wie der Verankerung des Tierschutzes* *in der österreichischen Bundesverfassung oder Fragen der Grundrechte vermischt werden. [...] Aus den vom Verein betriebenen Internetseiten und einem vom Finanzamt zur Verfügung gestellten Informationsblattes des Vereins ist nun ersichtlich, in welchem Ausmaß der Verein politische Ziele verfolgt: Hauptziele des Vereins seien unter anderem die restlose Abschaffung von Exporterstattungen für Lebendtiere, ein Verbot des Singvogelfangs, ein EU-weites Pelzproduktionsverbot, die Abschaffung der Jagd oder eine Totalreform des Tierversuchsgesetzes. Abgesehen davon, dass es sich hierbei eben um rein politische Ziele handelt, ist die Einstellung der Allgemeinheit in Österreich gegenüber diesen Zielen wohl als gespalten zu bezeichnen. Nach dem [Vereinsrecht] darf ein Rechtsträger aber nicht als gemeinnützig anerkannt werden, wenn in einem nicht unbeachtlichen Teil der Bevölkerung Bedenken gegenüber dem Förderziel bestehen.*" Daher solle dem VGT die Gemeinnützigkeit abgesprochen werden, endete die Vorgabe des Finanzministeriums.

Die Finanzprüfung des VGT in dieser Sache dauerte fast ein ganzes Jahr. Der politische Auftrag war offensichtlich, doch die PrüferInnen widersetzten sich der Intervention von oben und prüften objektiv. Ende Februar 2010, knapp vor Prozessbeginn, bestätigten sie dem VGT dessen Gemeinnützigkeit. Wir wurden gebeten, die PrüferInnen in der Öffentlichkeit nicht zu loben und das ganze Verfahren nicht medial breitzutreten, weil sie sonst Schwierigkeiten in ihrem Amt bekommen könnten.

Kurz vor diesem positiven Bescheid des Finanzamts kam es zum nächsten Eskalationsschritt gegen den VGT durch Staatsanwalt Handler. Anfang Februar 2010 wurde neben mir die gesamte VGT-Leitung, sowohl der Geschäftsführer als auch die KampagnenleiterInnen, für den nur wenige Wochen später beginnenden Prozess auf die Anklagebank gesetzt. Dadurch wurde für die Dauer des Prozesses die Arbeit des VGT schwer in Mitleidenschaft gezogen. Das war offensichtlich das Kalkül, da gegen die neu angeklagten Personen überhaupt nichts mehr vorlag, nicht einmal subversive E-Mail-Korrespondenz.

Nur wenig später wurde eine weitere Steuerprüfung, die dritte in kurzer Folge, gegen den VGT eingeleitet. Man wollte schauen, ob es verdeckte Gehaltszahlungen, z. B. durch die private Nutzung der VGT-Fahrzeuge speziell während des Prozesses, gegeben hatte. Bei dieser Prüfung war die Steuerfahndung erstmals erfolgreich: Der VGT hatte seinem Angestellten Chris Moser, der fast täglich aus Tirol mit der Bahn zum Prozess nach Wr. Neustadt reisen musste, ein Jahresticket für die Bahn bezahlt. Die SteuerfahnderInnen sahen darin eine verdeckte Gehaltszahlung bzw. Sachzuwendung statt eine Spesenrückerstattung, und der VGT musste für dieses Ticket Lohnsteuer nachzahlen.

25. Keine Akteneinsicht

Artikel 6 der Europäischen Menschenrechtskonvention (EMRK) normiert, dass alle Beschuldigten ein Recht auf ein faires Verfahren haben. Die Grundlage für ein faires Verfahren ist die vollständige Einsicht in alle Ermittlungsergebnisse durch die Verteidigung. Auch die österreichische Strafprozessordnung (StPO) legt in § 51 fest, dass den

Beschuldigten vollständige Akteneinsicht zu gewähren ist, und zwar explizit sowohl in den Ermittlungsakt der Kriminalpolizei als auch in den Ermittlungsakt der Staatsanwaltschaft und in den Gerichtsakt. Spätestens bei Beendigung der Ermittlungen darf diese Akteneinsicht laut Gesetz nicht mehr beschränkt werden.

Diese Normen sind sehr wichtig. Gerade bei politischen Prozessen gibt es viele Beispiele in der Geschichte, bei denen es zur Verurteilung von Unschuldigen kam, weil die Polizei die Akteneinsicht verhindert hatte und daher die Verteidigung essenzielle Beweismittel nicht vorlegen konnte, da sie gar nicht davon wusste. Bekannt ist der Fall der „Guildford Four“ aus dem Jahr 1975, in dem es um den politischen Konflikt zwischen England und Irland ging und der in dem Film „Im Namen des Vaters“ und in dem Buch „Memoirs of a Radical Lawyer“ von Michael Mansfield aufgearbeitet wurde. Letzterer war der Anwalt der Betroffenen, der sie nach 15 Jahren unschuldig verbüßter Haft aus dem Gefängnis bringen konnte. Der Trick für ihre Verurteilung war damals gewesen, dass die Polizei einfach die volle Akteneinsicht verweigert hatte und daher wesentliche Entlastungsbeweise der Verteidigung nie bekannt wurden. Es ist wirklich erschütternd, wie leicht das der Polizei möglich ist und wie methodisch es angewandt wird, um unschuldige Menschen aus politischen Gründen ins Gefängnis zu bringen. Das wurde auch im Verfahren gegen uns versucht.

Wenn die Polizei zu ermitteln beginnt, eröffnet sie einen Akt, den Ermittlungsakt der Kriminalpolizei. In diesem Akt findet sich jede polizeiliche Ermittlungshandlung, von Gesprächen mit InformantInnen bis zu den Daten technischer Überwachungen. Daneben gibt es den Ermittlungsakt der Staatsanwaltschaft. Die Polizei übermittelt aus ihrem Akt alles, was sie für relevant hält, an die Staatsanwaltschaft, und die deponiert das in einem eigenen Ermittlungsakt mit eigener Aktennummer. Im staatsanwaltlichen Ermittlungsakt finden sich auch alle Genehmigungen für polizeiliche Ermittlungsmaßnahmen sowie die Ansuchen danach. Laut § 145 (1) StPO zusammen mit § 134 Ziffer 5 muss die Polizei alle Rohdaten von Überwachungsmaßnahmen, z. B. von der Telefonüberwachung oder einem Großen Lauschangriff, letztendlich in den staatsanwaltlichen Ermittlungsakt übergeben. Bei Eröffnung des Gerichtsverfahrens müssen diese Rohdaten an das Gericht übermittelt werden.

Die Gesetzeslage ist also klar und menschenrechtskonform, nur leider hält sich die Polizei nicht daran und kann durch Gerichte auch nicht dazu gezwungen werden. Das musste ich in meinem Verfahren schmerzlich zur Kenntnis nehmen.

Von der ersten Minute an, in der mir klar wurde, dass die Polizei seit langem gegen mich ermittelte, beantragte ich Einsicht in ihre Ermittlungsakten. Ich erhielt eine sehr eingeschränkte Einsicht in die Ermittlungsakten des Staatsanwalts und überhaupt keine in die Ermittlungsakten der Polizei. Letzteres wurde mir mit der Begründung verweigert, dass dadurch die Ermittlungen gefährdet würden. Wir gingen also vor Gericht. Am 24. Februar 2009 urteilte der zuständige Untersuchungsrichter Andreas Pablik vom Landesgericht Wr. Neustadt:

„Schon allein die Tatsache, dass das Ermittlungsverfahren seit November 2006 anhängig ist und dem Beschuldigten im Oktober 2008 noch immer von der Polizei die Einsicht in den kompletten Akt verweigert wird, zeugt von einer maßlos überbordenden Heranziehung der als äußerst vorsichtig anzuwendenden Ausnahmebestimmung des § 51 Abs 2 StPO. Hinzu kommt, dass die – lediglich fünfzeilige – Stellungnahme der Polizei derart allgemein gehalten ist, keinerlei konkreten Bezug zu bestimmten Aktenteilen enthält und inhaltlich eher den bereits angeführten, keinesfalls ausreichenden kriminaltaktischen Überlegungen zuzuordnen ist, als dass tatsächliche Befürchtungen zu einzelnen bestimmten Ermittlungen nachvollziehbar dargelegt worden wären. Auch die Diktion ‚Informationsvorsprung' und ‚Nachteil für die Ermittlungen' [der Polizei] zeigt die Intention, den Beschuldigten ‚im Dunkeln' zu lassen, ein Vorgehen, das mit einem rechtsstaatlichen Strafprozess nicht kompatibel ist. […] Die Kriminalpolizei wird nunmehr umgehend die Rechte des Beschuldigten auf ein faires Verfahren zu akzeptieren und ihm bzw. seinem Verteidiger Einsicht in die von ihr geführten Akten zu gewähren haben."

Die Polizei gewährte aber keine Akteneinsicht. Stattdessen verfasste sie einen Zwischenbericht über die Ermittlungen und nannte diesen „Abschlussbericht". Laut § 53 StPO haben die Beschuldigten nach Erstellung des Abschlussberichts – gemeint ist: nach Ende der Ermittlungen – nur noch beim Staatsanwalt Akteneinsicht, weil die staatsanwaltlichen Ermittlungsakten zu diesem Zeitpunkt bereits alle kriminalpolizeilichen Ermittlungsergebnisse enthalten sollten. Die SOKO wandte also den Trick an, während ihre Ermittlungen auf Hochtouren weiterliefen, einfach einen Zwischenbericht Abschlussbericht zu nennen und zugleich ihre Ermittlungsergebnisse gesetzwidrig nicht in den Ermittlungsakt zu überstellen, um unsere Akteneinsicht zu verhindern. Am 21. März 2011 war es dann in unserem Strafprozess wegen § 278a möglich, einen ermittelnden Polizisten namens Stefan Pfandler, der als Zeuge der Anklage aufgerufen wurde, dazu zu befragen. Dieser gab an, dass der Polizei die gesetzliche Pflicht, ihre Überwachungsergebnisse dem Staatsanwalt zu übermitteln, bekannt gewesen sei, sie aber dieser Pflicht „nach Rücksprache mit dem Staatsanwalt" nicht nachgekommen sei. Weitere Angaben verweigerte der Zeuge dann vor Gericht mit dem Hinweis auf sein Recht, sich nicht selbst belasten zu müssen.

Es gab zahlreiche Überwachungsmaßnahmen, von deren Existenz wir aus den staatsanwaltlichen Ermittlungsakten wussten, deren Ergebnisse wir aber nicht einsehen durften. Dazu gehörten die persönlichen Observationen, die Peilsenderdaten von zwei Autos (eines davon meines), die Videofallen vor Hauseingängen, die Telefonüberwachung, die Überwachung von Demonstrationen und Aktionen, die Abgleiche von hunderten DNA-Spuren, die z. B. bei der Hausdurchsuchung im VGT-Büro aufgenommen worden waren (mehr als 60 benützte Gabeln, Löffel und Gläser wurden zur DNA-Auswertung von der SOKO mitgenommen), und die Funkzellenauswertungen. Die SOKO hatte für alle Verdächtigen Bewegungsprofile angelegt, die Auskunft darüber geben konnten, ob wir bei Straftaten zur Tatzeit an anderen Orten waren oder ob wir uns gewissen Tatorten nie genähert hatten. Weiters wussten wir von technischen Überwachungen verschiedener Örtlichkeiten, dass es einen Einsatz von verdeckten ErmittlerInnen und Vertrauenspersonen gegeben hatte, dass Informationen anderer inländischer, aber auch ausländischer Behörden verarbeitet worden waren, dass es bei zahlreichen Personen und Firmen Erkundigungen gegeben hatte und dass finanzielle Daten erhoben worden waren, sowohl von privaten Konten als auch von jenen des VGT. Bei Befragung der SOKO-BeamtInnen vor Gericht gaben diese an, dass diese Daten irrelevant seien und deshalb nicht in den Ermittlungsakt der Staatsanwaltschaft übergeben wurden.

Nach § 3 StPO unterliegt die Polizei der Objektivitätspflicht. Sie muss be- wie entlastende Umstände mit gleicher Sorgfalt ermitteln und natürlich der Verteidigung zur Verfügung stellen. Die SOKO argumentierte jetzt, dass es nicht entlastend sei, wenn man jahrelang intensivst überwacht wird und nie eine kriminelle Handlung setzt. Das würde nämlich erstens nicht beweisen, dass man nicht doch kriminell sei, wenn niemand hinschaut, und zweitens werde mir ja gar keine kriminelle Handlung vorgeworfen, sondern nur § 278a. Deshalb seien auch nachgewiesene Alibis von mir bezüglich gewisser Straftaten als irrelevant angesehen worden, da man mir diese Straftaten sowieso nicht vorwerfen würde.

Ich fragte den Beamten Stefan Pfandler am 21. März 2011 vor Gericht, ob ihm irgendetwas einfallen würde, das bezüglich § 278a entlastend wäre. Ob er sich eine Handlung oder Aussage vorstellen könne, die bei meiner Observation hätte auffallen können und die er dann als Entlastungsbeweis dem Staatsanwalt und der Verteidigung übermittelt hätte. „Dazu fällt mir kein Beispiel ein", antwortete Pfandler. Mit anderen Worten, zumindest bei Ermittlungen nach § 278a wird die Polizei immer nur belastende Ergebnisse übermitteln, nie entlastende, weil sie grundsätzlich nichts als entlastend empfindet. Dennoch handelte die Polizei gesetzwidrig, weil sie alle Daten hätte übermitteln müssen und die Entscheidung darüber, was be- oder entlastend ist, dem Gericht überlassen.

Da die SOKO dem gerichtlichen Auftrag, uns Akteneinsicht zu geben, nicht nachkam, machten wir erneut eine Eingabe bei Gericht. Die SOKO zeigte sich sehr wendig und erfinderisch in Ausreden. Einmal war ein Beamter auf Urlaub, ein anderes Mal wurden Anweisungen des Gerichts missverstanden oder Faxe des U-Richters „verloren". Anfang Jänner 2010 wurde es Richter Pablik zu bunt, und er legte einen Gerichtstermin fest in der erklärten Absicht, die SOKO zu verurteilen, sollte sie weiterhin seinen Beschluss ignorieren. Sage und schreibe vier Tage vor der Verhandlung wurde der resolute Richter von diesem Fall abgezogen und an ein Wiener Gericht „befördert".

Die nächste zuständige Richterin am Landesgericht Wr. Neustadt, Alexandra Paul, unternahm in der Sache Akteneinsicht überhaupt nichts. Das Verfahren ruhte, und der Tierschutzprozess mit einer anderen Richterin begann – noch immer ohne Einsicht in den Polizeiakt. Ein gutes Dreivierteljahr später ging die für den Akteneinsichtsprozess zuständige Richterin Paul in Karenz, und Richterin Katharina Edelbacher wurde bestellt. Sie legte schließlich für den 14. Oktober 2010 eine mündliche Verhandlung fest.

In ihrem Beschluss schrieb sie: „*Aus den Stellungnahmen der Polizei und dem Akteninhalt des Ermittlungsaktes ergibt sich keine Rechtfertigung für die [polizeiliche] Vorgangsweise [Akteneinsicht zu verweigern]. Ließe man die vorliegenden Erklärungen ausreichen, so wäre in nahezu jedem Fall eine massive Beschränkung der Akteneinsicht denkbar, ohne dass die Polizei die Aktenstücke im Einzelnen zu überprüfen hätte, und würde zu einem unzumutbaren Einschnitt in die Rechte von Beschuldigten führen. Auch der Umfang der Ermittlungen vermag dieses Vorgehen nicht zu rechtfertigen, weil das Informationsrecht des Beschuldigten eine viel zu zentrale Rolle für eine wirksame Verteidigung darstellt, als dass dieses zu leicht ausgehebelt werden darf. […] Verzögerungen, die durch den Aktenumfang nicht zu vermeiden sind, hat der Beschuldigte natürlich hinzunehmen, hier geht es jedoch um die konsequente Verweigerung über einen mehrjährigen Zeitraum ohne (ausreichende) Begründung. Dazu ist auch noch anzumerken, dass bis zuletzt keine inhaltlich ausreichende Begründung für die Akteneinsichtsverweigerung seitens der Kriminalpolizei dargelegt wurde. […] Es war aufgrund der obigen Ausführungen auszusprechen, dass die im Spruch genannte pauschale, unbegründete Verweigerung der Akteneinsicht durch die Kriminalpolizei den Beschuldigten in seinem Recht auf Akteneinsicht nach § 51 StPO verletzt hat. […] Der Gesetzgeber [sieht aber] nach Verletzung eines subjektiven Rechts keine weiteren Rechtsfolgen vor, insbesondere besteht keine Möglichkeit der prozessualen Durchsetzung von Beschuldigtenrechten, weswegen es mit der Feststellung der aufgezeigten Rechtsverletzung sein Bewenden haben muss.*“

Die Richterin bestätigte mir also nur, dass meine Rechte von der SOKO verletzt worden waren, stellte aber gleichzeitig fest, dass man da leider nichts machen könne. Die SOKO wurde zu keiner Strafe verurteilt – und ich musste meine Rechtsanwaltskosten für dieses Verfahren selbst tragen!

Bei dieser mündlichen Verhandlung war die neue SOKO-Chefin Sibylle Geiszler anwesend und sprach, offenbar ohne zu wissen, dass sie uns damit neue Informationen gab, von einer technischen Überwachung meines Büros, die stattgefunden hatte. Bis zu diesem Zeitpunkt – 14. Oktober 2010, also vier Jahre nach Ermittlungsbeginn und acht Monate nach Prozessbeginn – war in keinem uns zugänglichen Dokument gestanden, dass die SOKO mein Büro technisch überwacht hatte. Weil dabei „nichts Relevantes“ herausgekommen sei, war es von der SOKO verheimlicht worden. Dabei war ich als Chef einer kriminellen Organisation angeklagt und mein Büro als deren „Kommandozentrale“ inkriminiert!

Wieder wandte ich mich an das Gericht, und ein neu bestellter Untersuchungsrichter, Dennis Hoch, verlautete am 15. März 2011 seinen Beschluss: „*Aufgrund des Einspruchs des Beschuldigten DDr. Martin Balluch vom 7.1.2011 wird festgestellt, dass die fortgesetzte Verweigerung des Rechtes auf Einsehen und Anhören der [polizeilichen] Ermittlungsergebnisse den Beschuldigten in seinem Recht verletzt hat. […] Nach § 139 (1) StPO ist dem Beschuldigten zu ermöglichen, die gesamten Ergebnisse einzusehen und anzuhören. […] Grundsätzlich ist damit ein volles Einsichtsrecht außerhalb der Haupt-*

verhandlung gemeint. […] Dem Gesetz ist eine Befugnis der Kriminalpolizei zu entscheiden, welche Ermittlungsergebnisse zu übertragen sind, nicht zu entnehmen. Grundsätzlich sollten daher sämtliche […] Ermittlungsergebnisse der Staatsanwaltschaft zumindest zugänglich sein. […] Um dem Beschuldigten die Ausübung seiner Rechte zu ermöglichen, ist es notwendig, dass sämtliche Ergebnisse auf dessen Antrag auch dem Beschuldigten zugänglich gemacht werden. […] Wenn auch von der Kriminalpolizei angeführt wird, dass der ‚Anfertigung […] technische Möglichkeiten entgegen' stünden, beseitigt dies nicht das subjektive Recht des Beschuldigten."

Und dennoch konnte ich nie im gesamten Verfahren Einsicht in die polizeilichen Ermittlungsakten nehmen. Der Richterin im Tierschutzprozess muss allerdings zugute gehalten werden, dass sie gegen Ende des Verfahrens die Polizei sukzessive dazu zwang, gewisse Aktenteile und Ermittlungsdaten offenzulegen, z. B. die Daten der Peilsenderüberwachung meines Autos und die Berichte der Spitzel. Dennoch blieb bis zuletzt der Großteil der polizeilichen Ermittlungsakten ein Geheimnis, obwohl RichterInnen dreimal festgestellt hatten, dass uns die Polizei dadurch in unseren Rechten verletzt hat.

Aber die Polizei verweigerte mir nicht nur die Akteneinsicht, sie vertuschte auch viele Ermittlungsmaßnahmen, sodass ich gar nicht davon wusste und daher auch keine Einsichtnahme in die Ergebnisse beantragen konnte. Dazu gehört z. B. die chemische Analyse der Flüssigkeiten, die im VGT-Materiallager gefunden worden waren. Nur durch eine zufällige Nebenbemerkung der Chemikerin selbst, die am 23. Prozesstag aus anderen Gründen einvernommen wurde, erfuhren wir von dieser Ermittlungsmaßnahme, die uns wiederum stark entlastete. Für die SOKO war das aber ein „irrelevantes" Ergebnis, weshalb wir nie davon erfahren sollten.

Eine andere Polizeistrategie, um Akteneinsicht zu verweigern, besteht darin, neue Ermittlungsakten anzulegen. Auch das wurde in diesem Verfahren mehrmals durchgeführt, zuletzt gab es eine Reihe von verschiedenen Ermittlungsakten, die parallel geführt wurden. Ohne aber von einem neuen Ermittlungsakt überhaupt zu wissen, kann man keine Akteneinsicht beantragen – ein „guter" Trick, um Menschenrechte zu umgehen.

Ein eigenes Gerichtsgebührengesetz legt fest, dass man pro bei der Akteneinsicht kopierter Seite einen Euro zu zahlen hat. Fotografiert man die Seite selbst ab, muss man immer noch 50 Cent dafür bezahlen. Bei einem Aktenumfang von 300.000 Seiten, wie in unserem Fall, kann man sich die Akteneinsicht schlicht und einfach nicht leisten, selbst wenn man sie hätte. Allerdings wurde am 26. Juli 2011 vom Verfassungsgerichtshof ein Prüfungsverfahren eingeleitet, ob diese Gebühren verfassungskonform sind oder dem Recht auf ein faires Verfahren widersprechen.

26. Im Konflikt mit der ÖVP

Tierschutz ist an sich kein parteipolitisches Thema, er könnte auch als konservativer Wert begriffen werden. Warum sollte also ein Tierschutzverein mit einer konservativen

Partei wie der ÖVP in einen derartigen Konflikt geraten, dass zwei ÖVP-InnenministerInnen eine Sonderkommission mit Schwerpunkt VGT betreiben, dass ein ÖVP-Finanzministerium mehrere Steuerprüfungsverfahren innerhalb weniger Jahre gegen den VGT einleitet und dem Finanzamt nahelegt, dem VGT die Gemeinnützigkeit zu entziehen, und dass eine ÖVP-Justizministerin der Staatsanwaltschaft die Weisung erteilt, die wichtigsten FunktionärInnen des VGT ausschließlich wegen § 278a in einem Monsterverfahren anzuklagen? Im März 2011 verkündete der ÖVP-Finanzminister schließlich, dass er die Spendenabsetzbarkeit auf Tierheime einschränke und Tierschutzorganisationen ausschließe, um „radikale Organisationen wie den Verein Gegen Tierfabriken" nicht fördern zu müssen. Dabei suggerierte der Minister, wir seien für das Besprühen von Pelzmänteln verantwortlich. Die ÖVP bewies damit, dass sie sogar bereit ist, Gesetze zu verändern oder in einer spezifischen Weise zu formulieren, nur um dem VGT zu schaden.

Der Konflikt mit der ÖVP hat seinen Ursprung in unserer Kampagne gegen Legebatterien, die im Jahr 2002 begann. Die ÖVP sah und sieht sich als Lobbypartei für die Agrarindustrie, und in diesem Sektor spielt die Tierindustrie eine große Rolle. Das Legebatterieverbot, also das Verbot, Legehühner in Käfigen zu halten, sollte die erste große Einschränkung der bisher nur an der Profitmaximierung und nicht am Wohl der Tiere orientierten Produktionsweise dieses Industriezweiges sein. Die ÖVP stellte sich schnell als die einzige Partei heraus, die das Legebatterieverbot verhindern wollte.

Im April 2002 gab es eine Parlamentsenquete zum Tierschutzgesetz, in deren Rahmen ich insgesamt zehn Minuten lang im Plenarsaal für ein Verbot der Käfighaltung von Legehühnern plädieren konnte. Maria Fekter, damals einfache ÖVP-Abgeordnete und noch nicht Ministerin, sagte dazu in aller Deutlichkeit, dass sie für diese Forderung kein Verständnis habe. Da sich die ÖVP weiterhin als einzige Partei weigerte und damals durch ihre Regierungsbeteiligung und das Stellen des Bundeskanzlers jeden Fortschritt verhindern konnte, beschlossen wir eine Besetzung der ÖVP-Bundeszentrale in Wien. Knapp vor der Nationalratswahl Ende 2002 führten wir diese auch durch. Einige andere TierschützerInnen und ich gaben uns in einem Nachbarhaus als DachdeckerInnen aus und seilten uns dann mit einem Riesentransparent mit der Aufschrift „Stopp der ÖVP-Tierqualpolitik" an der Außenwand der ÖVP-Bundeszentrale ab. Gleichzeitig besetzten andere AktivistInnen mit einer Leiter einen Balkon, und weitere ketteten sich an den Eingang. 13 Stunden lang blieb ich mit meinem Transparent an der Außenfassade hängen, bis wir freiwillig die Aktion beendeten. Die ÖVP nahm im Gegenzug die Zusage in die Liste ihrer Wahlversprechen auf, mit dem Tierschutz in Gespräche über ein neues Tierschutzgesetz zu treten.

Nachdem wir im März 2003 im Beisein von Medienvertretern einige Hühner aus einer gesetzwidrig betriebenen Legebatterie in Niederösterreich befreit hatten, besetzten wir das Büro des niederösterreichischen ÖVP-Landeshauptmanns, um ihm einen Kommentar zu diesen Zuständen abzuringen, nachdem er uns vorher nicht hatte empfangen wollen. Fünf Stunden lang blieben wir mit dem Hals an seinen Schreibtisch gekettet, bis er zu einem Gespräch bereit war.

Im Juli 2003 veröffentlichten wir Filmmaterial über die Zustände in 48 der größten Legebatterien Österreichs, die insgesamt 40 Prozent aller österreichischen Legehühner hielten, und zeigten 34 dieser Betriebe wegen Tierquälerei an. Österreichs größter Legebatteriebetreiber, ein ÖVP-Bürgermeister, dessen Betrieb mit 400.000 Hühnern ebenfalls angezeigt worden war, bezeichnete mich öffentlich als Terroristen.

Im August 2003 befreiten wir neun Hühner aus einer niederösterreichischen Legebatterie. Anfang April 2004 dann 37 Hühner vor laufenden Fernsehkameras aus einem Betrieb mitten in der Stadt Salzburg, die wir in ein Freigehege auf der Wiese vor der fensterlosen Halle setzten, in der sie in ihren Käfigen leben mussten. Da die ÖVP trotz Wahlversprechens noch immer zu keinen Gesprächen bereit war, gab es österreichweit fast 200 vom VGT organisierte Kundgebungen gegen die ÖVP in dieser Zeit. Mehrere tausend Plakate, die auf die Rolle der ÖVP als Verhinderer eines Legebatterieverbots hinwiesen, wurden österreichweit aufgehängt.

Am 7. März 2004 gab es in Salzburg und Kärnten Landtagswahlen. Wir mobilisierten in beiden Bundesländern, und die ÖVP reagierte nervös. Erstmals in der Geschichte begann der Tierschutz eine ernsthafte politische Rolle bei einer Wahl zu spielen. Wir besuchten den bisherigen Salzburger ÖVP-Landeshauptmann bei seinen Wahlveranstaltungen und folgten ihm als Leichenzug mit einem Sarg: Die ÖVP-Politik trägt den Tierschutz zu Grabe. Die ÖVP verlor bei der Wahl den Landeshauptmann an die SPÖ.

In Kärnten engagierte ich mich im Wahlkampf und hielt eine Reihe von öffentlichen Veranstaltungen ab, bei denen ich in Reden die Rolle der ÖVP im Tierschutz herausstrich und deutlich sagte: „Wer für Tierschutz ist, darf nicht ÖVP wählen." Am Tag vor der Wahl hielt ich gerade wieder eine Ansprache auf einer von uns organisierten, legalen und friedlichen Kundgebung, als der damalige Agrarsprecher der ÖVP, Robert Lutschounig, auf mich zustürzte, das Transparent mit der Aufschrift „Stopp der ÖVP-Tierqualpolitik" hinter mir zerriss und mir ins Gesicht schlug und so ein blutendes Cut zufügte. Dieser brutale Angriff war am nächsten Tag, an dem die Wahl stattfand, ein großes Medienthema. Die Stimmen der ÖVP wurden bei der Wahl fPast halbiert. Später entschuldigte sich Lutschounig bei mir vor Gericht und bezahlte 700 Euro Schmerzensgeld und Schadenersatz, erhielt dafür aber eine Diversion, also keine strafrechtliche Verurteilung.

Im April 2004 stand die Bundespräsidentschaftswahl an. Für die ÖVP ging Benita Ferrero-Waldner ins Rennen. Wieder versuchten wir österreichweit, das Legebatterieverbot zu thematisieren, zahlreiche Wahlplakate der ÖVP wurden – wenn auch nicht vom VGT – mit Tierschutzslogans überklebt. In bezahlten Annoncen in Zeitungen wurde auf die Rolle der ÖVP aufmerksam gemacht. Der Druck war letztendlich so stark, dass die ÖVP-Präsidentschaftskandidatin am Tag vor der Wahl erstmals auch ein Legebatterieverbot befürwortete. Dennoch verlor die ÖVP die Wahl.

Foto 16: Wir besetzen die ÖVP-Bundeszentrale, ich (links) hänge 13 Stunden mit einem Transparent an der Fassade.

Danach begann die ÖVP mit ernsthaften Gesprächen, und im Mai 2004 wurde ein Legebatterieverbot beschlossen, das vier Jahre später in Kraft trat. Zur selben Zeit gerieten der VGT und insbesondere ich zunehmend ins Visier von Repressionsmaßnahmen. Doch der Konflikt sollte weiter eskalieren. Im Jahr 2005 war Maria Rauch-Kallat von der ÖVP Gesundheitsministerin und dadurch auch für das Tierschutzressort zuständig. Mit Einführung des Bundestierschutzgesetzes Anfang 2005 war versehentlich der Singvogelfang auch im oberösterreichischen Salzkammergut verboten worden. Durch den ÖVP-Landeshauptmann von Oberösterreich darauf aufmerksam gemacht, wollte Ministerin Rauch-Kallat den Singvogelfang wieder erlauben. Darauf begann der VGT eine Kampagne gegen die Ministerin, um diesen Rückschritt im Tierschutz zu verhindern. Über zwei Monate hinweg wurde täglich vor dem Ministerium demonstriert, und fast bei allen Veranstaltungen der Ministerin waren TierschützerInnen anwesend und machten mit Plakaten und zuweilen auch mit Megafon auf den Singvogelfang aufmerksam. Mehrere ihrer öffentlichen Reden wurden durch Aktionen mit Transparenten unterbrochen. Einmal hielt ich ein Plakat mit einem Singvogel in einer Falle am Eingang zu einem Veranstaltungsraum, in dem Rauch-Kallat einen Vortrag halten wollte, als sie kam, mich bei den Schultern packte und schüttelte. Ich solle sie in Ruhe lassen, schrie sie mich an. Wir veröffentlichten daraufhin ein Flugblatt mit dem Titel „Die 8 Todsünden der Ministerin Rauch-Kallat", und sie klagte uns wegen übler Nachrede. Wir gewannen diese Klage in allen acht Punkten, und die Ministerin musste unsere Anwaltskosten ersetzen. Nach zwei Monaten zog sie ihren Verordnungsentwurf, der den Singvogelfang wieder erlaubt hätte, zurück. Angesichts dieser Kampagne wurde mir von Abgeordneten anderer Parteien im Parlament angekündigt, dass wir mit Racheaktionen der ÖVP zu rechnen hätten.

Im Jahr 2006 veröffentlichten wir Filmmaterial von Fasanerien und Enterien des Ehemanns von Maria Rauch-Kallat, Alfons Mensdorff-Pouilly, des Waffenhändlers. In seinem südburgenländischen Jagdschloss ließ er Gäste gegen gutes Geld gezüchtete Fasane und Enten abschießen. Mit mehreren Jagdstörungsaktionen vermiesten wir ihm den Spaß und zeigten ihn wegen Gesetzesübertretungen bei seinen Vogelzuchten an. Kurz darauf musste er die Zuchtstellen schließen und übersiedelte sie nach Ungarn. Wieder klagte mich Rauch-Kallat und gewann in einem Punkt: Ich hatte behauptet, die Fasanerien von ihr und ihrem Ehemann seien illegal, dabei gehörten die Fasanerien nur ihm und nicht ihr. Illegal waren sie tatsächlich.

Am Tag vor den Polizeiüberfällen im Mai 2007 hielt ein VGT-Aktivist als Aktionär der Uniqua-Versicherung bei deren Aktionärsversammlung eine Rede, in der er die Uniqua und ihren Aufsichtsratschef, den ÖVP-nahen niederösterreichischen Landesjägermeister Christian Konrad, wegen deren Jagdpraktiken kritisierte. Die Uniqua hielt sich eigene Jagdreviere mit gezüchteten Tieren, um beim gemeinsamen Jagderlebnis auf Einladung der Uniqua neue GroßkundInnen gewinnen zu können. Nur wenige Stunden danach traten maskierte Einheiten der WEGA in der Nacht meine Wohnungstür ein.

27. Die Gründung der SOKO

Bereits während meiner U-Haft wurden Protokolle interner Polizeikorrespondenz an den grünen Sicherheitssprecher Peter Pilz weitergegeben, die die Entwicklung der Ermittlungen in der Tierschutzcausa deutlich machen. Schon im September 2006 war das Wiener LVT aktiv geworden und hatte Firmen kontaktiert, die Ziel von Tierschutzkampagnen waren. Der damalige Leiter des Referats für Extremismus am Wiener LVT, Werner Autericky, schrieb dazu einen „Bericht militanter Tierschutz“: *„Seitens des Gefertigten wurde am 11.9.2006 eine 15-seitige Projektarbeit ausgearbeitet, in der folgende Schwerpunkte gesetzt wurden:*

- *[…] Die fernmündliche und persönliche Kontaktaufnahme mit Betroffenen diverser Konzerne. In diesem Zusammenhang erfolgte eine Beratung und Erläuterung der Situation gegenüber betroffenen Angestellten diverser Geschäftsstellen.*
- *[…] Des weiteren wurde am 19.9.2006 in der Zeit von 8:30 – 12:30 Uhr im Crowne Plaza Vienna, Wagramer Straße 21, 1220 Wien, eine Vortragstätigkeit im Rahmen dieser Problematik durchgeführt.*
- *[…] Im Zuge aktionistischer Handlungen wurden festgestellte Sachbeschädigungen ha. dokumentiert bzw. eine Dokumentation durch uniformierte Einsatzbedienstete in Auftrag gegeben.“*

Mit „Sachbeschädigungen“ sind hier offenbar mit Kreide bemalte Gehsteige oder Papierschnitzel mit der Aufschrift „Pelz ist Mord“, die in Verkaufsräume geworfen wurden, gemeint, da es bei aktionistischen Handlungen nie Sachbeschädigungen gegeben hat. Das LVT Wien beriet jedenfalls Firmen, auf welche Weise man Tierschutzaktionen des zivilen Ungehorsams wie etwa Besetzungen frühzeitig erkennen und verhindern könne, und hielt dazu sogar eigene Vorträge.

Im Oktober 2006, also einen Monat später, begann Staatsanwalt Wolfgang Handler seine Ermittlungen gegen den Tierschutz aufzunehmen, in deren Mittelpunkt der VGT stand. Ende Oktober beschloss der VGT, neben 22 anderen Kampagnen zusammen mit vielen anderen Tierschutzorganisationen auch eine gegen die Bekleidungskette Kleider Bauer durchzuführen, um sie dazu zu bringen, den Verkauf von Tierpelz zu beenden. Bereits im November 1998 wurden Pelzfarmen in Österreich verboten, Tierpelze mussten also für den Verkauf importiert werden, weil sie in Österreich nicht mehr hergestellt werden durften. Kleider Bauer schien für eine Kampagne prädestiniert, weil dieselbe Firma bereits 1998 nach einigen Aktionen des VGT, darunter eine medienwirksame Blockade des Eingangs, ihr Pelzdepartment in der Shopping City in Vösendorf bei Wien geschlossen und öffentlich verkündet hatte, keine Pelze mehr verkaufen zu wollen. Mit dem Besitzerwechsel einige Jahre später wurde dieses Versprechen allerdings wieder zurückgenommen. An die Kampagne gegen Kleider Bauer schlossen sich zahlreiche Tierschutzorganisationen in ganz Österreich an, u. a. die Vier Pfoten, RespekTiere Salzburg, die Tier-WeGe aus der Steiermark, Tierschutz Aktiv Tirol und die Tierrechtsgruppe Linz. Ich persönlich hatte mit dieser Kampagne nichts zu tun, ich konzentrierte meine Tätigkeit auf Verbesserungen des Tierschutzgesetzes.

Ende Oktober 2006 begannen in ganz Österreich regelmäßige Anti-Pelz-Kundgebungen vor Kleider-Bauer-Filialen. Statt auf die freundlichen Anfragen verschiedener Tierschutzorganisationen – die Ersten waren die Vier Pfoten, aber auch PETA Deutschland wandte sich an Kleider Bauer – um ein Gespräch einzugehen, kontaktierte die Geschäftsführung direkt die Polizei und bat um Unterstützung. Am 17. November 2006, bis dahin hatte es keine einzige Straftat im Zusammenhang mit Kleider Bauer gegeben, fand ein Treffen in der Bundespolizeidirektion statt. Gegenstand waren die legalen Kundgebungen vor Kleider-Bauer-Filialen. Unter „Maßnahmen" wurde dabei festgehalten, dass es einen Behördenauftrag und eine ergänzende Anweisung des Landespolizeikommandos Wien gebe, die die Einsatzorgane anweise, entsprechend einzuschreiten und Vorfälle zu dokumentieren. Man könne aber die Versammlungen nicht unterbinden, wurde der Kleider-Bauer-Geschäftsführung mitgeteilt.

Am 1. Dezember 2006 kam es zur ersten Sachbeschädigung gegen Kleider Bauer, die von der Behörde dem Tierschutz zugeordnet wurde. Unbekannte TäterInnen beschädigten Auslagenscheiben der Filiale in Wien-Meidling. Dass diese Sachbeschädigung aber nicht der Auslöser der Ermittlungen gegen den VGT war, beweist der Umstand, dass Staatsanwalt Handler zu diesem Zeitpunkt bereits seit zwei Monaten ermittelt hatte. Abgesehen davon war auch die VGT-Kampagne gegen Fürnkranz wegen deren Pelzverkaufs ein zentrales Thema der Ermittlungen, obwohl es nie auch nur eine einzige Sachbeschädigung gegen Fürnkranz gegeben hat. Ermittelt wurde wegen angeblicher schwerer Nötigung, gemeint war der Versuch, Fürnkranz durch Demonstrationen vom Verkauf von Tierpelzen abzubringen.

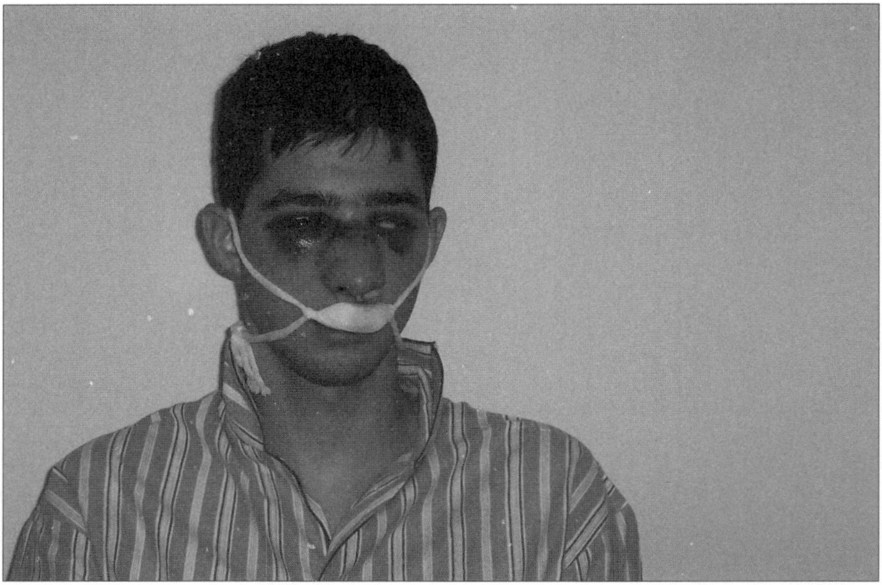

Foto 17: Wegen eines beschädigten Autos wurde eine SOKO gegründet. Ein Tierschützer, der bei einer Kundgebung zusammengeschlagen wurde, interessierte die Behörden wenig.

Als Anfang April 2007 unbekannte Personen zwei Autos der Geschäftsführer von Kleider Bauer mit Farbe übergossen, riefen diese ÖVP-Innenminister Günther Platter an. Bereits für den nächsten Tag wurde ein hochrangiges Treffen mit den Polizeispitzen arrangiert. Dafür bereiteten die Kleider-Bauer-Geschäftsführer ein Tierschutzdossier vor, das dann eine der Grundlagen der Ermittlungen wurde. Die Behörde gab dem Leiter des Referats für Extremismus des LVT Wien, Werner Autericky, den Auftrag, für dieses Treffen einen Bericht über die „Vorgehensweise des VGT" zusammenzustellen. In diesem mit 4. April 2007 datierten Bericht von Autericky stand:

„LVT Wien veranlasst:

[…] 4) Vorgehensweise vor Ort

[…] B) Versammlungen

a. *Feststellung des Leiters der Versammlung vor Ort*
b. *Dokumentation des Ablaufs der Versammlungen*
c. *Berichterstattung seitens des LVT Wien an das VVM*

d. *Im Anlassfall Beratung und Erläuterung der Situation gegenüber den betroffenen Angestellten der angeführten Geschäftsstellen*

   a) Hinweise auf bis dato gesetzte aktionistische Handlungen und Vorgehensweise der Tierrechtsschützer VGT in der jüngsten Vergangenheit
   b) Gegenüber den Geschäftsstellen
   c) Gegenüber den Angestellten der Geschäftsstellen

e. *Die Aufklärung darüber, dass unter der Voraussetzung der Einhaltung der angemeldeten Vorgehensweise im Rahmen der Versammlung kein rechtlicher Untersagungsgrund gegeben ist (Zuständigkeit einer eventuellen behördlichen Untersagung seitens des VVM)"*

Weiters schrieb Autericky:

„Seitens der Eigentümer/Miteigentümer der Fa. Kleider Bauer könnten

1. *eine forcierte Kotaktaufnahme zu Medienvertretern*
2. *die ‚Veröffentlichung' ihrer Anliegen um verstärkte Schutzmaßnahmen, z. B. in Form der ‚Zurschaustellung' ihrer beschädigten Fahrzeuge erfolgen.*

Mögliche Örtlichkeiten einer diesbezüglichen ‚Medienaktion' könnten

- *das nahe Umfeld des BMI bzw.*
- *das nahe Umfeld des Bundeskanzleramts*

sein."

Die Polizei bot Kleider Bauer also an, für sie die Medienarbeit zu übernehmen und den Tierschutz öffentlich zu diskreditieren.

Am Tag nach Verfassen dieses Berichts fand die angekündigte hochrangige Sitzung der Polizei mit Kleider Bauer statt, und es kam zur Gründung der SOKO gegen den Tierschutz, die dann die Arbeit von Staatsanwalt Handler in Wr. Neustadt sehr aktiv zu unterstützen begann. Der neue SOKO-Chef Erich Zwettler schrieb ein „Resümee-Protokoll" über diese Sitzung vom 5. April 2007 im Sitzungszimmer der Generaldirektion für die öffentliche Sicherheit. Anwesend war die gesamte Polizeispitze, Buxbaum, Lang, Höller, Zöhrer, Stocker, Zwettler, Stiedl, Mahrer, Bachinger und Autericky. Die Geschäftsführer von Kleider Bauer hätten ihre Probleme mit Tierschützern vorgebracht, wurde notiert. Daraufhin ordnete der Generaldirektor für die öffentliche Sicherheit, Erik Buxbaum, Folgendes an:

- *„Ausschöpfen sämtlicher administrativer Möglichkeiten im Hinblick auf die Untersagung der Demonstrationen, inklusive Kontaktaufnahme mit der S III durch HPP*
- *Übernahme der Koordination der Ermittlungstätigkeit, national und international, durch das BK, wobei das BVT einzubinden ist*
- *Übernahme der allfällig notwendigen Pressearbeit durch das BK (Obst. Hesztera)*
- *Einrichtung einer operativen SOKO im Bereich der BPD/des LPK Wien (Leitung vorzugsweise Frühwirth, Böck, Scherz) unter Einbeziehung des LVT Wien*
- *Kontaktaufnahme mit der WKO und der Wirtschaftskammer Wien, sofern von KBM befürwortet*

- *Einrichtung der angeordneten Struktur im Laufe der nächsten Woche*
- *Info des KBM über die angeordneten Maßnahmen*"

In seinem Resümeeprotokoll schrieb Zwettler auch, dass Kleider Bauer im Imageschaden für die Firma das Hauptproblem dieser Tierschutzkampagne sah: „*Der materielle Gesamtschaden wurde mit € 500.000 beziffert, der Imageschaden sei vermutlich um ein Vielfaches höher.*"

Die SOKO begann ihre Arbeit am 10. April 2007. Die zeitweise bis zu 35 Mitglieder wurden aus sogenannten Tatortgruppen, die für die Spurensicherung bei schweren Verbrechen zuständig sind, und aus Mordkommissionen rekrutiert. Chef wurde Erich Zwettler, der operative Leiter war Josef Böck und die ChefinspektorInnen Bettina Bogner von einer Tatortgruppe und Rudolf Plessl, später SPÖ-Nationalratsabgeordneter, von einer Mordkommission.

Für die Firma Kleider Bauer wurde ein eigener Beamter abgestellt, der sich um ihre Bedürfnisse zu kümmern hatte. Werner Graf, einer der Geschäftsführer und Besitzer von Kleider Bauer, sagte gegenüber diesem SOKO-Beamten am 24. April 2007: „*Die Gesamtschadenssumme würde ich mit ca. € 500.000 (Sachschaden) beziffern. Aufgrund der Aktionen (Demos usw., VGT, Vier Pfoten u. a.) ist der wirtschaftliche Schaden mit einem Vielfachen dieser Summe zu benennen.*"

Diese Schadenssumme von 500.000 Euro präzisierte Kleider Bauer am 28. Mai 2008 gegenüber der Polizei. Bei einem Stinkbombenwurf (Buttersäure) Anfang Jänner 2007 in ihrer Filiale in Graz sei ein Sachschaden von 479.000 Euro entstanden. Am 29. Juli 2010 erklärte Kleider-Bauer-Besitzer Werner Graf bei seiner Einvernahme im Tierschutzprozess allerdings – nachdem er zuerst versucht hatte, die Antwort auf die Frage zu verweigern –, dass in dieser Sache ein Vergleich mit der Versicherung für 257.000 Euro geschlossen worden sei, der aber alle ausstehenden Beträge mit der Versicherung und auch etwaige zukünftige Vorfälle umfasst habe. Fünf Fälle von Sachschäden, die nichts mit Tierschutzvandalismus zu tun hatten, seien ebenfalls unter diesen Vergleich gefallen, u. a. eine Überschwemmung der Innsbrucker Filiale.

Die SOKO aber nahm diese Schadenssumme unkritisch als gegeben hin und erwähnte sie wiederum in ihrem ersten, von Josef Böck verfassten Bericht vom 4. Mai 2007: „*Bisher sei ein Sachschaden von ca. € 500.000 entstanden. Der Gesamtschaden, der vor allem durch die Demonstrationen vor großen Filialen entstanden sei, wäre um ein Vielfaches höher, da während der Zeit der Demos fast oder gar keine Kunden mehr ins Geschäft kämen. Derzeit (24.4.2007) fänden täglich Demos vor dem Geschäft auf der Mariahilfer Straße statt.*"

Am 18. Dezember 2007 berichteten die SOKO-Chefs Zwettler und Böck an den Generaldirektor für die öffentliche Sicherheit, dass die Demonstrationen der Schwerpunkt ihrer SOKO-Arbeit seien: „*Zu den betroffenen Firmen konnte ein gutes Vertrauensverhältnis aufgebaut werden. Die Problemstellungen für die Unternehmen entwickeln sich derzeit aber von den Anschlägen weg in Richtung der geschäftsstörenden Demonstrationen. Die Demonstrationen werden derzeit über ho. Auftrag von UEB überwacht, um Eskalationen zu vermeiden. Mittlerweile gibt es aber auch in der Bevölkerung rund um die betroffenen Filialen starke Missstimmungen.“*

Josef Böck war persönlich motiviert, gegen den VGT vorzugehen. Im Jahr 1998 wurde nämlich seine Tochter Aktivistin beim VGT und Vegetarierin. Ihm als Polizisten erschien dieser Standpunkt damals viel zu radikal, und er versuchte seine Tochter wieder davon abzubringen. Die einzige weibliche Tierschützerin, die im Rahmen des Verfahrens in U-Haft genommen wurde, war eine sehr gute Freundin seiner Tochter und kannte Böck persönlich sehr gut. Auch andere Freundinnen seiner Tochter wurden vegane Tierschutzaktivistinnen. Aus dieser Zeit hatte Böck offenbar einen Groll gegen den VGT und den Tierschutz, den er jetzt im Rahmen dieser SOKO ausleben konnte. Nur so lässt sich erklären, was Böck am 23. Jänner 2008 in einem Brief an den Generaldirektor für die öffentliche Sicherheit, Erik Buxbaum, und den „Stv. des GD“, General Franz Lang, von einer kriminellen Organisation nach § 278a schrieb:

„Die ideologischen Ziele der Organisation sind die Abschaffung des ‚Speziesismus‘ und die ‚Befreiung nichtmenschlicher Tiere‘ von ‚Ausbeutung‘ und ‚Unterdrückung‘ bzw. eine Hinführung der Bevölkerung an eine vegane Lebensweise. Hierbei wird gezielt eine Doppelstrategie angewandt, um einerseits öffentliches Interesse und Sympathien durch (legale) Demonstrationen, Kundgebungen und Aktionen zu erregen und andererseits durch (illegale) sg. ‚Direct Actions‘, wie die o. a. Straftaten, den betroffenen Unternehmen den Willen der Organisation aufzuzwingen.

[…] Aufgrund der bisherigen Erkenntnisse und Vorgangsweisen wird dringend folgende Vorgangsweise bei angemeldeten Demonstrationen von militanten Tierschützern vor Örtlichkeiten, insbesondere Geschäftslokalen, gegen die Kampagnen (Targets) in öffentlichen Internetforen angekündigt wurden oder werden, angeregt:

Sofortmaßnahme:

Bei jeder angemeldeten Demo egal unter welchem Motto muß im gesamten Bundesgebiet ausnahmslos die Anwesenheit eines Kollegen vom LVT, mit klaren Verhaltensrichtlinien von der Vereins- und Versammlungsbehörde ausgestattet, ständig im oder vor dem Geschäft anwesend sein. Zusätzlich müssen mindestens zwei WEGA-Beamte, am besten mit einem Dienstfahrzeug ausgestattet, zur Prävention und bei Bedarf zur Repression unmittelbar vor dem Geschäft positioniert sein. Diese Maßnahmen haben sich am letzten Einkaufssamstag vor Weihnachten 2007 bewährt, es kam zu keinerlei Störaktionen. Außerdem werden die militanten Tierschützer auch in der Öffentlichkeit in das Licht der ‚außergewöhnlichen gefährlichen Demonstranten‘ gerückt, was die Rädelsführer von der Demo u. a. auch tatsächlich sind.

Optimale mittelfristige und langfristige Lösung:

Wie bereits in mehreren Ländern in Deutschland müssen österreichweit die Geschäftsinhaber, Geschäftsleute, Kunden und die im Umfeld aufhältige Bevölkerung von dieser

Personengruppe, die nach schwerwiegenden Verdachtsmomenten gem. § 278a StGB (kriminelle Organisation) agiert, durch eine sog. ‚Demomeile von 100 m' geschützt werden. Der Herr StA Mag. Wolfgang Handler hat diese kriminelle Organisation schon in mehreren schriftlichen Anordnungen angeführt.

Zielsetzung:

Der UVS müsste sich beschäftigen, wir haben Zeitgewinn bis zur Umsetzung der operativen Zwangsmaßnahmen wie HD [Hausdurchsuchung] und HB [Haftbefehl].

Die militanten Tierschützer erleben erstmals koordinierten Widerstand von der Sicherheitsbehörde in ganz Österreich. Ich denke, es ist unbedingt an der Zeit, österreichweit koordiniert so zu agieren."

Tatsächlich hatte die SOKO, wie sich aus den Akten ergibt, bereits spätestens im September 2007 beschlossen, mich und andere Personen des VGT bei einer Großaktion mit Hausdurchsuchungen in U-Haft zu nehmen. Diese Aktion wurde dann bis Mai 2008 hinausgezögert. Auf die Gründe angesprochen, warum gerade ich und der VGT – neben anderen Personen – ausgewählt wurden, antwortete der zuständige Beamte als Zeuge vor Gericht, dass kein konkreter Verdacht gegen uns bestanden habe, kriminell zu sein. Aus dieser Aussage und obigen Dokumenten kann also nur geschlossen werden, dass Hausdurchsuchungen und U-Haft von Anfang an nur als Versuch, irgendetwas strafrechtlich Verfolgbares zu finden, und als Repressions- und Einschüchterungsmaßnahme gedacht waren. Es ist klar, dass man sich zuerst den VGT als Ziel dieser Ermittlungen ausgesucht hatte und danach Jahre damit verbrachte, irgendetwas zu finden, das man dem Verein anhängen konnte. Als nichts gefunden wurde, versuchte man es mit Brachialgewalt und ministerieller Diffamierung sowie drei Finanzprüfungsverfahren.

Für die Tierschutzermittlungen der SOKO war offenbar trotz gekürzten Budgets des Innenressorts immer genug Geld da. In der Tageszeitung „Österreich" vom 16. April 2009 wurde ein Beamter des Bundeskriminalamts zitiert, der aussagte, er habe sich immer schon gewundert, warum kein Geld für Polizeimaßnahmen gegen Drogendealer oder die Russenmafia vorhanden gewesen sei, aber bei Maßnahmen gegen den VGT Geld nie eine Rolle gespielt habe.

28. Die polizeilichen Abschlussberichte

Nach meiner Entlassung aus der U-Haft Anfang September 2008 begann ich sofort mit der Öffentlichkeitsarbeit zu meinem Fall. Auf der Pressekonferenz am folgenden Tag erklärte ich, dass ich mir nichts hätte zuschulden kommen lassen, dass ich nur wegen meiner demokratiepolitisch legitimen NGO-Arbeit verfolgt würde und dass ich daher alles weiter so machen würde wie bisher. Diese Aussage nahm die Kürschnerinnung zum Anlass, um in einer Aussendung von einer Provokation zu sprechen. Kaum aus dem Gefängnis heraußen, würde ich bereits die nächsten Straftaten ankündigen.

Ende 2008 meldete sich Heinz Patzelt, Generalsekretär von Amnesty International

Österreich, in der Tierschutzcausa zu Wort: „*Die Idee, jemanden dermaßen lange in U-Haft zu sperren, ohne in irgendeiner Form zu konkretisieren, was denn vorgeworfen wird, den Verteidigern und den Rechtsanwälten keine volle Akteneinsicht zu geben mit dem Argument, nicht die Ermittlungen zu gefährden, das mag noch ein nachvollziehbarer Gedanke sein, wenn es noch keine Zwangsmaßnahmen gibt. Soll die Staatsanwaltschaft 10 Jahre ermitteln. Aber in dem Moment, wo ein Mensch im Freiheitsentzug sitzt, das ist die schärfste Waffe des Rechtsstaates überhaupt gegen einen potenziellen Täter, muss Grundrechtssicherheit da sein. Wenn ich auch nur einen Tag in Haft sitze, habe ich das Recht darauf, zu 100 % und genau, rasch und transparent zu wissen, warum ich da sitze. Das ist in diesem Verfahren definitiv nicht eingehalten worden, hier sind eindeutig Menschenrechte und Grundrechte verletzt worden. Es ist der Zeitrahmen völlig entgleist, und mit Teilakteneinsichten zu arbeiten und zu sagen, ihr werdet schon sehen, was wir noch alles haben, so funktioniert ein Rechtsstaat ganz sicher nicht!*

[…] Dass bei den Ermittlungen, die dezidiert nur gegen bestimmte Personen gegangen sind – sei es berechtigt oder nicht, dazu kein Kommentar –, ganze Vereine, die bekanntermaßen lästig und dem Staat nicht gerade willkommen sind, so massiv betroffen waren, ist ebenfalls völlig überschießend und ist strikt abzulehnen. […] Wenn es am Schluss nicht ein Strafverfahren gibt, wo enorme Dinge auf den Tisch gelegt werden, dann wird diese ganze Sache zum rechtspolitischen Alptraum werden, und wenn das nicht bald passiert, dann sind wir bereits im Alptraum. Bei Menschenrechten gibt es die Worte unverzüglich und verhältnismäßig. Von Verhältnismäßigkeit sehe ich hier nicht sehr viel, und unverzüglich – es ist schon lange her.

Man kann Menschen nicht jahrelang in einem Zustand des gerade irgendwie aus der Haft Freigekommenen mit schwer kriminellem Behaupteten in der Öffentlichkeit halten, das ist jenseits jeder Menschenwürde.“

Ich erwartete keine Anklage mehr gegen mich. Auf unserem Wiener Tierrechtskongress im November 2008 wurde die Tierschutzcausa in zahlreichen Sketches als Scherz thematisiert. Wir versuchten in der Tierschutzbewegung die Stimmung zu verbreiten, dass wir wieder im vollen Umfang mit der Tierschutzarbeit beginnen sollten. Doch spätestens um den Jahreswechsel 2008/2009 holte mich die Realität wieder ein. Insgesamt 35-mal kam die Polizei innerhalb weniger Wochen bei mir vorbei, um sich nach mir zu erkundigen. Ich schrieb letztendlich einen Brief an die zuständigen Polizeidienststellen und erklärte, dass ich nicht mehr von der Polizei aufgesucht zu werden wünschte. Ich sei bereits genügend traumatisiert. Meine Psychotherapeutin unterstützte diese Forderung mit ihrer Expertise.

Während meines Aufenthalts in Neuseeland im März 2009, nachdem ich von dortigen Tierschutzorganisationen zu einer Vortragstournee eingeladen worden war, gab die SOKO eine Reihe von Abschlussberichten zu ihren Ermittlungen heraus. Wie bereits erwähnt handelte es sich eigentlich um Zwischenberichte, weil weiterhin intensiv ermittelt wurde. Auch wenn also die Erstellung eines Abschlussberichts nur ein Trick war, um uns die Akteneinsicht verweigern zu können, schockierte er mich dennoch. Die SOKO schlug darin auf insgesamt 564 Seiten, in denen es nur um mich persönlich ging, der Staatsanwaltschaft vor, mich nicht nur als Chef einer kriminellen Organisation nach § 278a anzuklagen, sondern auch wegen zahlreicher Brandstiftungen, Sachbeschädigungen, der Herbeiführung einer unrichtigen Beweisaussage, der Aufforderung zum Ungehorsam gegen Gesetze, der Aufforderung zu mit Strafe bedrohten Handlungen und des Gutheißens mit Strafe bedrohter Handlungen. Obwohl dieses Dokument nur so vor Falschaussagen und falschen Mutmaßungen strotzte, beschlossen wir, in die Offensive zu gehen und es zu veröffentlichen. Bis heute ist mein polizeilicher Abschlussbericht vollständig auf der Webseite des VGT einzusehen.

Der Abschlussbericht begann zunächst mit der Behauptung, dass es spätestens seit 1996 eine kriminelle Organisation im Tierschutz gebe, die von den Ermittlungsbehörden „Militante Tierrechtsgruppen (MTG)" genannt wird und das Ziel einer „Tierrechtsrevolution" verfolge. Seit 1997 hätte ich darin eine führende Rolle gespielt. Das würde man an meinen internationalen Kontakten erkennen, weil ich Obmann des VGT sei und weil ich Tierrechtskongresse und Animal Liberation Workshops veranstalte. *„Der VGT mit seiner Logistik und finanziellen Ressourcen wird unter der Führung und Verantwortung als Obmann von DDr. Balluch Martin auch als Tarnorganisation für illegale Aktivitäten und vereinswidrig missbraucht"*, hieß es in dem Bericht. Ich hätte laut E-Mails verschiedener Personen „beträchtlichen Einfluss" auf die österreichische Tierschutzszene. Im VGT würde ich als inhaltlicher Geschäftsführer, als Mediensprecher, als Tierschutzlehrer und als Chefredakteur der Vereinszeitung fungieren sowie für Aktionskoordination, Rechtsvertretung, Kampagnenleitung und Recherchen verantwortlich sein. Bei Neulingstreffen würden linksalternative Personen ins Auge gefasst, auf Aktivismus-Trainingswochenenden gebe es auch ein „Polizeiumgangstraining".

In einem weiteren Kapitel wurden zahlreiche E-Mails und Internetforen-Beiträge von mir zitiert, um meine angeblich subversive Einstellung zu untermauern. In England hätte ich mich sogar mit einem Transparent von der Universitätskirche in Cambridge abgeseilt, um gegen Tierversuche zu protestieren. Im Februar 1994 sei ich zu einer bedingten zweijährigen Gefängnisstrafe verurteilt worden. Dabei handelte es sich wieder um eine „versehentlich" falsche Übersetzung aus dem Englischen. Tatsächlich hatte ich am 12. August 1993, in diesem Jahr der englische Saisonbeginn für die Jagd auf gezüchtete Rebhühner, an einer großen Aktion mit 150 TierschützerInnen teilgenommen. Wir stellten uns vor die JägerInnen, um sie am Schießen zu hindern. Da die JägerInnen hinter Steinhaufen versteckt standen, auf die eine Grasnarbe gelegt war, die die hellen Steine kaschieren sollte, zogen einige TierschützerInnen Letztere herunter, damit die anfliegenden Rebhühner die JägerInnen sehen konnten. Dafür wurde ich später verurteilt, aber nur zu einer Geldstrafe von umgerechnet 200 Euro, die mir bedingt auf zwei Jahre nachgelassen wurde. Nie war die Rede von einer Gefängnisstrafe, ja ich musste nicht einmal eine Geldstrafe bezahlen, so harmlos war dieses Delikt aus dem Sommer 1993.

Im anschließenden Kapitel des Abschlussberichts wurden mir „Maßnahmen zur Abschirmung gegen Strafverfolgung“ vorgeworfen. Da sei einerseits der Deckname Giles Reeves, den ich in England verwendet hätte. Ich hatte allerdings von diesem Namen noch nie gehört. Nach langen Recherchen fand ich heraus, dass der Freund einer Mitbewohnerin meiner damaligen Freundin in England Mitte der 1990er Jahren diesen Namen getragen hatte. Er war aber an Tierschutz überhaupt nicht interessiert. Durch welche Verwechslung auch immer dieser Name in meinen Abschlussbericht kam, nie wurde mir gesagt, auf Basis welcher Belege man mir diesen Decknamen zuordnete. Es war mir also auch nicht möglich, diesen „Vorwurf“ zu widerlegen.

„Abschottung gegen Strafverfolgung“ sei auch, so die SOKO im Abschlussbericht, dass ich ein Internetforum für Tierschutzdiskussionen mit hunderten TeilnehmerInnen moderieren würde, das nicht öffentlich zugänglich ist, sondern auf das man nur durch Empfehlung anderer Listenmitglieder gelangen kann. Die Telefonüberwachung habe konspiratives Verhalten belegt, es gebe Verschleierungs- und Täuschungsabsichten. In eigenen Workshops werde das Verhalten vor Gericht, bei Hausdurchsuchungen und gegenüber Polizei und Behörden besprochen. Ich hätte auch vor dem Hinterlassen von DNA-Spuren gewarnt. Tatsächlich hatte ich anlässlich der Verurteilung einer Tierschützerin in Finnland, die auf die Auslagenscheibe eines Pelzgeschäftes gespuckt hatte und dann mittels DNA-Tests ausfindig gemacht worden war, in einem Internetforum geschrieben, man solle aufpassen, wenn man z. B. auf einen Hochstand kacke, weil sich auch darin DNA befinde.

Ein zentrales Thema für die Polizei war die Verschlüsselung unserer Computer. Ich verwende seit langer Zeit die Verschlüsselung von E-Mails mittels PGP und die Verschlüsselung des gesamten Computers mit Truecrypt. Diese Programme sind kostenlos binnen weniger Sekunden aus dem Internet herunterzuladen und kinderleicht zu installieren. Für die Polizei ein Beleg meiner kriminellen Energie.

Die Polizei identifizierte 35 kriminelle Kampagnen im Tierschutz, die seit 1996 durchgeführt worden seien. Dazu gehörten Kampagnen gegen Pelzfarmen und Pelzgeschäfte, gegen pelzverkaufende Kleiderketten, gegen Legebatterien, gegen Schlachthöfe, gegen Tiertransporte, gegen Fleisch, für eine Verbesserung der Haltungsbedingungen von Schweinen und Rindern, gegen den Lebenddaunenrupf, gegen Stopfleber und den Lebendhummerverkauf. Weiters wurden die Kampagnen gegen Wildtierzirkusse, gegen die Jagd und gegen Tierversuche als kriminell bezeichnet.

Zuletzt wurden gegen 46 Personen aus dem Tierschutz polizeiliche Abschlussberichte verfasst. Darin waren 150 Einzelpersonen und die folgenden 15 Tierschutzorganisationen als verdächtig genannt: Vier Pfoten, Verein Gegen Tierfabriken, Wiener Tierschutzverein, Menschen Gegen Ausbeutung Tirol, RespekTiere Salzburg, Tier-WeGe Steiermark, Aktiver Tierschutz Steiermark, Österreichischer Tierschutzverein, Tierschutz Aktiv Tirol, Basisgruppe Tierrechte, Offensive Für Tierrechte, Animal Peace, Vegane Gesellschaft Österreich, Die Tierbefreier Deutschland und PETA Deutschland.

Ich hätte mich an allen genannten, angeblich kriminellen Kampagnen beteiligt: *„Balluch Martin nimmt grundsätzlich bei allen nationalen und internationalen Kampagnen des VGT eine maßgebliche und richtungsweisende Rolle ein. [...] Auffallend bei einer Gegenüberstellung strafbarer Handlungen und veröffentlichter Aussagen über Kampagnen in jenen Bereichen, die von Balluch als erfolgreich bezeichnet werden, ist, dass mit diesen Kampagnen auch immer schwere Straftaten verbunden waren.“* Auch das war einmal mehr eine Unwahrheit der SOKO, die es besser wissen musste.

Anschließend folgten konkrete Tatvorwürfe gegen mich:

- Stinkbombenwurf gegen eine Kleider-Bauer-Filiale 2007 – Beweis: Ich hätte mich an einer Forendiskussion darüber beteiligt und dabei Sympathie für die Aktion gezeigt
- Zerschneiden von Reptilienschautafeln in Vösendorf 2006 – Beweis: Ich hätte die Pressemeldung dazu an ein Internetforum weitergeleitet
- „Brandstiftung“ Jagdhütte Zurndorf und Sachbeschädigung Fasanenvoliere Wildon 2007 – Beweis: wie oben beschrieben
- Zweimal unerlaubtes Eindringen in eine Schweinefabrik 2008 – Beweis: TV-Diskussion im ORF
- Stinkbombenwurf in das Büro des Niederösterreichischen Landesjagdverbands 2008 – Beweis: Ich sei sechs Tage vorher auf einer Anti-Jagd-Demonstration gewesen
- Brandstiftung in einer leeren Hühnermasthalle 2000 – Beweis: Medienberichte dazu auf meinem Computer abgespeichert
- Brandstiftung in einer in Bau befindlichen Schweinemasthalle 2002 – Beweis: Ging nach Medienhinweis zum Tatort, um mich zu informieren
- Brand einer Daunenfabrik 1999 – Beweis: Medienbericht darüber auf meinem Computer

Ich konnte es nicht fassen, dass die Polizei wegen solcher „Beweise“ einen Tatverdacht erkennen wollte. Allerdings wurden alle diese Vorwürfe später vom Staatsanwalt ignoriert und nie angeklagt, sondern knapp vor Prozessbeginn niedergelegt.

Im Abschlussbericht folgte dann die bereits bekannt Liste von „militanten Aktionen“, an denen ich beteiligt gewesen sei. Meiner kriminellen Organisation hätte ich dabei die Computer, die Autos, die Handys, die Funkgeräte und die Räumlichkeiten des VGT zur Verfügung gestellt.

Den größten Schock fügte mir allerdings die Feststellung der SOKO in ihrem Abschlussbericht zu, dass ein linguistischer Sachverständiger aufgrund gewisser Schreibcharakteristika „mit an Sicherheit grenzender Wahrscheinlichkeit“ festgestellt habe, dass ich der Autor einer Reihe von Texten, darunter auch Bekennerschreiben, sei. Das war der einzige konkrete „Beweis“ gegen mich, den die SOKO vorlegen konnte. Wir beauftragten deshalb sofort zwei unabhängige Wissenschaftler mit der Überprüfung dieses Gutachtens. Dennoch fragte ich mich, ob ich auf Basis eines derart substanzlosen Abschlussberichts je wirklich angeklagt werden würde. Meine Antwort lautete: nein.

29. Weitere Hausdurchsuchungen

23 Hausdurchsuchungen am 21. Mai 2008 waren der SOKO noch nicht genug. Nur wenige Wochen nach unserer Entlassung aus der U-Haft schlug sie wieder zu. Am 30. September 2008 wurde das Haus des ehemaligen Vier-Pfoten-Kampagnenleiters und U-Häftlings Jürgen Faulmann ein zweites Mal durchsucht, nachdem die Polizei die Tür aufgebrochen hatte. Zwei Computer wurden entfernt und einige andere Dinge beschlagnahmt. Gleichzeitig wurden zwei andere Wohnungen von AktivistInnen durchwühlt. Niemand im Tierschutz konnte sich mehr sicher fühlen.

Foto 18: Wir versuchen den Eingang zur Wohnung von Elmar Völkl zu blockieren, weil die Polizei dort eine zweite Hausdurchsuchung durchführen will.

Ich hatte ja die Wohnung, in der ich von der Polizei überfallen worden war, danach nie mehr betreten. In meiner neuen Wohnung wurde Ende Dezember 2008 eingebrochen. Unbekannte hatten die versperrte Tür in den Garten geöffnet und dabei, wahrscheinlich unbeabsichtigt, einen Absperrriegel aus der Wand gerissen. Nur aufgrund dieser Spur fiel mir der Einbruch überhaupt auf. Ansonsten schien die Wohnung völlig unberührt zu sein, auch ein Nachtsichtgerät, das offen im Raum lag, war nicht gestohlen worden. Ist es möglich, dass die SOKO diesen Einbruch zu verantworten hat und meinen Laptop mitnehmen oder mit einem Keylogger präparieren wollte, um meine Passwörter erschleichen zu können? Diesen Laptop trage ich aber aus Angst vor solchen Übergriffen immer bei mir oder verberge ihn in einem sicheren Versteck, er war also bei diesem Einbruch nicht im Haus. Die Vorstellung, dass die Polizei anscheinend schon wieder meine Wohnung betreten hatte, erfüllte mich mit wesentlich mehr Abscheu, als wäre es nur ein einfacher Einbrecher gewesen.

Am 10. Juni 2009 wurde ich plötzlich auf meinem Handy verständigt, dass die Polizei eine zweite Hausdurchsuchung bei Elmar Völkl, der ebenfalls in U-Haft gesessen war, vornehmen wolle. Ich fuhr direkt zu seinem Haus und sah mehrere Dutzend PolizistInnen vor dem Hauseingang, der von ungefähr zehn Personen blockiert wurde. Sofort schloss ich mich der Blockade an und telefonierte mit möglichst vielen MedienvertreterInnen, um sie auf den Vorfall aufmerksam zu machen. Die Polizei war bereits in die Wohnung von Elmars Mutter und in die seines Vaters, der kurz davor Selbstmord begangen hatte, eingedrungen und hatte sie durchwühlt. Die Besitzerin seiner eigenen Wohnung hatte die Polizei kommen gesehen und einige Zeit aufgehalten, bis TierschützerInnen darauf aufmerksam wurden und den Wohnungseingang blockierten. In Kürze waren vielleicht 50 AktivistInnen erschienen, von denen die Hälfte im Eingang saß und Transparente gegen Polizeiwillkür hochhielt.

Die Lage spitzte sich zu, bis die Polizei nach mehrstündigen Verhandlungen vor laufenden Kameras die AktivistInnen wegzutragen begann. Auch ich wurde von vier Beamten an Händen und Füßen aus dem Stiegenhaus auf die Straße getragen. Später erhielt ich dafür eine Geldstrafe von 70 Euro. Die Polizei beschlagnahmte aus der Wohnung fünf Film-DVDs, drei externe Computerfestplatten, vier alte Computer, ein Handy und eine Fotokamera-Speicherkarte. Bei der ersten Hausdurchsuchung war der Polizei der Laptop des Tierschützers entgangen. Bei diesem zweiten Versuch ging ihr der Laptop abermals durch die Lappen, weil diesmal Elmar zufällig nicht anwesend war. Letztendlich wurde das Ergebnis dieser Hausdurchsuchungen nie in irgendeiner Form juristisch verwertet.

Im Jänner 2010 und dann noch einmal im September 2010 gab es weitere Hausdurchsuchungen in der Tierschutzcausa. Im zweiteren Fall wurde das Büro des Tierschutzvereins RespekTiere in Salzburg zusammen mit dem Wohnraum der Obleute ein zweites Mal auf den Kopf gestellt. Insgesamt gab es also über 30 derartige Polizeiaktionen im Verlauf der Ermittlungen.

Seit unserer Freilassung und der Möglichkeit für mich, öffentlich aufzutreten und Pressekonferenzen zu geben, wurden die Medienberichte zunehmend kritischer gegenüber den polizeilichen Ermittlungen. Im Mai 2009 erschien ein Artikel von Martina Lettner im „Profil" mit dem Titel *„Erwünschte Nebenwirkungen. Illegale Ermittlungsmethoden, ausufernde Observationen, monatelange U-Haft, aber keine Beweise – den-*

noch droht den Tierschützern der Prozess: Der Terrorparagraf 278a gefährdet NGOs". Darin wurde das Vorgehen der SOKO sehr scharf kritisiert und die davon ausgehende Angst in der NGO-Szene, nicht zu sehr aufzufallen und sich zu kritisch zu äußern, als „erwünschte Nebenwirkung" bezeichnet. Aber auch Wolfgang Höllrigl in „Österreich", Manfred Seeh in der „Presse" und Irene Brickner im „Standard" verfolgten die Entwicklungen mit spitzer Feder. Krok & Petschinka gestalteten im Radiosender Ö1 eine vielbeachtete, einstündige kritische Porträtsendung über mich und die polizeilichen Ermittlungen.

Ganz anders Florian Klenk im „Falter". Kaum waren wir aus der U-Haft entlassen, begann er eine Serie von Artikeln mit Halbwahrheiten und Verdrehungen zu publizieren, die insbesondere mich als Terroristen und Schwerverbrecher darstellten. Auf der anderen Seite kamen die Chefs von Kleider Bauer als Opfer von Terrorismus vor. Eine vollkommen inadäquate Darstellung: denn immerhin waren es die Tierschützer, die sich bei Kundgebungen gegen den Pelzverkauf mit Einsätzen von Schlägertrupps konfrontiert sahen. Auch wurden immer wieder VGT-Fahrzeuge beschädigt. Auch die Polizei wurde von Klenk in Schutz genommen, sie habe richtig gehandelt und endlich eine „gewaltbereite Tierschützerszene" ausgeleuchtet. Den Grünen bescheinigte er, den Wertekompass verloren zu haben: *„Den wegen des Vorwurfs der Brandstiftung, Sachbeschädigung und Mitgliedschaft in einer kriminellen Organisation in U-Haft sitzenden Tierschützer Martin Balluch setzt Van der Bellen auf die Wahlliste. [...] Sympathie für solche Leute verwundert bei einer Partei, die sich in den letzten Jahren wohltuend vom Sektierertum abgewandt hat."*

Selbst im Laufe des folgenden Prozesses verließ Klenk diese Linie nicht und meinte, die Beschuldigten hätten doch jetzt den „Vorteil", sich als Opfer eines „Polizeistaats" inszenieren zu können. Dabei: *„Es gibt viele berechtigte Vorwürfe gegen die Tierschützer rund um Martin Balluch. Ihre Methoden haben zu Recht das Interesse der Polizei geweckt. [Es geht hier] um Stalking, Sachbeschädigung und Drohung."*

In ein ähnliches Horn stieß Johann Überbacher von der „Tiroler Woche". Unter dem Titel *„Terrorzelle von Tierschützern?"* erklärte er anlässlich einer VGT-Kundgebung gegen „Staatsterror gegen Tierschutz": *„Bereits seit Jahren sorgt die radikale Tierschutzszene in Innsbruck für Unruhe. [...] Nun sollen auch Personen in Innsbruck tätig sein, die vor Anschlägen auf Leib und Leben nicht zurückschrecken. [...] Seit zwei Jahren sollen sich extremst radikale Tierschützer in Innsbruck ausbreiten. [...] Doch nicht nur die radikalsten Extremisten unter den Tierschützern, sondern auch Anhänger und Unterstützer stehen unter strikter Beobachtung der Polizei. Wobei selbst der Tiroler Landesdienst und die Universität von Sympathisanten unterwandert sind. Die der Redaktion der ‚Tiroler Woche' vorliegenden Unterstützerschreiben für inhaftierte österreichische Aktivisten beweisen diese Verbindungen klar."* Kurz darauf kritisierte Überbacher die „Grüne Jugend als Handlanger", weil mir die Grünen & Alternativen StudentInnen (GRAS) an der Uni Innsbruck einen Vortrag zur Tierschutzcausa ermöglicht hatten.

Die oberösterreichische Ausgabe der „Kronen Zeitung“ ging sogar so weit nahezulegen, dass der VGT eine Brandstiftung begangen habe. Daraufhin klagten wir die Zeitung auf Unterlassung und Widerruf, und das Erstgericht gab uns recht. Anfang 2010 wies auch das Wiener Oberlandesgericht die Berufung der „Kronen Zeitung“ u. a. mit den folgenden Worten zurück:

„Die durch die inkriminierte Behauptung verbreitete Tatsache, der [VGT] habe als juristische Person die 223 Straftaten und den Brandanschlag im Jahr 2000, auf welche in dem Artikel Bezug genommen wird, zu verantworten, ist sohin bereits mangels schlüssiger Behauptungen der [Kronen Zeitung] nicht als erwiesen anzusehen. [...] Die [im Artikel] gewählte Ausdrucksweise hinterlässt [...] als bleibenden Informationsgehalt, der [VGT] habe die dort angeführten Straftaten, insbesondere jedoch den Brandanschlag vom 4.7.2000, nach Meinung der Exekutive verübt. [...] Den Beweis für eine derartige Ansicht der Ermittlungsbehörden, welche die inkriminierte Berichterstattung als (richtige) Zitate erweist, erbrachte die [Kronen Zeitung] nicht. [...] Jedoch ist den Feststellungen des Erstgerichts zu entnehmen, dass Spuren, die darauf hinweisen, dass ein ordentliches Mitglied oder ein Mitglied des Vorstandes des [VGT] die Tat [...] verübt habe, bis dato nicht gefunden wurden und die am Tatort gesicherten DNA-Spuren zu keinem der im Strafverfahren Verdächtigen passen. Weiters ist festgestellt, dass eine Verdachtslage, nach der die Exekutive die Brandstiftung durch mit dem [VGT] in Zusammenhang stehende Personen als weitgehend erwiesen beurteilen würde, weder bestand noch besteht. [...] Es besteht daher in dieser Hinsicht nicht einmal ein Verdacht, geschweige denn ist die Behauptung im Kern für wahr zu halten, dass für die Exekutive die Täterschaft des [VGT] für diese und weitere 8 Brandstiftungen praktisch feststehe. [...] Auch die inkriminierte Behauptung, der [VGT] solle neben dem Brandanschlag vom 4.7.2000 noch weitere 223 Delikte am Kerbholz haben, entbehrt jeder Tatsachengrundlage. [...] Es ist für den erkennenden Senat nicht ersichtlich, auf welcher Grundlage das Erstgericht die Feststellung hätte treffen sollen, dass der Verdacht besteht, dass der [VGT] oder auch dessen Mitglieder sämtliche in der Aussendung des BMI angeführten 224 Delikte verübt hätten. [...] Die Berufung ist sohin nicht in der Lage, die Unrichtigkeit der erstinstanzlichen Entscheidung aufzuzeigen, weshalb ihr der Erfolg zu versagen ist.“

Die Anzahl der Personen aus dem öffentlichen Leben, die sich für uns einzusetzen begannen, wurde zunehmend größer. Neben Albert Steinhauser, Justizsprecher der Grünen, und Hannes Jarolim, Justizsprecher der SPÖ, kritisierten die UniversitätsprofessorInnen Petra Velten, Eva Maria Maier, Bernd-Christian Funk, Ingeborg Zerbes, Max Siller und Gernot Neuwirth Polizei und Justiz scharf. 100 UniversitätsprofessorInnen unterschrieben eine Petition an die Justizministerin, das Verfahren einzustellen. Sogar Hollywood-Schauspielerin Pamela Anderson kam Anfang Mai 2009 nach Wien und setzte sich bei der Justizministerin für uns ein, wie später auch Dirk Bach und Barbara Karlich. Am 6. Mai 2009 wandten sich 84 Tierschutzorganisationen Österreichs ebenfalls mit der Bitte an die Justiz, die Rechtsunsicherheit zu beenden und das Verfahren einzustellen. Alles in allem schien die Sache in die richtige Richtung zu laufen.

30. Der Strafantrag

Doch meine Hoffnungen nahmen Anfang September 2009 ein jähes Ende. Staatsanwalt Wolfgang Handler erhob tatsächlich nach drei Jahren der Ermittlungen Anklage, zunächst gegen die zehn ehemaligen U-Häftlinge, später knapp vor Prozessbeginn noch gegen drei weitere leitende Angestellte des VGT. Allerdings wurde gegen den Rest der 46 Personen, gegen die mindestens ermittelt worden war, das Verfahren auch nach § 278a eingestellt. Für mich bestätigte das noch einmal die These, dass die Verdächtigungen völlig willkürlich waren. Diejenigen, deren Verfahren eingestellt wurden, aber auch viele andere, gegen die nie ermittelt worden war, hatten im Wesentlichen auch nichts anderes getan als diejenigen, die angeklagt wurden. Sie waren in denselben Internetforen aktiv, hatten oft viel radikalere Postings geschrieben, verschlüsselten ihre Computer ebenfalls, halfen bei der Organisation derselben Kongresse, Aktivismus-Trainingscamps, Animal Liberation Workshops und Neulingstreffen, koordinierten dieselben Kampagnen und beteiligten sich an denselben Aktivitäten, teilweise seit Jahrzehnten. Die Anklage betraf einfach willkürlich ausgewählte Personen, zwei Frauen und elf Männer, die zum Teil nichts miteinander zu tun hatten, die man aber als langjährige AktivistInnen identifizierte und die bei den Aktivitäten der Tierschutzszene – viele davon insbesondere bei deren Motor, dem VGT – eine wichtige Rolle spielten. Man wollte einfach generell der Tierschutzbewegung einen schweren Schlag versetzen, das schien das Ziel der ganzen Übung zu sein.

Der erste Strafantrag umfasste 218 Seiten, der später verfasste Nachtrag 115. Der Staatsanwalt begann mit der Feststellung, dass es seit den späten 1980er Jahren eine große kriminelle Organisation im Tierschutz gebe, die für ausnahmslos alle Straftaten, die ein mögliches Tierschutzmotiv hatten, verantwortlich sei. Die Organisation agiere international und habe verschiedene Namen wie ALF, TBF, ARM, „wütende Wildschweine“, „Kommando Konrad Lorenz“, „Revolutionary Stars“ und „4. Oktober“. Letzteres ist der Welttierschutztag. Laut Strafantrag hatten sich unbekannte Personen, von denen der Staatsanwalt aber seltsamerweise wusste, dass sie legalen Tierschutzorganisationen angehörten, zu unbekannter Zeit, aber jedenfalls in den späten 1980er Jahren an einem unbekannten Ort geeinigt, eine kriminelle Organisation gründen zu wollen.

Der Staatsanwalt machte die späten 1980er Jahre als Gründungszeit der angeblichen kriminellen Organisation fest, weil 1988 die erste mit Sicherheit TierschutzaktivistInnen zuzuordnende Straftat stattgefunden hatte. Sieben Personen hatten fast hundert Pelzgeschäfte in Wien in einer einzigen Nacht mit roter Farbe beschmiert. Dafür wurden sie neben Sachbeschädigung auch wegen § 278 StGB (damals gab es § 278a StGB noch nicht) „kriminelle Vereinigung“ angeklagt und in letzterem Punkt freigesprochen. Dabei waren sie in flagranti erwischt worden und hatten die Tat auch zugegeben. Das Wiener Oberlandesgericht sah jedoch das Tatbild der kriminellen Vereinigung nicht als erfüllt an. Umso überraschender, dass Staatsanwalt Handler 20 Jahre später plötzlich dieselben Personen einer kriminellen Organisation zuordnete. Im Übrigen kannten und kennen diese sieben verurteilten TierschützerInnen von 1988 die Angeklagten im Tierschutzprozess 2010 überhaupt nicht. Es gab keinerlei Verbindung zwischen diesen Personen.

Dass alle Straftaten, die eine Tierschutzmotivation haben, von ein und derselben Organisation begangen worden sein sollen, ist nicht nur lebensfremd in politischen Bewegungen, sondern war zu diesem Zeitpunkt bereits eindeutig widerlegt. Im Jahr 2007 war eine Gruppe Jugendlicher in Steyr in Oberösterreich dabei erwischt worden, wie sie 30 Jagdstände umsägte. Diese Jugendlichen waren aber ansonsten im Tierschutz überhaupt nicht aktiv und hatten weder Kontakt zu irgendwelchen Tierschutzorganisationen noch zu den Angeklagten. Offensichtlich, so zeigt dieser Umstand, gibt es Personen, die sich zu solchen Taten veranlasst sehen, ohne organisiert zu sein.

Im Strafantrag hatte der Staatsanwalt die laut SOKO 35 kriminellen Kampagnen der angeblichen Organisation auf nur noch zwölf reduziert. Dazu gehörten die Kampagne gegen Pelzfarmen, die bereits 1998 mit einem Pelzfarmverbot geendet hatte, die Kampagne gegen Pelzgeschäfte, die Kampagne gegen vier Bekleidungsketten wegen deren Pelzverkaufs, die Kampagne gegen Legebatterien, die ebenfalls schon vor langem erfolgreich geendet hatte, die Kampagne gegen Fleisch, die Kampagne gegen Daunen, die nur von den Vier Pfoten geführt worden war, die Kampagne gegen Wildtierzirkusse, die bereits 2002 erfolgreich beendet worden war, die Kampagne gegen die Jagd und zwei Kampagnen gegen Tierversuche. Ziele dieser kriminellen Organisation waren laut Staatsanwalt das Ende von Tierversuchen, das Ende der Haltung von Zirkustieren, das Ende bestimmter Nutztierhaltungsformen für die Eier-, Feder- und Fleischproduktion, die Abschaffung der Jagd, die Abschaffung von Zoos und das Ende des Handels mit Tierpelzen. Insbesondere das Ziel „Abschaffung von Zoos“ musste überraschen, da selbst der Staatsanwalt keine Straftat gegen Zoos nennen konnte und eine Zookampagne auch nicht in der Liste seiner kriminellen Kampagnen anführte. Offenbar hatte die kriminelle Organisation hier ein Ziel, für das sie sich nicht einsetzte.

Die Infrastruktur der kriminellen Organisation sollte eine nicht-öffentliche Internetplattform sein, die von mir moderiert werde. Die Abschirmung unter den Mitgliedern erfolge durch verschlüsselte E-Mails und Computer, und die Kommandozentralen seien das VGT-Büro und das VGT-Materiallager. Allein schon durch diese Darstellung wurde klar, dass der VGT das Herz dieser kriminellen Organisation sein müsse, und ich ihr Chef. Das spiegelte sich allerdings nicht in der konkreten Anklage wider. Der Staatsanwalt ließ absichtlich offen, ob ich jetzt Straftaten in Auftrag gegeben hätte – wofür er keinen Beleg vorweisen konnte – oder ob ich nur indirekt durch meine Tätigkeiten diese kriminelle Organisation gefördert hätte.

Ich war jedenfalls ausschließlich wegen § 278a „Mitgliedschaft in einer kriminellen Organisation“ angeklagt. Diese Mitgliedschaft wurde mit 29 konkreten Anklagepunkten untermauert. Ich hätte dabei an sich legale Handlungen gesetzt, von denen ich aber ernstlich hätte für möglich halten müssen, dass sie die Ziele einer kriminellen Organisation unterstützen würden. Dann ist nämlich bereits § 278a erfüllt.

Anklagepunkt 1: Ich habe im Jahr 2003 in Skandinavien Pelzfarmen gefilmt und diese Filme veröffentlicht. Ich hätte ernstlich für möglich halten müssen, dass diese Information den Aktivitäten einer kriminellen Organisation nützt.

Anklagepunkt 2: Ich habe immer wieder in Legebatterien gefilmt und diese Filme veröffentlicht. Bei der persönlichen Observation durch die SOKO wurde ich zweimal in der Nacht bis zu Legebatterien verfolgt. Wiederum hätte ich ernstlich für möglich halten müssen, dass diese Information den Aktivitäten einer kriminellen Organisation nützt.

Anklagepunkt 3: Ich hätte als Obmann des VGT dessen Infrastruktur den Mitgliedern der kriminellen Organisation zur Verfügung gestellt, insbesondere die Autos, die Funkgeräte, die Handys, die Computer und die Räumlichkeiten. Beleg wurde dafür keiner genannt, die SOKO fand keinen Nachweis, dass irgendein Material des VGT je für Straftaten verwendet worden ist. Allerdings könnte der Staatsanwalt durchaus meinen, dass ich die Infrastruktur des VGT Personen für legale Handlungen zur Verfügung gestellt habe, von denen ich ernstlich hätte für möglich halten müssen, dass sie Mitglieder einer kriminellen Organisation sind und dass die legale Nutzung dadurch dennoch die Ziele dieser Organisation fördert, weil kriminelle Organisationen auch legal agieren. Nach dem Wortlaut von § 278a macht sich jemand zum Mitglied einer kriminellen Organisation, wenn er Personen, von denen er ernstlich für möglich halten muss, dass sie Mitglieder sind, einen Tee serviert. Man sieht, worauf diese Anklage hinauslaufen sollte.

Anklagepunkt 4: Ich hätte Strategien für Anti-Pelz-Kampagnen verbreitet, insbesondere bei Kampagnenbesprechungen innerhalb des VGT. Wiederum besteht der Vorwurf nicht darin, dass ich andere zu kriminellen Handlungen aufgefordert hätte, weil dafür kein Beleg vorlag. Der Vorwurf ist, ich hätte Strategien für legale Kampagnenarbeit entwickelt, was ja stimmt, hätte aber ernstlich davon ausgehen müssen, dass diese Strategien auch einer kriminellen Organisation bei der Verfolgung ihrer Ziele nützen. Kriminelle Organisationen können eine völlig legale Kampagne z. B. gegen Pelz durchführen, sie müssen nur nebenbei auch auf die Begehung schwerwiegender strafbarer Handlungen (wie z. B. Sachbeschädigungen im Wert von mehr als 3000 Euro) ausgerichtet sein, sie also nicht einmal begehen. Wenn man eine derartige kriminelle Organisation in ihrer legalen Pelzkampagne unterstützt, wird man bereits Mitglied und nach § 278a strafbar, solange man ernstlich hätte für möglich halten müssen, dass diese legale Kampagne von einer kriminellen Organisation durchgeführt wird.

Anklagepunkte 5 bis 9: Ich hätte Bekennerschreiben zu Straftaten verfasst. Dieser Vorwurf basierte auf dem linguistischen Gutachten und war der einzige, der mich mit einer Straftat konkret in Verbindung brachte.

Anklagepunkt 10: Teilnahme an einer Sitzung außerhalb des VGT zur Planung einer Pelzkampagne gegen die Bekleidungskette P&C im Jahr 2003. Als Beleg dafür wurde das Protokoll dieser Sitzung vorgelegt, laut dem ein „Martin“ daran teilgenommen hatte. Erstens war ich aber nicht dieser Martin, ich konnte sogar den richtigen Martin finden, und er war bereit, das vor Gericht zu bezeugen. Zweitens wurde auf dieser Sitzung überhaupt nichts Kriminelles besprochen. Wiederum ging es nur darum, die TeilnehmerInnen dieser Sitzung hätten ernstlich für möglich halten müssen, durch diese Planungen eine kriminelle Organisation bei ihrer legalen Tätigkeit zu unterstützen.

Anklagepunkte 11 und 12: Ich hätte taktische Ratschläge für legale Aktionsformen sowohl für die Anti-Pelz-Kampagne gegen Kleider Bauer als auch für die Kampagne gegen die Jagd erteilt, obwohl ich ernstlich hätte für möglich halten müssen, dass das einer kriminellen Organisation nützen könnte.

Anklagepunkt 13: Ich habe mich im Jahr 2001 an einem Kunstsymposium der Grünen Bildungswerkstatt in Großwarasdorf im Burgenland beteiligt, obwohl ich ernstlich hätte für möglich halten müssen, dass das einer kriminellen Organisation nützen könnte.

Anklagepunkt 14: Ich habe mehrmals Tierrechtskongresse mitorganisiert, an denen 400 bis 500 Personen, darunter UniversitätsprofessorInnen und Abgeordnete zum Nationalrat, als Vortragende teilgenommen haben. Ich hätte aber ernstlich für möglich halten müssen, dass Personen zwar Vorträge oder Workshops abhalten, die völlig legale Aktivitäten betrafen, die aber Mitglieder einer kriminellen Organisation sind. Damit hätte ich diese Organisation zwar legal, aber doch gefördert.

Anklagepunkt 15: Ich habe Fakten zu Straftaten verbreitet. Der Strafantrag bezieht sich dabei einerseits auf das Weiterleiten von Medienmeldungen in Internetforen und andererseits auf meine Tätigkeit als Redakteur bei Radio Orange. Dort bin ich seit 1999 zusammen mit anderen Personen für das Erstellen der wöchentlichen Tierrechtsnachrichten für eine Radiosendung zuständig, in denen auch Straftaten, wenn sie Tierschutzbezug haben, Erwähnung finden. Wiederum hätte ich ernstlich für möglich halten sollen, dass das einer kriminellen Organisation nützen könnte.

Anklagepunkt 16: Ich hätte an einer strategischen Sitzung zur Planung einer Kampagne gegen Tierversuche teilgenommen. Der Strafantrag bezieht sich dabei darauf, dass ich E-Mails mit der Ankündigung eines Vortrags einer englischen Tierschützerin versandt hatte, die in Wien über ihre Tierversuchskampagne sprechen wollte. Der Inhalt des Vortrags betraf zwar nur legale Aktivitäten, aber die Frau wurde viele Jahre später in England wegen der Begehung von Straftaten verurteilt. Im Übrigen hielt sie damals ähnliche Vorträge in ganz Europa.

Anklagepunkte 17 und 18: Ich hätte Kontakte zu militanten ausländischen AktivistInnen. Der Strafantrag bezieht sich dabei auf Berichte über Vorträge von mir im Ausland, die auf der VGT-Webseite zu finden sind, und auf Besuche von Vortragenden aus dem Ausland in Österreich. Wieder gibt es keinen konkreten Bezug zur Planung oder Durchführung krimineller Handlungen. Der Vorwurf ist, wie bei allen Anklagepunkten, lediglich, dass ich ernstlich hätte für möglich halten müssen, dass diese Tätigkeit eine kriminelle Organisation in irgendeiner Weise fördert.

Anklagepunkt 19: Ich sei „Vordenker" im Tierschutz und würde radikale Ideologien verbreiten. Der Staatsanwalt bezieht sich dabei auf angeblich subversive Diskussionsbeiträge in Internetforen und auf E-Mail-Listen, aber auch auf meine Bücher, Interviews und Artikel. Wiederum wird mir nicht vorgeworfen, zu Straftaten aufgerufen zu haben. Das wäre nämlich ein eigener Straftatbestand und separat angeklagt worden. Ich hätte zwar nur Meinungen geäußert, ich hätte aber ernstlich für möglich halten müssen, dass diese Meinungen eine kriminelle Organisation unterstützen.

Anklagepunkt 20: Auf von mir organisierten Workshops hat es Vorträge mit Rechtsberatung und Tipps zum Umgang mit der Polizei und zum Verhalten bei Verhören gegeben, was ich zwar nicht auf kriminelle Machenschaften bezogen habe, von dem ich aber ernstlich hätte für möglich halten müssen, dass es auch einer kriminellen Organisation nützt.

Anklagepunkt 21: Ich hätte meine Computer und die des VGT-Servers verschlüsselt und mit verschlüsselten E-Mails kommuniziert, obwohl ich dadurch ernstlich hätte für möglich halten müssen, dass das einer kriminellen Organisation nützen könnte.

Anklagepunkt 22: Ich habe in Diskussionsbeiträgen in Internetforen Verhaltensregeln gegen staatliche Überwachung aufgestellt und hätte dabei ernstlich für möglich halten müssen, dass das einer kriminellen Organisation nützt.

Anklagepunkte 23 bis 26: Ich habe Animal Liberation Workshops organisiert, eine nicht-öffentliche Internetplattform für Diskussionen moderiert, in den Medien veröffentlichte Bekennerschreiben archiviert und subversive Artikel in der linksradikalen Zeitschrift „TATblatt" veröffentlicht, obwohl ich ernstlich hätte für möglich halten müssen, dass das einer kriminellen Organisation nützt.

Anklagepunkte 27 und 28: Ich sei auf zwei internationalen Tierrechtstreffen gewesen, 2006 in England und 2007 in den Niederlanden. Zweiteres ist richtig, Ersteres falsch; der Staatsanwalt schloss darauf aus einem Bericht von diesem Treffen, in dem ein „Martin H." aus Österreich erwähnt wurde, der aber nicht mit mir ident ist. Auch hier fand ich den richtigen Martin, und er war bereit, das vor Gericht zu bezeugen. In jedem Fall hat es aber keine kriminellen Besprechungen auf diesen Treffen gegeben, was der Staatsanwalt aber auch gar nicht behauptete. Inkriminiert war, wir wissen es bereits, dass ich ernstlich hätte für möglich halten müssen, dass das einer kriminellen Organisation nützt.

Anklagepunkt 29: Ich hätte in Diskussionsbeiträgen im Internet anderen Personen gegenüber den Eindruck erweckt, ich hätte Einfluss auf eine Richterin, sodass diese AktivistInnen nach Verwaltungsübertretungen bei Jagdstörungen nicht belangt werden würden. Jagdstörungen sind zwar keine kriminellen Handlungen, trotzdem hätte ich ernstlich für möglich halten müssen, dass das eine kriminelle Organisation motivieren und ihr damit nützen könnte.

Die kriminelle Organisation zeichnete sich laut Staatsanwalt u. a. dadurch aus, dass sie tote Briefkästen benutze, Datenträger an geheimen Orten verstecke und Treffen an nicht öffentlichen und durch besonders strenge Zutrittskontrollen geschützten Örtlichkeiten abhalte. Die Mitglieder würden Aliasnamen tragen, um bei Aktionen nicht aufzufallen, Fahrräder benutzen und sich bei legalen Demonstrationen mit Kapuzen, Sonnenbrillen und Halstüchern vermummen. Und zusätzlich wüssten die Mitglieder gar nicht, wer aller Mitglied ist: *„Die inkriminierte Organisation hält ihre personelle Zusammensetzung nach innen und außen geheim."*

Als Beweismittel beantragte der Staatsanwalt die Einvernahme von rund 125 ZeugInnen und acht gerichtlich beeideten Sachverständigen. Dadurch wurde klar, dass der Prozess sehr lange dauern würde.

Ich stand also vor dem unfassbaren Umstand, mich in Kürze in einem Monsterprozess gegen derartig seltsame Anschuldigungen zur Wehr setzen zu müssen. Eigentlich wäre zu erwarten gewesen, dass eine solche Anklage niemals zu einem Schuldspruch führen kann. Aber selbst der Oberste Gerichtshof hatte schon in dieser „Beweislage" einen dringenden Tatverdacht gesehen, und die Justizministerin hatte die Anklage bestätigt und damit ihrer Rechtsmeinung Ausdruck verliehen, dass die Wahrscheinlichkeit höher liege, dass ich verurteilt, als dass ich freigesprochen werde. JournalistInnen mit Erfahrung bei Strafprozessen dämpften ebenfalls meine Zuversicht. Es sei gängige Rechtspraxis, dass man in Österreich nach der U-Haft auch bei völlig haltlosen Vorwürfen zu einer unbedingten Gefängnisstrafe verurteilt werde, die der bereits abgesessenen U-Haft-Zeit entspricht. Ich müsse also damit rechnen. Und ein älterer Richter des Wr. Neustädter Landesgerichts sagte in einem Gespräch, dass wir „Gfraster" seien und uns einfach schuldig bekennen sollten, dann kämen wir mit einer bedingten Freiheitsstrafe davon. Unsere einzige Chance schien mir zu sein, diesen ganzen Skandal an die Öffentlichkeit zu bringen. Deshalb publizierten wir umgehend den Strafantrag und gingen damit offensiv an die Medien, u. a. mit aufsehenerregenden Aktionen, Presseaussendungen und letztendlich insgesamt über 25 Pressekonferenzen.

Unsere AnwältInnen beantragten, dass der Prozess von Wr. Neustadt nach Wien verlegt werden solle. Erstens war ja das Verfahren, wie die damalige Justizministerin zugegeben hatte, nur „versehentlich" nach Wr. Neustadt gekommen. Und zweitens kam die große Mehrheit der Angeklagten und der ZeugInnen aus Wien. Doch dieses Ansinnen wurde in allen Instanzen mit der Begründung abgelehnt, dass es „zumutbar" sei, von uns zu erwarten, für einen jahrelangen Prozess täglich die 60 Kilometer von Wien nach Wr. Neustadt und zurück zu pilgern.

Immerhin erhielt ich einen amtlichen Brief von Staatsanwalt Handler, dass die Ermittlungen bezüglich aller Einzeltatvorwürfe gegen mich eingestellt wurden; nur eine Brandstiftung blieb aus unerfindlichen Gründen noch offen und sollte das bis zur Drucklegung dieses Buches weiterhin bleiben. Gegen fünf der anderen Mitangeklagten, alle in einem Nahverhältnis zum VGT, wurde ebenfalls, wie bei mir, nur nach § 278a Anklage erhoben. Gegen jene fünf weiteren Personen, die mir nicht bekannt waren, gab es noch zusätzliche Anklagepunkte wegen Nötigung aufgrund einer angeblich aggressiven Demonstration und für manche davon aufgrund sehr schwacher Hinweise wegen Beihilfe zur Sachbeschädigung. Bei zwei weiteren Angeklagten kamen die Vorwürfe Tierquälerei und dauernde Sachentziehung wegen der Befreiung von Nerzen und Schweinen dazu sowie Widerstand gegen die Staatsgewalt bei einer Pelzmodeschau und Sachbeschädigung nach einer antifaschistischen Demonstration.

In einer Pressekonferenz in Graz präsentierten wir den Strafantrag gegen den steirischen VGT-Kampagnenleiter David Richter. Die Vorwürfe gegen ihn waren ähnlich gelagert wie bei mir, nur waren es wesentlich weniger:

- Er habe Kampagnenstrategien entwickelt
- Er habe Kontakte zu Firmen geknüpft, um sie von einer tierfreundlicheren Verkaufspolitik zu überzeugen (Käfigeier, Wildtierpelze)
- Er habe Informationen zu Kampagnen verbreitet
- Er habe als VGT-Kampagnenleiter die AktivistInnen motiviert
- Er habe Verhaltensregeln für Recherchen in Tierfabriken aufgestellt
- Er habe an Animal Liberation Workshops teilgenommen

Und bei all dem hätte er ernstlich für möglich halten müssen, dass das einer kriminellen Organisation nützen würde.

Im Strafantrag stand dazu: *„Wenngleich sich David Richter im Rahmen von auch mit zahlreichen ‚direct actions' in Zusammenhang stehenden Kampagnen vorwiegend für die Organisation legaler Aktionen (insbesondere Demonstrationen) verantwortlich zeigt, dokumentieren u. a. seine Teilnahme an Animal Liberation Workshops in Österreich, Maribor und Luzern im Jahr 2007, seine Präsenz im [von mir moderierten] Internetforum und seine engen Kontakte zu zahlreichen Mitgliedern der inkriminierten Organisation sein intendiertes Ziel, nämlich durch ein gemeinsames – aus legalen und illegalen Aktivitäten bestehendes – Vorgehen (‚Doppelstrategie') zum Ausstieg aus dem Handel mit Echtpelzprodukten zu nötigen."*

Ein aktueller Vorfall zeigte damals die Beliebigkeit dieses Vorwurfs. In Vent in den Ötztaler Alpen in Tirol fanden zu dieser Zeit Tierversuche statt, in deren Rahmen Schweine bis zu ihrem Tod in Schnee eingegraben wurden, um Lawinenunfälle zu simulieren. Als das öffentlich bekannt wurde, kam es in ganz Österreich zu wütenden Protesten. Tierschutzorganisationen wie der VGT waren auch an Ort und Stelle, um die Tierversuche durch Aktionen des zivilen Ungehorsams zu verhindern. Unbekannte schickten allerdings eine Bombendrohung an die Bank des Ortes mit der Forderung, die Tierversuche sollten aufhören. Wenn man die Ansicht des Staatsanwalts laut Strafantrag auf diesen Fall anwendet, dann müsste diese Bombendrohung die Straftat einer kriminellen Organisation gewesen sein, die offenbar das Ziel verfolgte, die Tierversuche zu verhindern. Alle AktivistInnen, die sich trotzdem noch für dasselbe Ziel einsetzen, unterstützen damit eine ihnen unbekannte Organisation und werden nach § 278a dadurch deren Mitglied. Durch die Bombendrohung wurden sie schuldig, weil sie ab dann ernstlich hätten für möglich halten müssen, dass sie mit ihrer weiteren Aktivität eine kriminelle Organisation unterstützen. Wer also nach einer solchen Straftat, die ein identifizierbares – wenn auch ethisch begrüßenswertes – Ziel verfolgt, nicht sofort jede Tätigkeit für dasselbe Ziel einstellt, sollte laut Staatsanwalt fünf Jahre wegen § 278a ins Gefängnis. Aber tausende Menschen engagierten sich weiterhin gegen diese Tierversuche. Und diese Menschen wurden nicht angeklagt. § 278a ermöglicht also die gezielte politische Verfolgung missliebiger DissidentInnen, weil er praktisch gegen alle Personen anwendbar wird, die sich gegen eine Ungerechtigkeit engagieren.

Um diesen Umstand zu unterstreichen, kam es zu zahlreichen Selbstanzeigen von AktivistInnen nach § 278a. Insgesamt 300 Personen unterschrieben dazu folgende Aussage:

„1) Ich habe in der Vergangenheit an Kampagnen teilgenommen, deren Ziel es war, erheblichen Einfluss auf Politik oder Wirtschaft zu nehmen.

2) Vor Beginn derartiger Kampagnen wurde den Kampagnen-GegnerInnen die Kampagne angedroht, sollten sie nicht freiwillig einlenken.

3) Im Rahmen derartiger Kampagnen ist es auch zu Aktionen des zivilen Ungehorsams gekommen, bei denen u. U. zivil- oder verwaltungsrechtliche Normen übertreten wurden.

4) Für die Ermittlung der faktischen Grundlage derartiger Kampagnen wurden u. U. zivilrechtliche Normen übertreten.

5) Der Ablauf derartiger Kampagnen setzt ein gewisses konspiratives Element voraus, weil weder Aktionen des zivilen Ungehorsams noch verdeckte Recherchen nach Vorankündigung stattfinden könnten.

6) Unbekannte Personen haben für dasselbe Kampagnenziel irgendwann, irgendwo auch strafrechtlich relevante Aktionen durchgeführt, was mir durchaus bewusst war.“

220 dieser Selbstanzeigen gingen an die Staatsanwaltschaft Wien und wurden umgehend mit der Benachrichtigung von der Einstellung des Verfahrens beantwortet: *„Die von Ihnen angezeigte Mitgliedschaft an legal geführten Vereinen oder sonstigen Gruppierungen, deren Tätigkeit sich – unabhängig von politischen oder wirtschaftlichen Zielen – auf Aktionen nicht strafgesetzwidrigen Inhalts beschränkt, ist nicht nach § 278a strafbar.“* Die restlichen 80 Selbstanzeigen der obigen Form gingen direkt an den in der Tierschutzcausa zuständigen Staatsanwalt Handler in Wr. Neustadt. Aber auch dort wurden die Ermittlungen aufgrund dieser Selbstanzeigen nicht aufgenommen: *„Für die Einleitung eines Ermittlungsverfahrens gegen Sie wurde kein Anlass gefunden.“*

Also gingen die Selbstanzeigen noch einen Schritt weiter. Es fanden sich zwei AktivistInnen, die jeweils genau dieselben Anklagepunkte wie zwei der Angeklagten (Chris Moser und Elmar Völkl) erfüllten, also dieselben Veranstaltungen mitorganisiert oder in denselben Internetforen mitgepostet, dieselben Personen gekannt und die gleichen Flugblätter zu Hause hatten. Diese Selbstanzeigen orientierten sich also Punkt für Punkt an der Anklageschrift gegen diese zwei TierschützerInnen. Doch auch die Ermittlungen aufgrund dieser beiden Selbstanzeigen wurden eingestellt. Einmal schrieb die Staatsanwaltschaft Wien: *„Die ins Treffen geführten Schulungen und Vorbereitungen für Kampagnen sind strafrechtlich nicht relevant.“* Im anderen Fall war die Staatsanwaltschaft Linz zuständig: *„Die von Ihnen geschilderten Handlungen vermögen einen Anfangsverdacht in Richtung § 278a nicht zu begründen. Eine Instrumentalisierung der Justiz durch offensichtlich als Protestmaßnahmen durchgeführte Selbstanzeigen erfüllt ebenfalls keinen Straftatbestand. Diese Rechtsbeurteilung erfolgte einzelfallbezogen unabhängig von dem beim Landesgericht Wr. Neustadt geführten Verfahren."*

Das Justizministerium hatte aber am 23. Juli 2009 unter der Geschäftszahl BMJ-4031956/0004-IV 3/2009 der Staatsanwaltschaft Wr. Neustadt die Weisung erteilt, mit den genannten Vorwürfen Anklage zu erheben, und darin festgehalten: *„[Es ist im Strafantrag] klarzustellen, dass DDr. Balluch – wie die Beschuldigten Moser und DI Völkl – nach dem § 278a StGB zu bestrafen sein wird."* Ich schrieb daraufhin an die Justizministerin: *„Laut Artikel 7 (1) des Bundesverfassungsgesetzes sind alle StaatsbürgerInnen vor dem Gesetz gleich. Können Sie mir, als besorgtem Bürger, erklären, Frau Ministerin, wie diese offensichtliche Ungleichbehandlung [die einen Personen in U-Haft und auf Weisung angeklagt, die anderen nicht belangt] mit der österreichischen Bundesverfassung in Einklang zu bringen ist?"* Ministerin Bandion-Ortner antwortete mir, dass der von mir erhobene Vorwurf der Ungleichbehandlung der Angeklagten im Tierschutzprozess gegenüber den SelbstanzeigerInnen, gegen die alle Verfahren eingestellt wurden, *„einer aufsichtsbehördlichen Prüfung unterzogen wird, von deren Ergebnis Sie informiert werden"*. Bis heute wurde ich allerdings nicht informiert, was diese aufsichtsbehördliche Prüfung ergeben hat. In einer Presseaussendung erklärte ich: *„Wie ich Österreich kenne, wird man auch diesen offensichtlichen Widerspruch einfach aussitzen. Die Lieblingsbeschäftigung der Bürokratie, wenn sie auf Widersprüche und Willkür aufmerksam gemacht wird: Kopf in den Sand und schweigen."* So falsch dürfte ich dabei nicht gelegen sein.

Unabhängig von diesen Aktivitäten zeigte sich Rechtsanwalt Christian Aichinger bereits Mitte 2009 nach § 278a selbst an. Kurzfristig wurde eine Ermittlung geführt und sogar in den Tierschutzakt aufgenommen. Als Aichinger Akteneinsicht nehmen wollte, stellte die Staatsanwaltschaft Wr. Neustadt die Ermittlungen ein. Aichinger spendete daraufhin dem VGT 500 Euro mit der Widmung, dass das Geld wie im Strafantrag angeführt verwendet werden müsse. Dann zeigte er sich wiederum nach § 278a wegen Unterstützung einer kriminellen Organisation an. Zu dieser zweiten Selbstanzeige gab es nie eine Reaktion der Staatsanwaltschaft.

31. „Sie haben eine Richterin zum Amtsmissbrauch bestimmt"

Letztendlich wurde der Prozessbeginn für den 2. März 2010 festgesetzt, also dreieinhalb Jahre nach Beginn der Ermittlungen. Die Vorbereitung darauf war insofern schwierig, als der Staatsanwalt in seinem Strafantrag fast keine Begründungen für seine Ansichten vorbrachte, die noch dazu nicht im Konjunktiv formuliert waren, sondern wie bewiesene Fakten präsentiert wurden. Sämtliche Informationen z. B., die ich bei meinen 20 Stunden Polizeiverhör den ermittelnden BeamtInnen und damit auch dem Staatsanwalt zukommen ließ, waren von ihm völlig ignoriert worden. Zusätzlich hatten wir mehr als 30 Beweisanträge gestellt, u. a. um Alibis zu belegen oder die Harmlosigkeit vieler der inkriminierten Veranstaltungen zu bestätigen. Der Staatsanwalt lehnte unsere Beweisanträge nicht einmal ab – dann hätten wir gegen diese Entscheidung nämlich berufen können –, sondern ignorierte sie einfach. Auch so kann man ein Ermittlungsverfahren führen.

Ich ging in den Monaten vor dem Prozess zu hunderten Personen, um sie zu fragen, ob ich sie als ZeugInnen in meinem Prozess aufrufen dürfe. Viele meldeten sich auch von sich aus bei mir, nur wenige lehnten ab. Zuletzt hatte ich eine Liste von fast 300 ZeugInnen für meine Verteidigung. Da mir nichts Konkretes vorgeworfen wurde, musste ich mich eben auch unkonkret verteidigen. Die ZeugInnen würden bestätigen, dass ich mich nie für Straftaten interessiert habe, dass die von mir organisierten Veranstaltungen immer im Rahmen normaler NGO-Thematiken blieben und dass meine Kampagnenaktivitäten sich genau an dem orientierten, was ich unterdessen in meinem Buch „Widerstand in der Demokratie" 2009 veröffentlicht hatte. Auch viele UniversitätsprofessorInnen und Abgeordnete zum Nationalrat sowie sogar politische GegnerInnen fanden sich auf meiner Zeugenliste. Die meisten Menschen, mit denen ich über den Prozess sprach, waren zutiefst entsetzt. Selbst Vertreter der Landwirtschaftskammer äußerten sich ähnlich.

Aber die SOKO war noch immer, Strafantrag hin oder her, intensiv mit Ermittlungsarbeit gegen uns beschäftigt. Mehrmals wurde mir mitgeteilt, dass aufgefallen sei, dass mir jemand folge und mich beobachte, auch im Spätherbst 2009 noch. Also wollte ich die Probe aufs Exempel machen und arrangierte auf meinem Telefon mit anderen AktivistInnen ein Treffen im Burgenland, um Fasanerien zu kontrollieren. Am Treffpunkt erschienen aber nicht nur die TierschützerInnen, sondern auch zwei Autos mit jeweils zwei Männern darin. Diese Autos folgten uns zu allen Fasanerien, die wir kontrollieren wollten. Zuletzt wartete eines der Autos auf einer Straße nahe der Fasanerie, die von uns gerade gefilmt wurde. Kaum kamen wir zurück, fuhr das Auto davon, und das zweite übernahm unsere Verfolgung bis vor die Autobahn. Auf der Zufahrt zur Autobahn wendete ich mit meinem Fahrzeug überraschend, woraufhin auch das Verfolgerauto stehen blieb und so rasch wie möglich umkehrte. Es war also klar, ich wurde weiterhin observiert.

Es gab auch weiterhin Einvernahmen von TierschützerInnen und von Personen, die mich kannten oder zu unserer Kampagnenarbeit etwas aussagen konnten, von denen die SOKO aber erwartete, dass sie mich belasten würden. Einer derjenigen, die von der SOKO befragt wurden, wandte sich Ende 2009 an mich und sagte mir, die SOKO-BeamtInnen hätten mich ihm gegenüber als „gefährlichen Psychopathen" bezeichnet, vor dem er sich in Acht nehmen solle. Ich schickte daraufhin der Staatsanwaltschaft eine Sachverhaltsdarstellung wegen Verdachts auf Amtsmissbrauch und üble Nachrede. Das war bereits meine vierte Anzeige gegen SOKO-BeamtInnen wegen Amtsmissbrauchs, aber in allen Fällen wurden die Ermittlungen rasch eingestellt.

Anfang 2010, noch vor Prozessbeginn, wurde ein weiterer ungeheuerlicher Ermittlungsstrang der SOKO bekannt. Im Herbst 2005 hatte es nahe Böheimkirchen bei St. Pölten in Niederösterreich eine Jagdstörung gegeben. Etwa 40 TierschützerInnen waren bei einer großangelegten Treibjagd auf Füchse und Marder erschienen und den JägerInnen mit ihren Regenschirmen gefolgt, wohin auch immer diese gehen wollten. Die Jagd wurde abgebrochen. Doch ein findiger Jäger notierte die Kennzeichen aller Autos, die in der Nähe geparkt waren, und zeigte die FahrerInnen wegen Übertretung des Jagdgesetzes an. Sie hätten ein Treibjagdgebiet während einer Treibjagd abseits öffentlicher Wege betreten. Die Bezirkshauptmannschaft schickte ohne jede weitere Nachforschung Strafbescheide von je 200 Euro an die FahrerInnen. Die betroffenen acht Personen beriefen daraufhin gegen diese Bescheide beim Unabhängigen Verwaltungssenat in St. Pölten. Im Sommer 2007 kam es zur Verhandlung. Die zuständige Richterin hob nach langer Befragung der FahrerInnen und einiger JägerInnen alle Strafbescheide auf, weil nicht beweisbar war, dass die FahrerInnen überhaupt ein Jagdgebiet betreten hatten, geschweige denn abseits öffentlicher Wege. Keiner der Jäger konnte sich auch nur an eineN der FahrerInnen erinnern. Diese bestritten alle, im Treibjagdgebiet gewesen zu sein.

Ich hatte mit diesem Vorfall nichts zu tun, ich war weder einer der Fahrer, noch war ich bei dieser Verhandlung überhaupt anwesend. Aber einer der Betroffenen erzählte mir davon und meinte, die Richterin sei sehr objektiv und freundlich gewesen und habe sich nicht durch die JägerInnen beeinflussen lassen, wie man das sonst leider gewohnt ist. Nicht selten sind insbesondere BezirksrichterInnen Teil der lokalen Jägerschaft und urteilen entsprechend einseitig. Das war jedenfalls bisher meine Erfahrung gewesen. Wir hatten schon einmal bei einer Aktion gegen eine Treibjagd den Chef der Polizeistation zusammen mit dem Bürgermeister, dem Bezirkshauptmann und dem Bezirksrichter als Jäger vor uns stehen gehabt. Man kann sich vorstellen, wie Prozesse aufgrund solcher Aktionen in so einem Fall ausgehen. Einmal wurde eine Kollegin vom VGT zu 1400 Euro Strafe verurteilt, weil ein Polizist, der sie zwei Kilometer von der Treibjagd entfernt mit einem Regenschirm in einem Dorf angetroffen hatte, sie beschuldigte, Stunden zuvor abseits öffentlicher Wege in einem Treibjagdgebiet gewesen zu sein. Das war und ist unsere alltägliche Erfahrung insbesondere bei Tierschutzaktionen gegen die Jagd.

Deshalb war ich besonders glücklich zu hören, dass es auch andere Erfahrungen gab. Zu dieser Zeit wurde ich von der Polizei auf Schritt und Tritt überwacht und abgehört, weshalb die SOKO dokumentierte, dass ich auf einer Internetplattform zum Ausgang des Verfahrens gepostet hatte: „Super, diese Richterin, jetzt können wir mit richterlicher Rückendeckung Jagdaktionen durchführen.“ Etwas später erhielt ich die Information, dass dieselbe Richterin unseren Verein informiert hatte, dass direkt neben ihrem Haus eine Schweinefabrik stehe, in der tierquälerische Zustände herrschen würden. Derartige Informationen bekommen wir fast täglich im VGT, und so erschien ich einige Zeit später bei ihr zu Hause und ließ mir die Schweinefabrik zeigen. Wiederum etwas später begann ein Verfahren gegen TierschützerInnen im Osten von Niederösterreich, also nicht im Bereich der Zuständigkeit dieser Richterin. Ich rief sie dennoch an und bat sie um Rat in dieser Sache. Sie meinte, dass sie mir da „leider" nicht helfen könne. Seitdem hatte ich keinerlei Kontakt mehr zu ihr. Ich hatte nie als Betroffener ein Verfahren bei dieser Richterin, habe sie nie in einer Verhandlung erlebt, und es gab nach meiner ersten Kontaktaufnahme zu ihr auch kein einziges Verfahren mehr, das mit Tierschutz zu tun gehabt hätte.

Die SOKO hatte alle diese Kontakte sorgfältig dokumentiert, schien sich dafür aber anfangs nicht zu interessieren. Da sie aber bis Ende 2009, also zweieinhalb Jahre danach, noch immer nichts Konkretes gegen mich in der Hand hatte, griff sie auf diesen Vorfall zurück. Die SOKO behauptete, dass ich als Chef einer kriminellen Organisation diese Richterin auf welche Weise auch immer „bestimmt" hätte, im Sinne des Tierschutzes zu entscheiden. Man beantragte deshalb bei Untersuchungsrichter Pablik eine Bewilligung zur Abhörung ihrer Telefone und zur Durchführung einer Hausdurchsuchung, um den Verdacht gegen mich zu erhärten. Pablik, der einige Monate zuvor in einem Urteil festgestellt hatte, dass die SOKO unser Recht auf Akteneinsicht gebrochen hatte, bewilligte die Hausdurchsuchung nicht. Auch die Telefone durften nicht abgehört werden, es wurde der SOKO nur erlaubt zu dokumentieren, mit welchen Anschlüssen die Richterin sprach.

Richter Pablik hatte im Jänner 2010 die SOKO wegen der immer noch nicht gewährten Akteneinsicht noch einmal vor Gericht beordert und wurde wenige Tage davor an das Wiener Handelsgericht versetzt. Seine Nachfolgerin als Untersuchungsrichterin in unserem Verfahren, Richterin Alexandra Paul, legte nicht nur unsere Beschwerden gegen die Verweigerung der Akteneinsicht auf Eis, sie bewilligte auch die Hausdurchsuchung und die Abhörung mehrerer Telefonanschlüsse inklusive des Diensttelefons sowie die Öffnung der drei E-Mail-Adressen der verdächtigen Richterin. Am 20. Jänner 2010 ging Staatsanwalt Wolfgang Handler mit einem Kontingent von SOKO-BeamtInnen überraschend in den frühen Morgenstunden zur Richterin und durchstöberte ihr Haus und beschlagnahmte zahlreiche Gegenstände, insbesondere Handys, Kalender, Unterlagen und Notizen. Die Richterin wurde mehrmals von der Polizei verhört und vom Dienst suspendiert. Zweimal gab es eine Begehung ihres Hauses durch gerichtlich beeidete Sachverständige, die feststellen sollten, ob es einen Hinweis auf Bestechungen gab. Insbesondere wurden die Sonnenschutzrollos untersucht, weil der Vater der Obfrau des Tierschutzvereins Tier-WeGe eine Firma besaß, die diese Rollos geliefert hatte. Ebenso untersuchte man, ob der Steinbrunnen möglicherweise als Bestechung von TierschützerInnen errichtet worden war, da es einen Tierschützer gab, der Steinmetz ist. Doch beide Gutachten ergaben eindeutig keinen Hinweis auf Bestechung. Ebenso erbrachte eine richterliche Untersuchung der Entscheidungen dieser Richterin zu Tierschutz und Jagd, dass sie objektiv und nachvollziehbar entschieden hatte. Dennoch war das Verfahren gegen sie und mich wegen Verdachts auf Amtsmissbrauch bis zur Drucklegung dieses Buches noch immer am Laufen. Der 29. Punkt meiner Anklage, laut dem ich ein Mitglied einer kriminellen Organisation war, weil ich anderen TierschützerInnen gegenüber den Eindruck erweckt hätte, eine Richterin bestimmen zu können, bei Jagdstörungen die AktivistInnen nicht zu verurteilen, und dabei ernstlich hätte für möglich halten müssen, dass dadurch eine kriminelle Organisation gefördert würde, entstammt dem Nachtragsstrafantrag und bezog sich auf diesen Fall.

Meine AnwältInnen machten mich darauf aufmerksam, dass SOKO und Staatsanwalt mit diesem Vorgehen noch etwas anderes im Sinn gehabt haben könnten. Das Ziel hätte gewesen sein können, die beschuldigte Richterin so einzuschüchtern, dass sie – analog zur „Operation Spring" – Falschaussagen machen würde, die mich belasteten, wenn sie dafür im Gegenzug nicht belangt würde. Bedenkt man alle Umstände dieser Tierschutzcausa, dann würde ein derartiges Vorgehen der Behörden ohne weiteres ins Bild passen. Was würden SOKO und Staatsanwalt dafür geben, wenn sie auch nur einen einzigen Beleg für eine strafbare Handlung gegen mich in der Hand hätten!

32. Der Prozess beginnt

Am 2. März 2010 sollte also tatsächlich der Prozess beginnen. Einerseits war das gut, weil damit diese sich schon ewig hinziehende Geschichte auf die Spitze getrieben und vielleicht zu einem Ende gebracht würde. Andererseits schlecht, weil dieser Prozess sehr viel von mir verlangen würde, viel Arbeitsaufwand, viel Stress und viele Konflikte. Abgesehen davon hatte ich immer wieder Alpträume von einer Urteilsverkündung, die mich für Jahre ins Gefängnis bringt.

Ich wollte auf jeden Fall für meine Freiheit kämpfen und meine Haut so teuer wie möglich verkaufen. Gerade einmal drei Wochen vor Prozessbeginn wurde die Anklage auf drei weitere MitarbeiterInnen des VGT erweitert, darunter mein Bruder Harald, der auch Geschäftsführer des VGT ist. Für ihn stand das Urteil bereits fest: schuldig. Unsere Aufgabe sei deshalb, so sagte er scherzhaft, beim Zertretenwerden so laut wie möglich zu knirschen. Durch meine jahrzehntelange Arbeit als Universitätsassistent und in der mathematischen Forschung wusste ich, dass ich die Fähigkeit habe, komplexe Probleme zu vereinfachen und die Lösung verständlich vorzutragen. Ich wollte also in diesem Prozess möglichst viel reden, möglichst viel argumentieren und laufend weitere Vorbringen, Eingaben und Beweisanträge stellen. Dazu studierte ich auch die Strafprozessordnung (StPO), um mich mit den entsprechenden Paragrafen zu wappnen. Mein Bruder war mir dabei eine große Hilfe, er schien sich regelrecht auf dieses Gesetz zu spezialisieren. Laut § 248 (3) StPO dürfen die Angeklagten nach der Vernehmung von ZeugInnen, Sachverständigen oder Mitangeklagten jeweils eine Stellungnahme abgeben. Zusätzlich erweitert § 252 (3) dieses Stellungnahmerecht auf jede Verlesung und jeden Vortrag. Meine AnwältInnen warnten mich allerdings, dass diese Paragrafen totes Recht seien und in der Praxis nie zur Anwendung kämen.

Dann wird sich die Praxis an die Rechtslage anpassen müssen, dachte ich mir und war überzeugt, das auch durchsetzen zu können, insbesondere in Anwesenheit der Öffentlichkeit, die ja genau für solche Fälle als Kontrollinstanz von der Menschenrechtskonvention (z. B. Artikel 6 Absatz 1 EMRK) und der österreichischen Verfassung vorgesehen ist.

Nur sechs Tage vor Beginn der Verhandlung schrieb ich einen Brief an die zuständige Richterin Sonja Arleth:

„3½ Jahre intensivster polizeilicher Ermittlungen haben gegen die 5 Angeklagten des Vereins Gegen Tierfabriken (VGT) keinen Hinweis auf die Begehung einer strafbaren Handlung erbracht. Bedenkt man die Intensität dieser Ermittlungen, mit Lauschangriffen, Peilsendern und Videofallen, dann kann man mit Fug und Recht behaupten, dass man bzgl. der angeklagten MitarbeiterInnen des VGT mit größerer Sicherheit feststellen kann, sie haben keine strafbaren Handlungen begangen, als von sonst irgendwem in Österreich. Niemand wurde derartig genau durchleuchtet. Hätten diese 5 Personen eine strafbare Handlung begangen, dann wäre das sicher aufgefallen.

[…] Mir wirft man vor, ich hätte Tierschutzkongresse organisiert und bei Kunstsymposien mitgewirkt. Mein Kollege David Richter hat laut Staatsanwalt zwar nur legale Kampagnen geführt, aber aufgrund des Umstandes, dass er seine ArbeitskollegInnen kennt, dass er bei den Workshops seines Vereins mitgearbeitet hat und dass er in einem Internetforum mitdiskutiert hat, sei er kriminell. Dieser ‚Vorwurf' trifft eins zu eins auf mehr als 400 Personen zu! Gegen meinen Kollegen Chris Moser führt der Staatsanwalt ins Treffen, er habe zu Hause subversive Flugblätter gegen die Jagd gelagert. Wegen diesem ‚Verbrechen' standen vor 65 Jahren die Geschwister Scholl vor dem Volksgerichtshof. Dass so etwas heute in Österreich möglich ist, hätte vor diesem Verfahren niemand in seinen kühnsten Träumen erwartet.

Es geht hier um keinen Indizienprozess. Es geht hier nicht darum, dass man jemanden einer Straftat verdächtigt, und es werden zahlreiche kleine Indizien zusammengetragen, die belegen sollen, dass er diese Straftat wirklich begangen hat. In den Strafanträgen gegen die 5 MitarbeiterInnen des VGT geht es nicht um derlei Dinge. Man wirft uns nur unsere ganz normale tägliche legale Arbeit vor. Und dass wir diese Arbeit gemäß unserem Arbeitsvertrag verrichten, wird ja nicht bestritten. Nirgendwo in unseren Strafanträgen steht, dass wir für die Litanei von strafbaren Handlungen verantwortlich seien, die der Staatsanwalt aufzählt und von denen er meint, sie seien aus Tierschutzgründen begangen worden. Selbst der Staatsanwalt behauptet nicht, dass wir mit diesen Straftaten etwas zu tun hätten. Warum, also, müssen wir uns diese Straftaten vor Gericht anhören? Warum nicht gleich alle Bankraube der letzten Jahre dazunehmen? Warum müssen meine Kollegen Chris Moser und David Richter, die beide mehr als 100 Kilometer vom Gericht entfernt wohnen und eine Familie mit mehreren kleinen Kindern haben, sich monate- oder jahrelang dieser Aufzählung von Straftaten widmen, mit denen sie ja auch nach Ansicht des Staatsanwalts nichts zu tun haben?

Foto 19: Der Tierschutzprozess im Großen Schwurgerichtssaal des Landesgerichts Wr. Neustadt.

Unser gesamter Verein wird durch diese Aktion stillgelegt. Wie sollen wir unserer Arbeit nachgehen, wenn Obmann, Geschäftsführer und 3 Kampagnenleiter täglich vor Gericht erscheinen müssen? Wer zahlt die Miete, wenn wir keine Arbeit haben, wer ernährt die Kinder? Und das alles, weil wir gemäß unserem Arbeitsvertrag im Namen der Mehrheit der Menschen in Österreich völlig legale und normale Tierschutzarbeit geleistet haben? 220 Personen haben sich bereits selbst wegen § 278a angezeigt, weil sie festgestellt haben, dass die Anklage gegen uns genauso auf sie zutreffen würde. Und täglich werden es mehr. Sollen diese Hundertschaften auch alle noch auf die Anklagebank? Und wenn nein, sind wir nicht laut Verfassung und Menschenrechtskonvention alle vor dem Gesetz gleich?

Wenn sich Polizei und Staatsanwaltschaft in ihren Ermittlungen in eine Sackgasse verrennen, wenn sie in ihrem fanatischen Eifer, Unschuldigen etwas anhängen zu wollen, den Boden der Realität unter den Füßen verlieren, dann hat das Rechtssystem eine Notbremse eingebaut. Geehrte Frau Richterin, diese Notbremse sind Sie.

[…] Artikel 7 der Europäischen Menschenrechtskonvention, die in Österreich Verfassungsrang genießt, legt fest, dass es ein Bestimmtheitsgebot für Strafgesetze geben muss. Strafgesetze müssen so eindeutig bestimmt sein, dass allen verständigen Bürgern und Bürgerinnen klar sein kann, was strafbar ist und was nicht. Dieses Gebot ist im vorlie-

genden Fall eindeutig verletzt. Das Abhalten von Tierschutzkongressen und das Mitwirken bei Kunstsymposien kann auch vom verständigsten Bürger nicht als strafbar erkannt werden, selbst wenn man § 278a zigmal liest. Alle Menschen, die Strafantrag und polizeiliche Abschlussberichte auf unserer Webseite einsehen, sind völlig entsetzt und schütteln nur den Kopf.

Hier geht etwas nicht mit rechten Dingen zu, Frau Richterin, und ich kann mir kaum vorstellen, dass Ihnen das entgangen ist. Ich bitte Sie daher, die Demokratie und den Rechtsstaat zu bewahren, der Justiz in Österreich diese internationale Blamage zu ersparen und meinen KollegInnen keinen sinnlosen Prozess zuzumuten, der ein Jahr lang dauern wird. Bereiten Sie bitte dieser Justizfarce ein Ende!"

Prophetische Worte, wie wir jetzt wissen, doch die Richterin ignorierte mein Vorbringen.

Unsere einzige Chance, das hatte schon weiland Walther Rode gesagt, lag in der öffentlichen Meinung. Wir mussten mit offenen Karten spielen und schonungslos alles, was im Gerichtssaal vor sich ging, öffentlich machen. Deshalb richtete ich mir einen Blog im Internet ein, auf dem ich alle Vorkommnisse kommentieren wollte. Auch mit Facebook und Twitter wurde gearbeitet. Eine kleine Gruppe von ProzessbeobachterInnen richtete die Webseite www.tierschutzprozess.at ein, die mit großer Präzision möglichst zeitnah alle Protokolle zu den Sitzungen in der Verhandlung online bringen sollte. Auch die grüne Partei stellte einen Prozessbeobachter ab, der jeden einzelnen Verhandlungstag verfolgte und einige Blogs von grünen Abgeordneten mit Informationen versorgte. Als Rechtsvertretung hatten wir ein Team von fünf, später sechs AnwältInnen mit ihren AssistentInnen, die gut zusammenarbeiten würden. Meine größte Sorge war, dass unsere Rechtsvertretung mit zu wenig Aggression und Vehemenz auftreten würden, weil man in Österreich leider gewohnt ist, dass AnwältInnen eher durch Unterwürfigkeit in der Verhandlung und durch Mauscheln in der Kantine ihre Erfolge erzielen. Aber bald sollten unsere AnwältInnen alle auf einen konfrontativen Stil einschwenken und diesen bis zuletzt beibehalten.

Am Dienstag, dem 2. März 2010 fand ich mich schon frühzeitig vor dem Gerichtssaal in Wr. Neustadt ein. Hunderte Menschen waren bereits anwesend und protestierten mit bunten Plakaten, Luftballons und lauter Musik gegen diesen Prozess. Die Atmosphäre war der bei einem Karneval nicht unähnlich, trotz des ernsten Hintergrunds. Der Gerichtssaal fasste nur 20 Plätze für akkreditierte JournalistInnen und 60 weitere Plätze für BesucherInnen. Für den Eintritt musste man Platzkarten lösen, die um 8.30 Uhr bereits alle ausgegeben waren. Die meisten Menschen mussten also vor dem Gerichtsgebäude bleiben und konnten dem Verfahren nicht beiwohnen.

Knapp vor Prozessbeginn betrat ich den Gerichtssaal. Zig Foto- und Filmkameras waren auf mich gerichtet, und ein Blitzlichtgewitter ging über mir nieder, als sei ich ein Skistar – oder der Staatsfeind Nummer eins. Die große mediale Aufmerksamkeit beruhigte mich etwas.

Für die Angeklagten war nur eine harte Holzbank vorgesehen, die „Arme-Sünder-Bank", ohne Tisch für die Akten. Offensichtlich hatten die Angeklagten in üblichen Verfahren keine Notwendigkeit für solche Mittel. Für die 13 Angeklagten mussten die Holzbänke erweitert werden, wir waren zu viele. Hinter uns saßen unsere AnwältInnen, die sich aufgrund von Platzmangel ebenfalls ziemlich zusammendrängen mussten. Aber immerhin hatten sie große Tische und weiche Sessel. In der Mitte der Vorderfront des Gerichtssaals, etwas erhöht, thronte die Richterin auf einem besonders großen Stuhl. Neben ihr saßen die Schriftführerin, GerichtshelferInnen und, in einer Ecke, durch einen großen Monitor immer fast völlig verdeckt, Staatsanwalt Wolfgang Handler. Er sollte sich im Laufe des Verfahrens kaum zu Wort melden. Stattdessen las er im Internet Zeitung, wie ich persönlich bei Beratungsgesprächen mit meinem Anwalt, der direkt vor dem Staatsanwalt saß, beobachten konnte.

Da der uns zugängliche Ermittlungsakt zu Prozessbeginn bereits 200.000 Seiten umfasste und später auf 300.000 Seiten anwachsen sollte, konnten wir unsere Dokumente nicht in Papierform in den Gerichtssaal bringen. Daher beantragten wir Angeklagten, Laptops benutzen zu dürfen. Die Richterin hatte fünf Computermonitore vor sich stehen, der Staatsanwalt zwei, und unsere AnwältInnen nutzten jeweils auch einen. Doch die Richterin lehnte unsere periodisch vorgebrachten Anträge auf Laptops regelmäßig und mit zunehmender Ungeduld ab. Es sei schon ein großes Entgegenkommen, verkündete sie, dass die VerteidigerInnen Laptops benutzen dürften. Ich musste daher immer mit mehr als zehn Aktenordnern vor Gericht erscheinen, in denen sich lediglich jene Aktenteile befanden, die ich für den jeweiligen Gerichtstag für relevant erachtete. Die Akten legte ich dann mangels Tisches verstreut auf den Boden um meine Holzbank herum. Anders war es mir nicht möglich, mich zu verteidigen.

Um 9.30 Uhr eröffnete die Richterin die Verhandlung. Erschreckenderweise sagte sie, dass sie den Strafantrag geprüft habe und dass § 278a durch die Rechtsprechung des Obersten Gerichtshofs in der Ablehnung der Haftbeschwerde einiger der Angeklagten bereits definiert sei. Dann las sie lange Passagen des entsprechenden Urteils vor und sagte, sie wolle, dass die Verhandlung ohne politische Statements und ohne Polemik auskomme. Ich hatte eigentlich nicht vor, wie Rode vorschlägt, den Prozess sowieso verloren zu geben und als politische Bühne zu benutzen, wie möglicherweise andere Angeklagte. Ich wollte diesen Prozess gewinnen, und deshalb war meine gesamte Verteidigung auf die Vorwürfe und die konkrete Rechtslage konzentriert. Ich wollte meine Verteidigung auch nicht AnwältInnen überlassen. Ich kannte die Vorwürfe gegen mich und den gesamten Akt als Betroffener ja wesentlich besser. Fünf der Angeklagten gaben bekannt, keinerlei Fragen beantworten zu wollen, keine ZeugInnen zu rufen und sich auf politische Statements zu beschränken. Mir schien das ein Selbstmordkommando zu sein. Aber würde es mir als Hauptangeklagtem gelingen, die Anklage nach § 278a abzuwehren, dann würde das auch auf alle anderen Angeklagten Auswirkungen haben. Ohne meine Verurteilung nach § 278a wäre die Anklage nach diesem Paragrafen für alle obsolet, war meine Überzeugung. Und ich sollte recht behalten.

Anschließend hielt Staatsanwalt Wolfgang Handler eine 80-minütige Rede über die Strafanträge. Im Vorfeld hatten JournalistInnen die Meinung geäußert, dass er in seiner Eröffnungsrede eine Bombe platzen lassen würde, war doch der Inhalt der Strafanträge mehr als dürftig. Nichts dergleichen geschah. Handler hielt sich genau an das, was sowieso schon in den Strafanträgen stand. Bei seinem Vortrag fiel mir wieder auf, wie sehr sich die SOKO bemüht hatte, die angeblichen Straftaten aufzubauschen. Da gab es z. B. den Brand einer Daunenfabrik im Jahr 1999. Damals war niemand auf die Idee gekommen, dass es sich um eine durch Tierschutz motivierte Brandstiftung handeln könne, die Brandsachverständigen sahen nicht einmal einen Hinweis auf Brandstiftung. Aber acht Jahre später fand die SOKO diesen Fall in den Archiven und nahm ihn in die Liste der angeblichen Straftaten der kriminellen Organisation auf, um das Schadensausmaß aufzupeppen. Ebenso der Brand im Geflügelhof Sterrer im Februar 2001: Auch da hatte damals niemand einen Tierschutzbezug gesehen, und der polizeiliche Vorfallsbericht sprach von einem Kabelbrand. Doch der Besitzer meldete sich bei der SOKO, kaum hatte er in der Zeitung von ihrer Existenz gelesen, und behauptete, der Brand damals werde wahrscheinlich von TierschützerInnen gelegt worden sein. Das ist auch ein Aspekt politischer Prozesse: Sie geben den politischen GegnerInnen der Angeklagten die Möglichkeit, alte Rechnungen zu begleichen oder politisch zu punkten. Das sollte in dieser Verhandlung noch eine große Rolle spielen. Tatsächlich schien die lange Liste von 125 ZeugInnen der Anklage auch im Wesentlichen den Sinn zu haben, politischen GegnerInnen diese Möglichkeit zu bieten und die Angeklagten medial und in den Augen der Richterin in ein schlechtes Licht zu rücken. So fanden sich viele Personen als ZeugInnen der Anklage wieder, deren Jagden z. B. durch die Angeklagten gestört worden waren oder die sich von den Demonstrationen der Angeklagten belästigt gefühlt hatten. Ich hoffte, diesen Angriff durch meine 300 ZeugInnen der Verteidigung, die von unserer tatsächlichen Tierschutzarbeit sprechen sollten, wieder auszugleichen.

Der Staatsanwalt brachte ein neues Argument vor. Laut Verfassungsschutzbericht des Innenministeriums sei die Anzahl der Straftaten mit möglichem Tierschutzbezug seit den Verhaftungen im Mai 2008 dramatisch gesunken, im Jahr 2009 habe es überhaupt nur mehr drei solcher Straftaten gegeben. Die ÖVP-Innenministerin Fekter unterstützte dabei den Ankläger, indem sie für die Verbreitung dieses Gerüchts eine eigene Pressekonferenz einberufen hatte. Das zeige, meinte Handler, dass die Richtigen vor Gericht sitzen würden. In Wirklichkeit könnten natürlich auch unbekannte EinzeltäterInnen durch den Tierschutzprozess von Straftaten abgeschreckt worden sein. Tatsächlich aber ist die Zuordnung, welche Straftaten mit Tierschutz in Zusammenhang stehen und welche nicht, völlig willkürlich. Wenn eine Daunenfabrik brennt, ja, wenn sie sogar angezündet worden wäre, müsste das unbedingt mit Tierschutzmotiven geschehen sein? Es ist sehr leicht möglich, hier aus politischen Gründen die Zahlen zu manipulieren.

Die drei Straftaten, die letztendlich im Verfassungsschutzbericht unter „militanter Tierschutz“ standen, waren nicht zu verheimlichen gewesen. Das Jagdhaus des Schweizer Geschäftsführers der Pharmafirma Novartis in Tirol war angezündet worden, ebenso ein Auto eines Novartis-Mitarbeiters in Linz. Es handelte sich also um schwere Straftaten mit großen Schadenssummen, mehr jedenfalls, als in den Jahren zuvor unter „militanter Tierschutz“ verbrochen worden sein sollte. Dabei also von einem Rückgang der Straftaten zu sprechen war reichlich seltsam, im Gegenteil, so schwere Straftaten mit Tierschutzbezug hatte es bis dato in Österreich überhaupt noch nicht gegeben. Aber auch das war ein Kalkül der Behörde. Man wollte durch die Eskalation der Repression eine Radikalisierung der Szene erreichen, die dann wieder als Begründung für die ursprünglichen Maßnahmen und eine weitere Eskalation seitens der Behörde herhalten konnte. Ein gezielt ausgelöster Teufelskreis in dem Bewusstsein, im eskalierenden Konflikt letztlich durch die unbegrenzten staatlichen Mittel immer die Oberhand behalten zu können. In der Geschichte konnten schon mehrmals soziale Bewegungen mit berechtigten Anliegen auf diese Weise ausgelöscht werden.

Während der Rede des Staatsanwalts schrien und johlten DemonstrantInnen vor der Tür des Gerichtsgebäudes. Laut war „Lügner! Lügner!“ bis in den Gerichtssaal zu vernehmen. Nach dem Staatsanwalt äußerten unsere AnwältInnen ihre Entgegnungen. Stefan Traxler, der fünf Angeklagte inklusive mir vertrat, wies auf die DemonstrantInnen hin und sagte, dass diese Demonstrationen vielleicht lästig seien, aber nicht kriminell. Man versuche hier aber, solche Demonstrationen zu kriminalisieren. Dann betonte er, dass das OGH-Urteil irrelevant sei, weil die Tatsachenfeststellung der Richterin, auf der das Urteil beruhte, durch Unwahrheiten von SOKO-Leiter Böck zustande gekommen sei. Die von Böck angegebenen Sachverhalte haben sich alle als falsch herausgestellt.

Anwalt Phillip Bischof vertrat drei Angeklagte. Er bedankte sich beim Staatsanwalt für den Vortrag über Straftaten durch die Jahrhunderte und ortete die Doppelstrategie nicht im Tierschutz, sondern beim Staatsanwalt selbst, indem dieser schwere Straftaten unbekannter TäterInnen erwähne, aber vergleichsweise Lächerliches anklage. Mit 20 Jahre alten Straftaten als Vorwurf ohne Beleg sei eine Verteidigung unmöglich. Dieses „System Handler“ habe in einem Strafverfahren keinen Platz.

Anwältin Alexia Stuefer vertrat ebenfalls drei Angeklagte. Es gebe keinen Hinweis auf eine Doppelstrategie im Sinne der Staatsanwaltschaft, stellte sie fest, vielmehr würden den Angeklagten nur unaufgeklärte Straftaten indirekt zur Last gelegt. Eigentlich sei die gesamte Tierschutzbewegung angeklagt.

Anwalt Michael Dohr repräsentierte David Richter. Er sagte, dass er noch nie in seiner Karriere als Verteidiger so viel Entlastendes, das von der SOKO nach dreieinhalb Jahren Ermittlungen zusammengetragen worden war, für seinen Mandanten in der Hand gehabt habe. Die SOKO habe z. B. beobachtet, dass Richter ein Einkaufswagerl in einem Supermarkt mit Produkten gefüllt, aber dann zusammen mit einem Protestbrief stehen gelassen und nicht zur Kassa gebracht habe. Wenn das ein Delikt einer kriminellen Organisation sei, so Dohr, dann „tu felix Austria!“, du glückliches Österreich, dass du keine echten kriminellen Organisationen kennst.

Zuletzt sprach Harald Karl als Anwalt meines Bruders Harald. Er war erst seit wenigen Tagen mit dem Fall betraut und hatte keine Möglichkeit gehabt, sich einzulesen. Sein Antrag auf Vertagung der Verhandlung war abgelehnt worden. Karl strich heraus, dass die Angeklagten zumindest in zwei Gruppen zerfallen würden, die nichts miteinander zu tun hätten. Es sei daher absurd, diese 13 Personen als eine große kriminelle Organisation anzuklagen.

Am Ende dieses ersten Prozesstages hatte ich gemischte Gefühle. Entscheidend würde sein, wie meine Einvernahme ablief und wie sich die Richterin uns Angeklagten gegenüber verhalten würde. Der ursprüngliche Plan der Richterin hatte vorgesehen, die Verhandlung nach nur zwölf Prozesstagen zu beenden. Spätestens nach dem zweiten Prozesstag war klar, dass dieser Zeitrahmen niemals eingehalten werden konnte. Die Verhandlung begann mit meiner Gegenäußerung, bei der mich die Richterin ständig unterbrach und zurechtwies. Anschließend ließ die Richterin im Stakkato E-Mails und Interneteinträge von mir, die die SOKO gefunden hatte, an die Wand projizieren und fragte mich, wie sie gemeint gewesen seien. Diese Art der Befragung von mir zog sich letztendlich unverändert über die nächsten vier Prozesstage hin. Insgesamt musste ich 22 Stunden lang hauptsächlich zum Teil 18 Jahre alte E-Mails interpretieren. Es ging also um meine Gesinnung. Tatsächlich fragte mich die Richterin auch, ob ich gegen die Jagd sei, ob ich wolle, dass alle Menschen vegan leben, und was ich von Straftaten für den Tierschutz halte.

Die E-Mails waren zum Teil völlig aus dem Zusammenhang gerissen, zum Teil wurden sie von der SOKO ganz falsch interpretiert, und zum Teil zeigten sie unverhohlen eine gewisse Schadenfreude, wenn gegen bekannte Tierqual-Institutionen Straftaten in den Medien vermeldet worden waren. In keiner E-Mail rief ich zu Straftaten auf. Meine Antwort an die Richterin war, dass meine Gesinnung nicht aus Zitaten privater E-Mails ablesbar sei. Diese Zitate ließen den Gesamtzusammenhang vermissen, der sich erst aus der gesamten Korrespondenz aller Personen, die sich beteiligt hätten, ergebe. Zusätzlich seien private E-Mails immer an gewisse AdressatInnen gerichtet, mit denen man bereits eine gemeinsame Geschichte habe. Mit solchen vertrauten Personen spreche man anders als mit der Öffentlichkeit, und entsprechend seien Zitate ohne diesen Zusammenhang von Außenstehenden nicht vollständig zu verstehen. Abgesehen davon sei man beim Schreiben derartiger E-Mails in einer gewissen Emotion, die dann beim Vorlegen der Zitate nicht mehr vorhanden sei. Zum Beispiel könne man gerade durch einen Vorfall sehr verärgert sein oder durch andere MitdiskutantInnen stark provoziert, sodass man in den eigenen Aussagen völlig übertreibe. Es sollte also eigentlich selbstverständlich sein, dass solche E-Mail-Zitate von Meinungsäußerungen vor Gericht keine Aussagekraft haben.

Auf die Frage, wie ich zu Straftaten für den Tierschutz stünde, differenzierte ich. Es gebe Straftaten als Aktionen des zivilen Ungehorsams, die ich bereits gesetzt hätte, wie die offene Befreiung von Legehühnern aus Käfigen im Jahr 2003. Das fände ich natürlich gut. Auf der anderen Seite distanzierte ich mich von Sachbeschädigungen im Namen des Tierschutzes, die das Ziel hatten, mit einem Schadensdruck eine Verhaltensänderung des politischen Gegners zu erreichen. Diese Distanzierung sei aber meinen E-Mails nicht zu entnehmen, entgegnete die Richterin.

Ich antwortete, dass man als guter Bürger bzw. gute Bürgerin nach Ansicht des Gerichts offenbar beim Auftreten einer Sachbeschädigung sofort auf Distanz zum Tierschutz gehen und die jeweilige Kampagne einstellen müsste. *„Also zunächst einmal frage ich, wann sich jemals der politische Gegner des Tierschutzes von den Gewalttaten gegen den Tierschutz distanziert hat. Käme z. B. ein Zirkus auf die Idee, sich in einer Presseerklärung von der Gewalt eines anderen Zirkusses gegen Tierschutz-DemonstrantInnen zu distanzieren? Es gab sehr oft derartige Gewaltangriffe, oft mit schwer verletzten Personen. Nicht einmal der Zirkus, von dem diese Gewaltattacken ausgingen, hat sich von so einem Angriff je distanziert.*

Oder die ÖVP. Als ich 2004 auf einer legalen Kundgebung anlässlich der Landtagswahlen in Kärnten eine Rede hielt, stürzte plötzlich der damalige Agrarsprecher der ÖVP, Robert Lutschounig, zu mir, schlug mir ins Gesicht und zerriss das Transparent hinter mir. Er gab die Attacke zu und zahlte 700 Euro Wiedergutmachung. Hat sich jemals irgendwer aus der ÖVP bemüßigt gefühlt, sich von dieser Gewalttat ihres Agrarsprechers zu distanzieren? Nein!

Ich hätte noch viele weitere Beispiele. Die Besitzer von Pelzgeschäften haben mehrmals Tierschützer geschlagen, dem VGT wurden die Schlösser verklebt und die Autos mit Lack übergossen. Bei Kundgebungen vor Pelzgeschäften wurden sowohl in Wien als auch in Graz und Innsbruck friedliche DemonstrantInnen von Schlägern angegriffen und verletzt. Gab es da jemals eine Distanzierung seitens der Besitzer von Kleider Bauer, vor deren Filialen die Angriffe erfolgten? Nein!

Lassen Sie mich raten: In allen diesen Fällen hatten diese Personen bzw. Firmen und Parteien eine klammheimliche Freude an unserem Schaden. Hätte eine SOKO unsere politischen Gegner damals abgehört, möchte ich nicht wissen, was für Hassparolen dabei zutage gekommen wären!

Kürzlich war ich in Leipzig. Auf meiner Bahnfahrt dorthin hatte ich einen Aufenthalt in Dresden und las dabei Tafeln einer kleinen Ausstellung am Bahnhof, die über heftige Proteste vor der Wende Ende 1989 Auskunft gaben. Damals fuhren Züge mit Flüchtlingen aus Prag durch den Bahnhof Dresden nach Westdeutschland, und zigtausende Menschen wollten aufspringen oder die Bereitstellung eigener Züge für die Ausreise erzwingen. Man stürmte den Bahnhof. Die Polizei schritt mit Wasserwerfern und Schlagstöcken ein. Einige DemonstrantInnen reagierten mit Gewalt, warfen mit Steinen und zündeten ein Polizeiauto an.

Was macht ein guter Bürger bzw. eine gute Bürgerin in so einem Fall? Heimgehen und mit der Demonstration aufhören? Sich dann noch in einer Presseaussendung von diesen Taten distanzieren und am Ende vielleicht gar der Stasi Hinweise auf die TäterInnen geben?

Ich denke, dass nicht einmal Sie, Frau Richterin, in diesem Fall so handeln oder das von anderen erwarten würden. Das Anliegen ist zu wichtig, man würde sich daher weiter friedlich engagieren und diejenigen, die Gewalttaten setzen, vielleicht emotional verstehen, aber versuchen zu beruhigen und wieder in den gewaltfreien Widerstand einzugliedern, weil das viel sinnvoller und effektiver ist. Man würde versuchen, die Gewalttaten in der Masse friedlicher Aktionen untergehen zu lassen, sodass sie im Verhältnis irrelevant werden und weder der Behörde noch den Medien als Ausrede dienen können, die gesamte Bewegung als radikal oder kriminell zu verunglimpfen.

Genauso im Tierschutz. Das Thema ist zu wichtig, man kann nicht einfach aufhören mit einer Kampagne, weil irgendwer eine Straftat gesetzt hat. Man sieht sich aber auch nicht in der Rolle, gegen diese Straftaten vorzugehen. Man setzt sich also umso mehr friedlich und gewaltfrei ein, um die Straftaten verhältnismäßig irrelevant werden zu lassen, sodass sie nicht zur Verunglimpfung oder Kriminalisierung der ganzen Bewegung herangezogen werden können.

Leider geschah damals in der DDR, was heute in Österreich im Tierschutz geschieht: Die Bewegung wurde kriminalisiert, und die Auffälligsten der friedlichen und gewaltfreien DemonstrantInnen wurden in U-Haft genommen und vor Gericht gestellt, auch wenn sie keine Straftaten begangen hatten. In beiden Fällen hat man ihnen eine ideelle Mitschuld an den Sachbeschädigungen Unbekannter angelastet und sie mit einer langjährigen Gefängnisstrafe bedroht. In der DDR kam kurz darauf die Wende. Ich hoffe, das geschieht auch in unserem Fall.“

Ich erklärte aber auch unmissverständlich, dass ich die strafrechtswidrige Befreiung von Tieren, z. B. aus Versuchslabors oder Tierfabriken, für ethisch richtig und begrüßenswert erachten würde. Aktionen unter dem Namen „ALF“ hätten genau aufgrund dieser weit verbreiteten Ansicht im Tierschutz einen guten Ruf. Man könne daher positive Bemerkungen in diese Richtung nicht eins zu eins auf Sachbeschädigungen oder gar Brandstiftungen umlegen, auch wenn ALF-Aktionen laut Richtlinien im Internet immer ohne Gefahr für Menschen und, generell, Tiere ablaufen müssen.

In einem alten Diskussionsbeitrag in einem Internetforum hatte ich argumentiert, dass unter Umständen auch Brandstiftung ethisch gerechtfertigt sein könne. Als mir das vorgehalten wurde, erklärte ich, dass ich mich damit auf ein Gerichtsverfahren bezogen hätte, das 1994 in Huddersfield in England über die Bühne gegangen war. Vier TierschützerInnen hatten versucht, die Schließung eines illegalen Hinterhofschlachthofs, der ohne Betäubung arbeitete, mit Anzeigen und Medienberichten zu erreichen. Es war aber nicht gelungen. Also zündeten sie den Schlachtbereich an und wurden dabei erwischt. Vor Gericht verteidigten sie sich damit, dass sie im übergesetzlichen Notstand gehandelt hätten. Die Brandstiftung sei in ihren Augen das gelindeste Mittel gewesen, um diese gesetzwidrige Tierquälerei abzustellen. Die Geschworenen folgten dieser Argumentation und sprachen die Angeklagten frei.

Gegenüber vielen meiner Ausführungen zeigte die Richterin großes Desinteresse. Während ich sprach, wandte sie sich anderen Personen neben ihr auf der Richterbank zu und plauderte. Da ich aber sie mit meinen Worten zu überzeugen hatte, wartete ich in solchen Fällen, bis mir die Richterin wieder ihre volle Aufmerksamkeit widmete. Diese wurde darüber zunehmend ungehalten und sagte, ich solle weiterreden. Beim nächsten Mal, als die Richterin mir wieder nicht zuhörte, sagte ich: „Blabliblo, blabliblu, hören Sie noch zu?" Die Richterin sagte dazu abwesend: „Ja, reden Sie weiter." Erst das Gelächter im Saal ließ sie auf die Situation aufmerksam werden.

Einmal, mitten während meiner Befragung, sprang der Staatsanwalt plötzlich auf und verkündete, dass er eine wichtige Mitteilung hätte. Er tat das mit so viel Pathos, dass man erwarten musste, der Bundespräsident sei gestorben oder etwas Vergleichbares passiert. Doch in Wirklichkeit hatte er gerade eine Mitteilung der Kriminalpolizei erhalten, dass unbekannte TäterInnen in der Nacht vom 2. auf den 3. März 2010, also kurz davor, mehrere Auslagenscheiben einer Filiale von Kleider Bauer in der Wiener Favoritenstraße eingeschlagen hätten. Die folgende Stille im Saal erschien fast wie eine Schweigeminute.

Dann fragte mich die Richterin, was ich dazu sage. *„Unter den gegebenen Bedingungen bin ich juristisch gezwungen, mich darüber zu freuen"*, antwortete ich, *„zumal der Staatsanwalt noch vor kurzem das Argument für unsere Schuld vorgebracht hatte, dass so wenige Straftaten geschehen würden, seitdem wir von der SOKO verfolgt werden. Mit dieser Sachbeschädigung ist das wohl widerlegt. Es ist völlig unglaubwürdig anzunehmen, die Angeklagten säßen untertags vor Gericht und würden in der Nacht Scheiben einschlagen."*

Am fünften Prozesstag wurden mir Interneteinträge vorgelegt, in denen ich die Verschlüsselung von E-Mails und ganzen Computern empfahl. Ich gab dazu an, dass wir in unserer Tierschutzarbeit Verschiedenes vor der Polizei zu verheimlichen hätten, dass das aber nichts mit einer Abschottung gegen Strafverfolgung zu tun habe. Erstens würden wir Aktionen des zivilen Ungehorsams durchführen, von denen die Polizei im Vorfeld nichts erfahren dürfe, weil sie sie sonst verhindern würde, wie bereits einige Male geschehen. Zweitens würden wir die Identität von InformantInnen, aber auch von AktivistInnen und unseren Mitgliedern nicht preisgeben wollen, weil diese mit Nachteilen zu rechnen hätten. Und drittens, meinte ich, hätten wir uns die Befragung der letzten Tage sparen können, wenn ich meine Meinungen in den E-Mails und Interneteinträgen, die mir hier vorgelegt wurden, anonym oder verschlüsselt geäußert hätte. Das wäre wohl ein nachvollziehbarer Vorteil gewesen.

Zur Berechtigung der Verschlüsselung legte ich aber noch eine Mitteilung von Amnesty International vor, wonach diese NGO alle ihre Computer verschlüsselt hat, und einen Verschlüsselungs-Stick der Wiener Wirtschaftskammer, den diese kostenlos auf der Straße verteilte. Die Verpackung dieses Sticks hatte die Form eines Medikaments, und im Beipackzettel wurde festgehalten, dass dieses „Medikament" für jene Menschen gedacht sei, denen die Artikel 8 und 10 der Europäischen Menschenrechtskonvention zur Achtung der Privatsphäre und der freien Meinungsäußerung wichtig seien. Die Richterin sagte dazu, sie nehme das nicht zur Kenntnis und nehme den Stick auch nicht in den Akt auf. Natürlich gehe das Gericht davon aus, dass Verschlüsselungen auch von anderen Einrichtungen verwendet würden.

Ein kleiner Teil der Fragen der Richterin betraf auch meine Tätigkeiten, z. B. die Organisation von Tierrechtskongressen und Animal Liberation Workshops. Ob ich nicht glauben würde, fragte sie mich, dass z. B. meine Tierrechtsradiosendungen auf Radio Orange die ZuhörerInnen dazu verleiten könnten, strafrechtlich aktiv zu werden. Ich ginge davon aus, dass die Menschen, die meine Sendungen hören, Artikel oder Bücher lesen und Kongresse oder Workshops besuchen, aufgrund der dort gebotenen Inhalte kritischere Geister würden, die für eine funktionierende, lebendige Demokratie Voraussetzung seien, antwortete ich.

Am Ende meiner 22-stündigen Befragung, dem sechsten Prozesstag, wollte ich noch eine Stellungnahme abgeben. Trotz Störfeuers der Richterin erklärte ich schließlich, dass mir in der gesamten Befragung nur meine Gesinnung vorgeworfen worden sei, zusammen mit Handlungen, die in der NGO-Arbeit ganz normal seien. „*Ich werde aber weder meine Gesinnung ändern noch diese Handlungen nicht mehr setzen. So habe ich bereits wieder einen Tierrechtskongress organisiert, Animal Liberation Workshops abgehalten, das von mir moderierte Internetforum weitergeführt, ein internationales Tierschutztreffen besucht und Verschlüsselungen installiert und weiterempfohlen. Zusätzlich läuft die VGT-Kampagne gegen Kleider Bauer weiter, und ich werde auch englische TierschützerInnen wieder zu Vorträgen einladen, sollte sich die Gelegenheit ergeben. Auf der anderen Seite ist zu erwarten, dass auch weiterhin Sachbeschädigungen durch unbekannte Personen mit möglichem Tierschutzbezug durchgeführt werden. Wenn ich also allein dafür ins Gefängnis gesperrt werden sollte, dann braucht man mich gar nicht mehr herauszulassen, weil alle vorliegenden Vorwürfe unverändert weiterbestehen, solange ich mich für Tierschutz einsetzen werde.*"

33. Der linguistische Sachverständige Wolfgang Schweiger

Kaum war am sechsten Prozesstag meine Befragung zu Ende, versuchte ich Bilanz zu ziehen. Ich hatte das Gefühl, mich trotz aller Schärfe und Aggression der Richterin und ihrer Versuche, mich zu unterbrechen und zu verwirren, sehr gut geschlagen zu haben. Es würde schwierig werden, dachte ich mir, uns einfach so vor den Augen der Öffentlichkeit auf Basis dieser Vorwürfe zu verurteilen. Die Befragung der anderen Angeklagten gestaltete die Richterin zunehmend kürzer, und sie zeigte an immer weniger Anklagepunkten Interesse. Der Staatsanwalt hatte sich schon bei mir sehr wenig zu Wort gemeldet, jetzt war er fast überhaupt nicht mehr zu hören.

Fünf der anderen Angeklagten weigerten sich, in den Zeugenstand zu treten. Jürgen Faulmann, der ehemalige Kampagnenleiter der Vier Pfoten, sagte kategorisch, er werde keine Frage nach seiner Gesinnung beantworten, weil das das Gericht nichts angehe. Die anderen standen Rede und Antwort, aber oft in absurden Zusammenhängen. So ging es bei Chris Mosers Befragung fast ausschließlich um seine Kunstwerke, was er damit sagen wolle und welche Auswirkung das auf die BetrachterInnen habe. Ganz zentral war also hier die Frage, wie weit die Freiheit der Kunst gehen darf. Aber kann man wirklich ausschließlich durch „radikale" Kunstwerke zum Mitglied einer kriminellen Organisation werden? Zu Hausdurchsuchung und Untersuchungshaft hatte es offensichtlich gereicht. Die besagte SOKO hatte Chris sogar aufgrund eines seiner Kunstfilme anlässlich des Hofer-Gedenkjahres 2009 wegen Verächtlichmachung staatlicher Symbole (im Film wurde eine der Tiroler Landesfahne ähnliche Fahne verbrannt) angezeigt.

Als Letzter der Angeklagten wurde mein Bruder Harald befragt. Bei ihm ging es um den Kontakt zu einem anderen Angeklagten, der sich durch drei kurze Telefonate belegen lassen sollte. Dieser Kontakt war dem Staatsanwalt sehr wichtig, weil er eine Brücke zwischen den beiden getrennten Gruppierungen unter den Angeklagten darstellen können sollte. Tatsächlich zeigte aber die Ansicht der Telefongesprächsprotokolle, dass die Telefonate von der Lebensgefährtin von Harald, die mit diesem anderen Angeklagten zusammen im Wiener Tierschutzverein Hunde betreute, geführt wurden. Sie hatte sich nur Haralds Telefon ausgeliehen. Dabei war es um die Versorgung des Hundes Otto gegangen, der von diesem Angeklagten gepflegt wurde. Es kam heraus, dass Otto ein schwieriger Hund war, den Haralds Lebensgefährtin Harald in einem Notfall für eine Nacht als Hundesitter überantwortet hatte. Nach diesen stundenlangen Befragungen zu Otto und seiner Rolle in der Tierschutzcausa wollte ich vom Staatsanwalt wissen, ob er Otto für das gesuchte Bindeglied zwischen den beiden getrennten Gruppierungen unter den Angeklagten halte. Die Richterin reagierte auf solche Aussagen von mir aber regelmäßig mit der Drohung, mich mit Gewalt aus dem Gerichtssaal entfernen zu lassen.

Nach 14 Prozesstagen war die Befragung der Angeklagten abgeschlossen, und die Richterin konnte sich den 125 ZeugInnen der Anklage zuwenden, bevor dann die rund 300 ZeugInnen der Verteidigung zu Wort kommen sollten. Dieser Prozess würde der längste der österreichischen Rechtsgeschichte werden, so viel war klar, wenn nicht jemand vorher eine Notbremse zog. Für uns Angeklagte war das eine Katastrophe. Die Kosten für einen Anwalt belaufen sich pro Prozesstag auf 4000 Euro. Die allermeisten von uns hatten bereits ihre Jobs verloren und konnten nicht einmal Arbeitslosenversicherung beziehen, weil sie aufgrund des Prozesses nicht dem Arbeitsmarkt zur Verfügung standen. Ich hatte das Glück, bei einem Tierschutzverein angestellt zu sein, der mir kulant begegnete und mich meine Arbeitszeit völlig flexibel einteilen ließ. Ich musste aber dennoch an jedem Prozesstag um sieben Uhr früh meinen Hund zu einer Person bringen, die gewillt war, ihn den Tag über zu betreuen, dann sammelte ich andere

Angeklagte ein, fuhr nach Wr. Neustadt zum Prozess, danach brachte ich die anderen wieder zurück und holte meinen Hund wieder ab. Bis dahin war es bereits 17 Uhr und der Tag praktisch vorbei. Dazu mussten wir natürlich die laufenden Reisekosten bestreiten, um täglich 120 Kilometer zu fahren. Besonders schlimm traf es David Richter aus Graz und, noch schlimmer, Chris Moser aus Tirol. Beide hatten Familien mit Kindern, beide mussten stundenlang mit dem Zug anreisen, Chris sogar über sechs Stunden lang in eine Richtung. Dieser Prozess sollte uns psychisch und finanziell ruinieren, auch wenn wir gar nicht schuldig gesprochen würden.

Im Prozess fuhr die Richterin als Nächstes ihre schwersten Geschütze gegen mich auf. Zuerst wurde ein englischer Polizist einvernommen, der, aus dem Referat für Extremismus kommend, sich besonders mit Tierschutzaktivismus befasste. Allerdings hatte er von der Situation in Österreich überhaupt keine Ahnung, kannte niemanden der Angeklagten und sagte aus, dass keine der von ihm observierten Personen in England zu Österreich überhaupt einen Kontakt gehabt habe. Über mich befragt, erklärte der Engländer, dass er in den Polizeiarchiven die Notiz gefunden habe, dass ich 1997 verdächtigt worden sei, in den Stallungen für Pferde und Hunde einer der Hetzjagdorganisationen eine Scheibe eingeschlagen zu haben. Das habe sich aber nicht bestätigt, und heute liege nichts gegen mich vor. Mehr war aus diesem Zeugen für die Anklage nicht herauszuholen.

Am Mittwoch, dem 15. April, dem 16. Prozesstag, wurde das linguistische Gutachten von Wolfgang Schweiger vorgebracht, einem pensionierten Deutschlehrer aus einer Krankenpflegeschule, der sich autodidaktisch Linguistik beigebracht hatte, um als gerichtlich beeideter Sachverständiger einen einträglichen Nebenverdienst zu haben. Und einträglich sollte dieses Gutachten für ihn werden, verlangte er zuletzt doch mehr als 50.000 Euro vom Gericht. Bei einem Schuldspruch hätte ich das aus eigener Tasche bezahlen müssen.

Schweigers Gutachten war die einzige Evidenz, die mich mit kriminellen Handlungen in Beziehung brachte, und daher das Herzstück der Anklage, sollte ich doch nach Ansicht Schweigers einige Bekennerschreiben geschrieben haben – auch wenn der Staatsanwalt nicht behauptete, ich hätte an den zugehörigen Straftaten teilgenommen. Letzteres war sogar aufgrund von Alibis ausgeschlossen. Aber die SOKO verrannte sich in der Vorstellung, ich würde als „Mastermind" im Hintergrund alle Bekennerschreiben der angeblichen kriminellen Organisation verfassen und dann für die TäterInnen griffbereit liegen lassen, damit sie sie nutzen konnten. Offenbar waren die anderen Mitglieder der kriminellen Organisation für eigene Formulierungen zu einfältig.

Diese Vorstellung an sich war schon etwas abgehoben. Aber abgehoben war kein Ausdruck für das linguistische Gutachten, das diese Vorstellung untermauern sollte. Ich war sehr gut vorbereitet für diesen Tag und erwartete, dass ich die Gegenbeweise vorbringen und das Gutachten widerlegen würde. Danach, so die naive Vorstellung desjenigen, der noch immer an den Rechtsstaat glaubte, wäre die Sache gegessen.

Schmeck's! War das Verfahren bis jetzt schon, gelinde gesagt, seltsam, so erreichte es mit der Präsentation dieses Gutachtens einen neuen Tiefpunkt. Wir hatten im Vorfeld zwei Gegengutachten zweier anerkannter Experten auf dem Gebiet der Linguistik, Univ.-Prof. Manfred Kienpointer von der Uni Innsbruck und Sprachprofiler Raimund Drommel aus Deutschland, erstellen lassen, die beide das Schweiger-Gutachten klar widerlegten. Die Richterin erklärte aber gleich zu Beginn, beide Gegengutachten weder anschauen noch in den Akt aufnehmen zu wollen, und keiner unserer Gutachter dürfe im Verfahren Fragen stellen. Aber ich war bestens vorbereitet, hatte etwa 100 A4-Seiten mit Gegenbeweisen und freute mich schon auf das verdutzte Gesicht des Gutachters. Doch dann sagte die Richterin, man dürfe nur Verständnisfragen stellen, das Gutachten selbst aber nicht durch Zusatzinformation widerlegen bzw. entkräften. Ich wollte beweisen, dass sich das erste Bekennerschreiben aus einem Brief und einem Flugblatt zusammensetzte, die beide vor meiner Zeit in Österreich entstanden waren. Ich hatte sogar ein hieb- und stichfestes Gutachten, das nachweisen konnte, dass dieser Brief und das Flugblatt nicht von mir, sondern von einer bestimmten anderen Person stammten, und ich hatte zahlreiche ZeugInnen, die das belegen würden. Was sagte die Richterin dazu? Das interessiere sie nicht. Ich solle den Mund halten, sonst würde ich aus dem Saal geworfen!

Dann übernahmen die VerteidigerInnen die Verständnisfragen und zeigten mittels des Aktes, dass das zweite Bekennerschreiben aus einer Artikelüberschrift, dem eigentlichen Bekennertext, der mit Sternchen und „Originaltextservice" umrahmt war, und dem Kommentar der Redaktion der Zeitschrift, in der er erschienen war, bestand. Der Gutachter hatte in seinem Gutachten einfach all das zu einer Textwurst zusammengenommen und mir „mit an Sicherheit grenzender Wahrscheinlichkeit" zugeordnet. Was sagte er dazu? Er habe diese Texte kombiniert, weil ihm von Anfang an aufgefallen sei, dass sie von einem einzigen Autor stammen müssten. Auf die Frage, warum er das nicht in seinem Gutachten erwähne, warum er dazu nichts sage, sondern einfach von einer Autorenidentität ausgehe, sagte er, sein Gutachten habe sowieso schon so viele Seiten gehabt, er habe es nicht noch länger machen wollen!

Dann wurde er darauf hingewiesen, dass im Bekennerschreiben Anführungszeichen mit nur einem Gänsefüßchen stünden, im Kommentar der Zeitschrift aber Anführungszeichen mit zwei Gänsefüßchen. Was sagte er dazu? Wahrscheinlich hätte ich nach der ersten Texthälfte die Schreibmaschine gewechselt! Die Schreibmaschine?! Nächste Frage: Glauben Sie nicht, dass man heute mit Computer arbeitet? Arbeiten Sie nicht mit Computer? „Ich sicher nicht", sagte Gutachter Schweiger, „ich bin viel intelligenter als jeder Computer!" Stattdessen wende er die „Hosenbodenmethode" an und zähle eigenhändig alle Wörter, Buchstaben und Satzzeichen. Da er als Schriftprobe von mir rund 10.000 Wörter verwendet hatte, die aus meiner Zeit in der Haft stammten – statt meine Anträge inhaltlich zu lesen, wurden sie zum Schriftvergleich verwendet! –, brauchte er für sein Gutachten weit über ein Jahr. Das begründe den hohen Preis.

Dann wurde ihm ein Wort gezeigt, das in allen Texten von mir niemals vorkommt, in dem Bekennerschreiben aber schon. In meinen Texten verwendete ich immer ein anderes Wort für denselben Begriff. Er sagte dazu, es sei „unfair", wegen lediglich eines Worts in der Linguistik eine Entscheidung zu fällen. Unfair! Ein Wort, das ich noch nie im Leben geschrieben habe, steht in dem Text, den er mir „mit an Sicherheit grenzender Wahrscheinlichkeit" zuordnet, ihm selber ist das gar nicht aufgefallen, aber darauf aufmerksam gemacht, sagt er, das sei irrelevant. Zusätzlich konnten wir zwei weitere Wortkombinationen aufzeigen, die in den zwei Textteilen jeweils anders formuliert waren und daher auf andere AutorInnen hindeuteten. Wieder sagte er, das sei irrelevant.

Was also sei relevant? Laut Schweiger machte ich am Ende meiner Texte immer einen Tippfehler. Einmal hätte ich ein „n" vergessen, einmal ein „an", ein anderes Mal hätte ich zwei „den" hintereinander geschrieben. Und das mache nur ich, sonst niemand? Welcher Text, bitte schön, sei tippfehlerfrei? Ach, das sei eben nur ein Indiz, erklärte Schweiger, ein weiteres sei, dass die Texte inhaltlich ähnlich seien. Im Bekennerschreiben stehe, man wolle Schaden gegen Tierausbeutung anrichten. Ich wiederum würde durch Tierschutzgesetze die Tierindustrie in den Ruin treiben wollen. Schaden hier wie da, also derselbe Autor.

Einer der beiden Textteile – die sehr kurz sind! – hatte zwei Beistrichfehler, der andere keinen. Ein Hinweis auf verschiedene AutorInnen? Mitnichten. Im Gutachten stand, ein Bekennerschreiben enthalte überhaupt keine Beistriche, im Text von mir seien praktisch keine Beistrichfehler. Beim Text ohne Beistriche könne man davon ausgehen, dass der Autor wisse, wo man die Beistriche setzt, also wieder ein Hinweis auf mich als Autor. Was wie ein Scherz klingt, steht wortwörtlich in einem 50.000 Euro teuren Gutachten!

Ich war zutiefst schockiert darüber, dass es in diesem Gerichtssaal nicht möglich war, diese offensichtlich falschen Aussagen objektiv zu widerlegen, weil die Richterin das verhinderte. Zu bewerten, was von dem Gutachten zu halten sei, so erklärte die Richterin, sei ausschließlich ihre Angelegenheit. Wir dürften nur Fragen stellen, um ihr das Verständnis dessen zu erleichtern, was dieses Gutachten uns sagen wolle. Für Kritik an einem Gutachten eines gerichtlich beeideten Sachverständigen sei an einem österreichischen Gericht kein Platz!

Die SOKO war ursprünglich an Schweiger herangetreten und hatte ihn gefragt, ob er ein Tierschützer sei. Erst als er verneinte, war er für die SOKO als Gutachter interessant. Tatsächlich faxte mir später eine Frau einen Brief von Schweiger, in dem dieser geschrieben hatte: „ich habe zu Hunden keine gute Beziehung, sondern empfinde sie als stinkende Köter, die Wohnungen verdrecken". Die SOKO erklärte Schweiger offenbar, was sie von ihm erwarte. Dabei wurde er wahrscheinlich in dem Glauben gelassen, dass alle Schriftstücke, die er mir zuordnen solle, auf meinem Computer gefunden worden seien und daher sowieso sicher von mir stammten. Einige Monate später schrieb Schweiger an Bettina Bogner von der SOKO, dass er bereits drei heiße Spuren habe, die ihre These bestätigen würden, es werde nicht mehr lange dauern. In einem Interview im „Standard" legte Schweiger mir nahe, doch gleich zu gestehen, damit ich die geringstmögliche Strafe bekäme.

Ich machte mich also an die Arbeit, Schweiger faktisch in einer Weise zu widerlegen, die auch von der Richterin anerkannt werden musste. Zunächst fand ich einen der Autoren der 16 Leserbriefe in der „Presse" vom Jahr 2000, von denen Schweiger geschrieben hatte: *„DDr. Balluch ist mit an Sicherheit grenzender Wahrscheinlichkeit der Autor eines großen Teils der 16 Leserbriefe (vielleicht sogar aller)."* Als der Mann bezeugt hatte, der Autor eines Leserbriefs zu sein, von dem Schweiger gesagt hatte, „alles deutet auf Balluch als Autor hin", antwortete Schweiger: *„[Dass Balluch nicht der Autor ist] auch das glaube ich DDr. Balluch gerne. […] Wenn ein Leserbrief (von 16) nicht von DDr. Balluch ist, so sind 15 der 16 doch von ihm, warum ist das dann nicht ein großer Teil? Ich bedanke mich für die Bestätigung der Richtigkeit meiner Einschätzung."*

Als Nächstes fand ich zwei Zeugen, die in jener Zeit Herausgeber der Zeitschrift „TATblatt" waren, in der eines der Bekennerschreiben erschienen war, die Schweiger mir zuordnete. Beide sagten aus, dass ich mit dieser Zeitschrift nichts zu tun gehabt hätte und dass sie selbst die Hälfte des Textes geschrieben hätten, weil es sich um einen Kommentar der Zeitschrift zum Bekennerschreiben gehandelt habe. Schweiger dazu: *„Abgesehen davon, dass DDr. Balluch damit nur mehr die Hälfte des Textes jemand anderem zuordnen will, bleibt sein Einfluss auf diesen Text damit unwidersprochen. Denn dass er selbst in der Redaktion saß, streitet er ohnedies nicht ab, und dass demnach sein Stil – selbst dort, wo die wörtliche Diktion möglicherweise nicht auf seinen persönlichen Vorschlag hin erfolgte – im Bekennerschreiben auftaucht, ist mit dieser Feststellung auch nicht widerlegt. […] Selbst wenn die Überschrift und die Hintergrundinformationen von der Tatblattredaktion stammen sollten, ist damit keineswegs bewiesen, dass DDr. Balluch dieser nicht angehört hätte bzw. nicht auf sie und ihren Sprachstil Einfluss genommen hätte. […] Balluch [sagt] selbst: ‚Ich bin der Chefredakteur der VGT-Vereinszeitung und Verfasser praktisch aller Broschüren und Flugblätter des VGT.'"* Mit dieser Begründung blieb Schweiger bei seiner Anschuldigung gegen mich.

Doch dann gelang mir der Nachweis, dass ein zweites mir von Schweiger zugeordnetes Bekennerschreiben nicht von mir stammen konnte. Es war zwei A4-Seiten lang, zerfiel aber in drei Teile. Der erste, nur einen Absatz lang, kam von einer unbekannten Person. Der zweite war ein Brief des ehemaligen Geschäftsführers des VGT an einen niederösterreichischen Landesrat, und der dritte, eine ganze Seite lang, entsprach fast wortwörtlich dem Text eines Pelzflugblatts, das bereits 1994 und damit vor meiner Zeit in Österreich geschrieben worden war. Auf diese Vorhaltung hin wurden Schweigers Ausreden zunehmend abenteuerlicher.

In dem Text befand sich ein Kongruenzfehler, dem Wort „Futterbrei" wurde im Nebensatz das Pronomen „es" statt „er" zugeordnet, also eine Nichtübereinstimmung im Geschlecht. Im Originaltext hatte Schweiger diesen Fehler zwar gesehen und ihn auch im Gutachten angeführt, dem aber überhaupt keine Bedeutung beigemessen. Er behandelte ihn wie einen Flüchtigkeits-Tippfehler. Dann legten wir das Flugblatt vor, in dem, wie gesagt, der gesamte Text wortwörtlich enthalten ist. Wir legten aber zunächst die Flugblattversion von 1998 vor, in der dieser Kongruenzfehler bereits ausgebessert war. Mit anderen Worten, in der von uns vorgelegten Version des Flugblatts befand sich dieser Kongruenzfehler nicht mehr. Der Kongruenzfehler erschien Schweiger zu diesem Zeitpunkt also als eine von fünf kleinen Abweichungen zwischen Flugblatt und Bekennerschreiben. Daraufhin wurde dieser Kongruenzfehler von Schweiger zum „ärgsten linguistischen Fingerabdruck, den ich je gesehen habe", hochstilisiert. Schweiger meinte offenbar, er müsse das tun, um begründen zu können, warum er mich als Autor eines Textes erkennen konnte, der zu 99,9 Prozent dem Text eines Flugblatts eines anderen Autors entsprach. So etwas geht nur mit einem unwiderlegbaren linguistischen Fingerabdruck, und so musste er einen erfinden. Aber dann tauchte die Urversion des Flugblatts aus dem Jahr 1994 in der Nationalbibliothek auf. Und dort stand derselbe Kongruenzfehler noch drinnen. Mit anderen Worten: Das Flugblatt war 1994 mit diesem Fehler verfasst worden, der Fehler wurde mit dem gesamten Text 1997 ins Bekennerschreiben übernommen, und erst in der neuen Version des Flugblatts 1998 war der Fehler nicht mehr zu finden, weil er ausgebessert wurde. Der Kongruenzfehler, den Schweiger aus taktischen Gründen zum ärgsten seines Lebens hochstilisiert hatte, stammte also eindeutig nicht von mir.

Schweiger wollte aber trotz allem weiter darauf bestehen, dass ich diesen Text nachweislich geschrieben haben musste. Also änderte er wieder sein Argument. Der Flugblatttext von 1994 unterschied sich vom Text im Bekennerschreiben nur noch an vier vier Stellen:

- das Wort „drollige" steht im einen Text vor „Nerze", im anderen nicht,
- „verdanken tun wir" wird zu „wir verdanken",
- „zu zweit" wird zu „zu mehrt" und
- die Abkürzung „z. T." wird um zwei Wörter im Satz verschoben.

Dennoch bestand Schweiger darauf, aus diesen Unterschieden ableiten zu können, dass sie von mir stammen müssten. Bei seiner Befragung gab Schweiger zu, dass zwei der vier Unterschiede unspezifisch waren. Ob das Wort „drollig" dabei ist oder nicht und ob „z. T." im Satz nach links oder rechts verschoben ist, könne man keinem konkreten Autor zuordnen. Aber die anderen beiden Punkte würden es zulassen zu behaupten, dass nur ich diese Änderungen des Flugblatttextes vorgenommen haben könne.

Die Umstellung von „verdanken tun wir" auf „wir verdanken" sei typisch für mich, weil sie mein gehobenes Sprachniveau unterstreiche. Und die zweite Änderung würde eindeutig auf mich weisen: Das Wort „zu mehrt" sei eine Erfindung von mir.

Diese Behauptung war wirklich entlarvend. Schweiger musste zugeben, dass er in keinem einzigen meiner Texte das Wort „zu mehrt" gefunden hatte. Er blieb aber dabei, dass ich es erfunden haben musste, weil es in der Art typisch für mich sei.

Ich wies Schweiger darauf hin, dass „zu mehrt“ schon in einem Buch von 1933 steht, also vor meiner Geburt, und zwar auf Seite 264 des Buches „Die Landwirthschaftlichen Versuchs-Stationen“. Zitat: „Sie können zu mehrt zusammenwirken, eine Ganzheit außerhalb oder innerhalb von Lebewesen bilden.“ Ebenso findet sich die Frage, ob man „zu mehrt“ oder „zu mehreren“ schreibt, im Internet auf einer Webseite für „gute Fragen“.

Dazu sagte Schweiger, dann hätte ich eben „zu mehrt“ noch einmal erfunden, obwohl es nirgendwo in meinen Texten vorkam. Auch das Rad sei mehrmals erfunden worden!

Weiters hatten wir festgestellt, dass Schweiger 178 Fehler selbst in jene Texte eingebaut hatte, die er für seine Begutachtung heranzog, damit also die Originaltexte umschrieb. Dann interpretierte er in mindestens fünf Fällen die von ihm gemachten Fehler als Hinweise darauf, dass ich die Texte geschrieben hätte. Z. B. änderte Schweiger den Originaltext eines Bekennerschreibens von „Refugium für Tierquäler“ zu „Refugium der Tierquäler“ ab. Dann schrieb er in seinem Befund, dass genau diese Phrase zeige, wie sehr der Autor Genitive liebe – und ich würde ebenfalls Genitive lieben, also sei ich der Autor.

In zwei Leserbriefen, die beide durchgehend kleingeschrieben verfasst waren, hat Schweiger selbst versehentlich jeweils ein Wort groß geschrieben: einmal „Sabotageakten“ und einmal „Zivilcourage“. In beiden Fällen erwähnte er das im Befund und schloss, dass der Autor offenbar normalerweise großschreibe und sich nur verstelle. Das sei ein Hinweis darauf, dass ich der Autor sei.

Ein Text von mir, den Schweiger als Grundlage verwendete, um meine Schreibcharakteristik festzustellen, bestand aus 252 Wörtern. Bevor er diesen Text analysierte, baute er neun Rechtschreibfehler ein und schloss aus zwei dieser Fehler, die er selbst eingebaut hatte, auf meine Schreibcharakteristik. So wurde „AktivistenInnen“ aus dem bei mir richtigen „AktivistInnen“, worin Schweiger meinen aufgesetzten Zwang, das Binnen-I ohne Rücksicht auf Verluste einzusetzen, zu erkennen glaubte. Zusätzlich fälschte er das Wort „Denunziationsklima“ zu „Denunzierungsklima“ ab und schloss daraus, ich hätte die Eigenart, mit Wörtern zu spielen. Schweiger nimmt also einen Text von mir und ändert (versehentlich?) vier Prozent (!) der Wörter ab. Aus diesen Fehlern, die von ihm stammen, schließt er darauf, welche charakteristischen Schreibeigenarten ich hätte. Dann nimmt er Texte, die mir zugeordnet werden sollen. Er fügt auch dort eine Reihe von Fehlern selbst ein – insgesamt 178 (!) – und erkennt meine Schreibcharakteristik u. a. an diesen Fehlern wieder! Dann schließt er messerscharf, ich hätte diese Texte „mit an Sicherheit grenzender Wahrscheinlichkeit“ geschrieben.

Viele seiner 178 Fehler sind im Übrigen für seine Analyse sehr wesentlich. Im Leserbrief Nummer 6 z. B. hat er zwei Punkte, die ein Satzende markieren, durch Beistriche ersetzt und damit den Satz sehr stark verlängert. So erhält er fünf statt sieben Sätze und dadurch einen viel größeren Mittelwert für die Anzahl der Wörter pro Satz und der Teilsätze pro Gesamtsatz und andere solche Parameter. Diese Mittelwerte hielt er aber für charakteristisch für meinen Schreibstil.

Am Ende einer Marathonsitzung mit Schweiger im Gerichtssaal wurde er gefragt, wie er sich die 178 Fehler erklären könne, die er in die Texte eingefügt hatte. Seine Antwort war bemerkenswert: Zuerst habe er die Texte kopiert und dann eingescannt. Dabei müssten die Fehler entstanden sein, entweder durch den Kopierer oder den Scanner. „Ein Patzerl oder eine Falte könnten den Scanner verwirrt haben."

So entstehen dann Fehler, bei denen die Phrase „Recht auf Leben, Freiheit und Unversehrtheit" zur Phrase „Recht auf ein Leben in Freiheit und Unversehrtheit" wird? Ein Kopiergerät mit viel Fantasie! Entsprechend beantragte Verteidiger Bischof, das Kopiergerät und den Scanner von Herrn Schweiger vor Gericht vorführen zu lassen.

Dann sagte Schweiger aber auch, dass das jetzt drei Jahre her sei und er sich nicht mehr genau erinnern könne, ob er nicht den einen oder anderen Text selbst abgetippt habe. Irgendwann zwischendurch, beim 49. Fehler, der ihm vorgehalten wurde, sagte er auch „mea culpa". Also doch nicht der Kopierer?

Wir konnten noch zahlreiche andere Fehler in Schweigers Gutachten finden, sowohl Rechenfehler als auch Fehler in der Methode. Z. B. sagte Schweiger allen Ernstes, wenn ein Text die Aussage habe, „ich verändere die Gesellschaft", sei das bereits für sich allein genommen ein deutliches Indiz für Martin Balluch als Autor. Dasselbe gelte für die Botschaft „Schaden anrichten ist Hilfe für Tiere". Bekennerschreiben im Tierschutz enthalten wahrscheinlich alle die Botschaft einer Änderung der Gesellschaft und die Rechtfertigung eines Sachschadens für Tierschutz. Nach Schweiger sind also Bekennerschreiben im Tierschutz von vornherein schon sicher von mir. Als weitere deutliche Indizien für mich führte Schweiger die Verwendung des Plusquamperfekts an und Formulierungen wie „Tiere sind auch Menschen" oder „Menschen sind Tiere". Ein weiteres Indiz seien Platzierungen von Tippfehlern oder Flüchtigkeitsfehlern am Ende eines Textes. Dabei wird jeder Autor, wenn er einen längeren Text schreibt, gegen Ende müde werden und dazu tendieren, eher Tippfehler zu machen. Lustigerweise enthielt Schweigers Gutachten selbst zahlreiche Tippfehler, die sich gegen Ende häuften. Er machte sogar einen Kongruenzfehler bezüglich des Geschlechts in seinem Text (er schrieb: eine Professor), etwas, das er selbst als ein „Ultimate Power Indiz" für meine Autorenschaft bezeichnet hatte, einen ganz sicheren Hinweis, „der ärgste linguistische Fingerabdruck, den ich je gesehen habe". Habe also ich sein Gutachten verfasst?

Zuletzt war Schweiger so desavouiert, dass die Richterin die Befragung abbrach. Sie sagte dazu: „Der Sachverständige war nicht ausreichend in der Lage, die aufgezeigten Unschlüssigkeiten auszuräumen. Er wird nicht mehr geladen." Endlich, nach fünf Tagen seiner Einvernahme.

34. Kronzeuge Franz-Joseph Plank

Nach einigen unbedeutenden ZeugInnen der Anklage, die nichts zu den angeklagten Sachverhalten beitragen konnten, wurde Franz-Joseph Plank in den Zeugenstand gerufen. Er war als „Belastungszeuge" geführt worden und sollte jetzt zum Kronzeugen werden. Der letzte Versuch des Staatsanwalts, noch irgendeine Substanz in seiner Anklage zu retten.

Plank war bis 2002 Geschäftsführer im VGT, damals allerdings allein kontozeichnungsberechtigt, und hat die finanziellen Belange des Vereins am Vorstand vorbei nach eigenem Gutdünken geführt. Ende 2001 schlug deshalb die Buchhalterin des Vereins plötzlich Alarm. Ihr war aufgefallen, dass Plank Tierschutzspendengelder in zweckentfremdender Weise für sich selbst nutzte. So führte er eines der Spendenkonten des Vereins, ohne dass es in der Buchhaltung aufschien. Und er ließ sich vom Verein über sein fürstliches Gehalt hinaus noch ein Dienstauto mit Vierradantrieb kaufen, verrechnete dem Verein für seine Garage, in der es abgestellt war, Miete, kaufte sich zusätzlich von Tierschutzspendengeld ein Motorrad, ließ sich seinen Privathof mit Tierschutzspendengeld mit Natursteinen belegen, nahm sich vom Vereinskonto das Geld für seine gesamten privaten Heizkosten, vermietete dem Verein sein Gartenhäuschen usw. Da sich Plank nach der Beanstandung durch den Vorstand noch immer keiner Kontrolle unterziehen lassen wollte, wurde eine Generalversammlung einberufen, die ihn mit 80-prozentiger Mehrheit abwählte. Sein Arbeitsverhältnis wurde fristlos aufgelöst, allerdings einvernehmlich, weil er im Gegenzug für die Anerkennung der Kündigung nicht auf Schadenersatz geklagt wurde. Dass dieser Umgang mit Tierschutzspendengeldern kein einmaliger Ausrutscher gewesen sein dürfte, zeigt der Umstand, dass sein Verein Animal Spirit, den er nach seiner Entlassung sofort gegründet hatte, auch heute noch nach einem Prüfverfahren kein Spendengütesiegel bekommt und dass er weiterhin Schwarzgelder führt und sich Tierschutzspenden auf sein Privatkonto überweisen lässt. Ein oberösterreichischer Spender schickte mir, nachdem er von der Rolle Planks in der Tierschutzcausa gelesen hatte, dafür einen Beweis in Form einer E-Mail von Plank vom 12. Dezember 2007. Aus dieser E-Mail geht hervor, dass Plank den Mann auffordert, die für den Tierschutz gedachte Spende auf sein Privatkonto zu überweisen. Offen spricht Plank in dem Schreiben sogar die Notwendigkeit von Schwarzgeld an.

Bis ich 1997 nach Österreich kam, sah sich Plank als den bekanntesten Tierschützer Österreichs und war Ansprechpartner verschiedener MedienvertreterInnen. In den folgenden Jahren sank das öffentliche Interesse an seiner Person, wofür er offenbar mir die Schuld gab. Hilfreich für diese zunehmende Diabolisierung meiner Person waren sein stark esoterischer Glaube und seine Tätigkeit im „Tempel des Lichts" von Assisi, dem er auch Tierschutzspenden überwies. Vor dem Jahreswechsel 2000 baute er sich einen Bunker, weil er, von der Glaubensgemeinschaft des Lichttempels inspiriert, meinte, die Welt werde untergehen und er, als Auserwählter, würde dann von landenden

UFOs gerettet, wenn er nur den Weltuntergang in seinem Bunker überstehe. Weder das Aufdecken seiner finanziellen Machenschaften noch seine Abwahl als Geschäftsführer hatten etwas mit mir zu tun, ich hatte nie die Buchhaltung studiert und war auch nicht im neu gewählten Vorstand des VGT vertreten. Dennoch witterte er, spirituell inspiriert, hinter allem, was ihm an in seinen Augen ungerechtfertigt Negativem widerfuhr, mein „satanisches" Wirken. Deshalb ging er knapp vor seiner drohenden Abwahl zur Kriminalpolizei und nannte mich dort den „Drahtzieher" und „Hauptakteur" hinter angeblichen Brandstiftungen und Sachbeschädigungen im Namen des Tierschutzes. Plank gab sogar an, ich hätte in England Mitte der 1990er Jahre aus Tierschutzgründen einen Mordversuch unternommen und werde dort als Verbrecher gesucht. Von der Kriminalpolizei dingte er sich aber aus, dass er als Polizeiinformant anonym bleiben dürfe. Tatsächlich wurden die entsprechenden Aktenteile geheim gehalten und von meiner Akteneinsicht ausgenommen. Erst im Laufe der Tierschutzcausa kamen sie zum Vorschein. Die Ermittlungen der Polizei 2002 wurden sehr rasch mangels irgendwelcher Beweise eingestellt. Plank selbst bestritt wahrheitswidrig in Tierschutzkreisen vehement, Urheber dieser Ermittlungen gewesen zu sein, und nannte derartige Mutmaßungen eine Verleumdung.

Sein Abgang vom VGT hinterließ eine gelöschte Mitgliederdatenbank – zuvor hatte er sie gesichert und anschließend für seinen neuen Verein Animal Spirit verwendet. Doch damit nicht genug, Plank begann über Monate hinweg die Mitglieder und UnterstützerInnen des VGT persönlich anzurufen und vor den „Radikalen" zu warnen, die den Verein übernommen hätten. Etwa die Hälfte der Mitglieder ließ sich von ihm beeinflussen. Dadurch wurde der VGT genötigt, selbst alle Mitglieder über die wahren Umstände zu informieren, was Plank wiederum als Angriff auf seine Person empfand. In den folgenden Jahren, insbesondere seit ich zum Obmann des VGT geworden war, wurden seine Wahnvorstellungen einer Bedrohung durch mich immer allgegenwärtiger. Zahlreiche Personen erzählten mir, dass er sie immer wieder angerufen und dabei nur ein Thema gehabt habe, mich. In dieser Phase trat die SOKO am 8. Jänner 2008 mit ihm in Kontakt.

Plank war die einzige Person aus dem Tierschutzbereich, die vor den Hausdurchsuchungen von der Existenz der polizeilichen Ermittlungen wusste. Die SOKO hatte ihn nicht umsonst als Informanten ausgewählt, wusste sie doch von seinem irrationalen Hass auf mich, und deshalb versprach sie sich von Gesprächen mit ihm veritable Resultate. Allerdings konnte Plank diese nicht liefern. Er sprach zwar davon, dass ich Hitler und mein Bruder Göring sei, dass ich den VGT infiltriert hätte, um ihn zu stürzen, und dass er von meiner Täterschaft bzgl. aller möglichen Straftaten überzeugt sei, allein, er könne „leider" keine Beweise liefern. Er sagte allerdings auch, ich sei ein radikaler Fundamentalist, hätte alle anderen AktivistInnen radikalisiert und immer als Erster von Straftaten gewusst, aber um mich konkreter zu beschuldigen, müsse er zuerst über Zeugenschutzprogramme, die Möglichkeit, anonym auszusagen, und die Frage, ob er bzgl.

Straftaten freiginge, die er zugeben würde, um mich zu beschuldigen, informiert werden. Das Gespräch soll laut SOKO sehr „amikal" verlaufen sein.

Als die Polizei am 21. Mai 2008 zuschlug, wurde Plank sofort aktiv. Rasch versuchte er die etablierten Tierschutzvereine gegen mich aufzubringen, bot sich in Graz statt meiner als Ausbildner für TierschutzlehrerInnen an, schrieb dem Chef der Vier Pfoten SMS mit denunzierendem Inhalt, versuchte den VGT aus der Gesellschaft für artgemäße Nutztierhaltung zu drängen und kontaktierte die Medien, z. B. Oliver Jaindl vom „Kurier", mit dem bekannten Resultat. Selbst die europäische Vereinigung aller Tierschutzvereine, die sich für sogenannte Nutztiere einsetzen, wurde von Plank angerufen und bedrängt, den VGT auszuschließen. Als das alles nichts half, weil er keine konkreten Vorwürfe vorweisen konnte und sich niemand gegen uns aufhetzen ließ, rief Plank die SOKO-Chefermittlerin Bogner an, die er bei einigen Gesprächen kennengelernt hatte, und bat sie um Munition, um die Öffentlichkeit gegen mich zu mobilisieren. Allerdings konnte auch sie ihm keine bieten.

Als mich die Grünen auf ihre Liste für die Nationalratswahl setzten und sich das Blatt in der Tierschutzcausa in unserem Sinne deutlich zu wenden begann, versandte Plank am 9. und 18. September 2008 zwei bezahlte Presseaussendungen über die Austria Presse Agentur (APA), in denen er mich „militant" nannte und den Grünen nahelegte, sich von mir und meinem „militanten Fundamentalismus" und „radikalen Extremismus" zu distanzieren, da ich ja „mehrerer schwerer Brandanschläge und Sachbeschädigungen beschuldigt" werde.

Als Florian Klenk vom „Falter" gegen mich zu schreiben begann, versuchte Plank auch in dieser Richtung einen Kontakt herzustellen, blitzte aber ab. Im Frühjahr 2009 wurde die Kritik an dem Verfahren und an § 278a immer lauter, 84 Tierschutzvereine – natürlich mit Ausnahme von Planks Animal Spirit – hatten sich in einer gemeinsamen Erklärung mit uns Angeklagten solidarisiert und die Justizministerin um die Einstellung des Verfahrens gebeten. Da ging Plank mit einem eigenen Appell an die Justizministerin an die Öffentlichkeit, sie möge das Verfahren fortführen und sich nicht von „radikal-fundamentalistischen" E-Mail-Kampagnen beeinflussen lassen. Zusätzlich erklärte er in einem Interview mit der Zeitung „Lebensart", Nr. 4/2009, auf Seite 19 zu § 278a: *„Wenn über Jahre hinweg schwere Sachbeschädigungen passieren und man den Personenkreis ziemlich genau eingrenzen kann, dann ist es nachvollziehbar, dass dieser Paragraf herangezogen wurde."*

Plank schickte noch weitere drei Presseaussendungen an die APA, jeweils mit dem Ziel, insbesondere mich, aber auch die anderen Angeklagten zu beschuldigen und die Öffentlichkeit gegen uns aufzubringen. Sogar an den Betreiber der Webseite tierschutzprozess.at ließ Plank seinen Anwalt eine Klagsdrohung schicken, weil ihm die Berichterstattung nicht gefiel. Als das alles nichts half, ging Plank zum Staatsanwalt, um mit ihm einen Deal zu arrangieren. Er werde dem Staatsanwalt die gewünschten konkreten Anschuldigungen gegen mich liefern, wenn dieser ihn im Gegenzug nicht verfolgen werde. Auch dieses Treffen, wie bei Planks Schachzügen immer, wurde natürlich geheim gehalten und flog erst gegen Ende des Prozesses durch einen anonymen Hinweis aus Planks Umfeld auf.

Plank erschien also im Tierschutzprozess im Zeugenstand und kam plötzlich mit einer völlig neuen Geschichte daher, die er in keiner seiner bisher drei Vernehmungen ausgesagt hatte. Er habe vom 2. bis 4. Jänner 2000 bei mir in der Obersteiermark übernachtet und sei mit mir Skitouren gegangen. Dann habe er mich am Abend des 4. Jänner 2000 an einem Ort südlich von St. Pölten abgesetzt, wo in der Nacht eine Brandstiftung an einer leeren Masthuhnhalle stattgefunden hatte. Er sei sich so sicher, dass das stimme, dass er bereit sei, das unter Eid auszusagen. Zusätzlich habe er mit mir zusammen im Jahr 1997 mehrere hundert Nerze befreit. Die Richterin fragte Plank, warum er das nicht schon vorher gesagt habe. Er meinte dazu, er sei nicht gefragt worden. Tatsächlich hatte ihn die Richterin natürlich auch nicht konkret danach gefragt. Im Protokoll des Gesprächs mit der SOKO hatte Plank noch gemeint, er könne mich „leider" nicht belasten.

Foto 20: Während 84 Tierschutzvereine an die Justizministerin appellieren, das Verfahren gegen die TierschützerInnen einzustellen, wie hier bei einer Aktion vor dem Ministerium, fordert Kronzeuge Plank in insgesamt sieben Presseaussendungen die Behörde auf, das Verfahren nach § 278a durchzuziehen.

Bei Planks zweiter Einvernahme im Tierschutzprozess waren wir vorbereitet, um ihn aufs Glatteis zu führen. Anwalt Traxler legte zunächst ein Grundbuch von dem Haus in der Obersteiermark vor. Daraus ergab sich, dass ich zwischen 2. und 4. Jänner 2000 noch keinen Zugang zu diesem Haus gehabt hatte. Plank versuchte das vom Tisch zu wischen, er habe sich eben geirrt, ich sei mit ihm eben nur am 4. Jänner 2000 im Mariazellerland auf Skitour gewesen. Traxler legte dann das originale Skitourenbuch von mir aus dem Jahr 2000 vor, das von der Polizei bei meiner Hausdurchsuchung im Mai 2008 beschlagnahmt worden war. Die Richterin projizierte die relevanten Seiten an die Wand. Am 4. Jänner 2000 war ich mit zwei Personen, aber nicht Plank, am Großen Ötscher auf Skitour gewesen. Daraufhin sagte Plank zur Richterin: „Wenn Sie einem handgeschriebenen Text des Angeklagten mehr glauben als mir, dann kann ich Ihnen auch nicht helfen."

Anschließend wurde das originale Tagebuch meiner Mutter vorgelegt. Dort stand, dass ich in den Tagen um den 4. Jänner 2000 mit einigen anderen Personen bei ihr in der Nähe des Ötschers einquartiert war, auch die Skitour ohne Plank fand sich bestätigt. Dazu sagte Plank: „Natürlich lügt die Familie des Hauptangeklagten, um ihn zu decken."

Dann bekam ich das Fragerecht und konnte mit noch gravierenderen Beweisen auffahren. Zunächst legte ich eine Straßenkarte der Gegend zwischen Wien, St. Pölten und Mariazell vor. „Ich werde jetzt belegen, dass Plank gelogen hat", sagte ich. Er habe nicht gelogen, schrie Plank dazwischen, aber als Angeklagtem stehe mir das Recht zu lügen offen, wandte er noch einmal seine Propagandamasche an. Ich bat dann den Assistenten der Richterin, die folgenden Orte auf der Karte anzustreichen. Zunächst einmal wurde der Ort Laaben im Wienerwald gezeigt, wo Plank wohnte. Dann sah man Mariazell, wo die angebliche Skitour stattgefunden haben sollte, und man konnte die B20 bis nach St. Pölten verfolgen. Ich fragte Plank, wo er denn gefahren sei. Plank meinte, er wisse nicht mehr, wo ich zugestiegen sei, aber ich sei nach der Skitour definitiv die B20 nach St. Pölten mitgefahren, habe sehr geheimnisvoll getan und sei dort ausgestiegen, wo in der Nacht eine Brandstiftung stattgefunden habe – mit meiner gesamten Skiausrüstung und ohne Fahrgelegenheit.

Dann legte ich eine von Plank unterschriebene Überweisung aus der Bank in Laaben vor, die sich in der VGT-Buchhaltung befunden hatte. Sie trug den Bankstempel vom 4. Jänner 2000. Plank musste also zur Banköffnungszeit bei sich in Laaben auf der Bank gewesen sein, anstatt mit mir angeblich am Hochschwab auf Skitour. Die Richterin rief Plank zu sich an den Richtertisch und fragte, ob das seine Unterschrift sei. Plank bejahte fassungslos. Nach einiger Zeit sagte er in die entstandene Stille hinein: „Dann war's halt irgendwie anders."

Doch damit war ich noch nicht am Ende. Als Nächstes legte ich einen Kontoauszug eines VGT-Kontos vor. Darin war zu lesen, dass Plank am 4. Jänner 2000 um 16.02 Uhr in Hainfeld vom Bankomaten Geld abgehoben hatte. Dann zeigte ich der Richterin noch eine Tankrechnung von Plank, die dieser am selben Tag um 16.15 Uhr in Hainfeld bezahlt hatte. Die Richterin rief Plank wieder an den Richtertisch und zeigte ihm die Dokumente. Er schaute sich das Ganze an und murmelte: „Na immerhin beweist das, dass ich eine gute Buchhaltung geführt habe." Die Richterin diktierte diesen Satz ins Protokoll. Dann sagte sie, dass Planks Geschichte nicht nachvollziehbar und für sie das Thema erledigt sei.

Ich fasste also zusammen. Plank war am 4. Jänner 2000 zunächst auf der Bank in Laaben und um 16 Uhr in Hainfeld beim Bankomaten und 15 Minuten später an der Tankstelle gewesen. Hainfeld liegt aber nicht am Weg von Mariazell über die B20 nach St. Pölten. Hätte Plank mich tatsächlich nach St. Pölten gebracht, dann wäre er über die Westautobahn nach Hause nach Laaben gefahren und niemals in Hainfeld vorbeigekommen. Damit war klar bewiesen, dass Plank die Unwahrheit gesagt hatte. „Das heißt", wandte ich mich an ihn, „Sie haben einen Meineid begangen." Plank schwieg.

Als Nächstes wandte ich mich dem Thema der Nerzbefreiung 1997 zu. Ich fragte Plank, an welchen Nerzbefreiungen er beteiligt gewesen sei. Nur 1997, sagte er. Im Jahr 1996 habe es in derselben Pelzfarm auch eine Nerzbefreiung gegeben, erklärte ich. Ob er da nicht dabei gewesen sei. Nein, sagte Plank, aber auch die Vier Pfoten hätten damals Nerzbefreiungen durchgeführt.

Ob er sich erinnern könne, dass bei dieser Nerzbefreiung eine Sachbeschädigung begangen worden sei, fragte ich. Nein, definitiv nicht, sagte Plank. Ob niemand den Zaun aufgeschnitten habe, fragte ich. Nein, sagte Plank, nichts sei beschädigt worden, man habe nur die Nerze aus den Käfigen gelassen, sie hätten nicht aus dem Gelände hinauslaufen können, weil der Zaun noch intakt gewesen sei.

Dann fragte ich, ob Plank etwas davon wisse, dass bei dieser Nerzbefreiung einige Tiere in Jutesäcke verpackt worden seien. „Das ist nicht so gewesen", sagte Plank, aber das müsse ich doch wissen, ich sei ja dabei gewesen.

Ich ließ mich nicht provozieren und beantragte die Vorführung des ORF-Films „Tiere klagen an". Dieser Film enthielt einige Minuten Videomaterial von der besagten Befreiung. Man konnte ganz deutlich sehen, dass der Zaun mit einem großen Bolzenschneider aufgeschnitten wurde und dass zumindest einige Tiere in Jutesäcke verpackt und in den nächsten Tagen in den Waldviertler Seen der Umgebung wieder freigelassen wurden. Plank sagte dazu, dass diesen Film irgendwer zusammengestellt habe und dass die Leute vielleicht hinter seinem Rücken den Zaun aufgeschnitten und die Tiere in Säcke verpackt hätten.

Warum er ausgerechnet heute mit dieser Geschichte daherkomme, dass er diese Nerze zusammen mit drei Angeklagten befreit habe, fragte die Richterin. Warum würde er die drei Angeklagten erst jetzt belasten, obwohl er zuvor dreimal von der Polizei befragt worden sei. Er sei zu dieser Sache nie befragt worden, beteuerte Plank.

Dann legte ich den Polizeibericht und die Einvernahme des Nerzfarmbesitzers aus dem Jahr 1997 vor. Darin stand, dass die AktivistInnen im Jahr 1997 genau auf dieselbe Weise wie im Jahr 1996 in die Pelzfarm eingedrungen seien und es sich deshalb aller Wahrscheinlichkeit nach um dieselben TäterInnen handle. Weiter stand dort, dass der Zaun auf mehrere Meter Länge von oben bis unten aufgeschnitten war und dass 120 Nerze aus der Farm weggetragen worden sein müssen. Die TäterInnen hätten offenbar die Tiere mitgenommen, hatte der Pelzfarmer angegeben. Das fand sich auch in einem Bekennerschreiben bestätigt, das damals in die Medien gelangt war. Plank kannte es gar nicht.

Wie hoch der Zaun in Heidenreichstein gewesen sei, fragte die Richterin. Vielleicht eineinhalb Meter, sagte Plank verwirrt. Möglicherweise habe jemand den Zaun aufgeschnitten, aber er habe das einfach nicht bemerkt. Dann stellte die Richterin fest, dass sie die Zeugenaussage von Plank in dieser Sache nicht für relevant erachte. Mit anderen Worten, sie glaubte ihm kein Wort. Er wurde aus dem Zeugenstand entlassen und nicht mehr wieder angehört.

35. SOKO im Zeugenstand – die Anklage zerbröckelt

Nach dem Stand der Dinge im Prozess war ich eigentlich überzeugt, dass es keinen Schuldspruch wegen § 278a mehr geben könne. Die schwersten Vorwürfe, das linguistische Gutachten und Kronzeuge Plank, waren einwandfrei widerlegt und aufgelöst. Als Rest blieb eigentlich nur noch eine Menge heißer Luft, aber der Justiz war alles zuzutrauen.

Es war uns letztlich gelungen, unser Recht durchzusetzen, als Angeklagte laufend zu allen Vorlagen und Zeugenaussagen Stellung nehmen zu können. An manchen Gerichtstagen kam ich mehr als die Richterin zu Wort. Sie schien das sehr zu missbilligen und drohte mir deshalb regelmäßig, mich aus dem Verfahren auszuschließen. Letztendlich musste ich mich in meinen Wortmeldungen darauf beschränken, Stellungnahmen abzugeben und Fragen an ZeugInnen zu richten, wenn ich das Wort erteilt bekam, und ansonsten nur Beweisanträge zu stellen, d. h., ich hielt mich streng an den formalen Rahmen. Trotzdem drohte mir die Richterin fast täglich mit der Entfernung aus dem Gerichtssaal, unterbrach uns Angeklagte, aber auch unsere AnwältInnen ständig und verhinderte, dass wir in einem Fluss Fragen stellen konnten. Insbesondere als SOKO-BeamtInnen in den Zeugenstand gerufen wurden, war die Richterin akribisch darauf bedacht, kritische Fragen zu verhindern und den PolizistInnen aus problematischen Fragen herauszuhelfen. Die Vorständin des Instituts für Strafrecht der Uni Linz, Petra Velten, war mehrmals im Gerichtssaal und schrieb ihre Beobachtungen in einem Fachartikel nieder, der im „Journal für Strafrecht", Nr. 6/2010, ab Seite 211 unter dem Titel *„Ein Prozess am LG Wr. Neustadt. Die Wahrheitsfindung ist ausschließlich Angelegenheit des Gerichts oder wie man die Verteidigung neutralisiert"* veröffentlicht wurde.

Zunächst beschrieb Velten ihr Entsetzen über die Art der Befragung durch die Richterin. *„Die Richterin unternahm nicht einmal den Versuch (man war geneigt zu mutmaßen: sie ging nicht erst das Risiko ein) zu erfahren, was der Zeuge aus eigenem Wissen erzählen würde."* Stattdessen: *„[Die Richterin] leitete die Vernehmung durch einen Katalog von Fragen, die der Zeuge meist mit nur einem Satz, oft sogar bloß mit ja beantworten konnte. Dieses enge Fragenkorsett wurde nie verlassen. […] Das sind Suggestivfragen, die § 161 Abs 3 S 1 StPO grundsätzlich untersagt. […] Auf Suggestivfragen antworten Zeugen nämlich meist gehorsam im Sinne des Fragenden."*

Der Staatsanwalt konnte, wie immer, seine Fragen stellen, wie er wollte: „*Sodann durfte der Staatsanwalt fragen – ungehindert, unmittelbar und kontinuierlich.*"

Und dann kam es zur Befragung durch die Verteidigung und die Angeklagten: „*Darauf folgte das krasseste Beispiel für den vieldiskutierten Schulterschlusseffekt, das ich je in der forensischen Praxis erlebt habe. Als die Verteidiger und Verteidigerinnen mit ihrer Befragung begannen, wurden sie zunächst darüber belehrt, dass sie sachlich und ohne Emotionen zu fragen hätten. Der Zeuge wurde darüber unterrichtet, dass zuerst die Richterin über die Zulässigkeit der Fragen befinde, bevor er sie beantworten müsse. Vielleicht trifft es diese Belehrung besser, wenn man sie als Warnung an den Zeugen charakterisiert, nicht voreilig zu antworten, bevor die Frage nicht die Vorzensur durch das Gericht erfolgreich passiert habe. […] Die anschließende Befragung wurde in Fragmente zerrissen, deren Sinnzusammenhang man nachträglich kaum mehr rekonstruieren konnte, die Fragenden verloren ständig und notwendig den Faden, die Antworten wurden dem Zeugen zum Teil erspart, zum Teil verboten, zum Teil in den Mund gelegt.*

[…] Schließlich überprüfte die Richterin bei jeder Frage deren Relevanz. Kam sie zu der Einschätzung, dass eine Frage keine Relevanz besaß, dann ließ sie sie nicht zu. Auf diese Weise nötigte sie die Verteidigung dazu, zur Begründung der Frage ihr Frageziel zu erläutern. Bei vielen Fragen […] ist es allerdings so, dass sie keinen Sinn mehr haben, wenn der/die Gefragte weiß, worauf der/die Fragende hinauswill. Selbst wenn also im Anschluss daran eine solche Frage zugelassen wurde, dann ist sie inhaltlich sinnlos geworden.

[…] Eine weitere Variante der Störung des Frageflusses bestand nun darin, die Frage stets erst nach einer Umformulierung durch das Gericht an den Zeugen weiterzugeben. Eine unmittelbare Befragung durch die Verteidigung war daher nicht möglich […]. Vielfach unterbrach die Richterin mit eigenen Fragen die anwaltliche Befragung. Noch bevor der Zeuge antworten konnte, intervenierte sie und glättete mit einigen Nachfragen Widersprüche und bot dem Zeugen plausible Auswege aus dem Widerspruch an. Der Zeuge nahm dieses Angebot dankbar an. […] Diese Fragetechnik hat nicht nur möglicherweise verhindert, dass die Wahrheit ans Tageslicht kam, sie stellt zudem einen ganz eklatanten (erneuten) Widerspruch gegen § 161 Abs 3 S 1 StPO dar, und sie belegte die offenkundige Voreingenommenheit der Richterin. Das Vertrauen, dass die Angeklagten hier einen fairen Prozess erhalten, kann man kaum mehr haben."

Velten wurde von der Richtervereinigung wegen dieses Artikels und ihrer entsprechenden Aussagen in der Presse wegen § 23 Mediengesetz angezeigt, denn sie habe dadurch auf ein laufendes Verfahren Einfluss genommen. „Wir sind nicht in der Türkei, wir sind nicht im Sudan, wir sind in Österreich. Da wird menschenrechtskonform verhandelt", hatte der Vizepräsident der Richtervereinigung, Manfred Herrnhofer, dazu verlautbart. Ich empfand das zumindest ebenfalls als eine Einflussnahme auf den Prozess, zumal Herrnhofer damit ja der Richterin eine menschenrechtskonforme Verhandlungsführung bescheinigte, was einer Berufung zum Europäischen Gerichtshof für Menschenrechte (EGMR) vorgreift. Deshalb zeigte ich meinerseits die Richtervereinigung wegen § 23 Mediengesetz an. Mein Mitangeklagter Elmar Völkl schrieb in einem offenen Brief, dass in der Zeit von 1999 bis 2006 Österreich auf die Einwohnerzahl bezogen um 25 Prozent häufiger aufgrund von Menschenrechtsverletzungen verurteilt wurde als die Türkei, mehr als doppelt so häufig wie die Slowakei und dreimal so häufig wie die Schweiz. Der EGMR habe ziemlich häufig festgestellt, dass in Österreich nicht menschenrechtskonforme Gerichtsprozesse durchgeführt werden. In Sachen Tierschutzcausa hatte ich mich schon einige Male voller Verzweiflung an den Bundespräsidenten um Hilfe gewandt und immer die gleiche Antwort erhalten, er könne in ein laufendes Verfahren nicht eingreifen. Umso erstaunter war ich, als ich in der „Kleinen Zeitung" lesen konnte, dass er Velten und Vertreter der Richtervereinigung zur Streitschlichtung zu sich gebeten hatte, obwohl die Richtervereinigung Velten und ich die Richtervereinigung in genau dieser Angelegenheit angezeigt hatte. Es gab also ein laufendes Verfahren, und trotzdem griff der Bundespräsident ein, nur an unserem Verfahren hatte er kein Interesse. Das Ziel seines Einschreitens scheint gewesen zu sein, die öffentliche Kritik an der Richterin zum Verstummen zu bringen. Unser Bundespräsident dürfte die Arbeit der Zivilgesellschaft schlicht und einfach nicht wertschätzen.

Foto 21: SOKO-Chefin Bettina Bogner im Zeugenstand vor Gericht.

Die oben beschriebene Art der Prozessführung und der Umstand, dass der Prozess selbst von allen TierschützerInnen als ein Angriff auf die gesamte soziale Bewegung für Tiere aufgefasst wurde, führten zu zahlreichen Protesthandlungen. Immer wieder gab es Demonstrationen vor dem Gericht, sehr viele Sympathiebekundungen und eine breite Unterstützung im Gerichtssaal inklusive eines gewissen Protestaktionismus vor Gericht.

Als Beispiel gelten die Geschehnisse im Gerichtssaal am 8. April 2010. Zunächst ließen die DemonstrantInnen auf der Straße Luftballons mit einem Poster von Alf, der katzenfressenden Comicfigur, aufsteigen, sodass sie außen vor den Fenstern des Gerichtssaals im Wind tanzten. ALF war natürlich auch das Akronym, das die angebliche kriminelle Organisation benützen sollte. Dann wurde laut Musik gespielt, sodass der Staatsanwalt mitten während des Verfahrens aufsprang und beantragte, dass die Musik leiser gedreht werden müsse. Das Verfahren wurde daraufhin unterbrochen und der Präsident des Landesgerichts eingeschaltet. Als das Verfahren weitergeführt wurde, prangte ein Poster mit der Aufschrift „Stoppt Staatsterror gegen Tierschutz" am Richterpult mitten im Gerichtssaal.

Die anwesenden BeamtInnen des Landesgerichts hatten das Plakat eindeutig bemerkt, aber ignoriert. Erst als Staatsanwalt und Richterin bereits auf ihren Stühlen saßen, fiel es dem Staatsanwalt auf, und er flüsterte etwas der Richterin ins Ohr. Diese sprang wie von der Tarantel gestochen auf, ging um ihr Pult bis vor das Plakat, las es laut vor und entfernte es dann. Lautes Johlen im Saal. Ein Zuschauer wurde von ihr dann als Störer identifiziert, und sie wies die Polizei an, diesen Mann zu entfernen. Beim Gehen schrie er: „Dieser Prozess ist ein Witz!" Daraufhin begannen 30 bis 40 Personen im Saal wiederholt, „Wir sind alle 278a!" zu skandieren. Die Richterin wurde daraufhin sehr laut und schrie, der Saal solle ab Reihe vier geräumt werden. Da das aber angesichts von nur zwei anwesenden PolizistInnen irgendwie irreal schien, unterbrach sie die Sitzung zur Mittagspause.

Natürlich bin ich für ein faires, rechtsstaatliches Verfahren. Dazu gehört, dass das Verfahren ohne Störungen aus dem Zuschauerraum abläuft, aber auch, dass es fair und objektiv geführt wird, dass die Unwahrheiten der Staatsanwaltschaft und der SOKO aufgedeckt werden können und dass bei einer Anklage ohne jede Substanz, wie in diesem Fall, das Verfahren sofort eingestellt wird und die Schuldigen wegen Amtsmissbrauchs vor Gericht gestellt werden. § 3 StPO normiert, dass sowohl der Staatsanwalt als auch die Polizei neutral vorgehen und entlastendes wie belastendes Material gleichberechtigt vorlegen und objektiv präsentieren müssen. Dieses Gesetz wurde in diesem Verfahren so oft, so offensichtlich und so weitgehend gebrochen wie überhaupt denkbar. Ich habe diesen Tatbestand mehrmals angezeigt, aber die Justiz praktizierte einen Schulterschluss, und die Anzeigen wurden nicht verfolgt. Wenn § 3 StPO irgendeinen Sinn hat, dann musste er in unserem Fall anwendbar sein. Dass er aber nicht angewendet wurde, beweist, dass dieses Verfahren überhaupt nicht fair war. Von Rechtsstaatlichkeit konnte hier keine Rede sein. Unter diesen Umständen waren Ausbrüche obiger Art im Gerichtssaal mehr als verständlich.

Die Richterin warf mir Komplizenschaft vor, wenn ich mich nicht darüber aufregen würde, dass jemand rief, dieser Prozess sei ein Witz. Ich fürchte, der Rufer hatte aber recht. Dieser Prozess war tatsächlich ein Witz. Ein Witz allerdings mit sehr ernsten Konsequenzen für die Demokratie und die Zivilgesellschaft.

Doch die Justiz entwickelte ihre eigene Methode, um die Atmosphäre im Gerichtssaal zu ändern. Nicht durch ein faireres Vorgehen oder durch die Einräumung eines freien Fragerechts, sondern durch einen außerordentlichen Katalog von Maßnahmen, der im April 2010 in die Tat umgesetzt wurde. Von da an wurden 30 bis 50 PolizeischülerInnen jede Früh mit dem Bus zum Landesgericht in Wr. Neustadt gekarrt, um die Zuschauerplätze im Gerichtssaal mit Personen zu füllen, von denen man erwartete, sie würden mit der Polizei sympathisieren und gegen die Angeklagten eingestellt sein. Pünktlich um 15 Uhr, also vor dem Ende der jeweiligen Verhandlung, verließen die PolizeischülerInnen den Saal und wurden wieder von einem Polizeibus abgeholt. Dazwischen besetzten sie möglichst viele Plätze des Großen Schwurgerichtssaals und schauten stundenlang völlig gelangweilt in die Luft. Manche von ihnen sympathisierten allerdings offen mit den Angeklagten, einmal wurde sogar ein Polizeischüler deshalb des Saales verwiesen. Doch die Präsenz so vieler Personen hatte auch die Konsequenz, dass viele SympathisantInnen der Angeklagten oft nicht in den Gerichtssaal konnten, weil keine Plätze mehr frei waren. Alles sei voll, erklärte dann die Richterin.

Dazu kam noch die gerichtlich angeordnete Maßnahme, dass alle Personen, die nicht zur Polizei gehörten, beim Betreten des Gerichtssaals einen Ausweis abgeben mussten, den sie bei dessen Verlassen zurückbekamen. So konnte natürlich auch die SOKO die Identitäten jener Personen sammeln, die aus dem Sympathisantenkreis der Angeklagten stammten. Wichtige Adressen für die nächsten blindwütigen Hausdurchsuchungen, dachte ich mir. Darüber hinaus waren ab April 2010 täglich etwa zehn uniformierte PolizistInnen vor dem Gerichtssaal postiert, man musste regelrecht durch ihr Spalier gehen, um zur Verhandlung zu gelangen. Auch das sollte natürlich einschüchtern und den Medien signalisieren, hier seien so gefährliche Personen angeklagt, dass es zum Schutz des Gerichts eines großen Aufgebots an Polizei bedürfe. Positiv muss ich allerdings erwähnen, dass die Kantine des Landesgerichts die gesamte Prozesszeit hindurch vergane Speisen anbot und das auch von vielen nicht-veganen BesucherInnen in Anspruch genommen wurde. Diesbezüglich zeigte man uns Angeklagten gegenüber einen gewissen Respekt.

Aufgrund der Verfahrensführung durch die Richterin stellten die Angeklagten mehrmals Befangenheitsanträge. Der Angeklagte Elmar Völkl verbrachte sogar einmal einen ganzen Prozesstag damit, hundert Gründe vorzutragen, warum die Richterin als befangen von dem Prozess abgezogen werden sollte. Doch über diesen Antrag urteilte die Richterin selbst und befand, sie sei nicht befangen.

Die SOKO-BeamtInnen gaben sich im Zeugenstand ziemlich kleinlaut. Die allermeisten Fragen der Verteidigung wurden mit einem Verweis auf den Akt – zu dem die Angeklagten ja nicht einmal Zugang hatten – oder mit „Ich kann mich nicht erinnern" beantwortet. Der erste SOKO-Beamte, dem ich Fragen stellen konnte, war Rudolf Plessl, jener Mann, der meine Partnerin vernommen und ihr dabei die Unwahrheit aufgetischt hatte, ich würde sie mit einer jungen Frau betrügen, damit sie auf mich wütend werden und irgendetwas gegen mich aussagen würde. Bis heute sieht Plessl einen derartigen Vernehmungstrick als gerechtfertigt an und hat keinerlei Verständnis dafür, welches Leid er damit auslöst. Für die SOKO hatte er Straftaten gesammelt und sie dem Tierschutz und den Verdächtigen zuzuordnen versucht. Nach der Arbeit in der SOKO übersiedelte er als SPÖ-Abgeordneter in den Nationalrat. Welche Straftaten er letztendlich wem zugewiesen habe, fragte ihn meine Anwältin Michaela Lehner. Ich weiß es nicht, antwortete Plessl. Ob er Fakten nennen könne, die die Angeklagten belasteten, fragte Lehner. Ich weiß es nicht, sagte Plessl. Wie er bei der Zuordnung von Straftaten auf militanten Tierschutz gekommen sei, fragte Lehner. Er habe sich auf Bekennerschreiben berufen, meinte Plessl. Was da konkret festgestellt werden konnte, fragte Lehner. Ich weiß es nicht, sagte Plessl. Was bei den Peilsender-Überwachungen herausgekommen sei, wollte Lehner wissen. Ich weiß es nicht, antwortete Plessl. Ob er bei den Hausdurchsuchungen dabei gewesen sei, fragte dann die Richterin. Er glaube nicht, meinte Plessl. Ob er bei Festnahmen dabei gewesen sei, fragte die Richterin. Ich weiß es nicht mehr, sagte Plessl. Ich legte jene Presseaussendung des Innenministeriums von Anfang September 2008 vor, in der stand, dass den Beschuldigten 62 Straftaten zugeordnet werden müssten. Die Richterin ließ aber weder diese Presseaussendung noch die dazugehörige Frage zu. Ob er den Beschuldigten 62 Straftaten habe zuordnen müssen, fragte ich trotzdem. Diese Frage solle nicht zugelassen werden, redete der Staatsanwalt dazwischen. Der Zeuge solle nur zu Wahrnehmungen Auskunft geben und nicht zu solchen Fragen. Die Frage ist nicht zugelassen, erklärte die Richterin, weil der Zeuge kein Jurist sei, und eine solche Zuordnung sei juristischer Natur. Nein, meinte ich, ich interessiere mich nicht für juristische, sondern für kriminologische Zuordnungen. Ob der Zeuge also den Beschuldigten 62 Straftaten kriminologisch habe zuordnen müssen. „Wenn Sie nicht akzeptieren, was das Gericht beschließt, und weiter solche Fragen stellen, werden Sie aus dem Gerichtssaal entfernt", sagte die Richterin warnend. Sie könne nicht verstehen, warum ich emotional würde. Dieses Verfahren müsse sachlich geführt werden, und ich als Akademiker sei nicht in der Lage, vernünftige Fragen zu stellen. Dann entließ sie Plessl sicherheitshalber aus dem Zeugenstand. Wir konnten ihm in diesem Verfahren nie wieder Fragen stellen.

Der operative Leiter der SOKO, Josef Böck, versuchte im Zeugenstand, betont lässig und überheblich zu wirken und die Angeklagten verächtlich zu machen. Er war jener Mann, der mir in den ersten Tagen nach meiner Verhaftung in der Zelle erklärt hatte, er wisse alles über mich und ich würde hier nie wieder herauskommen, und der in verschiedenen Berichten davon gesprochen hatte, bundesweit gegen legale Tierschutzdemonstrationen vorgehen zu wollen. Als die AnwältInnen ihn befragten, warum er legale Demonstrationen von der Polizei überwachen ließ, sagte Böck, dass die

DemonstrantInnen „aggressiv Flugblätter verteilt“ hätten. Auf die Frage, was das sein solle, sagte Böck, wenn man jemandem ein Flugblatt gebe und gleichzeitig sage: „Warum kaufen Sie da ein?“ Ob das eine Straftat sei, fragte Anwalt Bischof. Daraufhin ließ die Richterin keine einzige Frage zu Demonstrationen mehr zu. Den Angeklagten Jürgen Faulmann ließ die Richterin in diesem Zusammenhang dann von Polizisten aus dem Gerichtssaal tragen, weil er in ihren Augen durch eine Zwischenfrage gestört hatte.

Der Zeuge solle ihr zur Gründung der kriminellen Organisation Auskunft geben, sagte Anwältin Stuefer. Böck verwies auf den Akt, dort stehe alles. Ob er denn davon nichts mehr aus der Erinnerung wisse, fragte Stuefer. Ich verweise auf den Akt, sagte Böck grinsend. Was er zum arbeitsteiligen Vorgehen sagen könne, fragte Stuefer. Ich verweise auf den Akt, sagte Böck. Ob er sich an die Peilsender-Observationen erinnern könne, fragte Stuefer. Das ist eine sehr provokante Frage, meinte Böck. Ob er sich erinnern könne, wiederholte die Richterin. Ich verweise auf den Akt, antwortete Böck. Der Zeuge solle darüber aussagen, was er wisse, sagte Anwalt Karl. Er wolle sich offenbar den Fragen entziehen. „Wollen Sie ihm etwas unterstellen?“, knurrte die Richterin aggressiv. Er wolle bloß erfahren, ob der Zeuge nichts mehr wisse oder ob er keine Antwort geben wolle, meinte Karl. Dann wurde mir das Fragerecht erteilt. Ob er den VGT vor Gründung der SOKO gekannt habe, fragte ich Böck. Ein bisschen, antwortete dieser. Ob ihm bekannt gewesen sei, dass seine Tochter Aktivistin beim VGT gewesen ist, fragte ich weiter. Da fuhr die Richterin dazwischen und schrie: „Es reicht jetzt!“ Dann entzog sie mir und gleich auch allen anderen Angeklagten das Fragerecht und entließ den Zeugen. Auch Böck erschien nicht mehr wieder im Zeugenstand.

Der oberste Leiter der SOKO, Erich Zwettler, war ebenfalls kein ergiebiger Zeuge. Er konnte sich nicht an sehr viel erinnern und gab an, viel Zeit damit verbracht zu haben, zahlreiche parlamentarische Anfragen der Grünen und der SPÖ zu den SOKO-Ermittlungen zu beantworten. Zwettler sagte, er habe schon viel größere und aufsehenerregendere Verfahren erlebt, auf die sich aber keine parlamentarischen Anfragen bezogen hätten. Dieses Verfahren sei deshalb sehr seltsam und ungewöhnlich. Die verdeckte Ermittlerin, die später aufgedeckt werden sollte, wurde von Zwettler explizit geleugnet. Er log vor Gericht und sagte, die verdeckte Ermittlung sei Ende 2007 beendet und 2008 nicht mehr weitergeführt worden. Erst viele Monate später konnten wir das Gegenteil beweisen. Obwohl er als einziger Beamter meinen polizeilichen Abschlussbericht unterschrieben hatte, konnte er sich daran überhaupt nicht erinnern und behauptete, nichts damit zu tun gehabt zu haben. Erstaunt stellte ich fest, dass ich niemanden zu meinem Abschlussbericht fragen konnte, weil mir nicht gesagt wurde, wer dafür verantwortlich war.

Auch Bettina Bogner, die mein Haus durchsucht und mich verhört hatte, und Herbert Landauf von der SOKO konnten zwar grundsätzlich befragt werden, erinnerten sich aber an sehr wenig und verwiesen größtenteils auf einen Akt, in den wir gar nicht Einsicht nehmen konnten. Landauf ließ mit der Aussage aufmerken, bei § 278a handle es sich um ein „Konstruktionsdelikt“. Köstlicher kann kein Freudscher Versprecher sein! In die Vorbereitung auf die Befragung aller SOKO-BeamtInnen hatte ich sehr viel Zeit investiert und dafür einen langen Fragenkatalog zusammengestellt. Die Richterin brach aber jede meiner Befragungen dieser ZeugInnen, lange bevor ich fertig war, ab, bei Böck sogar nach der ersten Frage. Die ZeugInnen wurden nicht mehr wieder geladen.

Helmut Riepl war in der SOKO für die Feststellung der Handystandortdaten zuständig. Er hätte also für viele der Angeklagten entlastend sein können, wenn nämlich deren Handys zum Tatzeitpunkt woanders als am Tatort eingeloggt gewesen waren. Doch diese Daten wurden nicht zur Verfügung gestellt. Erst nach langer Befragung gab Riepl zu, für alle Angeklagten und alle Straftaten Abgleiche gemacht zu haben. Er habe es aber nicht als entlastend empfunden, wenn er herausfand, dass die Angeklagten zur Tatzeit anderswo gewesen waren, weil die konkreten Straftaten sowieso nicht vorgeworfen würden. Daher habe die SOKO diese Ergebnisse verheimlicht. Doch einen Handystandort hatte er von Anfang an genannt: Der Angeklagte Felix Hnat war zwei Monate vor einer Sachbeschädigung an einem Auto mitten im dritten Bezirk von Wien im Umkreis von etwa 500 Metern vom späteren Tatort mit seinem Handy eingeloggt gewesen. Für die SOKO habe das den Verdacht ergeben, dass Hnat den Tatort ausgekundschaftet habe. Als Riepl von der Verteidigung gezwungen wurde, die genauen Handystandortdaten vorzulegen, zeigten sich mehrere Gespräche von Hnat an diesem Standort, allerdings mit einer Unterbrechung von wenigen Minuten, in denen er an einem anderen Standort eingeloggt war. Während der verdächtige Standort in dieser Liste mit seinem geografischen Ort angegeben wurde, stand bei der Unterbrechung statt des geografischen Orts nur eine GPS-Koordinate, von der man natürlich ohne eine entsprechende Datenbank nicht auf den geografischen Ort schließen konnte. Eine Recherche ergab, dass diese GPS-Koordinate einen Ort 30 Kilometer südlich von Wien bezeichnete. Mit anderen Worten, Riepls Handystandortdaten zeigten, dass Hnat innerhalb von wenigen Minuten 30 Kilometer in den Süden und wieder zurückgeflogen sein musste. Dass dadurch belegt war, dass die Daten falsch sein mussten, wollte die SOKO verheimlichen, indem sie einmal einen geografischen Ort und einmal eine GPS-Koordinate angab, wodurch auf den ersten Blick dieser Widerspruch gar nicht zu erkennen war. Laufend fanden wir derartige schmutzige Tricks der SOKO in den Ermittlungsakten!

Eine Ausnahme unter den SOKO-BeamtInnen im Zeugenstand war Friedrich Breitsching, der EDV-Experte, der insbesondere alle meine Computer im größten Detail untersucht hatte. Seine Angaben waren vernünftig und nachvollziehbar, er lieferte weder Übertreibungen oder Falschaussagen, noch verheimlichte er entlastende Fakten. So hatte er z. B. festgestellt, dass die 16 Leserbriefe auf meinem Computer, deren Autorenschaft der linguistische Sachverständige mir „mit an Sicherheit grenzender Wahrscheinlichkeit“ zugeordnet hatte, durch Copy-and-paste von der Webseite der „Presse“ herunterkopiert worden waren. Das fand er aufgrund der verschiedenen Fonts, der Geschichte der Files und der Spuren von Internetzugriffen heraus. Dieses entlastende

Faktum drängte er der Richterin förmlich auf. Es erfüllte mich mit einer gewissen Freude, dass es sogar in der SOKO noch Beamte gab, die ihr Rückgrat bewahrt hatten und der Gerechtigkeit verpflichtet blieben.

Es wurde zunehmend klar – wie mir schien, auch der Richterin –, dass dieses Verfahren mit einem Freispruch enden musste. Doch die Liste der ZeugInnen der Staatsanwaltschaft war noch lange, und nicht einmal die Befragungen der SOKO-BeamtInnen waren abgeschlossen. Das sollte also ein sehr langer Prozess werden, für uns Angeklagte eine erschreckende Perspektive. Jeder Gerichtstag kostete pro Anwalt oder Anwältin 4000 Euro, ich hatte mittlerweile mein kleines geerbtes Häuschen in der Obersteiermark nicht mehr und war praktisch bankrott. Aber die SOKO schien ungebrochen weiterzuermitteln und immer noch Beweise unserer Schuld zu suchen. So wurden während des Prozesses TierschützerInnen in Salzburg gezwungen, ihre DNA abzugeben, die ArbeitgeberInnen von Verdächtigen wurden befragt, ja, die SOKO ging noch einmal zu Franz-Joseph Plank, um die bereits vierte Aussage zu bekommen, und es gab weitere Hausdurchsuchungen.

Besonders abstoßend war der Versuch der SOKO, eine Psychiatriepatientin in Tirol, die von der psychiatrischen Klinik in Innsbruck bereits 2005 mit paranoiden Wahnvorstellungen diagnostiziert worden war und seither in psychiatrischer Behandlung ist, hinter dem Rücken ihres Ehemanns und Pflegers stundenlang zu verhören. Diese Frau hatte vorher, bis etwa 2002, beim VGT mitgeholfen. Zu einem geschickt gewählten Zeitpunkt, an dem die Frau alleine zu Hause und ihr Ehemann und Pfleger nicht anwesend war, kamen die drei LeiterInnen der SOKO überraschend vorbei und nahmen sich vier Stunden lang Zeit, die Frau detailliert zu befragen. Dafür reisten sie sogar 600 Kilometer weit an. Man kann sich lebhaft vorstellen, wie so ein Gespräch abläuft. Die Frau muss in ihrem täglichen Leben laufend damit konfrontiert sein, dass niemand ihre Wahnvorstellungen ernst nimmt. Wie erfreulich für sie, in aufmerksamen SOKO-BeamtInnen endlich Personen zu finden, die ihr zuhören und zustimmend nicken! Wie muss es da förmlich aus ihr herausgesprudelt sein! Natürlich unterschreibt sie nachher auch alles, was man ihr als ihre Aussage vorlegt. Wie könnte man von der kranken Frau erwarten, gegen drei SOKO-LeiterInnen, die noch dazu so nett und aufmerksam waren, Widerspruch einzulegen. Die SOKO muss ihr auch so überzeugend eingeschärft haben, nichts von dem Verhör zu verraten, dass die Frau bis heute niemandem etwas davon gesagt hat.

Das Resultat war ein langes Protokoll mit den größten Merkwürdigkeiten. So wurden aufgewölbte Seiten eines Buches, eingerissene Stoffteile eines Eierbechers und abbröckelnder Verputz an der Hauswand als Spuren von EinbrecherInnen gedeutet, die der Frau Böses wollten. Ein Leichtes für geschulte VerhörspezialistInnen, das in die gewünschte Richtung zu lenken. So wurde daraus eine Geschichte, die sie als Opfer von „ALF-Terror“ darstellte. Englische Jugendliche in einem Mini Cooper mit darauf lackierter englischer Flagge hätten ihr z. B. aufgelauert und mit den Fäusten „das ALF-Zeichen“ gemacht, was auch immer das bedeuten mochte. Dass ihrem Ehemann im

Zug aus dem Mantel die Ausweise gestohlen wurden, sei auf TierschützerInnen zurückzuführen. Zuletzt wurde auch einer der Angeklagten erwähnt, der ihr gedroht habe: „Verrätern zünden wir das Haus an!“

Das gesamte Verhör war uns bis zu diesem Zeitpunkt unbekannt. Die SOKO gab es dem Staatsanwalt weiter, der es zunächst in den Akt aufnehmen wollte. Man erkennt das daran, dass es eine Ordnungsnummer des uns zugänglichen Aktes bekommen hatte. Dann entschied er sich anders, die Ordnungsnummer wurde durchgestrichen und mit diesem Verhörprotokoll ein neuer Akt begonnen – von dem wir nichts wussten. Auf Basis dieses Verhörs leitete nun derselbe Staatsanwalt ein neues Ermittlungsverfahren mit neuer Aktenzahl gegen einen der Angeklagten wegen gefährlicher Drohung ein. Durch die entsprechende Ermittlungstätigkeit der SOKO fiel das dem Betroffenen zufällig auf, er nahm Einsicht in den „neuen“ Ermittlungsakt und fand das Verhörprotokoll. Auch ein Trick, die Akteneinsicht zu verhindern: das Anlegen ganz neuer Akten, deren Existenz man erst zufällig herausfinden muss, bevor man darin Einsicht beantragen kann.

Foto 22: Unbekannte bedruckten das Toilettenpapier im Gerichtsgebäude mit „§278a fürn Oasch“.

Im Sommer 2010 hatten wir einen Monat Prozesspause, vor allem weil die Verhandlungsprotokolle mit mehr als 100 Seiten pro Gerichtstag erst nachgeschrieben werden mussten. Aufgrund eines Unfalls, der sich einige Zeit davor zugetragen hatte, musste ich in das Landeskrankenhaus (LKH) in Salzburg, um mein Knie untersuchen zu lassen. Ein Arzt legte mir eine Kreuzbandoperation nahe. Ich dachte, dass sich das mit der Sommerpause glücklich treffen würde, und bekam meinen Operationstermin. Kurz darauf rief mich der Arzt wieder an, entschuldigte sich vielmals und sagte mir, ich könne leider am LKH in Salzburg nicht operiert werden. Nach einigem Nachfragen rückte er mit der Begründung heraus: Die Krankenhausleitung habe ihm untersagt, mich zu operieren, offensichtlich aus politischen Gründen. Ich war zutiefst erschüttert, wie weit der Einfluss gewisser Kreise, die mich aufs Korn genommen hatten, reichte. Aber dem entgegen stand eine sehr breite Sympathie in der Bevölkerung, die immer größere Ausmaße annahm. Mittlerweile wurde ich fast täglich auf der Straße erkannt, und abgesehen von einem Burschenschafter am Graben in Wien, der mich lauthals beschimpfte, erntete ich nur freundliche und aufbauende Reaktionen. Das Land Österreich ist schon in Ordnung, dachte ich mir, der bösartige Filz steckt nur irgendwo in den oberen Etagen und beschränkt sich auf eine kleine, wenn auch einflussreiche Minderheit.

36. Pelztiere leiden nicht im Käfig

1997 hatte es mehrere Befreiungen von Nerzen aus österreichischen Pelztierfarmen gegeben, bevor diese im November 1998 durch ein Pelzfarmverbot, das wir erreicht hatten, für immer geschlossen wurden. Zu einer dieser Befreiungen war ein Interview mit maskierten Personen in einem deutschen TV-Sender erschienen, in dem die Aktion gerechtfertigt wurde. Der Staatsanwalt ging davon aus, dass der Angeklagte Faulmann eine der interviewten Personen war. Deshalb sollte erörtert werden, ob diese Befreiung vor 13 Jahren für die Nerze eine Tierquälerei gewesen sein könnte. Diese Nerze wurden im Frühjahr 1997 in einem Käfig mit 90 mal 30 Zentimeter Bodenfläche geboren. Diese Käfige bestanden nur aus Drahtgitter, sodass die Nerze lebenslang gezwungen waren, mit ihren Pfoten auf einem Gitterboden zu stehen. Im November hätten sie dann durch Giftgas getötet und für die Pelzindustrie gehäutet werden sollen. Unbekannte Personen machten diesem Vorhaben des Pelzfarmers einen Strich durch die Rechnung und befreiten einige Hundert der Tiere, u. a. indem sie sie in Jutesäcke packten und in den Folgetagen an verschiedenen Seen des Waldviertels freiließen. Noch heute, so viele Jahre danach, leben die Nachkommen dieser Nerze in Freiheit im Waldviertel, wo sie in den frühen 1930er Jahren durch die Pelzindustrie in der freien Wildbahn ausgerottet worden waren. Der Staatsanwalt empfand diese Handlung als Tierquälerei und wollte gerne diesen Tatbestand anklagen. Deshalb wurde Univ.-Prof. Klaus Hackländer vom Institut für Wildbiologie und Jagdwirtschaft an der Universität für Bodenkultur in Wien als Sachverständiger beauftragt festzustellen, ob diese Freilassung eine Tierquälerei gewesen war. Hackländer, der sehr eng mit der Jägerschaft kooperiert, Hauptredner auf Jagdkongressen und wissenschaftlicher Beirat des Deutschen Jagdschutzverbandes ist, bejahte diese Frage in seinem Gutachten. Er behauptete, dass Nerze in derartigen Käfigen nicht leiden würden und es eine Tierquälerei sei, sie freizulassen, insbesondere da 80 bis 90 Prozent der freigelassenen Tiere nach einem Jahr gestorben seien.

Da es sich um ein naturwissenschaftliches Gutachten handelte und ich jahrzehntelang als Naturwissenschaftler an verschiedenen Universitäten gearbeitet hatte, fühlte ich mich in der Position, bei meiner Befragung die Fehler in diesen Aussagen nachweisen zu können. Ich las mich in die entsprechende wissenschaftliche Literatur ein. Am 1. September 2010 konnte ich dem Gutachter meine Fragen stellen.

„Im Literaturverzeichnis Ihres Gutachtens geben Sie nur eine einzige Studie zur Befreiung von Nerzen an", begann ich meine Frage. „Dabei handelte es sich um europäische Nerze, die auf einer Insel in der Ostsee ausgesetzt worden sind. Jetzt haben Sie gesagt, dass die Nerze auf der Pelzfarm quasi bereits Haustiere seien, weil sie schon mehrere Generationen lang gezüchtet würden. Sind Sie also der Ansicht, dass die Nerze sich aufgrund dieser Veränderung weniger leicht an die Umwelt in der Wildnis gewöhnen konnten?" Hackländer meinte, er würde das sogar noch stärker ausdrücken.

Nun stehe aber in der Zusammenfassung des vorher zitierten Artikels, es sei keine

Evidenz gefunden worden, dass bei Freilassungen die Anzahl von Generationen, die diese Tiere bereits gezüchtet wurden, irgendeinen Effekt auf ihr Überleben hatte, zitierte ich. Das sei ein klarer Widerspruch zu seiner Aussage. Das sei darauf zurückzuführen, versuchte sich Hackländer zu rechtfertigen, dass bei dieser Studie Nerze aus unterschiedlichen Haltungsbedingungen und unterschiedlichen Historien der Züchtung in Zoos genommen worden seien. Und es liege sicher auch daran, dass in dieser Studie zu wenige Tiere untersucht worden seien. Wenn er die Ergebnisse dieser einzigen von ihm zu diesem Thema herangezogenen Studie anzweifle, fragte ich, warum habe er dann das Ergebnis dieser Studie in Bezug auf eine Todesrate von 50 Prozent nach einem bis eineinhalb Monaten in Freiheit zitiert. Hackländer schwieg.

Ich führte dann aus, dass auch hier die Darstellung von Hackländer nicht richtig sei. Die Zahlen der Studie ergäben klar, dass nach 38 Tagen knapp weniger als die Hälfte der Tiere gestorben waren, danach aber kein einziges mehr für die nächsten Wochen, solange die Studie weiterlief. Das heiße doch, dass mehr als 50 Prozent die Befreiung überlebt hatten. Hackländer antwortete: „Das liegt auch daran, dass ich hier nicht nachweisen kann, was ich hier … Wenn ich das Tier nicht mehr orten kann mit diesem Sender, heißt das noch lange nicht, dass dieses Tier tot ist. Das kann sein, dass die Batterie leer ist oder dass es so weit abgewandert ist, dass man es nicht mehr findet usw." Die AutorInnen der Studie hätten diese Erklärung aber nicht angeführt, hielt ich Hackländer entgegen. Es wäre schön, wenn man mehr Details über die Studie kennen würde, meinte er.

Dazu fragte die Richterin, ob das etwas an seiner Aussage ändere, dass 80 bis 90 Prozent der freigelassenen Nerze innerhalb von einem Jahr gestorben seien. Er verneinte. Das widerspreche aber dem Ergebnis der Studie, stellte ich fest. Dieser Prozentsatz sei eine grundsätzliche Aussage, die er nicht nur für Nerze treffe, sondern aus Studien über Kaninchen, Hasen und verschiedene andere Arten von Kleinsäugetieren schließe. Das Thema von Hackländers Diplomarbeit waren Stressmessungen an Hasen. Es handle sich also um eine Extrapolation von Hasen auf Nerze, um eine Schätzung. Ob er sich damit auf das Ergebnis einer wissenschaftlichen Studie bezüglich der Freilassung von Nerzen beziehe, fragte ich. Er könne sich nur wiederholen, meinte Hackländer.

Foto 23: Nerze würden im Käfig nicht leiden, sagte der gerichtlich beeidete Sachverständige, die Nerze in Freiheit schon.

Ob er denn sonst noch Studien zur Freilassung von Nerzen kenne, fragte ich. Die Richterin bat den Sachverständigen auszuführen, aufgrund welcher wissenschaftlichen Grundlage er zu der Schätzung gekommen sei, dass 80 bis 90 Prozent der freigelassenen Nerze innerhalb eines Jahres gestorben seien. Das habe er aus seiner Erfahrung mit Hasen, und es gebe allen Grund anzunehmen, dass Nerze, die ähnlich groß seien, ähnliche Todesraten hätten, meinte Hackländer. Er extrapoliere also von Hasen auf Nerze, stellte ich fest, obwohl in der von ihm zitierten Studie über die Nerzbefreiung wörtlich stehe: „Wir schließen, dass sich die Nerze nach 1 bis 1,5 Monaten an die Wildnis gewöhnt hatten und vollkommen autonom leben konnten."

Ich bezog mich dann auf die von Hackländer angegebene Todesrate von 80 bis 90 Prozent für die freigelassenen Nerze und fragte ihn, wie hoch die Todesrate von freilebenden Nerzen, die also in Freiheit geboren waren, in derselben Zeit gewesen sei. Hackländer antwortete, etwa 50 Prozent. Er meine also, sagte ich, dass die Befreiung für diese Tiere einen Unterschied in der Sterberate zwischen 50 und 80 Prozent ausmache. Der Sprung von 50 auf 80 Prozent sei also auf die Befreiung zurückzuführen. Ja, sagte Hackländer. Dann sei es aber besonders interessant, sagte ich, dass die vom Sachverständigen zitierte einzige Studie zur Freilassung von Nerzen genau diese 50-prozentige Sterberate gefunden habe. Mit anderen Worten, wenn man diese einzige wissenschaftliche Studie zu diesem Thema ernst nehme, dann habe sich die Sterberate durch die Befreiung nicht erhöht, denn der Sprung von 50 auf 80 Prozent sei nur eine Vermutung von Hackländer, die durch die wissenschaftlichen Studien nicht gedeckt werde.

Dann führte ich zu der Studie weiter aus: „Da wurde die Todesursache für die freigelassenen Nerze untersucht und festgestellt, dass 31,8 Prozent der toten Nerze durch Menschen umgebracht worden waren. D. h., sie sind nicht dadurch umgekommen, dass sie sich in der Wildnis nicht zurechtgefunden haben." Hackländer meinte, man müsse Menschen auch als Beutegreifer auffassen. Da sagte die Richterin, sie lasse keine weitere Diskussion zu diesem Thema zu. Man könne also nicht sagen, dass sich die Nerze nicht zurechtgefunden hätten, sondern dass sie zu einem Drittel vorsätzlich oder fahrlässig von Menschen getötet worden seien, sagte ich. Dann seien aber diese Menschen für die Tierquälerei verantwortlich und nicht die BefreierInnen der Nerze.

Ich bezog mich dann auf die autonome Entscheidung der Nerze: „Jetzt wurden bei einigen der Käfige in der Nerzfarm einfach die Türen geöffnet. Diese Nerze wurden nicht herausgenommen, sondern sind von selber rausgegangen. Kann man daraus schließen, dass sie rausgehen wollten, dass sie also selbst entschieden haben, die Freiheit dem Käfig vorzuziehen?" Er wisse nicht, sagte Hackländer, wie die Nerze aus den Käfigen gekommen seien. Wenn man die Käfige öffnen würde, versuchte ich es erneut, würden dann die Nerze hinauslaufen? Ja, sagte Hackländer. Ob das nicht heiße, fragte ich, dass die Nerze gerne und freiwillig aus den Käfigen kommen würden, dass es ihre Präferenz sei, statt in einem Käfig in Freiheit zu sein. Ja, meinte Hackländer, es handle sich um sehr neugierige Tiere, alle Karnivore seien sehr interessiert an ihrer Umwelt. Nach Angaben der BefreierInnen in ihrem Bekennerschreiben, der Polizei und des Pelzfarmers sowie nach Ansehens des Films über die Befreiung müsse man davon ausgehen, sagte ich, dass die Nerze jederzeit die Möglichkeit gehabt hätten, in die offen gelassenen Käfige zurückzugehen. Könne man nicht daraus, dass sie das nicht getan hatten, schließen, dass sie lieber in Freiheit als im Käfig lebten? Das sei eine schwierige Frage, sagte Hackländer.

Dann sprach ich über die Situation der Nerze auf der Pelzfarm: „Sie haben die Käfige oder zumindest Fotos von den Käfigen dort gesehen, 30 mal 90 Zentimeter, also 0,27 Quadratmeter Bodenfläche. Ich hätte auch einige Fotos von dieser Pelzfarm hier." Da unterbrach die Richterin und meinte, die Haltung sei gesetzeskonform gewesen, weil es damals keine gesetzlichen Bestimmungen über die Haltung gegeben habe. Die gesetzlichen Bestimmungen seien irrelevant, wenn es um das Leid der Tiere gehe, meinte ich dazu, weil auch gesetzeskonform gehaltene Tiere leiden könnten und das in der normalen Haltung sogenannter Nutztiere auch täten. Ich solle Fragen stellen und keine Reden schwingen, sagte die Richterin zu mir.

Ich fragte also: „Bedeutet das Leben in diesen Käfigen ein Leid für die Tiere?" Wieder griff die Richterin ein und fragte: „Zu meinem Verständnis, wollen Sie jetzt eine Relation herstellen zwischen der Frage, ob artgerechte Haltung oder nicht, in Zusammenhang mit der eben ausgeführten Sterblichkeit von 80 bis 90 Prozent dieser freigelassenen Nerze?" Sterblichkeit an sich habe nichts mit Qualen zu tun, weil man ja auch sterben könne, ohne dabei zu leiden, erklärte ich. „Es geht jetzt um die Fakten. Wir müssen uns fragen, wie die Leiden der Tiere im Käfig in Relation stehen mit den Leiden jener Tiere, die freigelassen wurden und draußen frei herumlaufen. Der Akt der Befreiung hat die Situation der Tiere verändert. Nur, wenn dadurch eine dramatische Verschlechterung ihrer Lebensqualität eingetreten ist, kann man von einer durch die Befreiung verursachten Tierquälerei sprechen."

Hackländer: „Ich gehe davon aus, dass diese Tiere, die in Gefangenschaft geboren sind, in diesen Käfigen weniger Leid verspüren, weniger Leid haben, als wenn sie in Freiheit sind. Wir dürfen hier jetzt zwei Dinge nicht vermischen. Das eine ist, schützt man das Individuum, oder was sind unsere Ansprüche, was sind unsere Wertigkeiten. Es geht um eine artgerechte Haltung, und da sind im Prinzip auch unsere aktuellen Wertvorstellungen von Interesse und weniger das individuelle Wohl des Tieres, denn dann wären wir genötigt zu sagen, wir nehmen an, dass sich das Tier im Käfig mehr wohlfühlt. Für Tiere, die in Gefangenschaft geboren und im Käfig aufgewachsen sind und nichts anderes kennen, ist ein Leben in der Freiheit schlimmer."

Ich sagte: „Die wesentliche Grundfrage dieses Gutachtens ist, ob sich das Wohlergehen der Tiere durch die Befreiung im Vergleich zum Leben im Käfig verbessert hat. Speziell möchte ich wissen, ob sich diejenigen Nerze, die letztendlich überlebt haben und deren Nachkommen über viele Generationen bis heute noch leben, ob diese Nerze sich durch die Befreiung wohler gefühlt haben, als wie sie noch im Käfig waren." Den Nerzen sei es im Käfig besser gegangen, sagte Hackländer, weil sie weniger Stress erlitten hätten als die Nerze in Freiheit. Ich musste an meine Gefangenschaft in der U-Haft denken. Natürlich leide ich größeren Stress, wenn ich in einer Felswand klettere, von einem Unwetter beim Bergwandern überrascht werde oder zwischen Spalten über einen Gletscher gehe, als wenn ich in einer Zelle sitze, die gleichmäßig warm ist und in der ich täglich dreimal ein Essen bekomme, ohne mich darum kümmern zu müssen. Trotzdem leide ich in der Zelle schrecklich, setze mich aber absichtlich dem Stress und den Gefahren in den Bergen aus. Stress ist eben nicht dasselbe wie Leid, sondern unter Umständen sogar für das Leben bereichernd.

Später sagte ich in meiner Stellungnahme zu diesem Gutachten: *„Hackländer sprach von einer Todesrate von 80 bis 90 Prozent für die freigelassenen Nerze und schloss das aus Erfahrungen mit Hasen. Das steht aber in diametralem Widerspruch zu den Ergebnissen der einzigen wissenschaftlichen Studie, die mit Nerzen und deren Freilassung zu tun hat, die der Herr Sachverständige zitierte. In dieser Studie wird eindeutig gesagt, dass nur 50 Prozent gestorben sind, und es wird auch gesagt, dass nach einem bis eineinhalb Monaten die aus der Gefangenschaft befreiten Nerze so an die Wildnis adaptiert waren, dass sie sich vollkommen wie wilde Nerze verhielten. D. h., nach dieser Zeit von einem bis eineinhalb Monaten und der Todesrate von 50 Prozent gibt es keinen Unterschied mehr, sowohl in der Todesrate als auch im Verhalten, zu Nerzen, die in der Wildnis geboren wurden. Hackländer hat aber selbst angegeben, dass er von wild geborenen Nerzen erwarten würde, dass sie in derselben Zeit eine Todesrate von 50 Prozent erleiden würden. Mit anderen Worten, es gibt keinen Unterschied in der Todesrate zwischen in Freiheit geborenen und freigelassenen Nerzen.*

[…] Im Übrigen finde ich auch die Aussage des Herrn Sachverständigen, dass er von Leid eigentlich gar nicht sprechen will, sondern nur von Stress, befremdlich. Stress, so hat selbst er zugegeben, muss nicht immer nur Leid bedeuten, und auch ein stressfreies Leben kann ein großes Leid sein vor Langeweile. Der Sachverständige hat sich auch noch zu der Aussage verstiegen, dass jene Nerze, die befreit wurden und überlebt haben und ein Leben in der Wildnis geführt haben, in ganz natürlicher Weise, und sich auch fortgepflanzt haben, dass es die nicht besser hatten als jene Nerze, die in den Käfigen zurückgeblieben sind. Diese Nerze also, die in einem 30 mal 90 Zentimeter Bodenfläche großen Drahtgitterkäfig ohne jede Struktur dahinvegetieren, sollen weniger leiden und ein schöneres Leben haben als die Nerze, die in freier Wildbahn mit 20 bis 40 Hektar großen Revieren voller Abenteuer leben. Ich finde, diese Aussage deklassiert den Herrn Sachverständigen vollkommen. Wenn man diese Ansicht hat, dann verlässt man vollkommen den Boden der Wissenschaft und jede vernünftige Basis, um über diese Fragestellung sinnvoll zu sprechen.

Der Herr Sachverständige hat auch eine Reihe weiterer Publikationen nicht erwähnt, die von Nerzbefreiungen handeln. Ich habe sie hier. Es gibt Dissertationen zum Thema Freilassung von Nerzen, und es gibt eine Untersuchung von Nerzen in Dänemark, die selbstständig aus Pelzfarmen entkommen sind. Hierzu hat übrigens der Sachverständige gesagt, ja, er glaube schon, dass, wenn man die Käfige öffnet, die Nerze dann freiwillig her-

auslaufen. Aus den Studien lernen wir, sie laufen von Pelzfarmen weg. Alle Pelzfarmen der Welt haben immer wieder Tiere, die entkommen, d. h., der Nerz entscheidet von sich aus, dass er lieber in die Freiheit geht, als in diesen Käfigen sitzen zu bleiben, und das sagt ja wohl auch einiges darüber aus, ob es sich um Tierquälerei bei einer Freilassung handelt. Es kommt bei Tierquälerei nicht darauf an, was Menschen für Werte haben und empfinden, sondern was die Tiere subjektiv empfinden. Und die entscheiden dann selbst sprichwörtlich mit den Füßen, indem sie selber weggehen, sie entscheiden, nicht im Käfig zu bleiben, sondern in der Freiheit zu sein. Es gibt dazu, wie gesagt, eine Reihe von Studien, die der Sachverständige nicht zitiert hat und offenbar gar nicht kennt und für sein Gutachten auch nicht verwendet hat. Aus diesen Studien ergibt sich aber, dass sich Farmnerze rasch an das Leben in Freiheit anpassen und dass überall, wo Pelzfarmen existieren, insbesondere in Dänemark, bereits große natürliche Nerzvorkommen bestehen, die durch aus Pelzfarmen entkommene Tiere entstanden sind.

Weiters hat der Sachverständige letztendlich auch zugeben müssen, dass vom Standpunkt der Tiere die Durchführung dieser wissenschaftlichen Studie den Tieren dasselbe Leid zugefügt hat wie die Befreier und Befreierinnen den befreiten Nerzen. D. h., den TierschützerInnen, die diese Befreiung durchgeführt haben, kann man bestenfalls vorwerfen, dieselbe Art von Tierquälerei begangen zu haben wie die WissenschaftlerInnen, auf die sich der Herr Sachverständige stützt. Er meint, im zweiteren Falle, im Fall der Wissenschaft, kann man das offensichtlich entschuldigen, weil es ja um Arterhaltungsprojekte geht. Das ist aber hier nicht die Frage, sondern es ist die Frage, ob eine Tierquälerei begangen wurde. Wenn man die WissenschaftlerInnen fragt, werden sie das verneinen. Der Sachverständige hat es aber bejaht, und dafür unterstelle ich ihm ein persönliches Motiv. Ich habe nämlich meine ganz persönlichen eigenen Erfahrungen, meine eigenen Wahrnehmung mit dem Herrn Sachverständigen, wie er ein lautes, schreiendes Streitgespräch mit dem Angeklagten Jürgen Faulmann geführt hat und offensichtlich sehr emotional wurde und dem Herrn Faulmann auch Vorwürfe und Anschuldigungen an den Kopf geworfen hat. Und ich finde es nicht zulässig, dass ein solcher Gutachter hier als objektiv auftreten kann, wenn er offensichtlich vor Beginn seiner gutachterlichen Erstellung mit einem der Angeklagten einen persönlichen emotionalen Streit hatte. Das Oberlandesgericht Wien hat auf diesen Aspekt, dass es ein Schreiduell mit dem Angeklagten gab, im Berufungsurteil zum Antrag auf Ablehnung des Sachverständigen wegen Befangenheit nicht Bezug genommen. Der entsprechende Senat hat das entweder übersehen oder absichtlich ausgelassen. Aber für mich ist genau dieser eine Punkt der zentrale Punkt, warum dieser Gutachter hier befangen ist und damit nicht objektiv beurteilen kann. Und dass er das nicht kann, zeigt sich in seinem Gutachten."

37. Ist eine Schweinebefreiung Tierquälerei?

In den frühen Morgenstunden des 31. März 2008 öffneten unbekannte Personen die Türen der Schweinemastfabrik von Michael Artner, einem ÖVP-Gemeinderat, bei Bad Fischau nahe Wr. Neustadt, sodass die 400 dort befindlichen Schweine ins Freie gehen konnten. Artner gab an, in der Früh zu seinem Betrieb gekommen zu sein und dabei etwa 50 Schweine grasend auf der Wiese um den Betrieb angetroffen zu haben. Bei der Befreiungsaktion wurde zwar kein Sachschaden angerichtet, doch Artner behauptete, es seien drei Schweine dadurch gestorben, und 40 seien durch Kämpfe untereinander verletzt worden. Der Tierarzt habe prophylaktisch Medikamente verabreicht, damit sich die angeblich durch die Kämpfe entstandenen Kratzwunden nicht entzünden würden. Insgesamt habe er dadurch Kosten von 3000 Euro gehabt. Die SOKO fand durch persönliche Observation und Verfolgen der Handystandorte heraus, dass der Angeklagte Jürgen Faulmann bei einer Radtour etwa acht Stunden vor der Aktion noch am hellen Tag an dieser Schweinefabrik vorbeigekommen war. Deshalb wurde Faulmann von Staatsanwalt Handler wegen Sachbeschädigung und Tierquälerei angeklagt.

Zunächst bestellte das Gericht Konrad Tschida als Sachverständigen zu der Frage, ob es sich um Tierquälerei gehandelt habe. Er ist für 25 Fachgebiete beeidet, darunter auch für die Haltung von Schweinen, ist aber weder Tierarzt noch fachkundig in Fragen der Verletzung von Schweinen oder deren Todesursache. Nach einer Befragung durch die Verteidigung, bei der Tschida immer öfter angeben musste, die Antwort nicht zu wissen, entließ die Richterin den Sachverständigen und bestellte einen neuen, Univ.-Prof. Josef Troxler vom Institut für Tierschutz und Tierhaltung der Veterinärmedizinischen Universität Wien.

Am 59. Prozesstag, Anfang Dezember 2010, stellte Troxler sein Gutachten vor Gericht vor. Er sprach davon, dass die Tiere Hunger gelitten haben könnten, weil ihre Fütterung um einige Stunden verzögert worden war. Seine zentrale Schlussfolgerung war, dass die Befreiung als Tierquälerei zu sehen war: „*Aus der Faktenlage kann geschlossen werden, dass die Tiere durch Rangkämpfe Verletzungen und Stress erlitten haben. Nachfolgende Folgeerkrankungen und verminderte Leistung stellen Indikatoren dar, dass diese Situation des Herauslassens die Tiere belastet hat und zu Schmerzen, Leiden und Schäden geführt hat.*“ Troxler wurde dann drei Tage lang von der Verteidigung und den Angeklagten zu seinem Gutachten befragt.

Zunächst einmal konnte rasch widerlegt werden, dass durch die Befreiung drei Schweine gestorben waren. Es gab nämlich ein Bekennerschreiben zu der Aktion, dem vier Fotos beigelegt waren. Und auf diesen Fotos waren genau jene drei toten Schweine zu sehen, die Michael Artner, der Betriebsbesitzer, nach der Befreiung gefunden haben wollte. Eines der Fotos zeigte noch dazu zwei der drei toten Schweine direkt beim Eingang in die Schweinefabrik liegen, wo sie jemand hingelegt haben musste, damit sie von der Tierkörperverwertung abgeholt werden konnten. Selbst Troxler war gezwungen zuzugeben, dass die beiden Schweine auf dem Foto schon länger tot gewesen waren. Mit anderen Worten, Artner muss selbst die beiden Schweine bereits vor der Befreiung in ihren Buchten gefunden und zur Eingangstür gebracht haben, im Gegensatz zu seiner Aussage vor Gericht, er habe die beiden toten Schweine draußen im Freien gefunden.

Die drei toten Schweine, die also, wie sich jetzt herausstellte, im „normalen" Betriebsablauf gestorben waren, hatten auch Wunden und geschwollene Gelenke. Sie waren der beste Beweis dafür, dass die Haltungsbedingungen in der Schweinefabrik von Artner als tierquälerisch bezeichnet werden mussten. Zusätzlich waren die Schwänze in diesem Betrieb kupiert, also abgeschnitten. Laut Gesetz ist das nur erlaubt, wenn es Probleme mit sogenanntem Kannibalismus unter den Schweinen gibt, d. h., wenn sich die Schweine gegenseitig verletzen. Artner wollte zwar in seiner Aussage bestreiten, dass es dieses Problem bei ihm gab, als ich ihm aber die Gesetzesstelle vorlas, in der steht, dass er nur dann Schwänze kupieren durfte, meinte er, dass doch immer wieder Kannibalismus in seinem Betrieb vorkomme. Der zuständige Amtstierarzt sagte sogar als Zeuge aus, er habe in dieser Schweinefabrik beanstanden müssen, dass den Schweinen kein gesetzlich vorgeschriebenes Beschäftigungsmaterial geboten wurde.

Die Richterin wollte jede weitere Befragung mit dem Argument unterbinden, dass es irrelevant sei, wie sehr die Schweine vor der Befreiung unter den Haltungsbedingungen gelitten hätten. Es komme nur darauf an, was durch die Befreiung geschehen sei. Dagegen argumentierten wir auf zweierlei Weise. Eine Behandlungsmethode eines Tierarztes kann durchaus schmerzhaft sein, sie ist dennoch nicht Tierquälerei, wenn es dem Tier nach der Behandlung insgesamt besser geht. Selbst wenn es also einzelne Raufereien unter den befreiten Schweinen gegeben haben sollte, so das Argument, könnte sich insgesamt ihre Situation gegenüber der Gefangenschaft in der Schweinefabrik stark verbessert haben. Deshalb sei es wichtig festzustellen, wie tierquälerisch die Haltung im Normalbetrieb der Schweinefabrik war. Und zweitens ist für den Vorwurf der Tierquälerei der Vorsatz wichtig, die BefreierInnen hätten also durch ihre Befreiungsaktion zumindest Schmerzen und Leiden der Tiere in Kauf nehmen müssen. Wenn man aber davon ausgeht, dass die BefreierInnen TierschützerInnen waren, die ihre Befreiungsaktion durchgeführt haben, weil die Tiere vorher im Normalbetrieb der Schweinefabrik so litten, dann wäre der Tatbestand der Tierquälerei nicht erfüllt, selbst wenn die Befreiung zu Schmerzen und Leiden geführt hätte. Letztendlich ließ die Richterin zähneknirschend die Befragungen zu und erlaubte sogar, dass ein Film aus der Schweinefabrik Artner, der zwei Jahre nach der Befreiung gedreht worden war, vorgeführt wurde. Darin sah man furchtbar verletzte Tiere, einstreulose enge Buchten, Vollspaltenböden und kein Beschäftigungsmaterial.

Bei meiner Befragung des Sachverständigen arbeitete ich mit den Fotos aus der Beilage des Bekennerschreibens. Neben den zwei Fotos mit drei toten Tieren zeigte ein weiteres Foto fünf Schweine mit Hautverletzungen und eine große Gruppe von Schweinen, im Dunklen draußen auf der Wiese, die friedlich nebeneinander grasten. Ich wies auf ein Schwein auf diesem Foto hin und fragte den Sachverständigen, warum das Schwein einen blutigen Schwanz habe. Das sei die Folge von Kannibalismus, das sei eindeutig, sagte Troxler. Wie so etwas zustande komme, fragte ich. Wenn das Schwein mangelnde Gelegenheit habe, Erkundungsverhalten zu zeigen, würde es das Beschäftigungsbedürfnis auf den Körper anderer Schweine orientieren und diese verletzen, antwortete Troxler. Ob das mit einer reizarmen Umgebung zusammenhänge, der dieses Schwein ausgesetzt gewesen sein müsse, fragte ich. Es gebe Studien, die das bestätigen würden, ja, sagte Troxler. Ich zeigte dann auf das Foto mit den Schweinen auf der Wiese bei der Befreiung und fragte, ob eine solche Umgebung auch reizarm sei. Diese Umgebung sei sicher reizreicher, meinte Troxler. Wenn den Schweinen die freie Wahl geboten würde zwischen einer reizarmen Umgebung, wie in der Schweinefabrik, und einer reizreichen, wie auf der Wiese, was sie dann wählen würden, fragte ich. Die Schweine würden die reizreichere Umgebung wählen, sagte Troxler.

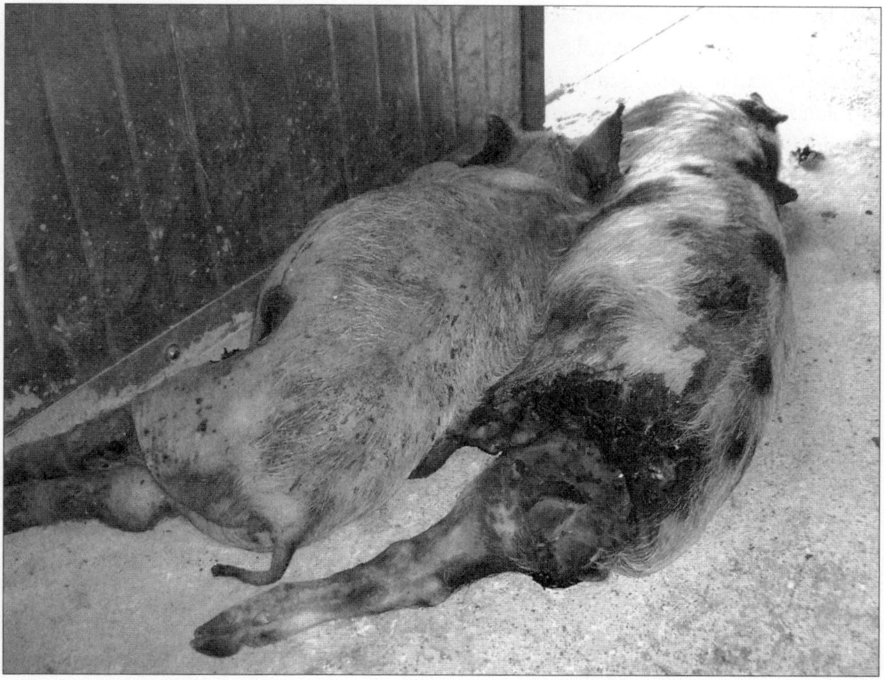

Foto 24: Die zwei der drei toten Schweine, die bereits vor der Befreiungsaktion an den normalen Haltungsbedingungen gestorben waren. Der Besitzer der Schweinefabrik, ein ÖVP-Gemeinderat, wollte ihren Tod den BefreierInnen in die Schuhe schieben.

Ob die Schweine im vorliegenden Betrieb auf Vollspaltenböden leben müssten, also auf Böden, die durchgehend mit Spalten versehen sind, fragte ich. Ja, sagte Troxler, der Liegeplatz sei nicht ideal. Ob die Schweine einen Grasboden, wie auf dem Foto zu sehen, vorziehen würden, wenn sie die Wahl hätten, fragte ich. Für bestimmte Aktivitäten sicher, wie z. B. zum Grasen und zum Wühlen, meinte Troxler.

Ich fragte dann, wie viel Platz pro Schwein der vorliegende Betrieb bieten würde. Wir würden in einer Demokratie leben, warf die Richterin ein, da dürfe der Besitzer seine Schweine halten, wie er wolle, solange es gesetzeskonform sei. Ich blieb ruhig und sagte, dass wir herausarbeiten müssten, wie sich die Schweine selbst entscheiden würden. Die Schweine hätten 0,7 Quadratmeter Bodenplatz pro 100 Kilogramm schwerem Tier in dem Betrieb, sagte Troxler. Ob 0,7 Quadratmeter Lebensraum so ein Tier zufriedenstellen würden, fragte ich. Die Richterin mochte offenbar die Richtung nicht, in die diese Befragung ging, und sagte, dass die Schweinehaltung in diesem Betrieb den gesellschaftlichen Erfordernissen entsprechen würde, alles andere sei Kampagnentätigkeit und habe mit dem Verfahren nichts zu tun. Ich antwortete, es gehe doch um die Frage, ob die Befreiung eine Tierquälerei war, und dass wir deshalb feststellen müssten, ob die Befreiung im Sinne der Schweine gewesen sei oder nicht. Ich wies dann auf das Foto mit den frei auf der Wiese stehenden Schweinen hin und fragte den Sachverständigen, wie viel Platz die Tiere hier hätten. Das sei nicht zu vergleichen, sagte dieser. Wenn den Schweinen so wenig Platz angeboten werde wie 0,7 Quadratmeter pro Tier, und für kleinere Schweine noch weniger, ob da nicht das größere Platzangebot auf der Wiese für die Schweine ein großer Vorteil sei, fragte ich. Ja, sagte Troxler, im Prinzip könne es aber auch in der Freilandhaltung Kannibalismus geben.

Ich stellte dann fest, dass die Schweine in der vorliegenden Schweinefabrik auf den Vollspaltenböden über ihrem eigenen Kot leben würden. Wie gut da die Luftqualität und wie belastend der Ammoniakgeruch sei. Bei seinem Besuch des Betriebs sei die Lüftungsanlage in Ordnung gewesen, meinte Troxler. Ob die Schweine gerne über ihrem eigenen Kot leben würden, fragte ich. Er müsse diese Aussage relativieren, erklärte Troxler, weil der Vollspaltenboden auch gewisse Vorzüge habe, was die Möglichkeit, die Bucht sauber zu halten, betreffe. Ich hielt wieder das Bild mit den freien Schweinen auf der Wiese hoch und fragte, wie gut wohl die Luftqualität für diese Schweine sei. Die Luft sei im Freien natürlich besser, sagte Troxler.

Ich legte einige wissenschaftliche Studien vor, in denen Nutztieren wie Hühnern und Schweinen verschiedene Haltungsformen angeboten worden waren und die Tiere die freie Wahl hatten, für welche Haltungsform sie sich entschieden. Diese wissenschaftlichen Arbeiten beweisen, dass Schweine für bestimmte bessere Haltungsformen bereit sind, hart zu arbeiten oder auch einen Aufwand und sogar ein gewisses Leid in Kauf zu nehmen. Die Richterin unterbrach und fragte, wie lange das noch dauern werde. Als ich sagte, dass ich bald zum Ende käme, sagte die Richterin „Halleluja".

Die entscheidende Frage sei doch folgende, begann ich. Wenn den Schweinen eine

Alternative geboten werde, bei der sich die genannten fünf negativen Aspekte ihrer Haltung in der Tierfabrik Artner – reizarme Umgebung, Kannibalismus, harter Vollspaltenboden, Platzmangel, Luftqualität – verbessern, sie dafür aber einen gewissen Aufwand in Kauf nehmen müssten, sagen wir jenen, der sich durch die Gefahr von Rangkämpfen ergibt, was sie dann subjektiv von sich aus bevorzugen würden. Man müsse die Gefahr durch Verletzungen bei Rangkämpfen in einen Aufwand für die Schweine umlegen und dann fragen, wie sie bei dieser Abwägung des Vorteils im Freien gegenüber diesem Nachteil entscheiden würden. Würden sie lieber ins Freie gehen, selbst wenn es Rangkämpfe mit Verletzungen geben könnte, oder würden sie lieber in ihren Buchten eingesperrt bleiben und dafür keine Rangkämpfe erleben. Interessant ist, dass die Schweine ja selbst eine Entscheidung getroffen haben. Man hat ja ihre Buchtentüren geöffnet, und sie haben selbst entschieden, lieber das Wagnis der Freiheit einzugehen, als weiter den negativen Aspekten dieser Haltung ausgesetzt zu bleiben.

Ob es auf der Wiese nicht genug Platz gegeben habe, um den Rangkämpfen zu entgehen, fragte ich. Schon, gab Troxler zu. Ob man dann die freie Entscheidung der Schweine nicht respektieren müsse, fragte ich. Die Schweine hätten wahrscheinlich nur die neue Situation erkundet, meinte Troxler. Ob nicht Artner durch das Hineintreiben von der Wiese in enge, fremde Buchten nach der Befreiung einen viel größeren Stress und dadurch viel eher die genannten Verletzungen verursacht habe, fragte ich. Ja, sagte Troxler, aber der Besitzer habe ja aufräumen müssen. Hätte man nicht einfache Unterstände auf die Wiese stellen können und einen Zaun herum, und den Betrieb in eine Freilandhaltung umzufunktionieren, fragte ich. Es habe ja eine offene Befreiung von Schweinen durch den VGT im Mai 1997 gegeben, erzählte ich. Dabei seien Schweine aus einer Schweinefabrik geholt und in einen umzäunten Bereich im Freien gelassen worden. Es habe keine Rangkämpfe gegeben. Er kenne diesen Fall nicht, sagte Troxler. Dann nahm ich noch einmal die Fotos von der Befreiung zur Hand und fragte den Sachverständigen, ob er auf diesen Fotos gestresste Tiere sehen würde. Man könne von den Fotos nicht auf Stress der Schweine schließen, meinte dieser. Ob er Rangkämpfe sehe, fragte ich weiter. Nein, sagte der Sachverständige. Ob er Verletzungen durch Rangkämpfe sehe, fragte ich noch. Nein, war die Antwort.

Zuletzt bezog ich mich auf die Behauptung des Gutachtens, die Schweine hätten durch die Befreiung Hunger gelitten, weil sie einige Stunden später als normal gefüttert worden seien. Wie man feststellen könne, ob ein Schwein Hunger habe, fragte ich. Sie hätten Hunger, wenn man ihnen Futter anbiete und sie es essen würden, sagte Troxler. Dass die befreiten Schweine im Lagerraum des Schweinebetriebs Futtersäcke geöffnet und daraus gegessen hatten, sei also ein Zeichen, dass sie Hunger gehabt hatten, stellte ich fest. Ja, sagte Troxler, es könne aber auch Neugier gewesen sein. Ich zeigte dann wieder auf das Foto mit den grasenden Schweinen und fragte, ob die Tiere auf diesem Foto Futter aufnehmen würden. Ja, sagte Troxler. Dass die Schweine nach der Befreiung noch in der Nacht Futtersäcke aufgerissen und Gras gegessen hatten, beweise, sagte ich, dass die Schweine vor der Befreiung Hunger gehabt hatten und dass durch die Befreiung dieser Hunger verringert worden sei. Das sei nicht direkt mit einer Sättigung argumentierbar, meinte Troxler dazu.

In meiner Stellungnahme zum Gutachten sagte ich dann: „*Es wurde bewiesen, dass die Tiere in diesem Betrieb sehr schlecht gehalten werden. Man sieht Verletzungen aus der Haltung auf den Fotos von der Befreiung. Die Schweine haben deshalb selbst entschieden, ins Freie zu gehen. Diese Entscheidung muss man respektieren, sie zeigt, dass die Tiere die Freilandhaltung gegenüber den engen Buchten in der Schweinefabrik bevorzugen. [...] Auf dem Foto der Befreiung sieht man, wie die Schweine stressfrei und friedlich nebeneinander grasen. Auf keinem der vier Fotos sieht man Verletzungen aufgrund von Rangkämpfen. Man muss also folgern, dass diese Verletzungen erst durch das Hineintreiben und das Zusammensperren nach der Freilassung entstanden sind. [...] Die Haltung in dieser Schweinefabrik ist vielleicht legal, aber dennoch tierquälerisch. Zur Profitmaximierung werden die Schweine einer starken Belastung ausgesetzt. Deshalb haben die Schweine selbst den Ausgang ins Freiland gewählt. Der Standpunkt der Schweine ist bezüglich Tierquälerei aber das Entscheidende. Sie haben subjektiv die Vorteile des Freilands gewählt und dafür mögliche Verletzungen durch Raufereien in Kauf genommen. Auch ich hätte die Freilandhaltung vorgezogen, hätte man mir das während meiner U-Haft angeboten. Ich kann die Entscheidung der Schweine nachvollziehen.*“

38. Die verdeckte Ermittlerin „Danielle Durand"

Foto 25: Die verdeckte Ermittlerin der SOKO mit dem Decknamen „Danielle Durand“ mit dem VGT bei einer Aktion gegen eine Treibjagd auf Zuchtfasane.

Der Prozess plätscherte über die Monate dahin. Die lange Anfahrt nach Wr. Neustadt wurde zur Routine, das Medieninteresse an unserem Fall flaute ab. Selbst Verena Frank von der niederösterreichischen APA, die in den ersten Monaten fast täglich und lange Zeit als einzige JournalistIn im Gerichtssaal anwesend war, verlief sich nur noch ab und zu hierher. Auch bei meinen Mitangeklagten waren Abnützungserscheinungen bemerkbar, einige Monate lang gegen Ende 2010 schien ich als Einziger noch Interesse an der Ausarbeitung von Fragen an die nicht enden wollende Schlange von Personen zu haben, die in den Zeugenstand gerufen wurden. Dabei ging es meistens um völlige Nebensächlichkeiten. 26 Angestellte von Kleider Bauer wurden hauptsächlich zu den Demonstrationen befragt. Einige davon nannten unsere Demos friedlich und freundlich, andere wieder fantasierten von Aggression. Lustiges Highlight war eine Angestellte von Kleider Bauer, die in einer Anwältin, die nichts mit Tierschutz zu tun hatte, eine besonders aggressive Demonstrantin wiedererkennen wollte.

Aber auch VerkäuferInnen von anderen pelzführenden Kleiderketten wurden befragt, ob sie irgendetwas darüber aussagen konnten, wie radikal wir Angeklagten und der VGT waren. Am 49. Prozesstag erzählte die Besitzerin eines Pelzgeschäftes in Wien, es habe vor vier Jahren eine Serie von Anschlägen gegen sie gegeben, weshalb sie jetzt in Psychotherapie sei. Zu Silvester 2004 sei eine Feuerwerksrakete in ihrer Gartenhecke gelandet. Zu einem anderen Zeitpunkt habe eine Matratze auf dem Gehsteig in ihrer Nähe gebrannt. Mehrmals habe es Kratzer an ihrer Tür gegeben, und einmal habe sie abzusperren vergessen. Daneben wurde vor acht Jahren tatsächlich ein Fenster ihres Geschäfts eingeschlagen, einmal wurde ein „O“ auf ihre Scheibe gemalt, und einmal warf jemand eine Stinkbombe. Ihr Schaden: null Euro. Eine Woche nach der Stinkbombe hatte sich der Geruch verzogen, das „O“ ist heute noch auf der Scheibe, und das eingeschlagene Fenster zahlte die Versicherung. Es gab nicht den geringsten Hinweis auf die TäterInnen, zu den Angeklagten konnte kein Bezug hergestellt werden. Es hatte nie vor diesem Geschäft eine Kundgebung gegen Pelz gegeben, uns allen war die Frau unbekannt. Die Zeugin wurde in einem Nebenraum nur von der Richterin befragt, weil sie angab, solche Angst vor uns Angeklagten zu haben, dass sie nicht mit uns in einem Raum sitzen wolle.

Am 50. Prozesstag waren den ganzen Tag über eine Angestellte von Kleider Bauer und der Betreiber des Punschstandes vor der Filiale in der Wiener Mariahilfer Straße im Zeugenstand. Es ging um einen Vorfall vor vier Jahren. Die Frau war aus einer Kleider-Bauer-Filiale gekommen und hatte einen dort Flugblätter verteilenden Mann zusammen mit einer Tierschützerin fotografiert, die später eine der Angeklagten wurde. Die Tierschützerin filmte daraufhin die Frau, was diese wiederum erboste und zu dem Versuch bewegte, der Tierschützerin die Kamera zu entreißen. Also rief die Tierschützerin die Polizei, worauf die Frau wegging. Der Rechtsbeistand der Tierschützerin empfahl ihr am Telefon, der Frau zu folgen und der Polizei jeweils zu sagen, wo sie gerade war, damit sie nicht entkommen könne. Zuletzt kam die Polizei und sprach mit beiden Frauen. Niemand wurde angezeigt, bis drei Jahre später die SOKO diesen Fall aus dem Archiv ausgrub, die Frau und den Punschstandbetreiber einvernahm und dieser „dramatische“ Vorfall so seinen Weg in den Strafantrag fand. Vorwurf: Stalking. Natürlich hatte das keine strafrechtlichen Konsequenzen, Stalking wurde nie angeklagt, aber einerseits war das laut Strafantrag eine Beitragshandlung zu einer kriminellen Organisation gewesen, und andererseits eignete sich das Delikt „Stalking“ sehr gut als Propagandamittel für politischen Aktivismus der besonderen Art, wie sich aus Florian Klenks Artikeln im „Falter“ ablesen ließ. Bis zuletzt betonte er unsere bösartige Gesinnung mit Bezug zu obigem Stalking-Vorwurf, ohne freilich ins Detail zu gehen.

Am 51. Prozesstag wurde der Geschäftsführer der Zentralstelle österreichischer Landesjagdverbände im Zeugenstand einvernommen. Eine unbekannte Person hatte eine Stinkbombe in das Büro dieses Jagdverbandes geworfen. Eine Woche später hatte sich der Geruch verzogen. Zwei Jahre später wurde der Vorfall in diesem Gerichtsverfahren breitgetreten, ohne dass es auch nur den geringsten Hinweis auf die TäterInnen gab. Dafür durfte der Zeuge erzählen, dass er mit mir zwölf Jahre zuvor auf einem Diskussionspodium gesessen war und mich als so radikal empfunden hatte, dass er die Diskussion verließ. Dann war ich 2007 als Journalist auf einer Jägertagung, von der ich eine Live-Sendung auf Radio Orange durchführte. Er hatte mich auf der Tagung „erkannt“, obwohl ich sowieso unter meinem Namen mit meinem Presseausweis registriert war. Im Strafantrag wurde auch das als Beitragshandlung zu einer kriminellen Organisation inkriminiert. Und dann sagte der Zeuge noch, dass er mich ab und zu auf Demonstrationen gegen die Jagd gesehen habe. Darüber wurde den gesamten Tag verhandelt: ob ich auf der Jägertagung als Jäger verkleidet gewesen sei, ob ich mich zu Wort gemeldet habe, ob durch mich jemand gestört wurde usw.

Neben derartigen ZeugInnen wurden auch viele StreifenpolizistInnen einvernommen, die unsere Demonstrationen beobachtet hatten. Der Unterschied in den Aussagen dieser Personen zu jenen der SOKO-BeamtInnen war augenscheinlich. Die StreifenpolizistInnen beschrieben unsere Aktivitäten durchwegs als friedlich und freundlich. Es habe nie die Notwendigkeit gegeben einzugreifen. Der Staatsanwalt war darüber natürlich nicht glücklich, weil sein Konzept einer kriminellen Organisation vorsah, dass wir mit aggressiven Demonstrationen Angst und Schrecken verbreitet und damit die Basis für eine Nötigung gelegt hatten. Die StreifenpolizistInnen waren aber offensichtlich ebenfalls von dieser Anklage überrascht und spielten nicht die ihnen zugedachte Rolle. Andererseits war zu diesem Zeitpunkt die Stimmung in der Öffentlichkeit bereits so positiv für uns, dass sich die ZeugInnen von dieser allgemeinen Meinung möglicherweise auch hatten anstecken lassen.

Ansonsten wurden noch ehemalige Pelzfarmer und einige BesitzerInnen von Pelzgeschäften, Schweinefabriken, Hühnermastfabriken und ehemaligen Legebatterien sowie mehrere JägerInnen einvernommen. Dabei ging es immer um legale Kampagnen und Demonstrationen oder um Straftaten unbekannter TäterInnen ohne Bezug zu den Angeklagten. Der Sinn dieser Einvernahmen schien einerseits zu sein, den Prozess aufzublähen und so den Angeklagten zu schaden. Andererseits sollten möglichst viele Straftaten Erwähnung finden, um die Gefährlichkeit der angeblichen kriminellen Organisation zu unterstreichen. Und drittens war vorgesehen, dass diese ZeugInnen die Angeklagten möglichst negativ und radikal darstellen würden. Doch gerade in diesem Punkt versagten gut die Hälfte der ZeugInnen im Sinne der Anklage, weil sie Verständnis für Tierschutzkampagnen zeigten und den vorliegenden Prozess offensichtlich ablehnten. So steuerte der Prozess zwar auf einen Freispruch zu – was man u. a. daran erkannte, dass die Richterin immer wieder ausführlich aus meinem Buch „Widerstand in der Demokratie" zitierte –, doch in einem unsagbar langsamen, zermürbenden Tempo. Immerhin standen nach den 125 ZeugInnen der Anklage noch unsere vielleicht 300 ZeugInnen der Verteidigung zur Einvernahme an. Bald mussten wir mit drei bis vier Jahren Prozessdauer rechnen.

Doch dann, nach fast einem Jahr vor Gericht, geschah etwas, das das Prozessende dramatisch beschleunigen sollte. Schon in einem frühen Bericht hatte die SOKO davon gesprochen, dass verdeckte ErmittlerInnen und Vertrauenspersonen eingesetzt worden seien. Ab Anfang 2008, stand in einem internen Polizeipapier, das dem grünen Sicherheitssprecher Peter Pilz zugespielt worden war, werde dafür eine Genehmigung beantragt. Doch im Zeugenstand spielte die SOKO diese Ermittlungen herunter. SOKO-Chef Zwettler behauptete, dass alle verdeckten Ermittlungen mit Anfang 2008 eingestellt worden seien und deshalb doch keine Genehmigung beantragt hatte werden müssen. Bettina Bogner behauptete, diese verdeckten Ermittlungen seien nur ganz kurzfristig gelaufen und völlig ergebnislos geblieben. Berichte von den Ermittlungen selbst wurden vertuscht. Die Richterin vertraute der SOKO und wies alle unsere Anträge auf Vorlage dieser Berichte ab.

Doch dann wurde uns ein Observationsbericht der SOKO zugespielt, in dem die verdeckte Ermittlerin Erwähnung fand. Am 10. November 2007 war sie um 6.30 Uhr in Wien-Hütteldorf als Beifahrerin in das Auto meiner Partnerin gestiegen und hatte sich an der folgenden Jagdstörungsaktion beteiligt. Das war eine heiße Spur. Wir konnten rekonstruieren, dass nur vier Frauen – neben einigen Männern – zu dieser Zeit an diesem Treffpunkt waren. Ich sprach mit allen, nur eine davon, eine Französischstudentin namens Danielle Durand, war bereits im Herbst 2008 nach Frankreich abgereist und unerreichbar. Also setzten wir einen Privatdetektiv auf Danielle Durand an. Dieser fand heraus, dass eine Frau mit diesem Namen erstmals im Jahr 2005 in Österreich polizeilich gemeldet war, und zwar in der Obersteiermark. Dieses Haus gehörte einem gewissen Stefan Wappel. Später sollte sich herausstellen, dass er der „Führer" der verdeckten Ermittlerin war. Offenbar hatte die Polizei bereits zu diesem Zeitpunkt die Identität „Danielle Durand" kreiert, um sie später einmal als Agentin einsetzen zu können. Im April 2007 bekam sie dann scheinbar den Auftrag der SOKO, sich bei uns einzuschleichen, und so zog sie nach Wien. Der Privatdetektiv konnte herausfinden, dass sie in jener winzigen Wiener Wohnung, in der sie von April 2007 bis Herbst 2008 polizeilich gemeldet war, in Wirklichkeit nie aufgetaucht ist. Es handelte sich offensichtlich um eine Wohnung, die nur der Deckung diente. Falls wir einmal zu ihr zu Besuch gekommen wären, hätte sie so ihre wahre Identität viel leichter verschleiern können.

Als wir genügend Beweise beisammenhatten, dass Danielle Durand die gesuchte verdeckte Ermittlerin war, gingen wir damit an die Öffentlichkeit. Dafür hatten wir gründlich in unseren Archiven recherchiert, an welchen Aktivitäten Durand beteiligt gewesen war. Erschütternderweise war sie nicht nur auf 208 Veranstaltungen, Demonstrationen und Aktionen des VGT gewesen, sie hatte auch ein intimes Verhältnis mit einem der späteren Angeklagten gehabt, mit verschiedenen AktivistInnen Sexspielzeug gekauft und uns in ihr neuestes Intimpiercing eingeweiht, das sich entzündet hatte, weshalb sie nur Röcke tragen konnte, war bei Geburtstags-, Weihnachts- und Silvesterfeiern dabei gewesen und abends mit uns tanzen gegangen. Diese Frau befand sich über 16 Monate lang, von April 2007 bis Ende Juli 2008, im engsten Kreis des VGT, war privat völlig integriert und nahm noch bis November 2008 an unserer internen E-Mail-Liste, die der Staatsanwalt als „Infrastruktur" der kriminellen Organisation bezeichnet hatte, teil. Und diese Operation hatte die SOKO als kurzfristig und für das Verfahren irrelevant bezeichnet! Ich erkannte sofort, dass ich niemals eine bessere Zeugin für meine Entlastung finden konnte als diesen Polizeispitzel.

Nachdem wir mit dieser Sensationsgeschichte an die Öffentlichkeit gegangen waren, rief Stefan Wappel, der Polizeiführer von Durand, bei der erstaunten Richterin an und bestätigte unsere Story. Diese bestellte daraufhin Wappel und die Polizeiagentin, Letztere anonym, als ZeugInnen vor Gericht. Die Einvernahmen sollten zwischen Ende Dezember 2010 und Anfang Februar 2011 insgesamt sieben Tage lang stattfinden. Die Richterin bestand darauf, die verdeckte Ermittlerin in einem Hinterzimmer alleine zu vernehmen, der Gerichtssaal wurde mit einer Livekamera zugeschaltet. Die Verteidigung konnte via Mikrofon Fragen an die Zeugin stellen. Die Polizei musste auf Geheiß der Richterin auch die Berichte der Agentin vorlegen, insgesamt 100 Seiten.

Bei seiner zweitägigen Einvernahme konnte sich Wappel an alle Aufträge an seine verdeckte Ermittlerin nicht mehr erinnern. Alles sei mit der SOKO nur mündlich ausgemacht worden, behauptete er, es gebe keine Aktenvermerke, keine schriftliche Korrespondenz, keine Nachweise von konkreten Aufträgen, obwohl er und seine Ermittlerin im ständigen Kontakt mit Bogner, Böck und Zwettler von der SOKO gestanden seien und immer nur auftragsgemäß gehandelt hätten. Deshalb wisse er auch nichts davon, ob eine Genehmigung für die Operation beantragt worden sei. Das gehe ihn nichts an.

Die verdeckte Ermittlerin war bei ihrer Befragung mehr oder weniger ehrlich, wenn sie auch versuchte, ihren KollegInnen von der SOKO nicht in den Rücken zu fallen. Sie hatte eine Perücke auf dem Kopf und war auf dem Kamerabild aus dem Hinterzimmer, in dem sie vernommen wurde, nicht zu erkennen. Eine Gruppe PolizistInnen brachte sie mit einem Mantel über dem Kopf jeden Tag ins Gerichtsgebäude und bewachte sie in ihrem Zimmer, bis sie am Ende des Gerichtstages auf die gleiche Weise wieder hinausgeführt wurde.

Das größte Naheverhältnis hatte sie zu zwei anderen Angeklagten und mir aufgebaut. Ich hatte ihr sogar einmal mein Auto geliehen, war nur mit ihr allein in der Nacht auf Recherchefahrt gegangen und mehrmals nächtlich plakatieren gewesen, d. h., wir hatten illegal Tierschutzplakate aufgehängt. Sie erschlich sich das Vertrauen meiner Partnerin und sprach mit ihr über unsere Beziehung. Dabei fand sie heraus, dass meine Partnerin zur Eifersucht neigte, und gab das brühwarm an die SOKO weiter. Wahrscheinlich versuchte Plessl deshalb beim Verhör meiner Partnerin, sie mit der platten Unwahrheit, ich würde sie betrügen, gegen mich aufzubringen.

Die verdeckte Ermittlerin war zehnmal bei Jagdstörungsaktionen dabei, dreimal bei Tiertransportblockaden, auf 76 Demos gegen Kleider Bauer, auf zahlreichen anderen Tierschutzveranstaltungen und -kundgebungen, zweimal bei Animal Liberation Workshops und auf internationalen Tierschutztreffen. Bei einer Tiertransportblockade informierte sie per SMS direkt während der Aktion die Polizei von jedem weiteren Aktionsschritt, den wir unternehmen wollten und von dem sie wusste, weil sie unmittelbar in die Planungen einbezogen war. Sie beteiligte sich darüber hinaus sogar 15-mal an Protesten gegen die polizeilichen Ermittlungen in der Tierschutzcausa, die sie ja selbst mitgetragen hatte. Wir mussten lachen, als wir sie auf Fotos sahen, auf denen sie vor dem Innenministerium ein Transparent mit der Aufschrift „Schluss mit Polizeiwillkür gegen Tierschutz“ hielt und vor dem Gefängnis „Tierschützer_innen hier unschuldig gefangen“. Sie besuchte sogar einen der Angeklagten im Gefängnis. Vor Gericht gab sie an, von den Verhaftungen selbst überrascht worden zu sein, aber gemeint zu haben, es gebe offenbar Beweise, von denen sie nichts wisse. Nach unserer Freilassung schrieb sie noch eine E-Mail, dass sie vor Freude geweint habe. „Legendenbildung“ nennt man das in der Fachsprache, wenn eine Agentin Emotionen vorgibt, die in dem Umfeld, in das sie sich einschleicht, sozial adäquat sind. So begründete sie auch einen Radiobeitrag mit mir, in dem sie sehr polizeikritisch zu hören war. Von einem internationalen Tierschutztreffen aus, das vom Staatsanwalt inkriminiert worden war, hatte ich sie für eine Radiosendung interviewt. Während ihrer Einvernahmen stellte ich diesen Beitrag online, und es war amüsant zu hören, wie sie sich über Polizeiterror beschwerte.

Als sie das erste Mal eine Privatparty von AktivistInnen des VGT besuchte, fürchtete ihr Polizeiführer eine potenzielle Bedrohung und bestellte eine bewaffnete Cobra-Einheit in den Nebenraum. Die Polizei hörte dann mit einem Mikrofon mit, was auf der Party gesprochen wurde. Als sich alles natürlich als völlig harmlos entpuppte, zog die Anti-Terror-Gruppe wieder ab. Nicht auszudenken, was passiert wäre, wenn jemand einen Champagner laut entkorkt und die Polizei das für einen Schuss gehalten hätte! Wir wussten damals gar nicht, in welch einer großen Gefahr wir uns da befunden haben.

Die verdeckte Ermittlerin war von Anfang an gegen den VGT und mich sowie einige andere Personen in unserem Umfeld eingesetzt worden. Ihr Polizeiführer hatte in einem Bericht geschrieben, dass sie das Vertrauen der Zielpersonen genieße. Es ist sehr leicht, eine Tierschutzorganisation zu infiltrieren. Unsere Aktivitäten sind neuen Personen gegenüber immer offen, und die AktivistInnen heißen besonders alle Neulinge gerne willkommen. Man freut sich über jede Person, die bereit ist mitzuarbeiten. Im Tierschutz gibt es sehr viel zu tun. In ihrem Bericht waren mehr als 90 Personen mit eigenem Namen erwähnt, etwa 1100 Personen hatte sie insgesamt beobachtet. Zu den Namen kam sie, indem sie heimlich in Handtaschen die Ausweise anschaute oder sie sich zeigen ließ, um angeblich über die lustigen Passbilder zu lachen. Von ihren Zielpersonen, wie z. B. von mir, wusste sie von vornherein Aussehen und Namen, sie war offensichtlich instruiert – bereits im April 2007! Zusätzlich nahm die verdeckte Ermittlerin bei mehreren Gelegenheiten DNA-Proben verschiedener Personen, z. B. ließ sie von einer der Angeklagten aus dem VGT eine Trinkflasche mitgehen. Das habe sie, sagte sie vor Gericht, im Auftrag der SOKO getan.

Doch die verdeckte Ermittlerin entlastete uns vom VGT und insbesondere mich durch ihre Zeugenaussage in jeder Hinsicht. Sie hatte nicht nur nichts strafrechtlich Relevantes gefunden, sie bestätigte auch, dass weder ich noch sonst jemand im VGT ein Interesse an Straftaten gezeigt hatte, im Gegenteil, sie konnte die Harmlosigkeit vieler inkriminierter Tätigkeiten bestätigen. So setzte ich Durand schon Anfang November 2007 auf die inkriminierte E-Mail-Liste, die ich moderierte und die die Infrastruktur der kriminellen Organisation sein sollte. Die Agentin sagte als Zeugin, auf der Liste sei hauptsächlich über Biogemüse und Veganismus gesprochen worden, strafrechtlich Relevantes sei ihr gar nicht aufgefallen. Trotz täglicher Berichte über ihre Aktivitäten, die sie der SOKO ablieferte, hatte sie nie etwas von E-Mails auf dieser Liste erwähnt, so unwichtig war ihr diese Liste erschienen.

Zwei der inkriminierten Animal Liberation Workshops hatte sie ebenfalls besucht und war bei beiden frühzeitig gegangen, weil sie diese Veranstaltung für strafrechtlich irrelevant hielt. Ähnliches galt für ein inkriminiertes internationales Tierschutztreffen in den Niederlanden, von dem sie ebenfalls vorzeitig abreiste und das sie als eine friedliche Zusammenkunft von mehreren hundert TierschutzaktivistInnen aus 20 Nationen beschrieb, bei der man sich über die neuesten Kampagnen in den verschiedenen Ländern austauschte. Für den Staatsanwalt war das die internationale Vernetzung der kriminellen Organisation.

Die verdeckte Ermittlerin bestätigte auch, dass es zwischen zwei Gruppierungen der Angeklagten keinerlei Zusammenarbeit gab. Es sei ihr nicht möglich gewesen, beide Gruppen gleichzeitig zu infiltrieren, so sehr sei man sich aus dem Weg gegangen und habe die anderen von den jeweils eigenen Veranstaltungen ausgegrenzt. Nach den Angaben der Agentin hätte ich nie ein Chef aller Angeklagten im Rahmen auch nur irgendeiner Organisation sein können.

Unsere Angaben über den Sinn der Computerverschlüsselung im VGT konnte die verdeckte Ermittlerin im Zeugenstand ebenso klar bestätigen. Sie war bei Computer-

Security-Workshops dabei und kommunizierte selbst verschlüsselt. Sie selbst schlug sogar Codewörter für Treffen zu Aktionen des zivilen Ungehorsams wie Jagdstörungen vor und beteiligte sich ja an Recherchen, die vor der Behörde geheim gehalten werden sollten. Sie wusste auch, warum wir Dietriche besitzen und wie wir sie benutzen.

Die Agentin bestätigte als Zeugin weiters, dass ich in die Kleider-Bauer-Kampagne nicht eingebunden war. Bei 76 Kundgebungen gegen den Pelzverkauf von Kleider Bauer, die sie besucht hatte, hatte sie mich nur an drei Tagen angetroffen. Stattdessen hatte ich mich in derselben Zeit hauptsächlich für die Aufnahme von Tierschutz in die Bundesverfassung, ein Käfigverbot für Fleischkaninchen und Personenrechte für Menschenaffen eingesetzt, alles Kampagnen ohne Straftaten. Insbesondere in der Kaninchenkampagne unterstützte sie mich sehr und half mir mehrmals, Jagdgesellschaften wegen Gesetzesverletzungen anzuzeigen, die wir gemeinsam ausrecherchiert hatten.

Die verdeckte Ermittlerin erklärte vor Gericht, dass es im VGT keine Hierarchie gibt, wie das für eine kriminelle Organisation aber vorausgesetzt wird. Sie war auf allen plenaren Treffen und auf den Generalversammlungen anwesend, erzählte sie, immer konnten sich alle zu Wort melden und gleichberechtigt einbringen. Niemandem wurde gesagt, was zu tun sei. Selbst über Anstellungen und den Einsatz von Geldmitteln wurde abgestimmt. Es hat keine Chefs im VGT gegeben, stellte sie fest. Genauso wenig gab es im VGT Waffen oder auch nur ansatzweise die Drohung, mit Gewalt vorzugehen. Sie empfand alle VGT-Veranstaltungen und -Kundgebungen immer als friedlich. Nur die Fragen, ob ich militant und der VGT ein kriminelles Umfeld sei, wollte sie nicht verneinen, offenbar um ihren KollegInnen von der SOKO nicht in den Rücken zu fallen. Einmal sei ich militant gewesen, als ich während einer Jagdstörung trotz Schlechtwetters nicht aufgeben wollte, präsentierte sie eine unorthodoxe Definition dieses Wortes. Und was ein kriminelles Umfeld sei, könne sie einfach nicht sagen.

Dass ihr 19 Monate dauernder Einsatz illegal und ohne notwendige Genehmigung erfolgt war, konnten wir klar nachweisen. Die SOKO argumentierte, dieser Einsatz sei zur unmittelbaren Gefahrenabwehr nach dem Sicherheitspolizeigesetz erfolgt und deswegen nicht genehmigungspflichtig gewesen, im Gegensatz zu einem langfristigen verdeckten Ermittlungseinsatz nach der Strafprozessordnung. Allerdings war in Berichten von Zielpersonen die Rede, zu denen die verdeckte Ermittlerin bereits ein Vertrauensverhältnis aufgebaut hatte. Wenn gegen Zielpersonen ermittelt wird, dann ist das eine zielgerichtete Ermittlung und keine unbestimmte Gefahrenabwehr. Das wurde auch durch die Anweisung der SOKO an die verdeckte Ermittlerin, DNA-Proben zu sammeln, bestätigt. DNA braucht man nicht, um zukünftige Straftaten abzuwehren, sondern um vergangene Straftaten aufzuklären. Auffallend war auch, dass die verdeckte Ermittlerin in ihrem Bericht die Namen der Angeklagten bereits im April 2007 gekannt hatte, bevor sie ihnen zum ersten Mal begegnet war. Das bewies, dass die verdeckte Ermittlerin klare Anweisungen bekommen hatte, sich gewissen Personen zu nähern, ihr Vertrauen zu gewinnen und sie auszuspionieren. In einem Fall hatte die verdeckte

Ermittlerin in einem Lokal ein Inserat einer der Angeklagten gesehen und diese gleich in ihrem Bericht notiert. In diesem Lokal befanden sich aber gleichzeitig viele weitere solcher Inserate. Dass sie sich ausgerechnet für das einer späteren Angeklagten interessiert hatte, bewies zielgerichtete Ermittlungen. Auch die Frage, warum sie gerade den VGT infiltrieren wollte, wurde von der verdeckten Ermittlerin nicht nachvollziehbar beantwortet. Es sei Zufall gewesen, gab sie im Zeugenstand an. Eingebettet in das Gesamtbild der SOKO-Ermittlungen zeigte sich eindeutig, dass man es von Anfang an auf den VGT und mich abgesehen hatte.

Der Besuch der verdeckten Ermittlerin in der U-Haft bewies ebenfalls Ermittlungstätigkeit. Bei ihrer Befragung behauptete sie, sie habe einen Farbwurf auf ein Gerichtsgebäude durch ihren Besuch eines der Angeklagten im Gefängnis verhindern wollen. Die Annahme, ein Angeklagter würde aus dem Gefängnis heraus Farbwürfe bestellen, ist absurd. Noch abwegiger ist die Vorstellung, diese Bestellung würde während eines Besuchs erfolgen, wurden doch die Besuche damals von Gerichts wegen überwacht. Die verdeckte Ermittlerin hatte vielmehr durch ihren Besuch das Vertrauen missbrauchen wollen, das ihr von dem Beschuldigten entgegengebracht wurde, und seine hilflose Situation ausnutzen, um Informationen aus ihm herauszuholen.

Und zuletzt zeigten auch die Auslandsermittlungen der Agentin, dass es um Ermittlungen vergangener Straftaten gegangen war. Die SOKO hatte sich für internationale Kontakte Verdächtiger interessiert. Welche Straftaten im Ausland hätte die verdeckte Ermittlerin durch ihren Besuch von Tierschutztreffen und Workshops zu verhindern versuchen wollen? Zusammengefasst war also klar, dass diese verdeckte Ermittlung genehmigungspflichtig gewesen war, aber nie eine Genehmigung vorgelegen war. Daher war die gesamte Operation illegal.

Der Grund dafür dürfte gewesen sein, dass man erkannte, dass die verdeckte Ermittlerin nur Entlastendes für uns Beschuldigte herausgefunden hatte. Hätte man nun die Spitzeloperation beantragt, um eine Genehmigung zu bekommen, dann wäre dieser Antrag in den staatsanwaltlichen Ermittlungsakt gewandert, und wir Beschuldigten hätten davon erfahren. Die SOKO konnte ja nur verhindern, dass wir Einblick in ihren Ermittlungsakt nehmen, nicht aber in den der Staatsanwaltschaft. Um sich also die Option offenzuhalten, die gesamte Spitzeloperation zu verheimlichen, musste sie ohne Genehmigung ablaufen.

39. Vertrauensperson VP 481 Esther Hofbauer

Die Aussage der verdeckten Ermittlerin war ein Dammbruch in diesem Prozess. Die Richterin erkannte, dass sie der SOKO nicht hätte vertrauen dürfen. Mein Bruder hatte immer wieder in der Verhandlung von der Richterin Akteneinsicht beantragt. Die Strafprozessordnung sieht einen ganz anderen Umgang mit den Ermittlungsergebnissen der Polizei vor, als die SOKO das gehandhabt hatte. Bei sogenannten „geheimen

Ermittlungen" wie dem Lauschangriff und den Telefonüberwachungen ist die Polizei verpflichtet, nach deren Beendigung die Ergebnisse der Staatsanwaltschaft zu übergeben und die Daten selbst nicht zu behalten. Die Polizei hat schließlich keine Kompetenz, über die Relevanz der Ergebnisse bezüglich juristischer Vorwürfe zu entscheiden. Das obliegt dem Staatsanwalt, und dieser hätte die Ergebnisse zu prüfen und der Verteidigung zu übergeben gehabt. Verteidigung wie Staatsanwalt hätten dann aus allen Ergebnissen jeweils das, was in ihren Augen be- bzw. entlastend war, in das Verfahren einbringen können.

Zusätzlich hatte es der Staatsanwalt unterlassen, die Betroffenen nach Ende ihrer Überwachung, wie es das Gesetz vorsieht, von der vergangenen Überwachung zu informieren. Deshalb beantragte mein Bruder, das Gericht möge dafür sorgen, dass der gesetzmäßige Zustand wiederhergestellt werde. Die SOKO solle alle ihre Ermittlungsergebnisse im Original dem Gericht übergeben und keine Daten behalten, d. h. die bei ihr gelagerten Überwachungsdaten nach der Übergabe löschen. Dann müsse der Verteidigung volle Akteneinsicht gewährt werden, dazu gehöre auch die Möglichkeit, die Audioaufnahmen von Telefongesprächen und die Videoaufnahmen von technischen Überwachungen selbst anhören zu können. Jetzt stimmte die Richterin plötzlich zu, und in den nächsten Wochen – nach einem Jahr Prozess! – erhielten wir bündelweise Observationsberichte, sieben Ordner voller Daten aus den technischen Überwachungen sowie die Peilsenderdaten von meinem Auto. Doch die SOKO weigerte sich mit offizieller Unterstützung des Innenministeriums bis zuletzt, die Audiodateien der Telefonüberwachung und die Aufnahmen des Großen Lauschangriffs herauszurücken. Dafür sei nicht die Infrastruktur vorhanden, das wäre ein zu großer Arbeitsaufwand, das würde zu viele Kosten verursachen, die Daten seien „entarchiviert" und würden ein Drittel der gesamten Speicherkapazität der Polizeicomputer binden, waren die Ausreden. Auch die Richterin war trotz guten Willens letztendlich nicht in der Lage, auf Basis eindeutiger Gesetze die SOKO dazu zu zwingen, diese Daten der Verteidigung zu übergeben.

Seit Anfang Februar 2011 kamen auch keine PolizeischülerInnen mehr in den Gerichtssaal, es standen keine uniformierten BeamtInnen mehr vor der Tür, und man musste keinen Ausweis mehr abgeben, um der Verhandlung beiwohnen zu können. Die Richterin drängte zunehmend auf einen Abschluss des Verfahrens, für sie waren offenbar die Würfel gefallen. Auch in der Öffentlichkeit mehrten sich die Stimmen, dieser Justizfarce ein Ende zu bereiten. Die Webseite des „Standard" stellte eine Journalistin ab, Maria Sterkl, die täglich aus dem Gerichtssaal mittels Ticker im Minutentakt alle LeserInnen über die Geschehnisse bei der Verhandlung informierte. Die zigtausenden Kommentare von UserInnen jeden Tag waren praktisch ausschließlich kritisch gegenüber Staatsanwalt und Polizei. Im „Profil" stellte Martina Lettner die Richterin und ihre Prozessführung bloß, und spätestens seit die verdeckte Ermittlerin ausgesagt hatte, waren auch die Tageszeitungen wieder sehr interessiert. Insbesondere Verena Frank von der APA war in dieser Phase des Prozesses praktisch täglich im Gerichtssaal anwesend.

Mitte März 2011 kündigte die Richterin unverhohlen das Prozessende an. Sie werde am 2. Mai das Urteil verkünden, egal ob sich bis dahin alle ZeugInnen der Anklage noch ausgehen würden oder nicht. Deshalb begann sie, doppelte Prozesstage abzuhalten. Am 31. März z. B. begann die Verhandlung um neun Uhr früh und ging, ohne Mittagspause oder überhaupt eine Pause, in der man etwas hätte essen können, bis fast 0.30 Uhr durch, also fünfzehneinhalb Stunden lang! Was für ein seltsames Gefühl das war, um 0.15 Uhr in einem stockdunklen Gerichtsgebäude mitten in der Nacht einen Beweisantrag zu stellen, der ja, wie der gesamte Prozess, über viele Jahre Gefängnis entscheiden würde. Soll eine Verurteilung wirklich mit der Fähigkeit der Angeklagten zusammenhängen, sich fünfzehneinhalb Stunden ohne Nahrung entsprechend konzentrieren zu können, um vernünftige Stellungnahmen abzugeben und die richtigen Beweisanträge zu stellen?

So eine richtige kriminelle Organisation konnten wir in den Augen der Richterin zu diesem Zeitpunkt längst nicht mehr gewesen sein. Immerhin saß sie ja zusammen mit uns, ansonsten nur mit dem Staatsanwalt und einer Rechtspraktikantin, die das Protokoll mitschreiben musste, allein in dem Saal bzw. im ganzen Gerichtsgebäude. Ab 16 Uhr gab es auch keine Sicherheitsorgane an der Tür mehr, und jeder Mensch hätte beliebig viele Waffen ins Gericht schleusen können, wenn man ihm – wie an so langen Prozesstagen dauernd geschehen – die Seitentür des Gerichtsgebäudes geöffnet hätte. Selbst nach 23 Uhr drohte mir die Richterin noch mit dem Hinauswurf, sollte ich während der Verhandlung lächeln oder mit meinem Nachbarn sprechen. Ein anstrengender Tag.

Neben der Übermittlung vieler Überwachungsdaten bestand die Richterin auch darauf, dass die SOKO dem Gericht den Bericht der Vertrauensperson VP 481 übergeben müsse. Eine Vertrauensperson ist, im Gegensatz zur verdeckten Ermittlerin, eine zivile Person und keinE ausgebildeteR PolizistIn, die über Jahre und oft Jahrzehnte gewisse Gruppen oder soziale Milieus infiltriert und darüber die Polizei informiert. Auch Vertrauenspersonen haben Polizeiführer, im Fall von VP 481 war das Franz Raab. Ursprünglich hatte die SOKO behauptet, die Vertrauensperson sei völlig irrelevant gewesen und rasch wieder abgezogen worden. Der Bericht, den die SOKO auf Geheiß der Richterin übergeben musste, zeigte aber ein anderes Bild. VP 481 war geschlagene sechs Monate, von Mai bis November 2007, im VGT gewesen, nachdem sie bereits 1999 als Aktivistin mitgeholfen hatte.

Kaum hatte die Richterin mir den Bericht übergeben, ging ich in unser Archiv, sprach mit KollegInnen und hatte in Kürze herausgefunden, wer VP 481 in Wirklichkeit war: Esther Hofbauer. Schon 1999 war sie einige Zeit im VGT und mit mir in Tierschutzangelegenheiten unterwegs gewesen, bis sie einen schweren Autounfall hatte und danach nicht mehr erschien. Dann war sie tatsächlich im Mai 2007 wieder zum VGT gekommen. Sie wollte auch angestellt werden, aber es gab keinen für sie geeigneten Posten im Verein, der frei war.

Ich suchte ihre alte Telefonnummer heraus und rief sie an. Tatsächlich meldete sie sich und schien meine Kontaktaufnahme nicht verdächtig zu finden. Ich traf sie in einem Lokal, mit einem versteckten Kollegen vor der Tür, der sie heimlich fotografierte. Ich hatte ein Aufnahmegerät mitlaufen, als ich mit ihr über die alte Zeit sprach. Sie schimpfte ungefragt über die Polizei, insbesondere vor den anderen Personen im Lokal, und erzählte mir, dass sie vor dem Mai 2007 für fünf Monate im Gefängnis gewesen sei. Angeblich hatte sie eine Reihe von Geldstrafen wegen Verkehrsdelikten nicht mehr bezahlen können, insbesondere wegen Trunkenheit am Steuer. Nach dem Gefängnis sei sie zu uns gekommen. Aha, dachte ich mir, so hat die Polizei sie unter Druck gesetzt. Für Vergünstigungen in der Haft, vielleicht eine vorzeitige Beendigung der Haftstrafe, könnte man sie dazu gebracht haben, als Polizeiinformantin zu arbeiten. Ich konfrontierte sie gegen Ende des Gesprächs direkt mit meinem Verdacht. Sie fiel aus allen Wolken und bestritt alles. Ich sagte, die Beweise seien aber eindeutig. Sie meinte, sie sei 2007 dauernd so betrunken gewesen, dass sie vielleicht versehentlich die Polizei informiert habe. Wir trennten uns mit der Vereinbarung, uns noch einmal zu treffen. Doch sie war dazu nicht mehr bereit, und nach einem E-Mail-Austausch hatte ich genug gehört und ging mit dem Material an die Medien. „Bereits der zweite Polizeispitzel im VGT aufgedeckt" machte sich gut als packende Story. Ob und wie viele weitere Spitzel bei uns eingeschleust worden waren, steht in einem Akt, zu dem uns widerrechtlich der Zugang verwehrt wird.

Vor Hofbauers Einvernahme legte mir die Richterin plötzlich die Korrespondenz der letzten Tage zwischen Hofbauer und mir vor sowie deren Berichte über unsere Telefonate und unser Treffen. Die Richterin sah darin einen Versuch, eine Zeugin zu beeinflussen. Doch ich hatte Hofbauer nicht dazu bringen wollen, etwas Falsches auszusagen, sondern überhaupt mit JournalistInnen zu sprechen und als Zeugin vor Gericht zu erscheinen. Ich erklärte, dass ich unser Gespräch aufgenommen hatte und das jederzeit als Beweis vorlegen könne.

Ende März 2011 wurde dann zuerst einen Tag lang ihr Polizeiführer Raab und dann Spitzel Hofbauer selbst im Zeugenstand einvernommen. Raab präsentierte sich, wie schon Wappel vor ihm, als sehr vergesslich. Er könne sich an nichts mehr erinnern und habe auch keine Aufzeichnungen über Aufträge an seinen Spitzel geführt. Das scheint die Norm im Spitzelbüro der Polizei zu sein, alles zu vertuschen, keine Akten zu führen und sich im Notfall an nichts mehr erinnern zu können. In seinem Bericht über die Aktivitäten von Hofbauer nannte er mich persönlich „militant". Für die SOKO ist dieser Begriff gleichbedeutend mit der Mitgliedschaft in einer kriminellen Organisation. Darauf angesprochen sagte Raab, das Wort sei ihm versehentlich in den Bericht gerutscht.

Esther Hofbauer selbst war für uns wiederum sehr entlastend, sie bestätigte alle Angaben von „Danielle Durand". Darüber hinaus konnte sie noch über die Zeit von 1999 im VGT sprechen, und zusammengenommen sagte sie, weder 1999 noch 2007 auch nur irgendetwas strafrechtlich Relevantes geschweige denn etwas Radikales beim VGT wahrgenommen zu haben. Im Gegenteil, sie bezeichnete den VGT sogar explizit als „gemäßigt". Hofbauer sagte, dass sie nicht den Eindruck gehabt habe, im Tierschutz würde etwas aus dem Ruder laufen, dass es da gefährlich radikale Personen gebe oder dass Straftaten irgendwie zum auffälligen Problem geworden wären.

Spitzel Hofbauer wurde, wie parallel zu ihr „Danielle Durand", explizit gegen den VGT eingesetzt. Und im VGT interessierte sie sich besonders für mich und meine Aktivitäten. Sie sagte im Zeugenstand, ich sei kaum auf Demonstrationen, sondern immer unterwegs gewesen und hätte mich um Rechtsangelegenheiten für den VGT gekümmert. Hofbauer bestätigte auch, dass die Demonstrationen friedlich verlaufen waren und es keinen Kontakt zwischen den beiden Gruppierungen unter den Angeklagten gegeben hatte.

Hofbauer hatte sich in ihrer Zeit 2007 weder an Aktionen des zivilen Ungehorsams noch an Recherchen beteiligt. Sie schilderte aber konspirative Telefongespräche, in denen MitarbeiterInnen des VGT über eine Recherche bezüglich illegaler Elektrohalsbänder bei der Jagd gesprochen hatten. Das bestätigte, dass diese Art des konspirativen Verhaltens nicht zur Abschirmung vor Strafverfolgung dient, sondern zum Schutz von InformantInnen bei legitimen Recherchen.

Hofbauer hatte Zugriff auf die Computer des VGT und erhielt sogar eine E-Mail-Adresse von uns. Sie schilderte den VGT als sehr offen und entgegenkommend. Das VGT-Umfeld bezeichnete sie explizit als freundlich, und sie sagte eindeutig, dass es sich um kein kriminelles Umfeld gehandelt habe. Weder ich noch der VGT hätten auch nur irgendein Interesse an Straftaten gezeigt. Diese Aussage, die auch „Danielle Durand" getroffen hatte, war insofern bemerkenswert, als die SOKO durch ihre selektive Auswahl von E-Mails, die aus dem Zusammenhang gerissen wurden, insbesondere bei der Richterschaft den Eindruck erweckt hatte, ich würde von nichts anderem als Straftaten sprechen. Auch die Richterin hatte mich gefragt, warum ich an Straftaten so ein Interesse zeige. Durch die Aussagen von Hofbauer und „Danielle Durand" konnte bewiesen werden, dass es sich dabei nur um eine gezielt von der SOKO vorgetäuschte Behauptung gehandelt hatte. Die SOKO war absichtlich sehr manipulativ vorgegangen und hatte die Wahrheit entstellt.

Die beiden Spitzel, Hofbauer und „Durand", waren oftmals gleichzeitig bei denselben Veranstaltungen und Demonstrationen vor Ort. Dabei, so sagten sie übereinstimmend, hatten sie nichts voneinander gewusst. Beide versuchten aber, durch besonders radikales Auftreten Vertrauen zu gewinnen und andere Personen zu radikalen Handlungen oder Aussagen zu drängen. Immer wieder fragten sie AktivistInnen, was sie von Straftaten halten würden. So stachelten sich die Polizeispitzel gegenseitig auf und berichteten jeweils von der Radikalität der anderen, ohne zu wissen, Agents provocateurs desselben Spitzelbüros aufgesessen zu sein. Ein Schildbürgerstreich!

„Durand" ist eine ausgebildete Polizistin, die gezielte Spitzeleinsätze durchführt, die dann meistens in Großaktionen der Polizei wie Hausdurchsuchungen und Verhaftungen münden. Derartige Spitzel sind normalerweise nur wenige Monate in einer Gruppe aktiv, ihr Einsatz beim VGT von 19 Monaten war die große Ausnahme. „Durand" hatte eine gefälschte Identität und wohnte überhaupt nicht an ihrer Meldeadresse. Ihre gesamte Existenz war vorgetäuscht, sie wird vor dem Einsatz erstellt und verschwindet nach dem Einsatz in der Versenkung, als habe es sie nie gegeben. Sogenannte Vertrauenspersonen wie Esther Hofbauer sind dagegen viel heimtückischer, weil sie wirklich existieren und daher viel schwerer zu enttarnen sind. Sie verfolgen auch noch Langzeitprojekte. Hofbauer kennt bereits seit 1997 ihren Polizeiführer und gibt Informationen weiter. Spitzel dieser Art können Jahre oder Jahrzehnte in einem Verein aktiv sein und laufend die Polizei informieren. Dieses Spitzelwesen erinnert stark an die Metternich-Ära im Vormärz oder an die Stasi in der DDR. Solche Spitzel müssen offenbar auch nicht ein gewisses Ermittlungsziel verfolgen, sie existieren einfach, und die Polizei lässt sich informieren. Wahrscheinlich gibt es derartige Spitzel in allen aufmüpfigeren Vereinen Österreichs, ziemlich sicher auch weiterhin im VGT. Das ist vielleicht die erschütterndste aller Erkenntnisse, die uns die Tierschutzcausa bietet.

Foto 26: Neben der verdeckten Ermittlerin gab es noch einen zweiten, sozusagen privaten Polizeispitzel: Esther Hofbauer. Hier auf einer Demo (hockend mit Hund) zugleich mit der verdeckten Ermittlerin „Danielle Durand" (ganz links). Die beiden Polizeispitzel wussten nichts voneinander und bespitzelten sich gegenseitig.

40. Freispruch!

Die für uns so positive Medienberichterstattung war anderen offenbar ein Dorn im Auge. Sogar die Richterin hatte einen Journalisten angezeigt, weil sie sich durch ihn beleidigt fühlte. Am klagefreudigsten zeigten sich die Besitzer von Kleider Bauer, die Brüder Werner und Peter Graf. Neben einem Blogger und meinem Anwalt klagten sie auch mich auf Unterlassung gewisser Aussagen im Rahmen des Prozesses. Zu meinem größten Erstaunen wurde ihnen eine einstweilige Verfügung gegen mich zugebilligt, weshalb ich, genauso wie der Blogger und mein Anwalt, aus finanziellen Gründen klein beigeben musste. Doch dann strengten die Grafs ein Verfahren gegen mich wegen meines Blogeintrags über die Rolle des Journalisten Florian Klenk im Tierschutzverfahren an. Sie forderten die Löschung des Eintrags und eine Zahlung von 30.000 Euro. Diesmal nahm ich den juristischen Kampf auf und gewann bis in die höchste Instanz. Anfang 2011 mussten mir die Grafs 2000 Euro für meine Verteidigungskosten überweisen. Das Blatt schien sich zu wenden.

Der Staatsanwalt blieb dagegen noch immer verbissen auf seiner Linie. Werner Graf, einer der Besitzer von Kleider Bauer, hatte am 29. Juli 2010 bei seiner Einvernahme im Tierschutzprozess ausgesagt, dass ein Sachschaden an einer seiner Filialen, bei dem u. a. die Worte „Pelz = Mord" an die Tür geschmiert, aber nichts gestohlen worden war, an die Versicherung als Einbruchsdiebstahl gemeldet worden sei. Graf sagte auch, dass ihm bewusst gewesen sei, dass der Selbstbehalt bei Vandalismus 12.700 Euro und bei Einbruchsdiebstahl nur 1.800 Euro betrug. Dennoch schützte der Staatsanwalt seinen Zeugen und leitete kein Verfahren gegen Graf ein.

Ähnlich verhielt es sich mit dem Zeugen der Anklage, Michael Gnädig, Besitzer dreier Pelzgeschäfte, der am 6. Mai 2010 einvernommen wurde. Er sagte dabei unverblümt, obwohl ihn die Richterin davon abhalten wollte, dass er der Versicherung einen Vandalenakt von TierschützerInnen als Einbruchsdiebstahl gemeldet habe, weil er dachte, er würde so mehr von der Versicherung bekommen. Auch die offensichtlich falsche Zeugenaussage des „Kronzeugen" Plank vor Gericht und das falsche linguistische Gutachten von Schweiger waren Straftatbestände, die der Staatsanwalt aus erster Reihe beobachtet hatte, ohne aktiv zu werden. Stattdessen erweiterte er knapp vor Prozessende die Anklage um die Tatbestände Tierquälerei, Sachbeschädigung und dauernde Sachentziehung gegen meinen Bruder und mich. Zusätzlich beantragte er eine Reihe weiterer ZeugInnen und verkündete, er behalte sich eine Nichtigkeitsbeschwerde vor, wenn die Richterin keinen weiteren linguistischen Gutachter bestelle. Offenbar wollte er das Verfahren noch weiter hinauszögern. Aber die Richterin wies alle diese Anträge ab. Sie zog sozusagen die Notbremse und beendete das Verfahren, das sich so verlaufen hatte. Mit einer gewissen Genugtuung erinnerte ich mich daran, dass ich der Richterin wenige Tage vor Prozessbeginn geschrieben hatte: *„Wenn sich Polizei und Staatsanwaltschaft in ihren Ermittlungen in eine Sackgasse verrennen, wenn sie in ihrem fanatischen*

Eifer, Unschuldigen etwas anhängen zu wollen, den Boden der Realität unter den Füßen verlieren, dann hat das Rechtssystem eine Notbremse eingebaut. Geehrte Frau Richterin, diese Notbremse sind Sie. Sie könnten den Prozess drastisch kürzen, [...] Sie könnten die Anklage wegen § 278a aufgrund legaler Kampagnentätigkeit mangels einer rechtsstaatlichen Basis verwerfen.“

Leider brauchte die Richterin über ein Jahr, um sich zu dieser Ansicht durchzuringen.

Am vorletzten Prozesstag wies die Richterin alle Beweisanträge insbesondere der Verteidigung, die sie offengelassen hatte, um sich, wie sie sagte, Diskussionen darüber zu ersparen, mit einem Satz ab. Dann eröffnete der Staatsanwalt den Reigen der Schlussplädoyers, die sich bis 22 Uhr hinziehen sollten. Staatsanwalt Wolfgang Handler hielt ungebrochen an seinen Vorwürfen fest, wir Angeklagten seien subjektiv und objektiv schuldig. Über mich sagte er, ich sei tonangebend gewesen. *„Die Zahl 13 in Bezug auf die Angeklagten wurde zwar nicht in der Absicht gewählt, in diesem Verfahren den Messias der Tierrechtsbewegung und seine zwölf Apostel vor Gericht zu bringen, dennoch ist der Herr DDr. Balluch eine, wenn nicht sogar die Führungsperson der kriminellen Organisation.“* Ich würde die ALF-Ideologie verbreiten, und dass ich das in meinen Büchern nicht offen schreibe, beweise nur meine perfide Vertuschungsstrategie. In E-Mails z. B. aus dem Jahr 1995 hätte ich von wilden Demonstrationen in England geschrieben, bei denen es zu Sachbeschädigungen gekommen sei und an denen ich teilgenommen hätte. Meine Lebenseinstellung sei, wenn es legal nicht gehe, dann müsse man illegal vorgehen. Felix Hnat von der Veganen Gesellschaft und Jürgen Faulmann von den Vier Pfoten seien enge Mitarbeiter von mir, obwohl sie mit dem VGT nicht viel zu tun haben, und deshalb mitschuldig. Chris Moser habe in voller Kenntnis der kriminellen Organisation als VGT-Kampagnenleiter in Tirol fungiert und Flugblätter gegen die Jagd in seinem Keller aufbewahrt, die seine Gewaltbereitschaft demonstrierten. Elmar Völkl habe mit seinen EDV-Kenntnissen bei der Abschottung geholfen. Mein Bruder habe die Computer des VGT verschlüsselt und die Ideologie vorgegeben. Aus all dem könne man mit Sicherheit schließen, dass hier eine kriminelle Organisation vorliege.

Die Aussagen der beiden Spitzel seien irrelevant, weil die beiden nur normale Aktivistinnen des VGT gewesen seien. Normale AktivistInnen würden aber nie in die wirklichen Aktivitäten eingeweiht, das wäre unlogisch und unvorsichtig. Die Aussagen der beiden Spitzel seien deshalb weder be- noch entlastend und zu Recht aus dem Akt herausgelassen worden. Interessant sei, wie mit den Spitzeln umgegangen wurde, wir hätten sie in den Medien skandalisiert. Das sei die Strategie der kriminellen Organisation, der mediale Angriff, egal um welchen Preis. Ich hätte den Anwalt Walther Rode zitiert, der gesagt habe, einen politischen Prozess müsse man politisch führen. Er selbst habe Rode gegoogelt und auch ein Zitat gefunden: „Wer straflos delinquieren will, muss sich zur Institution ausgestalten.“ Dem Staatsanwalt schien gar nicht in den Sinn zu kommen, dass Rode dieses Zitat auf Leute wie ihn gemünzt hatte.

Foto 27: Nach dem Freispruch halte ich eine Rede vor dem Gerichtsgebäude. Das Medieninteresse ist enorm.

Anschließend sprachen alle sechs VerteidigerInnen zum Teil in sehr berührender Weise von der Belastung, der die Angeklagten ausgesetzt gewesen seien, von der Absurdität der Anklage und von der Unverfrorenheit der polizeilichen SOKO, die bis zuletzt alle entlastenden Beweismittel unterdrückt und keine volle Akteneinsicht gewährt hatte. Die Schlussplädoyers zeichneten sich aber auch durch ihre politische Dimension aus. Sie griffen die SOKO, den Staatsanwalt und zum Teil auch die Richterin an und kritisierten u. a. die Verhandlungsführung heftig. Die Angeklagten zeigten in ihren Plädoyers ihre Entrüstung über die unglaublichen Gesetzesübertretungen, die sich die Polizei und die Staatsanwaltschaft hätten leisten können, offenbar ohne dafür belangt zu werden.

Am 2. Mai 2011 kam es dann zum letzten Prozesstag, dem Tag der Urteilsverkündung. Rechnet man die Doppeltage der vergangenen Prozesswochen mit ein, dann hat diese Verhandlung 98 Tage gedauert. Genau 14 Monate lang saßen wir vor Gericht, eine Hochschaubahnfahrt der Gefühle ging zu Ende. Insgesamt 126 ZeugInnen waren gehört worden, davon fast alle der Anklage und nur eine Handvoll der Verteidigung, die zur Entlastung bezüglich konkreter Anklagepunkte gehört wurden. Acht gerichtlich beeidete Sachverstände waren in den Zeugenstand gerufen worden, neben jenen für Linguistik, Schweine und Nerze auch ein Sachverständiger zu EDV-Fragen, zwei für DNA-Abgleiche und eine zur Stimmanalyse, um die Identität eines maskierten Aktivisten bei einem Interview herauszufinden. 43 PolizistInnen sagten als ZeugInnen aus, zwölf von der SOKO, einer von der Spezialeinheit Observation, die den Großen Lauschangriff durchgeführt hatte, drei von der Anti-Terror-Einheit, einer von der Versammlungsbehörde und ansonsten StreifenpolizistInnen. Vier ExpertInnen für Brände, Buttersäure und chemische Analysen wurden befragt. 54 ZeugInnen der Tiernutzerseite bekamen die Möglichkeit, darüber zu jammern, wie sehr sie sich durch unsere Aktionen und Demonstrationen gestört gefühlt hatten, z. B. allein neun JägerInnen, denen durch uns der Jagdspaß vermiest worden war. Und dabei wären noch immer einige ZeugInnen der Anklage und praktisch alle ZeugInnen der Verteidigung zu laden gewesen. Ein wahrer Monsterprozess wurde also frühzeitig beendet.

Aufgrund des großen Medieninteresses saßen wir mit Richterin, Staatsanwalt und Protokollführerin zur Urteilsverkündung in einem Nebenraum des Gerichtsgebäudes. Das Geschehen wurde direkt mit Videokamera in den Großen Schwurgerichtssaal übertragen, der zum Bersten gefüllt war. Die Richterin erhob sich und setzte eine violette Richtermütze auf. Dann verkündete sie das Urteil: Alle Angeklagten wurden in allen Anklagepunkten freigesprochen! Ich konnte es nicht ganz fassen, obwohl ich es schon irgendwie erwartet hatte. Viereinhalb Jahre polizeilicher Ermittlungen, von denen ich drei Jahre mehr oder weniger ununterbrochen im Kampf gestanden war, nahmen jetzt ein derart fulminantes Ende. Unsere Tierschutzarbeit, mit der schweren Keule der Staatsgewalt niedergeknüppelt, war in dieser Zeit fast völlig zum Erliegen gekommen. Doch ich war voll motiviert, wieder alles aufzubauen. Bereits am nächsten Tag sollte ich mich 24 Stunden lang in einen Kastenstand für Mutterschweine, einen körpergroßen Eisenkäfig, am Wiener Stephansplatz einsperren lassen, um gegen diese Haltungsform zu protestieren.

In ihrer etwa zweistündigen Urteilsbegründung ging die Richterin darauf ein, was Voraussetzung für das Vorliegen einer kriminellen Organisation nach § 278a ist, um Punkt für Punkt nachzuweisen, dass keiner davon in unserem Fall erfüllt war. Es gebe keine kriminelle Organisation im Tierschutz, auch die ALF sei keine kriminelle Organisation, und die Angeklagten seien keine Mitglieder, sagte sie.

Zur Verfahrensdauer meinte die Richterin, sie sei sehr lang gewesen, es habe sich aber um ein sehr komplexes Verfahren gehandelt, und der Prozess habe eine Eigendynamik entwickelt. Von der Verteidigung sei sie mit Beweisanträgen regelrecht bombardiert worden, eine Rechtspraktikantin habe vier Wochen lang allein daran arbeiten müssen, alle Beweisanträge aus den Hauptverhandlungsprotokollen herauszuschreiben. Sie drückte dann ihr Verständnis für die „Rundumschläge" der Angeklagten gegen Polizei und Justiz aus: „Es gibt eine lange Geschichte der Tierrechtsbewegung, man muss die Geschichte der Konfrontation sehen, die die Angeklagten erleben mussten." Deshalb habe sie auch Verständnis für die Verschlüsselungen der Computer und für die Workshops zum Umgang mit der Polizei.

Die verdeckte Ermittlerin „Danielle Durand" nahm breiten Raum in der Urteilsbegründung der Richterin ein. Sie habe im Wesentlichen alle Vorwürfe im Strafantrag widerlegt. Die Richterin sprach uns Angeklagte bezüglich § 278a also nicht im Zweifel frei, sondern betrachtete unsere Unschuld als erwiesen. Die Aussage des SOKO-Leiters Zwettler vor Gericht, ab 2008 habe es keine verdeckte Ermittlung mehr gegeben, wertete die Richterin als „Schutzbehauptung". Die verdeckte Ermittlung sei durch das Sicherheitspolizeigesetz allein nicht gedeckt und deshalb illegal gewesen. Die SOKO habe das zu vertuschen versucht und deshalb die verdeckte Ermittlung verheimlicht.

Zu den Aussagen des Kronzeugen Plank meinte die Richterin, sie seien nicht glaubwürdig gewesen. Das linguistische Gutachten des Sachverständigen Schweiger habe sie nicht nachvollziehen können, für sie sei klar, dass ich die Bekennerschreiben nicht verfasst hatte. Da aber das Verfassen der Bekennerschreiben allein ohnehin nicht ausreichend für eine Verurteilung nach § 278a gewesen wäre, habe sie keinen neuen Sachverständigen beauftragt.

Dann ging die Richterin die einzelnen Anklagepunkte neben § 278a durch und erklärte bei allen, es sei nicht mit der für ein Strafverfahren notwendigen Sicherheit erweislich, dass die Angeklagten die vorgeworfenen Straftaten begangen hätten. Zuletzt schloss die Richterin mit den Worten: *„Damit bin ich hier mit den Ausführungen am Ende. Zum Abschluss möchte ich noch sagen, dass dieses Verfahren für mich als Richterin die bisher größte Herausforderung in meinem Berufsleben war. Und ich habe mich dieser Herausforderung mit bestem Wissen und Gewissen gestellt. Und wenn ich mir eines wünschen darf als Richterin, dann wünsche ich mir, dass dieses Urteil rechtskräftig wird."*

Der Staatsanwalt gab keine Erklärung ab. Dann wurde die Verhandlung geschlossen.

Wir schwammen im Strom der ZuhörerInnen hinaus vor das Gerichtsgebäude, wo bereits hunderte Menschen den Freispruch feierten. Es war ein überwältigendes Erlebnis, diesen Erfolg mit so viel Solidarität und Unterstützung feiern zu dürfen. Ich war so vielen Menschen, die ich zum Teil gar nicht kannte und nie kennenlernen werde, so dankbar!

Am nächsten Tag kündigte die Staatsanwaltschaft eine Berufung gegen dieses Urteil an, es war also zur Drucklegung dieses Buches noch nicht rechtskräftig. Seither warten wir auf die schriftliche Ausformulierung des Urteils, die bisher noch nicht vorliegt. Das Verfahren könnte also durchaus noch durch die Instanzen gehen, im schlimmsten Fall müsste es sogar wiederholt werden.

Wir Angeklagten gingen alle durch diesen Prozess bankrott. Elmar Völkl berechnete seine Schulden auf 470.000 Euro, eine Größenordnung, die auch auf mich zutrifft. Es ist nicht vorgesehen – auch nicht bei Freispruch –, dass der Staat einem Angeklagten die Kosten der Verteidigung ersetzt, auf diesem Schuldenberg bleiben wir also sitzen. Einige von uns hatten als Bedürftige finanzielle Hilfe der Rechtsanwaltskammer und müssen die Kosten nicht zurückzahlen, außer sie würden in den nächsten zehn Jahren z. B. durch eine Erbschaft zu einem Vermögen kommen. Manche der Angeklagten wurden deshalb von ihren Angehörigen sicherheitshalber enterbt. Trotzdem fasste unser Anwalt eine große Schadenersatzklage gegen die Republik ins Auge, wenn unser Freispruch rechtskräftig wird. Zumindest für die Zeit, die wir ungerechtfertigt im Gefängnis verbracht hatten, sollten wir entschädigt werden. Allerdings ist die Entschädigungsrate von 100 Euro pro Gefängnistag durch eine kürzlich beschlossene Sparmaßnahme der Regierung auf 30 bis 50 Euro pro Tag zurückgegangen. Wieder spart man bei den politisch Schwächsten.

Wir haben SOKO und Staatsanwalt wegen verschiedener Delikte angezeigt. Als erste Reaktion darauf hat die dafür zuständige Korruptionsstaatsanwaltschaft die Ermittlungen bereits eingestellt. Dass wir keine Akteneinsicht bekamen, sei nicht vorsätzlich geschehen, um uns zu schädigen, und die restlichen Vorwürfe würden nicht zutreffen. So seien z. B. die Aussagen der beiden Spitzel zu Recht vertuscht worden, weil sie völlig irrelevant gewesen seien. Einige der betroffenen SOKO-BeamtInnen und der verantwortliche Staatsanwalt wurden in der Zwischenzeit sogar befördert statt bestraft. Der politische Einfluss jener Personen, die hinter dieser Vendetta gegen den Tierschutz stehen, ist also ungebrochen. Österreich ist ein unfassbar korrupter Staat, die Verantwortlichen sind von der Aufdeckung ihrer Machenschaften völlig unberührt und fühlen sich offenbar sehr sicher im Sattel. Es ist davon auszugehen, dass die Repression gegen uns weitergehen wird, ob Freispruch oder nicht.

Nachwort

„Empört Euch!“ und „Engagiert Euch!“ heißen zwei kleine Broschüren, die der über 90-jährige, deutschstämmige Widerstandskämpfer im vom „Dritten Reich“ besetzten Frankreich, Stéphane Hessel, kürzlich im Ullstein Verlag veröffentlicht hat. Darin ruft er vor allem die Jugend dazu auf, sich für eine Verbesserung der Gesellschaft einzusetzen und unterdrückten Randgruppen zu helfen. Ich denke auch, dass es sehr viel in der Gesellschaft gibt, worüber wir empört sein müssen: den Umgang mit Tieren, die unwiederbringliche Zerstörung der Natur, den Klimawandel, die immer größere Kluft zwischen Arm und Reich, den laufenden Abbau des sozialen Sicherheitsnetzes, den zunehmenden Einfluss der Wirtschaft auf die Politik und die Ausgrenzung und Deportation von MigrantInnen, um nur einige Themen zu nennen. Ich habe mich in meinem Leben insbesondere für Tier- und Umweltschutz starkgemacht, aber die verschiedenen sozialen Anliegen haben einen inneren Zusammenhang, sodass der Einsatz für das eine in gewissem Sinne auch den Einsatz für das andere bedeutet und fördert. Durch die Repression der Tierschutzszene in Österreich ist die Zivilgesellschaft etwas mehr zusammengewachsen und hat erkannt, wie sehr alle eigentlich an einem Strang ziehen. So gesehen ist der Versuch, den Tierschutz zu zerschlagen, um wirtschaftliche und politische Interessen zu fördern, nach hinten losgegangen.

Doch dass eine politische Repression im demokratischen Österreich in einem solchen Ausmaß überhaupt möglich ist, hat doch viele überrascht und auch einige das Fürchten gelehrt. Wie platt Ministerien Unwahrheiten verbreiten, um ihre politische Agenda voranzutreiben, ist, glaube ich, noch immer vielen Menschen nicht bewusst geworden. Eine Behörde lügt so dreist? Man will es nicht glauben, man hofft, dass es sich um einen Irrtum handelt, wünscht sich so sehr, dem Staat vertrauen zu dürfen, dass man gegenüber seinen Verbrechen blind zu werden droht.

Ich habe aus diesem Verfahren auch gelernt, dass man der Polizei niemals die Beschränkung ihrer eigenen Machtbefugnisse überlassen darf. Die Polizei ist eine notwendige Institution, keine Frage, die auch wichtige Aufgaben erfüllt. Aber sie ist genauso eine ständige Bedrohung der bürgerlichen Freiheiten und der Demokratie, auch wenn viele BürgerInnen das ungern wahrhaben wollen. Die Polizei braucht Kontrolle. Wenn es nach ihr geht, will sie immer mehr und mehr Überwachungsbefugnisse, möchte sie alle Ermittlungsmaßnahmen ohne Hemmungen beliebig weit ausdehnen können, soll es vage Paragrafen wie 278a geben, gerade weil sie damit gegen alle vorgehen kann, gegen die sie vorgehen will. Dieses Verfahren hat gezeigt, wie groß die Gefahr ist, wenn der Polizei zu viele Befugnisse eingeräumt werden.

Immer, wenn es wieder zu einem Terroranschlag kommt, schreien gewisse Kreise nach mehr Befugnissen für die Polizei, nach noch härteren Gesetzen, nach weitreichenderen Ermittlungs- und Überwachungsmaßnahmen. Ich schreibe das unmittelbar nachdem in Norwegen ein rechtsradikaler, christlich-fundamentalistischer Attentäter fast hundert Menschen getötet hat. Die österreichische Polizei nahm das wieder zum Anlass, mehr Befugnisse zu fordern, die Justizministerin erweiterte das Terrorismuspräventionsgesetz, ein Klassiker, um unliebsame Kampagnen der Zivilgesellschaft zu bedrohen. Wie positiv beeindruckt war ich da vom norwegischen Premierminister, der öffentlich sagte, man müsse jetzt mit noch mehr Menschlichkeit und noch mehr Demokratie auf so einen Terroranschlag reagieren. Ich würde mir wünschen, dass wir auch in Österreich diesem Beispiel folgen. Die größte Bedrohung unserer Sicherheit geht nämlich nicht von einzelnen Terroranschlägen dieser Art aus. Selbst die UNO hat Mitte Juli 2011 erklärt, dass der Klimawandel viel gefährlicher sei als jeder Terror. Ich halte die ständige Einschränkung der bürgerlichen Freiheiten für die größte Bedrohung, die Repression bürgerlichen Engagements gegen Missstände in der Gesellschaft für die allergrößte Gefahr. Sie lässt den Eliten freie Bahn, ihre eigenen Interessen gegen den Mehrheitswillen und zulasten der Lebensqualität der anderen durchzusetzen. Eine lebendige Demokratie braucht bürgerliche Freiheiten, gelebte Rechte auf Meinungs- und Demonstrationsfreiheit sowie Pressefreiheit und die Freiheit, sich in Gruppen zu organisieren. Alle diese Freiheiten wurden durch die Tierschutzcausa in Frage gestellt. Die Menschen in unserer Gesellschaft erhielten die Botschaft, dass sie mit Konsequenzen zu rechnen haben, wenn sie diese Freiheiten nutzen wollen. Wer soll z. B. den Klimawandel und die Tierfabriken stoppen? Die politischen Eliten und die Industrie durch plötzliche Einsicht und Selbstbeschränkung? Niemals, so hat das noch nie funktioniert. Alle gesellschaftlichen Fortschritte kamen von unten, gingen vom Volk aus, selbst die bürgerlichen Freiheiten mussten gegen den Widerstand der Eliten blutig erstritten werden.

Diese bürgerlichen Freiheiten werden in Österreich erst seit 1867 durch die Verfassung garantiert. Und regelmäßig gab es Versuche des Staates, diese Rechte auszuhöhlen. Erstmals wurde das Mitte 1914 – also noch vor Beginn des Ersten Weltkriegs – durchgeführt. In seiner berühmten Verteidigungsrede vom Mai 1917 prangerte der Sozialdemokrat Friedrich Adler vor Gericht die Regierung dafür an, die Grundrechte zu unterwandern, und brachte dafür Beispiele, die sich eins zu eins auf die heutige Situation übertragen lassen. Seine wichtigste Botschaft war aber ein flammender Appell an alle wachen Geister des Landes, diese schleichende Zersetzung der bürgerlichen Freiheiten nicht hinzunehmen, sowie der Ausdruck seines Entsetzens über Österreich als ein Land, das seinen BürgerInnen keine Freiheit gewähren will: *„[Österreich] ist ein Staat, in dem man stets Verachtung für die Überzeugung des Menschen hatte, es ist ein Staat, wo man niemals anerkannte, dass das einzelne Individuum nach seiner Überzeugung handeln soll. Es ist jener Staat des Metternichschen Geistes, der Österreich von der 48er Revolution […] zum unzivilisiertesten Staat in Europa [gemacht hat].“* Wir müssen den demokratiepolitisch legitimen Freiraum für politischen Widerstand erhalten. Ihn zu verlieren, darin sehe ich die größte Gefahr.

Die Tierschutzcausa hat auch die historische Wahrheit wieder bestätigt, dass jedes totalitäre Regime seine Schergen findet, die dessen Drecksarbeit erledigen. Ich habe viele der SOKO-BeamtInnen persönlich kennengelernt und bin ehrlich entsetzt darüber, mit welcher Selbstverständlichkeit diese Menschen bereit sind, ihrem politischen Auftrag gemäß Leben zu zerstören und dabei Gesetze zu brechen, ohne mit der Wimper zu zucken. Ausnahmen von dieser Charakterlosigkeit bestätigen die Regel, wie z. B. der SOKO-Computerexperte Friedrich Breitsching, der immer objektiv blieb und Rückgrat bewahrte. Ich frage mich wirklich, wie diese Menschen in der Früh in den Spiegel schauen können, nachdem sie entlastende Beweise einfach vertuscht, uns mit allen Mitteln unser Recht auf Akteneinsicht verwehrt und RichterInnen angelogen und dadurch eine ungerechtfertigte U-Haft erreicht haben. Die größte Schuld dabei trifft den Staatsanwalt Wolfgang Handler und jene BeamtInnen, die ihm aus dem Justizministerium Deckung für seine Tätigkeit gegeben haben. Gerade weil es solche Menschen gibt, ist eine strenge Kontrolle von Polizei und Justiz, insbesondere durch eine kritische Öffentlichkeit, unbedingt notwendig.

Doch keine Kontrolle hat einen Sinn, wenn Übertretungen ohne Konsequenzen bleiben. Offensichtlicher als Staatsanwalt und SOKO-BeamtInnen kann man das Gesetz nicht mehr brechen. Und was geschieht? Die Korruptionsstaatsanwaltschaft sieht keinen Handlungsbedarf, die Schuldigen werden mit einem Karrieresprung belohnt. Das ist tatsächlich der größte Skandal dieser an Skandalen reichen Tierschutzcausa. Die BeamtInnen aus Verfassungsschutz und Terrorismusbekämpfung haben zur Drucklegung dieses Buches gerade ihren neuen Verfassungsschutzbericht 2011 veröffentlicht. Im Abschnitt über „militante Tierrechtsgruppen" findet sich wieder nur ein Tätigkeitsbericht des VGT. Dazu wird ausgeführt, dass sich diese militanten Tierrechtsgruppen, wie der VGT, vom traditionellen Tierschutz dadurch unterscheiden würden, dass sie legale Demonstrationen mit Anschlägen und Sachbeschädigungen kombinieren, die sogenannte Doppelstrategie. Die militanten Tierrechtsgruppen hätten sich auch gegen § 278a engagiert, unter dem Motto „Staatsterror gegen den Tierschutz" hätten sie sich zu einer Medienoffensive formiert usw. Da kann man noch so oft freigesprochen werden, die Ämter für Terrorismusbekämpfung bleiben von unserer Schuld überzeugt, genau mit den Worten der Anklage, die von der Richterin als unberechtigt verworfen wurden. Kann ich mich da in Zukunft vor weiteren Übergriffen durch diese Leute sicher fühlen?

Doch genau das ist ihr Ziel: Angst zu verbreiten und die Menschen einzuschüchtern. Das ist momentan eine weltweite Tendenz, gegen Tierschutz- und Umweltschutzgruppen zu agieren. In Amerika gab man dem Phänomen den Namen „Green Scare", in Anlehnung an die Kommunistenverfolgung „Red Scare" in den 1950er Jahren. Erst Ende Juni 2011 wurden auch in Spanien unter dem Vorwand, gegen eine kriminelle Organisation vorzugehen, zahlreiche Hausdurchsuchungen und Verhaftungen im Tierschutzbereich durchgeführt, auch dort war eine SOKO mit dem Ziel gegründet worden, die legitime Aktivität der Tierschutzbewegung einzudämmen. Tier- und Umweltschutz sind nämlich mittlerweile so breit verankerte Forderungen in der Bevölkerung, dass politische und wirtschaftliche Eliten durch Kampagnen zu einschneidenden Veränderungen gezwungen werden können. Gewalt mittels Instrumentalisierung der Staatsmacht ist ihre Antwort.

Wir müssen diese Entwicklung stoppen. Wir dürfen nicht zulassen, dass sich die Angst vor politischem Engagement verbreitet. Wer aus Angst nicht aktiv wird, hat bereits verloren. Aber gerade die Tierschutzcausa zeigt, dass die Zivilgesellschaft mit Unterstützung der Öffentlichkeit auch gegen die amoklaufende Staatsmacht gewinnen kann. So viele Menschen wurden durch die Ungerechtigkeit, die uns widerfahren ist, aktiv. Viele demonstrierten zum ersten Mal in ihrem Leben und fanden, dass das gar nicht so schwer ist. Wir können aus unseren Erfahrungen in der Tierschutzcausa die Zuversicht mitnehmen, dass auch die Repression überwunden werden kann, wenn wir nur zusammenhalten. „Empört Euch!“ und „Engagiert Euch!“ soll auch die Botschaft dieses Buches sein.

Anhang 1: Anzeigen gegen SOKO und Staatsanwalt

Gegen die BeamtInnen der SOKO und den Staatsanwalt wurden umfassend Anzeigen eingebracht. Insbesondere ging es dabei um folgende Straftaten:

Freiheitsentziehung (§ 99 Abs 2 StGB)

Der *Untersuchungshaftbeschluss* im Tierschutzprozess stützt sich einerseits pauschal auf die „bisherigen Erhebungen durch die Kriminalpolizei" und konkret ausschließlich auf den Zwischenbericht vom 22.5.2008 (ON 346), verfasst von CI *Bogner*. Darin ist keine Rede davon, dass die Ermittlungen der verdeckten Ermittlerin (VE) Danielle Durand und der Vertrauensperson (VP) eine massive Entlastung ergeben haben. Dass es überhaupt solche Ermittlungen gegeben hat, wurde nicht einmal erwähnt. Stattdessen wird primär aus Mails versucht, auf eine Gesinnung der Beschuldigten, und von dieser Gesinnung wird versucht, auf die Täterschaft der Beschuldigten zu schließen.

Vor ihrer Entscheidung über die *Verlängerung der Untersuchungshaft* wurde die zuständige Untersuchungsrichterin Astrid Toifl-Goster von der SOKO-Leitung, konkret von OL Böck, gebrieft. Das persönliche Gespräch mit Böck fand am 5.6.2008 statt, am 6.6.2008 kam es noch zu einem Telefonat zwischen Böck und Toifl-Goster. Danach, am 6.6.2008, fanden die Haftverhandlungen statt (ON 501 u. a.) und über sämtliche Festgenommenen in der Causa wurde die U-Haft verlängert. In der Haftverhandlung verweist die Untersuchungsrichterin explizit auf das Gespräch mit der „SOKO-Leitung". In seinem Gespräch mit der Haftrichterin Toifl-Goster hat Böck dabei zahlreiche belastende Indizien konstruiert, Entlastendes hingegen verschwiegen.

Unterdrückung eines Beweismittels (§ 295 StGB) – Urkundenunterdrückung (§ 229 StGB)

Alle Mitglieder der SOKO-Leitung wussten vom Einsatz der verdeckten Ermittlerin (VE) und Vertrauensperson (VP) und von deren Ermittlungsergebnissen. Mit dem Verheimlichen der VE- und VP-Berichte durch die SOKO-Leitung wird zu prüfen sein, ob die Mitglieder der SOKO-Leitung Beweismittel unterdrückt haben, die für die Verwendung in einem Strafverfahren bzw. einem Ermittlungsverfahren bestimmt waren (vgl. *Fabrizy*, StGB10 § 295 Rz 2).

Falsche Beweisaussagen (§ 288 Abs 1 StGB)

Mehrere Mitglieder der SOKO-Leitung haben vor Gericht während ihrer Einvernahme in der gegenständlichen Hauptverhandlung des Tierschutzprozesses den Akten nachweislich widersprechende Angaben gemacht, deren Widersprüchlichkeit sie kennen mussten. Es wird daher zu prüfen sein, ob das Delikt der Falschen Beweisaussage verwirklicht wurde. So wurde von MR *Zwettler*, CI *Bogner* und OL *Böck* behauptet, es hätte nach 2007 keine verdeckte Ermittlung mehr stattgefunden. In Wahrheit liefen die verdeckten Ermittlungen Durands aber bis 2008, wie sich bereits aus ihrem Bericht ergibt.

Missbrauch der Amtsgewalt (§ 302 StGB) in mehreren Fällen

- Falsche Darstellung der Verdachtslage in Polizeiberichten
- Falsche Darstellung bezüglich angeblicher Brandstiftung in Zurndorf
- Falsche Darstellung bezüglich Kampagnen und Sachbeschädigungen
- Rechtswidrigkeit des VE- und VP-Einsatzes
- Verschweigen eines Alibis bei der Brandstiftung Pummersdorf
- Beschädigung einer Fasanenvoliere in Wildon (Südsteiermark) Martin Balluch in die Schuhe geschoben, indem Fotos einer anderen Fasanerie (Zurndorf, Burgenland) genommen wurden
- Paradoxien in der Handyortung Hnat nicht offengelegt
- Fundamentale Verletzung des Rechts auf Akteneinsicht
- Nummer von VGT-Sekretärin Maria Griebl als Nummer Martin Balluchs zwecks Abhörung beantragt
- Durch aus dem Kontext gegriffenes Zitat wird Martin Balluch eine rücksichtslose Ideologie unterstellt
- Beschuldigter inkriminierend als Computerexperte der kriminellen Organisation bezeichnet
- SOKO behauptet ohne jeglichen Beweis, Martin Balluch habe den Decknamen Giles Reeve verwendet
- Entlastende Peilsenderdaten verschwunden
- Illegale Abnahme von Trinkflaschen und DNA-Abnahme

Die mit dieser Anzeige betraute Korruptionsstaatsanwaltschaft unter Oberstaatsanwältin Eva Habicher stellte umgehend alle Verfahren „mangels ausreichender Verdachtslage" ein. Aus der von Oberstaatsanwalt Martin Ulrich zusammengefassten Begründung:

„Insbesondere zum Vorwurf des rechtswidrigen Einsatzes einer verdeckten Ermittlerin und des Verheimlichens hieraus gewonnener Erkenntnisse ist strafbares Verhalten nicht nachzuweisen. […] Die Rechtsansicht der Kriminalpolizei, wonach eine derartige auf das Sicherheitspolizeigesetz gestützte Maßnahme auch während eines laufenden staatsanwaltschaftlichen Ermittlungsverfahrens zulässig sei, ist mangels entgegenstehender gesetzlicher Regelung jedenfalls vertretbar. Genauso vertretbar ist die Entscheidung, die hieraus gewonnenen Erkenntnisse mangels Bedeutung für das Verfahren nicht in die kriminalpolizeiliche Berichterstattung an die Staatsanwaltschaft aufzunehmen, weil sich aus ihnen weder eine konkrete Be- noch Entlastung nach Art eines Alibibeweises ergeben hat.

[…] Auch zum Vorwurf des Amtsmissbrauchs durch Verletzung des Rechts auf Akteneinsicht durch die Kriminalpolizei wurde das Ermittlungsverfahren eingestellt. Hinreichende Anhaltspunkte für einen wissentlichen von Schädigungsvorsatz getragenen Befugnismissbrauch lagen nicht vor.

[…] Nach eingehender Prüfung der Verfahrensunterlagen – insbesondere der betroffenen Polizeiberichte in ihrer jeweiligen Gesamtheit – bestätigte sich auch der mehrfach erhobene Vorwurf bewusst tatsachenwidriger bzw. tendenziöser Darstellung oder gar Verheimlichung einzelner Ermittlungsergebnisse nicht."

Anhang 2: Notwendige Justizreformen

Der Freispruch im Tierschutzprozess war kein Freispruch in dubio pro reo, es blieb nach den klaren Worten der Richterin in der Urteilsbegründung kein Zweifel zurück. Es hat nie einen ernst zu nehmenden Verdacht gegen die Angeklagten gegeben, dennoch hat es verschärfte Ermittlungen, Hausdurchsuchungen, Untersuchungshaft und eine Anklage gegeben. In einem Gespräch, das ich unmittelbar nach dem Freispruch mit Christian Pilnacek, Leiter der Sektion Strafrecht im Justizministerium, führte, bezeichnete auch er den Tierschutzprozess als historisch. Der Prozess habe Schwächen im Justizsystem aufgezeigt, die jetzt repariert werden müssten. Folgende Reformen erscheinen mir unbedingt notwendig:

1) Reform von § 278a

Nur die Nutzung von § 278a im Tierschutzprozess ermöglichte die Anklage ohne Beweise, die Nennung längst verjährter Straftaten im Strafantrag und die Inkriminierung von zahllosen legalen Demonstrationen und Aktionen des zivilen Ungehorsams. Nur deshalb uferte der Prozess derart aus, dass er zuletzt von der Richterin frühzeitig gestoppt werden musste.

Reform: Für eine kriminelle Organisation muss Bereicherungsabsicht Voraussetzung sein, und § 278 (3) muss so geändert werden, dass nur die konkrete Unterstützung von Straftaten der kriminellen Organisation strafbar wird, nicht eine beliebige Unterstützung legaler Aktivitäten und u. U. hehrer Ziele. Man sollte aber auch überdenken, Organisationsdelikte wie § 278ff gänzlich abzuschaffen.

2) Akteneinsicht

Bis zuletzt hatten die Angeklagten und die Verteidigung keine vollständige Akteneinsicht. In drei Beschlüssen stellten jeweils verschiedene RichterInnen des LG Wr. Neustadt klar, dass die Polizei die Angeklagten in ihrem Recht auf Akteneinsicht verletzt hat. Akteneinsicht muss spätestens bei Anklageerhebung umfassend gewährt werden.

Reform: Sämtliche Ergebnisse aller polizeilichen Ermittlungen müssen einer unabhängigen Stelle übergeben werden, die sowohl der Verteidigung als auch der Anklage dazu vollständig Zugang gibt.

3) Spitzelunwesen

Dieses Verfahren zeigte auf, dass sowohl professionelle als auch angeheuerte Spitzel offenbar in großem Umfang und oft ohne konkrete Ziele ihr Unwesen treiben. Die dafür zuständige Polizeiabteilung führt keinerlei Akten über die Aufträge für diese Spitzel, die Kommunikation läuft nur mündlich ab oder wird sofort gelöscht und vergessen. Niemand, der bespitzelt wurde, erfährt danach davon.

Reform: Es sind klare Vorgaben notwendig, dass verdeckte ErmittlerInnen und Vertrauenspersonen nur nach richterlicher Anordnung einzusetzen sind. Die Aufträge müssen klar umrissen und nachvollziehbar archiviert werden. Die betroffenen Personen müssen nach dem Ende der Operation darüber informiert werden.

4) Gerichtssachverständige

Der linguistische Sachverständige im Tierschutzprozess wurde von der SOKO nach einem persönlichen Gespräch und unter der Voraussetzung, kein Tierschützer zu sein, ausgesucht. Ihm wurde offenbar auch mitgeteilt, was man von ihm erwartete. Dieser Sachverständige wurde danach vom Gericht als objektiver Gerichtssachverständiger übernommen, die Verteidigung durfte dem keine eigenen Privatgutachten entgegenstellen.

Reform: Die Sachverständigen der Anklagebehörde und der Polizei sollten mit Sachverständigen der Verteidigung konfrontiert werden dürfen. Sollte das Gericht eine fachliche Unterstützung zur Abschätzung der Ergebnisse dieser Gutachten brauchen, bestellt es einen eigenen Gerichtsgutachter, der ein Obergutachten über die Gutachten von Anklage und Verteidigung verfasst.

5) Untersuchungshaft

In der Tierschutzcausa kam es zu 105 Tagen U-Haft für zehn Personen, ohne dass dafür ein ausreichender Verdacht vorgelegen ist, wie nach dem Urteil klar wurde. Das war nur dadurch möglich, dass es keine richtigen U-Haft-Verhandlungen gibt. Die Polizei informiert die U-RichterInnen im Vorfeld einseitig, und die „Verhandlung" ist danach nur eine Formsache, die Verteidigung kommt nicht wirklich zu Wort.

Reform: Da die U-Haft bereits den Strafantritt bedeutet, muss eine echte öffentliche Verhandlung mit Anhörung der Verteidigung und der Möglichkeit, ZeugInnen aufzurufen, durchgeführt werden.

6) Inquisitorischer Prozess

Dass die RichterInnen den Prozess in inquisitorischer Weise führen, d. h. selbst alle ZeugInnenbefragungen gestalten, hatte im Tierschutzprozess die Konsequenz, dass die Richterin vom Staatsanwalt ununterscheidbar wurde und laufend mit der Verteidigung und den Angeklagten in Konfrontation geriet. Im angloamerikanischen Raum und in Nordeuropa gibt es den adversatorischen Prozess, bei dem Staatsanwalt und Verteidigung ihre Beweismittel präsentieren und selbst die ZeugInnen einvernehmen, während die RichterInnen das Verfahren als unabhängige BeobachterInnen verfolgen und danach nur das Urteil sprechen.

Reform: adversatorischer statt inquisitorischer Prozess.

7) EinzelrichterInnen

Im Tierschutzprozess war nur eine Einzelrichterin für das Verfahren zuständig, sie entschied über bis zu fünf Jahre Gefängnis. Ein Prozess von solcher Bedeutung sollte zumindest von einem Schöffengericht, wenn nicht von Geschworenen entschieden werden. Im angloamerikanischen Raum gibt es Geschworene auch schon für Verfahren mit geringerer Strafdrohung. Hätten Laien mitzuentscheiden gehabt, denen das Ansehen von Polizei und Justiz zunächst einmal nicht das Hauptanliegen ist, dann wäre der Prozess viel früher beendet worden.

Reform: die Grenze für Schöffengerichte und Geschworene heruntersetzen.

8) Konsequenzen für die Polizei

Die Polizei hat in vieler Hinsicht in der Tierschutzcausa das Gesetz gebrochen. Trotz dreier Gerichtsbeschlüsse zur Akteneinsicht konnte diese nie durchgesetzt werden. SOKO-Leiter Zwettler log ungeniert im Zeugenstand. Die Polizei machte im Verfahren nicht den Eindruck, sie würde Konsequenzen fürchten und glauben, dass sie zur Rechenschaft gezogen werden könnte. Selbst RichterInnen äußerten im Privatgespräch die Ansicht, dass sie auch nicht mehr tun könnten, als Beschlüsse gegen die Polizei zu fassen. Ein anderer Richter meinte, man müsse der Polizei besondere gesetzliche Freiräume zugestehen und tolerant sein, weil sie eine schwere Aufgabe habe.

Reform: Die Polizei muss, wie jedeR StaatsbürgerIn, dem Gesetz unterliegen. Sie darf weder mehr Toleranz erwarten, noch dürfen Gesetzesverletzungen der Polizei als Kavaliersdelikte gelten. Gerade gegen Gesetzesübertretungen von PolizeibeamtInnen muss mit aller Härte des Gesetzes vorgegangen werden, agieren sie doch im Namen der Republik und unter dem Schutz einer mächtigen Institution. Wer das Gewaltmonopol übertragen bekommt, muss besonders streng kontrolliert und bei Übertretungen besonders hart sanktioniert werden.

9) Verteidigungskosten bei Freispruch, Haftentschädigung

Der Staat ersetzt im Strafprozess den Angeklagten im Fall eines Freispruchs ihre Verteidigungskosten nicht. Die Entschädigung bei ungerechtfertigter Haft wurde um die Hälfte reduziert. Es ist nicht einzusehen, warum der Staat diesbezüglich anders als einE KlägerIn in einem Zivilprozess zu behandeln ist.

Reform: voller Ersatz der Verteidigungskosten bei Freispruch im Strafprozess. Selbst 100 Euro Haftentschädigung pro Tag sind viel zu wenig.

10) Räumliche Nähe von Staatsanwaltschaft und Richterschaft

Die Staatsanwaltschaft ist direkt am Landesgericht Wr. Neustadt ansässig, der zuständige Staatsanwalt Wolfgang Handler wird die Richterin im Tierschutzprozess, Sonja Arleth, seit geraumer Zeit z. B. von der Kantine her gekannt haben. Diese räumliche Nähe bedingt also ein gewisses Vertrauensverhältnis zwischen Staatsanwaltschaft und Richterschaft. In anderen Ländern, z. B. im Norden Europas, wäre so etwas undenkbar. Die RechtsanwältInnen haben ihre eigenen Kanzleien natürlich außerhalb des Gerichtsgebäudes. Dadurch ergibt sich schon im persönlichen Bereich ein Ungleichverhältnis, das dann durch die inquisitorische Prozessform noch verstärkt wird.

Anhang 3: Reformvorschläge für die Haft

§182 (2) der Strafprozessordnung legt fest, dass die U-Haft den allgemeinen Lebensverhältnissen möglichst angeglichen werden muss. Die Unschuldsvermutung, d. h., dass Personen bis zu ihrer rechtskräftigen Verurteilung wie Unschuldige zu behandeln sind, ist in der Verfassung verankert. Aber auch die Strafhaft soll die Häftlinge nicht quälen, sondern nur die Allgemeinheit vor ihnen schützen. Durch einige simple Änderungen könnte die Haft unverhältnismäßig viel menschlicher gestaltet werden.

1) Mehr Platz pro Häftling

Fünf oder sechs Quadratmeter pro Person sind für eine längere Haft ein nicht zumutbares Raumangebot. Man möge sich eine Fläche von zwei mal 2,5 oder drei Meter mit der Kreide auf den Boden aufmalen und vorstellen, darin monate- oder jahrelang 23 Stunden pro Tag zu verbringen. Insbesondere die Stockbetten in den Zellen dienen nur dazu, noch mehr Personen in noch kleinere Räume zu stopfen, und müssen daher entfernt werden.

2) Tägliches Duschen

In den Haftanstalten Wien-Josefstadt und Wr. Neustadt dürfen die Häftlinge nur zweimal pro Woche in großer Eile in einer Gruppe von 20 oder mehr Personen duschen. Es wäre kein großer Aufwand, den Häftlingen täglich die Möglichkeit einer Dusche zu bieten, am besten in kleiner Gruppe und mit ausreichend Zeit. Langfristig sollten in jede Zelle Duschen eingebaut werden.

3) Hofgang in grüner Umgebung

Im Gefängnis in Wien-Josefstadt besteht der täglich vorgeschriebene Hofgang darin, in einer Betonwanne sechs Schritte in eine Richtung und sieben in die andere zu gehen, und das im dichten Gedränge mit ca. 30 Personen. Der Hofgang muss auch das Laufen ermöglichen, und es sollten unbedingt Bäume, Gras und andere Pflanzen ausreichend vorhanden sein, um den Häftlingen eine Abwechslung zu ihren Betonbunkern zu bieten.

4) Handynutzung

Das Telefonieren der Häftlinge wird stark eingeschränkt bzw. verunmöglicht. Es gibt keinen Grund, nicht allen Häftlingen ein Handy zur Verfügung zu stellen. Wenn notwendig, kann es so präpariert werden, dass es nur Anrufe bei gewissen Nummern erlaubt. Das Gespräch kann genauso wie bei Telefonleitungen überwacht werden.

5) Besuche und Besuchszeiten

Momentan dürfen Häftlinge zweimal pro Woche für je 30 Minuten besucht werden, alle zwei Monate einmal ohne ein Zwischenglas, also mit der Möglichkeit, sich persönlich zu berühren. Die Besuchszeiten derart einzuschränken ist nicht nachvollziehbar. Körperliche Kontakte sind unumgänglich, um psychisch gesund zu bleiben. Daher sollten Kontaktzellen zur häufigen Verwendung zur Verfügung stehen.

6) Fußfesseln

Elektronische Fußfesseln haben sich längst bewährt und ermöglichen es, Häftlinge unter Kontrolle zu halten und sie trotzdem nach Hause zu entlassen. Solche Maßnahmen aus finanziellen Gründen nur langsam zu entwickeln oder nur eingeschränkt einzusetzen widerspricht jeder Menschenwürde.

7) Ernährung

Das Essen in den Haftanstalten ist mit Brom versetzt und wird durch Zugabe von Mehl zu einer geleeartigen Masse vermischt, die möglichst billig Hunger stillen soll. Die WachebeamtInnen bekommen ein anderes Essen. Die Menschenwürde verlangt aber, dass alle Häftlinge ein qualitativ so entsprechendes Essen erhalten, dass es auch den WachebeamtInnen zumutbar ist. Über die Aufnahme von Brom sollten die Häftlinge selbst entscheiden können.

8) Sozialkontakt unter den Häftlingen

Meistens werden die Häftlinge 23 Stunden pro Tag in der Zelle eingesperrt und dürfen eine Stunde in den Hof. In manchen Abteilungen und in manchen Gefängnissen werden hingegen die Zellen wenigstens zeitweise geöffnet, sodass sich die Häftlinge gegenseitig besuchen können. Zumindest für einige Stunden vormittags und nachmittags sollten alle Zellen offen stehen müssen.

9) Sport

Die meisten Abteilungen in den Gefängnissen haben eigene Sporträume, in denen Gewichte gehoben oder Konditionstraining absolviert werden kann. Nur darf man diese Räume praktisch nie benutzen, sie stehen leer. Alle Häftlinge sollten täglich zumindest eine Stunde zusätzlich zum Hofgang in einen Sportraum gehen dürfen.

10) Kochplatten

Die meisten Zellen haben keine Kochplatten. Diese ermöglichen den Häftlingen, sich selbst Tee oder sogar warme Speisen zu kochen, um von der Gefängnisküche unabhängig zu werden. Kochplatten sollten daher in jeder Zelle vorhanden sein.

11) Zugang zu Büchern

Jedes Gefängnis hat eine Bibliothek, aber ich z. B. konnte mir nur ein einziges Mal in fast vier Monaten drei Bücher ausleihen. Gerade wenn man ständig in einer Zelle sitzt, ist man laufend auf neuen Lesestoff angewiesen. Es muss doch möglich sein, die Bibliothek so zu reorganisieren, dass die Häftlinge unlimitiert und kurzfristig Bücher erhalten können.

12) Aufklärung über Rechte und Gefängnisabläufe

In allen Gefängnissen, in die ich eingeliefert wurde, musste ich mich eigenständig durchfragen, um zu erfahren, welche Rechte ich habe, wie ich z. B. Wäsche bekomme, Anträge stelle usw. Allen neuen Häftlingen sollte das in ihrer Muttersprache bei Einlieferung klar und deutlich auseinandergelegt werden.

13) Einrichtung eines Ombudsmanns

Ein Hauptproblem im Gefängnisalltag ist, dass sich die Häftlinge nicht nachhaltig über Ungerechtigkeiten und Regelverstöße beschweren können. Daher sollte ein von der Gefängnisverwaltung unabhängiger Ombudsmann eingesetzt werden, der entsprechende Vollmachten hat, um gerechtfertigten Beschwerden Nachdruck zu verleihen.

14) Gemeinsame Tätigkeiten

In österreichischen Gefängnissen wird das Essen in die Zellen gebracht, es gibt keine gemeinsamen Tätigkeiten der Häftlinge. In anderen Ländern wird das Essen gemeinsam in einem Speisesaal eingenommen. Diese Idee sollte nach Österreich importiert werden, um die Eintönigkeit der ewig gleichen Zelle zu durchbrechen.

Foto 28: Am Tag nach dem Freispruch lasse ich mich bereits 24 Stunden lang in einen Schweinekastenstand sperren, um ein Verbot dieser Haltungsform zu erreichen.

Danke!

Es gibt wahnsinnig viele Menschen, denen ich für ihre Hilfe bei den im Buch geschilderten Geschehnissen sehr dankbar bin. Es ist nicht möglich, alle Menschen zu nennen, die mir geholfen haben. Die folgende Aufzählung beansprucht keine Vollständigkeit.

Ich möchte meiner damaligen Partnerin Elisabeth Sablik für ihre Liebe danken, die mich in der Haft am Leben erhalten hat.

Dankbar bin ich auch meiner früheren Lebensgefährtin Paula Stibbe, die wusste, wie sie mir während der Haft helfen kann.

Meinem Hundefreund Kuksi danke ich herzlich für seine Liebe und Zuneigung, die mir auch den größten Druck erträglich erscheinen ließ.

Besonders möchte ich mich bei Brigid Weinzinger bedanken, damals Tierschutzsprecherin der Grünen, die sich während meiner Haft pausenlos für mich eingesetzt und mich mehrmals im Gefängnis besucht hat.

Katharina Fatzi von den Grünen stand immer mit einer Vehemenz und inneren Verzweiflung hinter mir und hat mich dadurch unglaublich gestärkt, vielen herzlichen Dank.

Madeleine Petrovic von den Grünen hat sich immer und ohne zu zögern mächtig für mich eingesetzt, dafür meinen größten Dank.

Hannes Jarolim, Justizsprecher der SPÖ, war von Anfang an ein großer Kritiker der Tierschutzcausa und setzte sich bedenkenlos mit parlamentarischen Anfragen, Pressekonferenzen und laufenden Presseaussendungen für uns ein und besuchte mich auch im Gefängnis, vielen Dank dafür.

Peter Pilz möchte ich danken, dass er in seiner unnachahmlichen Art während meiner Haft die SOKO für ihre demokratiepolitisch bedenkliche Rolle heftig kritisiert und mich bei einem Besuch im Gefängnis psychisch gestärkt hat. Er hat sicher auch maßgeblich dazu beigetragen, dass wir nach 105 Tagen wieder freikamen.

Ich danke meinem Vater, meiner Mutter und deren PartnerInnen wirklich sehr dafür, dass sie mir in dieser Zeit rückhaltlos beigestanden haben.

Mein Bruder Harald wusste immer, wie wir weiter vorgehen sollen, und brachte mit seinen scharfsinnigen Anträgen die Behörden in Verlegenheit. Später wurde er selbst überraschend angeklagt. Ich danke ihm für seine unschätzbare Hilfe und die gute Zusammenarbeit.

Stella Kubek möchte ich sehr für ihre mentale Unterstützung in der Zeit vor und während des Prozesses danken.

Allen MitarbeiterInnen des VGT, insbesondere Maria Griebl, danke ich für ihren Mut, ihre Kraft und ihre Hilfe.

Ich möchte auch allen Mitangeklagten danken, insbesondere Felix Hnat, Elmar Völkl, Chris Moser, David Richter, Monika Springer und Jürgen Faulmann, mit denen zusammen ich unsere Verteidigung erarbeitet habe.

Dank auch an Eberhart Theuer, der als Einziger jeden einzelnen Prozesstag besucht hat und mir als Menschenrechtsexperte oftmals mit Rat und Tat zur Seite gestanden ist.

Ich möchte Boris Lechthaler und der gesamten Friedenswerkstatt Linz für ihre große Unterstützung in allen Belangen während der U-Haft und danach danken.

Auch Marion Fuchs und der KPÖ bin ich in diesem Zusammenhang zu großem Dank verpflichtet.

Sehr dankbar bin ich meinem Anwalt Stefan Traxler sowie den RechtsanwaltsanwärterInnen Michaela Lehner und Bernd Haberditzl aus seiner Kanzlei, die sich mit großem persönlichem Engagement für uns eingesetzt haben.

Rechtsanwalt Helge Doczekal danke ich für seine unschätzbare Hilfe während der U-Haft.

Mein Dank gilt auch Mathias Geist, evangelischer Pastor im Gefängnis in der Josefstadt, der mir dort eine große Unterstützung war.

Den AnwältInnen der anderen Angeklagten, Phillip Bischof, Alexia Stuefer, Michael Dohr, Harald Karl und Jürgen Mertens, danke ich für die hervorragende Zusammenarbeit während des Prozesses.

Dem ehemaligen Tierschutzsprecher der SPÖ, Jan Krainer, danke ich sehr für seine Unterstützung und seinen Besuch bei mir im Gefängnis.

Kurt Schmidinger bin ich neben seiner generellen Unterstützung insbesondere dafür dankbar, dass er mir bei seinem Besuch im Gefängnis dadurch Mut machte, dass er mir erklärte, was für einen historischen Moment der Unterdrückung der Zivilgesellschaft wir gerade erleben.

Thomas Winger bin ich sehr für seine Buchzusendung ins Gefängnis und die Selbstverständlichkeit, mit der er mich bei meiner Freilassung unterstützt hat, dankbar.

Dank auch an Hans Palmers für seine Hilfe zur rechten Zeit am rechten Ort.

Sylvia Fahnler möchte ich sehr für ihre unschätzbare Hilfe danken, die sie mir zukommen ließ.

Gertrude Friedel danke ich für ihre tatkräftige Unterstützung während der gesamten Tierschutzcausa.

Pierre Gratzer möchte ich meinen Dank ausdrücken, weil er uns die ganze Zeit hindurch unterstützt und mir bei seinem Gefängnisbesuch erklärt hat, er würde an meiner Stelle diese Haft nicht als so schlimm empfinden. Das hat mir wirklich geholfen.

Signe Preuschoft möchte ich danken, weil sie mir bei ihrem Besuch im Gefängnis deutlich machte, wie unersetzlich wir Gefangenen für die Tierschutzarbeit sind, wie diese Arbeit aber trotz allem ungebrochen weitergeht.

Ich danke all den Aktivisten und Aktivistinnen des VGT und aus der Zivilgesellschaft, die monatelang vor meinem Gefängnis demonstriert oder mich mit Aktionen und Protestnoten unterstützt haben. Insbesondere danke ich Michaela Schaller für ihre Tränen vor den Gefängnistoren, die mir lange Zeit später noch Kraft gaben.

Meinem Bruder Bernd bin ich sehr dankbar für seine Unterstützung während der Haft, für seine besorgten Anrufe in der Krankenstation und für seinen Einsatz dafür, dass ich auf die Wilhelmshöhe verlegt wurde.

Ich möchte auch all jenen mehr als 300 Personen danken, die mir Briefe ins Gefängnis geschrieben und dadurch meine Tage dort aufgehellt haben.

Dem ehemaligen Bundessprecher der Grünen, Alexaner Van der Bellen, bin ich für seinen Besuch im Gefängnis und für seine Unterstützung durch meine Nominierung als Kandidat für die Grünen bei der Nationalratswahl 2008 sehr dankbar.

Dem Justizsprecher der Grünen, Albert Steinhauser, danke ich sehr für seinen Einsatz für uns vor und während des Prozesses.

Beim Tierschutzsprecher der SPÖ, Dietmar Keck, möchte ich mich auch dafür bedanken, dass er immer wieder laut und deutlich das Vorgehen der SOKO kritisiert hat.

Vielen Dank an Universitätsprofessor Bernd-Christian Funk für seinen Mut, in der Öffentlichkeit das Vorgehen der Justiz so scharf zu kritisieren und mit mir, einem damals Angeklagten, sogar Pressekonferenzen abzuhalten.

Vielen Dank auch an Universitätsprofessorin Petra Velten, die in mehreren Fachartikeln und Fernsehdiskussionen mit ihrer Kritik an dem Verfahren nicht zurückgehalten hat, sogar wenn sie dafür von der Richtervereinigung angezeigt wurde.

Ich bin Universitätsprofessorin Eva-Maria Maier für ihre kritischen Bemerkungen und ihren Fachartikel, der die Problematik der Tierschutzcausa deutlich machte, sehr dankbar.

Universitätsprofessor Gernot Neuwirth hat die akademische Welt zu unserer Verteidigung mobilisiert und sich immer wieder kritisch eingebracht, vielen Dank!

Universitätsprofessor Wolfgang Kromp besuchte mich in der Haft und schrieb mit KollegInnen einen geharnischten Protestbrief an die Justiz. Auch dafür vielen Dank.

Vielen Dank an Marek Vorsilka für die unglaubliche Unterstützung aus dem Ausland, für die zahlreichen Aktionen und die wichtige Webseite, die die Tierschutzcausa international bekannt machte.

Josef Hoppichler danke ich dafür, dass er mich in einer Zeit, in der ich als verdächtig galt, der Chef einer kriminellen Organisation zu sein, trotzdem einlud, zu seinem Buch „Schmackhafte Aussichten" über die Zukunft der Lebensmittelversorgung ein Kapitel über Tierschutz beizutragen.

Erwin Lengauer vom Institut für Philosophie der Uni Wien danke ich für seine Unterstützung und dafür, dass er ein wissenschaftliches Projekt zur Aufarbeitung der Tierschutzcausa initiiert hat.

Ich möchte meinem Zellengenossen Helmut Elsner danken, dass er mir in der Haft Mut gemacht hat, obwohl es um ihn selbst viel schlimmer bestellt war. Ich bin froh, dass er jetzt wieder in Freiheit ist.

Ich danke Heinz Patzelt, Generalsekretär von Amnesty International Österreich, für seine mutige öffentliche Kritik an der gesamten Tierschutzcausa.

Dank an die vielen JournalistInnen, insbesondere Verena Frank, Irene Brickner, Manfred Seeh, Martina Lettner, Wolfgang Höllrigl, Maria Sterkl, Ossi Hicker, Martina Schmidt, Gerd Maier und zahlreiche andere, ohne deren kritische Verfahrensbegleitung die Öffentlichkeit nicht informiert worden wäre. Das Ergebnis hätte dann ganz anders aussehen können.

Ich möchte mich auch bei Hannes Hofbauer vom Promedia Verlag dafür bedanken, dass er mich zu diesem Buch quasi gezwungen und dafür alle Wege geebnet hat. Danke auch für seine journalistische Kritik an den Verantwortlichen der Tierschutzcausa.

Ich danke Univ.-Prof. Andreas Hasenclever und seinem Team von der Uni Tübingen in Deutschland dafür, dass sie das Wagnis eingingen, mich als Angeklagten zu ihrer Konferenz über die Bekämpfung von Terrorismus einzuladen.

Den Chefärzten der Krankenstation des Gefängnisses in Wien-Josefstadt möchte ich auch dafür Dank sagen, dass sie mich menschlich behandelt haben und für meine Situation so viel Verständnis aufbrachten.

Ich danke allen, die sich selbst nach § 278a angezeigt haben, für die Zivilcourage und den Mut dazu. Nur mit einer Solidarität dieser Art lässt sich eine Demokratie gestalten. Insbesondere möchte ich in diesem Zusammenhang Marion Fuchs und Pierre Gratzer danken, denen keine Gefahr zu groß war, um die Willkür der Anklage bloßzustellen.

Vielen Dank an alle Menschen im In- und Ausland, die mich durch aufmunternde Worte unterstützt haben, die mir Geld oder Dinge spendeten, die man mir genommen hatte, die Protestbriefe geschrieben oder Petitionen unterzeichnet haben oder die an unseren Protestaktionen teilgenommen oder eigene organisiert haben und auf diese Weise dazu beitrugen, einen öffentlichen Druck zu erzeugen, der in diesem Verfahren letztendlich ausschlaggebend war.

Quellen

Mitschrift aus dem Gerichtssaal während des Prozesses
Staatsanwaltlicher Ermittlungsakt
Anonym zugespielte Dokumente aus dem Innenministerium, dem Justizministerium und dem Finanzministerium
Audioaufnahmen von Podiumsdiskussionen

Fotos: Martin Balluch, VGT, Julius Schwestka